TITRE PARUS

JANVIER

Yann Le Bohec, *Histoire militaire des guerres puniques.*
   Le célèbre conflit qui opposa pendant plus d'un siècle Rome à Carthage, faisant des centaines de milliers de morts. Le système de guerre de deux grands généraux : Hannibal et Scipion. Un livre passionnant, par l'auteur de *L'Armée romaine* (Picard, 1989).

Patrick Facon, *Le Bombardement stratégique.*
   L'émergence de l'avion projette le combat dans la 3e dimension et bouleverse l'art de la guerre. L'arme aérienne au service d'une stratégie d'écrasement d'objectifs à caractère civil... A lire aussi, *La Bataille d'Angleterre* (Economica, 1992).

TITRE À PARAÎTRE

Philippe Masson, *L'Homme en guerre, de la Marne à Sarajevo.*
   Enquête sur un siècle de guerre, par l'auteur d'*Une guerre totale* (Tallandier, 1990) et d'*Histoire de l'armée allemande* (Perrin, 1994).

Jacques Sapir, *La Mandchourie oubliée. Splendeur et limites de l'art de la guerre soviétique.*
   1945 : la victoire écrasante de l'armée rouge contre l'armée japonaise, au Mandchoukuo. Campagne exemplaire qui sera pendant des décennies le point de repère des théoriciens militaires soviétiques. L'auteur a reçu le prix Castex pour son livre *Le Système militaire soviétique* (La Découverte, 1988).

Robert Mantran, *Le Système ottoman. Grandeur et décadence d'un empire militaire.*
   Robert Mantran, membre de l'Institut, a aussi dirigé l'excellente *Histoire de l'Empire ottoman* (Fayard, 1989).

Sunzi, *L'Art de la guerre.*
   Traduction entièrement nouvelle réalisée à partir des travaux de François Kircher (*Les 36 Stratagèmes*, Lattès, 1991) et de Li Ling, professeur à l'Université de Pékin.

L'Art de la Guerre

Collection créée par Christine Lorin de Grandmaison

Cette collection doit beaucoup à tous ses auteurs. À leur travail, à leurs conseils, à leur fidélité.

Elle doit beaucoup à Jean-Paul Bertrand, qui nous a fait confiance quand ça comptait.

Elle doit beaucoup aux personnes qui m'ont aidée quand j'en ai eu besoin, Elisabeth Dardoize, Osita Malouzelou.

À Laurent Henninger,

À Gérard Vallès,

contre tous les autres.

HISTOIRE MILITAIRE
DES GUERRES PUNIQUES

DU MÊME AUTEUR

Thèse soutenue en 1981 : *La 3ᵉ Légion Auguste*, Presses du CNRS, 1989.

Principaux ouvrages :

Les Unités auxiliaires de l'armée romaine en Afrique et Numibie sous le Haut-Empire, Presses du CNRS, 1989.
L'Armée romaine sous le Haut-Empire, Picard, 1989 (2ᵉ édition, 1990).
Histoire romaine (en collaboration avec M. Le Glay et J.-L. Voisin), PUF, 1994.
César, « Que sais-je ? », PUF, 1994.

YANN LE BOHEC

HISTOIRE MILITAIRE DES GUERRES PUNIQUES

L'Art de la Guerre

ÉDITIONS DU ROCHER
Jean-Paul Bertrand

Illustration de la première de couverture : Musée du Bardo : cuirasse campanienne ornée d'une tête de Minerve surmontée de deux boucliers. IIIe siècle av. J.-C. Ksour es-Saf.

Illustration de la couverture et de la page 3 : Règne d'Assurbanipal – 669-631 av. J.-C., Ninive. « La lionne mourante se traîne sur les pattes postérieures dans un ultime halètement de vie. »
Londres, British Museum. Photo A. Lorenxini, Édimédia.

Tous droits de traduction, de reproduction et d'adaptation réservés pour tous pays.

Les cartes ont été redessinées par Gilles Guidieri.

© Éditions du Rocher, 1996

ISBN : 2 268 021475

Cet ouvrage n'aurait jamais vu le jour si Christine Lorin de Grandmaison ne me l'avait pas demandé, et si elle ne m'avait pas fourni une assistance précieuse et permanente. Je remercie également Miss Honor Frost et Monsieur M'hamed Fantar pour les documents aimablement envoyés. Le texte doit beaucoup à de nombreux échanges avec un ami savant et généreux, Giovanni Brizzi.

Et, bien entendu, je ne saurais oublier ici Dominique, qui m'a tant aidé.

UN CONFLIT MAJEUR ET MYSTÉRIEUX

Les années 264 à 146 avant J.-C., que beaucoup de nos contemporains connaissent mal, ont vu se dérouler un des plus grands drames qu'ait connus l'histoire de l'humanité. Elles correspondent à un épisode que les historiens ont appelé les « guerres puniques ». Remarquons que cette expression n'est pas pleinement satisfaisante : les écrivains de Rome l'ont employée pour désigner les guerres que leur patrie a conduites contre les Phéniciens d'Occident, qu'ils appelaient en latin *Poeni*, mot qui a donné notre adjectif « punique ». Ces derniers ne nous ont, hélas, laissé aucun récit. Nous pouvons cependant supposer que, s'ils l'avaient pu, ils auraient utilisé une autre formulation pour désigner ces événements, par exemple celle de « guerres romaines [1] ». Nous la conserverons néanmoins, par commodité.

Cette expression de « guerres puniques », donc, sert à désigner un des conflits majeurs qu'a connus l'histoire de l'humanité.
Grand, il le fut d'abord par l'ampleur des forces en présence. Plus que deux cités, Rome et Carthage, il vit s'affronter, surtout entre 264 et 201, deux empires : l'un contrôlait à peu près tout le Maghreb actuel, qui recouvre l'Afrique des anciens, ainsi que les îles de la Méditerranée occidentale, qu'il a perdues par la suite et remplacées par le Sud de la péninsule Ibérique ; et l'autre était

---

1. Cette expression a été adoptée par quelques modernes qui ont ainsi voulu manifester de quel côté allaient leurs sympathies ; les historiens actuels considèrent qu'ils ne doivent pas « manifester leurs sympathies ».

pour l'essentiel constitué au début par la seule partie péninsulaire de l'Italie. Les opérations militaires et diplomatiques, dirigées depuis Rome et Carthage, s'étendirent, à certains moments, jusqu'à la péninsule Ibérique, au sud de la Gaule et même aux Balkans. Assurément, des Celtes et des Espagnols se sont rangés dans le camp de Carthage ; assurément aussi, des Numides se sont mis au service de Rome. Mais les vraies sources du pouvoir, de la puissance, se trouvaient dans les deux capitales. La victoire acquise, les alliés étaient destinés à se transformer en sujets. Nous dirons, en simplifiant, que ce fut une guerre de l'Afrique contre l'Europe ou, si l'on préfère, de l'Europe contre l'Afrique.

Ce conflit fut également grand par sa durée. Les hostilités, commencées en 264, ne se sont achevées qu'en 146. Il est vrai qu'à partir de 201 l'affaire était entendue, un des deux adversaires étant tombé à la merci de l'autre. Sans doute y eut-il des trêves : les plus longues se sont étendues de 241 à 218 et de 201 à 148 ; la France et l'Angleterre, dans le conflit qui les opposa à la fin du Moyen Âge, connurent des interruptions analogues. Pour en revenir aux opérations qui ont opposé Rome et Carthage, on peut reprendre à leur propos la même appellation : ce fut, bien avant celle qui a bouleversé l'Europe, la première guerre de Cent Ans.

Ce conflit fut grand, enfin, par les moyens mis en œuvre et par les objectifs visés. Les adversaires se battirent sur terre et sur mer, s'affrontèrent en batailles rangées et organisèrent des sièges. Les autorités constatèrent vite que les soldats ne pouvaient pas tout faire à eux seuls : ils s'appuyaient sur les civils, ils demandaient à être soutenus matériellement et moralement. Les belligérants mobilisèrent toutes les énergies, toutes les forces disponibles. Ils utilisèrent des moyens considérables et divers dans un but unique, au moins à la fin : détruire l'adversaire. Ce fut une guerre totale.

Pour bien comprendre le récit de cette guerre totale, engageons-nous sur le chemin de l'histoire militaire ; ce domaine de la recherche a reconquis toute sa dignité [1], et il est l'objectif visé par ce

---

1. Pour s'en tenir à la France, on peut citer Ph. Contamine pour le Moyen Âge, A. Corvisier et J. Chagniot pour les temps modernes, P. Renouvin, G. Pedroncini et A. Martel pour l'époque contemporaine. Pour l'Antiquité, on mentionnera Y. Garlan, J. Harmand, P. Le Roux, et nos propres travaux.

livre et par la collection qui l'accueille. Il conviendra donc d'abord de répondre, autant que les sources le permettent, aux questions que se posait, avant l'action, tout général compétent ; ces interrogations, purement techniques, peuvent être regroupées sous six rubriques.

1. Les hommes : quels effectifs ? Quelle répartition entre les armes (cavalerie lourde et légère ; infanterie lourde et légère ; artillerie ; marine) ? Quelle valeur, quelle efficacité ? Cette dernière dépendait de plusieurs facteurs : proportion d'anciens et de recrues ; niveau d'entraînement ; moral [1], ce dernier lié surtout au ravitaillement et, ce qui peut nous surprendre, à la religion, d'une importance fondamentale pour les mentalités de l'Antiquité. Un bon général ne devait pas oublier que les soldats se battaient pour la victoire, que leur raison d'être était de tuer, si possible sans être tués. De quel armement disposaient-ils (individuel et collectif ; dans ce dernier cas, il s'agit des pièces d'artillerie et des navires) ? Que valait l'encadrement ?

2. La tactique : comment organiser l'ordre de marche, où et comment disposer le camp de marche ? Par où passer ? Quel dispositif de bataille adopter ? Comment organiser un siège, ou se défendre si on est assiégé ?

3. La stratégie : quel était le but lointain, l'objectif final du conflit ? Il n'est cependant pas assuré que les anciens ont eu une conception de la stratégie analogue à celle qui fleurit dans les états-majors de ce XXe siècle finissant. Leur doctrine se précisera au fur et à mesure de la progression de notre enquête.

4. L'ennemi : un bon général s'efforçait de connaître les ennemis à vaincre aussi bien qu'il connaissait ses hommes ; il se posait les mêmes questions au sujet des uns et des autres.

5. Le terrain : il devait être choisi avec soin, en fonction des troupes disponibles, de l'ennemi, et de la tactique projetée.

6. L'arrière : quels rapports le général et son armée entretenaient-ils avec les civils pour lesquels ils se battaient ?

---

1. V. D. Hanson, *Le Modèle occidental de la guerre*, trad. A. Billault, 1990 (Paris), accorde une grande importance au courage individuel, trop grande à notre avis. Il n'est qu'un élément parmi d'autres. Les manifestations physiologiques de la peur, que cet auteur décrit avec précision, relèvent souvent, nous semble-t-il, de la raillerie, de la plaisanterie.

Il ne faut surtout pas l'oublier, les spécialistes de l'histoire militaire, à l'heure actuelle, ont élaboré une nouvelle conception de la guerre antique ; ils la relient à l'étude de la vie politique, économique, sociale, culturelle, et même religieuse, car tout a compté. Cette complexité, contrairement à ce qui a été parfois écrit, n'a d'ailleurs pas tout à fait échappé aux anciens, par exemple à Polybe. C'est ce que l'on appelle parfois faire de « l'histoire globale » ou « totale ». C'est ce que nous essaierons de faire.

Une enquête sur les guerres puniques amène à relever un étonnant paradoxe. Par tradition, les auteurs considèrent ceux qu'il est convenu d'appeler les « Carthaginois » comme de riches navigateurs, qui ont donc fondé un empire maritime [1], et les « Romains » comme des paysans pauvres qui, malgré la médiocrité de leurs moyens financiers, ont su créer un immense empire terrestre [2]. Ainsi, on pourrait penser que les uns et les autres n'auraient jamais pu ni dû se rencontrer : non seulement ils ne recherchaient pas les mêmes biens, mais ils ne les recherchaient pas dans le même espace. Or ils se sont rencontrés. Et le plus surprenant, c'est que les succès militaires se sont produits là où personne ne les attendait. Rome a remporté sur mer des victoires éclatantes, notamment au large de Myles et dans les îles Égates. C'est même cette dernière bataille qui lui a permis de contraindre son adversaire à traiter. Quant aux armées de Carthage, c'est sur terre qu'elles ont acquis leur plus grande gloire : Hannibal à Cannes a déployé autant de génie, si on peut parler de génie à propos de tactique, que Napoléon à Austerlitz. Comment expliquer cette étonnante situation ? Cette inattendue inversion des valeurs ?

Répondre à cette question serait résoudre une première difficulté. Nous en rencontrerons d'autres. Il faut se rappeler tout d'abord que l'histoire de Rome et celle de Carthage ont souvent

---

1. C'est ce qui ressort, par exemple, des titres de plusieurs ouvrages : F. Decret, *Carthage ou l'empire de la mer*, 1977 (Paris), E. Acquaro, *Cartagine : un impero sul Mediterraneo*, 1978 (Rome), et Cl. Baurain et C. Bonnet, *Les Phéniciens, marins des trois continents*, 1992 (Paris).

2. Là-dessus, on verra en dernier lieu A. Giardina, *L'Homme romain*, trad. fr., 1992 (Paris).

été traitées séparément ; or il s'agit ici de les confronter, de mener une enquête parallèle. L'historien devrait être spécialiste à la fois de Rome et de Carthage. Et, en outre, puisque ce conflit a duré de 264 à 146, soit plus d'un siècle, il doit tenir compte d'une évolution, fondamentale et difficile à saisir, souvent parce que les anciens et les modernes l'ont négligée.

Il faut bien reconnaître, à ce propos, que beaucoup d'auteurs ont mis tout leur talent à compliquer notre tâche, plongeant les guerres puniques dans une atmosphère de mystère [1]. Qu'on en juge.

En premier lieu, et nous devons le déplorer, nous ne possédons que peu ou pas de textes contemporains des événements, ceux que les spécialistes appellent des « sources primaires » ; et, dans ce que nous trouvons, force est de constater que règne la partialité : les Latins sont favorables à Rome, ce qui, après tout, est bien normal, mais les Grecs aussi, quoi qu'on en ait dit, et aucun texte punique ne nous est parvenu. Pour ces derniers, la recherche doit se contenter des « sources secondaires », écrits de seconde main, qui ne valent pas les autres, les travaux plus anciens.

Pour bien faire la part des choses, quand on lit Polybe, Tite-Live et les autres auteurs de ce temps-là, il faut comprendre ce que signifient leurs accusations. Ainsi en est-il de la perfidie et de la cruauté, deux thèmes qui reviennent souvent dans leurs écrits. Quand un général romain, Scipion par exemple, remportait une victoire à l'aide d'un stratagème, il était loué pour son intelligence ; il est d'ailleurs probable que le vainqueur s'était lui-même le premier complimenté pour son habileté. Quand le même homme était vaincu à cause d'un stratagème de l'ennemi, il déclarait que l'autre était malhonnête, perfide : « Il a triché. » Cet autre sentiment était devenu particulièrement vif à Rome à la fin du IIᵉ siècle. G. Brizzi [2] a bien expliqué cette évolution : la

---

1. Pour l'ensemble des sources, voir « Sources et bibliographie », à la fin de cet ouvrage.
2. G. Brizzi, *I Sistemi informativi dei Romani*, 1982 (Wiesbaden), p. 6-37, *Annibale*, 1984 (Spolète), p. 18-23, « La "cavalleria" dei Romani », *L'Immagine riflessa*, XII, 1989, p. 323-324, et *Carcopino, Cartagine e Annibale*, 1989 (Sassari), p. 15-16, notamment mais pas exclusivement.

fides, qui est loyauté, une vertu liée à la plus antique tradition romaine, était précisément le refus du stratagème, à l'opposé employé systématiquement par Hannibal, qui l'avait appris de ses maîtres grecs.

Autre accusation : la cruauté. Rappelons d'abord que la guerre, même pour celui qui l'emporte, fait toujours couler du sang et des larmes. Elle était accompagnée par les cavaliers de l'Apocalypse, la mort, la famine et la peste. Nous y ajouterions volontiers les blessures, la captivité, la réduction en esclavage, et d'autres maux. N'importe quel auteur de l'Antiquité considérait, quand un conflit était engagé, que tout acte belliqueux, de la part de l'ennemi, manifestait de la cruauté ; le même geste, accompli par les siens, trouvera au contraire des excuses dans la nécessité ou dans l'exercice d'une juste vengeance : « Je ne pouvais pas faire autrement », « C'est bien fait. Ce sont eux qui ont commencé. »

Et ce n'est pas tout car, en deuxième lieu, les modernes, eux aussi, ont souvent pris parti, non seulement les uns contre les autres, ce qui est légitime, mais aussi dans le conflit entre Rome et Carthage, ce qui est plus surprenant. Une longue tradition d'études classiques avait jadis valu plus de sympathie à Rome. Depuis quelques décennies, les idéologies à la mode ont fait pencher la balance plutôt du côté des vaincus. On peut encore le voir aujourd'hui à la façon dont certains historiens abordent parfois les problèmes. Ainsi, les spécialistes de l'Antiquité ont subi l'influence de leurs collègues qui travaillent sur l'époque contemporaine. Ces derniers, à la suite des conflits de 1914-1918 et de 1939-1945, se sont interrogés, se demandant sur qui pesait la responsabilité du déclenchement des hostilités, la « Kriegschuldfrage », ce qui est tout à fait fondé [1]. Puis les antiquisants ont appliqué cette problématique aux guerres puniques. Il est vrai que les Grecs et les Romains, les premiers, s'étaient posé cette question. Le résultat de toutes ces réflexions, peut-être dis-

---

1. Ce souci a paru assez important pour justifier la publication récente de deux manuels rédigés à l'intention des étudiants débutants : D. Lejeune, *Les Causes de la Première Guerre mondiale*, 1992 (Paris), et Y. Durand, *Les Causes de la Deuxième Guerre mondiale*, 1992 (Paris).

cutable – nous verrons plus loin ce qu'il faut en penser – est qu'actuellement les soupçons pèsent davantage sur Rome.

De nombreux exemples illustreraient cette orientation très partisane de la recherche ; plusieurs cas se rencontreront dans les pages qui suivent. Il en est un qui fera peut-être sourire le lecteur, et qui illustre un certain état d'esprit actuel. Quand Jean-Paul Brisson, farouche défenseur de la cause punique et indo-européen [1] peut-être masochiste, décrit un des deux camps en cause, c'est l'appellation de « hordes indo-européennes [2] » qui se présente spontanément sous sa plume ; il semble oublier que le mot « horde », qui implique une notion de malfaisance (c'est le Petit Larousse qui le dit), est un terme péjoratif. Est-il besoin de rappeler qu'il n'appartient pas aux modernes, aux historiens, de porter des jugements de valeur sur les anciens ?

Les chercheurs actuels, qui s'efforcent donc de prendre en compte tous les aspects d'une situation, de faire de « l'histoire globale », visent également à l'objectivité, à la neutralité [3]. Ils se gardent de prendre parti, d'exprimer des sympathies pour les vainqueurs ou pour les vaincus, pour les « Romains » ou pour les « Carthaginois », qui n'en ont d'ailleurs nul besoin. Ils relisent les textes anciens, essaient de le faire sans passion, en tentant seulement de démêler l'écheveau du vrai et du faux. Mais, une fois qu'ils ont établi les faits, après critique des sources, ils doivent discuter les interprétations de leurs contemporains, et rejeter celles qui leur paraissent manifestement fausses ; c'est ainsi qu'avance la science.

Cependant, une description, même si elle est faite avec froideur et objectivité, entraîne inévitablement des constatations qui ressemblent à des jugements de valeur : si elle établit que l'une des puissances étudiées a rassemblé des forces importantes sans que l'autre en ait fait autant, l'historien pourra soupçonner que

---

1. La notion d'Indo-Européen relève du domaine de la linguistique. On appelle ainsi un ensemble de peuples parlant des langues appartenant à une même famille, qui comprend, pour l'essentiel, les branches celtique, grecque, italique, arménienne, slave, le sanscrit et le vieux perse.

2. J.-P. Brisson, *Carthage ou Rome ?* 1973 (Paris), p. 14.

3. L'auteur de cet ouvrage tient à préciser que, historien formé aux études classiques, au latin et grec, il est né à Carthage.

des intentions belliqueuses se trouvaient à l'origine de cette concentration d'effectifs. Les appréciations ne viennent toutefois qu'en conséquence du récit, ne se placent pas avant que l'enquête ait commencé : pour reprendre le vocabulaire de nos amis philosophes, nous dirons qu'elles sont des *a posteriori* et pas des *a priori*. Le plus important, en fait, se trouve ailleurs : l'auteur doit laisser au lecteur le soin de former sa propre conviction ; il doit le guider, sans chercher à l'influencer. Ce point de vue ne représente, assurément, qu'un idéal ; et, comme tel, il ne peut jamais être atteint.

Dans l'affaire qui nous occupe, nous nous trouvons devant une véritable enquête policière, mais d'un genre particulier : on a retrouvé le cadavre, on connaît le meurtrier, et on possède des témoins. Reste à savoir si on peut ou non faire intervenir des circonstances atténuantes, s'il y a eu ou non légitime défense. Ces questions, beaucoup d'auteurs se les sont posées.

Le moment est d'ailleurs bien choisi pour reprendre le dossier. En effet, les découvertes récentes et considérables de l'archéologie permettent d'en renouveler bien des aspects. Ainsi, une campagne organisée par l'UNESCO, et qui vient de s'achever, s'était donné pour objet de « Sauver Carthage[1] ». Dans le même temps, des plongeurs ont retrouvé deux navires de guerre puniques au large de Marsala, à l'ouest de la Sicile, ce qui constitue une « première », une vraie révolution : quand ils sombraient, les bateaux militaires éclataient en mille morceaux emportés au gré des flots, alors que les vaisseaux de commerce, grâce à leur cargaison, s'enfonçaient lentement dans le sable qui, ensuite, les protégeait. De plus, on ne négligera ni les inscriptions ni les papyrus, au besoin ; mais il y a peu à en attendre pour le sujet que nous traitons. En revanche, une discipline, la numismatique, rendra de multiples services : l'étude des monnaies a également fait de grands progrès ces dernières années, et elle nous apportera beaucoup d'informations, des informations parfois déci-

---

1. *Pour sauver Carthage*, *Exploration et conservation de la cité punique, romaine et byzantine*, édit. A. Ennabli, 1992 (Paris-Tunis).

sives. Or, à ce sujet, une constatation étonnante, surprenante, s'impose : les historiens, formés aux sources littéraires ou à l'archéologie, ont beaucoup trop négligé ce type de documents, difficiles à manier, il est vrai [1].

Pour essayer de dissiper le mystère qui entoure l'histoire des guerres puniques, il faut donc décrire les différentes phases de ce conflit ; il faut aussi essayer d'expliquer le pourquoi et le comment.

---

1. H. R. Baldus, « Wankt die karthagische Münzchronologie des 3. Jh. v. Chr. ? », *Chiron*, XXI, 1991, p. 179-184, manifeste un scepticisme peut-être excessif, même pour le IIIe siècle.

I
AUX ORIGINES DU CONFLIT

Comme nous l'avons dit, les guerres puniques ont représenté un des conflits majeurs qu'a connus l'humanité, et beaucoup d'auteurs s'en sont occupés.

Les historiens savent que l'étude d'une guerre, c'est l'étude d'un rapport de forces dont il faut montrer l'évolution. Jadis, ils comptabilisaient les effectifs en présence au début du conflit : tant de fantassins, tant de cavaliers, etc. ; puis ils cherchaient à évaluer les variations de ces chiffres après chaque bataille. Ceux qui, de nos jours, s'occupent d'affaires militaires, ne cherchent plus seulement à décrire ; ils veulent aussi comprendre. Et ils se rendent compte que d'autres facteurs sont intervenus pour faire pencher la balance d'un côté ou de l'autre : la politique, la diplomatie, l'économie, la société, voire la religion et les mentalités collectives, ont joué. D'où la nécessité de commencer par un point de la situation en 264.

1. *La conjoncture méditerranéenne*

Ce conflit majeur, contrairement à ce que l'on écrit souvent, n'opposa pas deux cités, en l'occurrence Rome et Carthage, mais deux empires, chacun ayant ses alliés et ses ennemis. Rappelons que le mot de cité définit une institution qui caractérise parfaitement bien l'Antiquité ; il s'applique à un ensemble qui comprend une ville unique et le terroir qui en dépend. Les hommes qui y vivaient avaient acquis un fort sentiment d'unité, impression renforcée par la croyance en une ou plusieurs divinités « poliades », c'est-à-dire spécialement chargées de la protection de la ville. Un individu se sentait d'abord et avant tout Athénien ou Spartiate, Romain ou Capouan, et ensuite seulement Grec ou Italien.

Pour en revenir au conflit qu'ont constitué les guerres puniques, et pour bien en analyser l'enjeu et le déroulement, il faut le replacer dans un contexte que de nos jours on appellerait « international ». La première guerre punique, rappelons-le, a eu comme enjeu principal la Sicile. On nous pardonnera, à ce propos, d'énoncer deux évidences : la Sicile est une île, et cette île occupe une position centrale en Méditerranée. De ce fait, et tant du point de vue économique que du point de vue militaire, les hommes l'ont de tout temps utilisée pour relier le nord et le sud, l'est et l'ouest, ou pour les séparer. En effet, d'une part, elle sert de pont entre l'Europe et l'Afrique, mais, à l'occasion, elle protège l'une contre l'autre (en 1943, les belligérants avaient bien compris ce double rôle ; les Allemands s'y étaient retranchés pour protéger la « forteresse Europe », et les Américains y avaient débarqué, précisément pour s'emparer de cette même « forteresse Europe »). D'autre part, elle est tournée à la fois vers l'Occident et vers l'Orient (d'où, dans le domaine de la culture, un héritage très divers, très complexe, avec, par exemple, des apports les uns normands et les autres arabes au Moyen Âge) ; mais elle permet aussi d'empêcher, ou au moins de contrôler le passage entre les deux bassins de la Méditerranée.

Cette mer, de même, unit ou divise. Mais elle attire. Autour de ce grand lac se pressaient des États, des royaumes, des cités, des peuples, en perpétuels mouvements, en perpétuels affrontements. Au début du IIIe siècle avant notre ère, l'ombre du grand Alexandre[1] dominait le bassin oriental et, ailleurs, provoquait l'admiration et suscitait les rêves. Son règne a ouvert une période que les historiens ont appelée « hellénistique », ce qui la

---

1. Sur le monde hellénistique, on peut utiliser sans crainte la magistrale synthèse de F. Chamoux, *La Civilisation hellénistique*, 1981 (Paris).

distingue de l'époque classique, dite simplement « hellénique ». L'empire constitué par ce personnage exceptionnel a éclaté après sa mort ; il a donné naissance à trois puis quatre grands États, la Macédoine, la Syrie, l'Égypte et, enfin, Pergame [1]. Des rois qui descendaient de ses lieutenants et qui s'appuyaient sur des cadres issus de la Macédoine les gouvernaient ; ils possédaient la richesse économique, le dynamisme démographique, l'éclat de la culture et, par conséquent, la puissance politique. Les alliances se faisaient et se défaisaient au gré des circonstances, chacun essayant de s'imposer sans jamais y parvenir, sinon de manière éphémère : on avait perdu la recette d'Alexandre, que personne ne réussissait à égaler.

De toute façon, les grands États arrivaient rarement à absorber de manière définitive les petits qui gravitaient dans leur orbite : les roitelets de Syrie, plus ou moins riches, les jadis prospères sanctuaires d'Anatolie et les cités de la Grèce continentale, ces dernières fort appauvries et grandes pourvoyeuses des autres en mercenaires, jouaient quotidiennement leur indépendance à qui perd gagne. Cependant, l'emploi généralisé de la langue grecque donnait aux élites de cette partie du monde le sentiment d'appartenir à une communauté, une *koinè* comme on disait, et cette impression était renforcée par la croyance générale en une divinité presque unique et toute-puissante, la *Tychè*, appelée en latin *Fortuna*, « la Fortune », « le Destin », ou encore « le Hasard ».

En Occident, rien de semblable à ces grands États centralisés. La péninsule qui doit son nom aux Ibères [2] était peuplée par une multitude de tribus, commandées par des chefs tout-puissants, et regroupées autour de sites fortifiés, les *castros*. Ces hommes courageux fournissaient à l'occasion, eux aussi, des mercenaires appréciés. Les mines du Sud produisaient du cuivre, de l'or, de l'argent ; elles avaient donné naissance à un mythe : la rumeur plaçait dans cette région un pays de cocagne, un El-Dorado

---

1. Le royaume de Pergame n'a existé de fait qu'à partir de 281, et de droit qu'à partir de 240.
2. A. Tranoy, *La Galice romaine*, 1981 (Paris), en particulier p. 21-144 ; D. Nony, dans Cl. Nicolet, *Rome et la conquête du monde méditerranéen*, II, 5e éd., 1993 (Paris).

connu par la Bible et communément appelé Tartessos par les différents auteurs.

Plus au nord vivaient les Celtes [1]. C'était un grand peuple, en pleine expansion. Ces Indo-Européens [2] élaboraient la civilisation dite « de La Tène », du nom d'un site suisse où les archéologues ont pu le mieux en définir les caractères [3]. Organisés en tribus turbulentes et jalouses de leur indépendance, commandés par des chefs de guerre, ils ont peu à peu envahi, du Ve au Ier siècle avant J.-C., le territoire de la Gaule, débordant sur le nord de la péninsule Ibérique, submergeant la plaine du Pô et l'île de Bretagne ; un groupe plus aventureux encore était même allé au cœur de l'Anatolie pour y fonder le royaume des Galates. Ils avaient aussi peuplé les régions situées autour du cours supérieur du Danube.

En Méditerranée, il fallait encore compter avec deux grands empires, groupés autour de Rome et de Carthage. Nous y reviendrons. On nous pardonnera de passer sous silence bien d'autres communautés moins importantes du point de vue numérique, comme les Sardes, les Corses, les Ligures, ou encore les Illyriens, l'Épire, les Thraces, Chypre et la Crète, et qui tous, à un moment ou à un autre, ont joué un rôle quelconque.

Mais d'abord une question : sur qui a-t-on fait peser la responsabilité de la guerre ?

2. *Les causes de la guerre*

Le problème de la responsabilité dans le déclenchement des opérations a été objet de débats dès l'Antiquité, et les modernes

---

1. J. Harmand, dans Cl. Nicolet, ouvrage cité.
2. Sur le sens de l'expression « Indo-Européen », voir plus haut, note de l'Introduction.
3. Les Celtes sont arrivés en Gaule à l'époque dite « de Hallstatt », à partir du VIIIe siècle avant J.-C. ; ils se sont alors cantonnés, pour l'essentiel, dans la partie septentrionale du pays.

ont prolongé cette réflexion. Particulièrement sensibles à la « Kriegschuldfrage », question posée d'abord à propos de la Première Guerre mondiale, nos collègues allemands ont mis un soin particulier à l'étudier pour les guerres puniques, et notamment pour la première. Dans le cas qui nous intéresse, les causes sont complexes ; malgré le scepticisme de certains historiens [1], elles paraissent évidentes [2]. Même si les conditions différaient de celles qu'ont connues le XIXe et le XXe siècle, le IIIe siècle avant J.-C. a pratiqué l'impérialisme, et cette remarque vaut aussi bien pour Carthage que pour Rome.

La notion d'impérialisme

Quand on examine l'histoire de l'humanité, on constate qu'un impérialisme peut s'expliquer par quatre types de motifs principaux, qui interviennent isolément ou en se combinant à deux, trois ou quatre. L'impérialisme économique, contrairement à ce qui a été écrit par les marxistes-léninistes, peut répondre à des causes très variées : simple recherche du butin, contrôle d'un marché, d'une source d'approvisionnement, etc. L'impérialisme politique satisfait les ambitions de chefs politiques ou de généraux particulièrement actifs, ou traduit la volonté qu'a un peuple de dominer un autre peuple. L'impérialisme stratégique vise à renforcer la sécurité d'un territoire par l'annexion d'une région voisine. Enfin, l'impérialisme idéologique s'efforce de diffuser une doctrine ou une religion. Le lecteur nous pardonnera de ne pas citer d'exemples : il les trouvera lui-même sans difficulté et cela évitera de susciter des polémiques qui paraissent inutiles à la compréhension de cet ouvrage.

---

1. Attitude illustrée par F. Hampl, « Zur Vorgeschichte des ersten und zweiten punischen Krieges », *Aufstieg und Niedergang d. röm. Welt*, I, 1, 1974, p. 412-441.
2. B. D. Hoyos, « A Forgotten Roman Historian : L. Arruntius and the True "Causes" of the First Punic War », *Antichthon*, XXIII, 1989, p. 51-66.

L'impérialisme de Rome

L'impérialisme de Rome[1], au début de la première guerre punique, et également par la suite d'ailleurs, s'explique par trois motifs, qui à l'occasion peuvent s'additionner, et présente deux variantes. Le premier motif à évoquer est le goût du pouvoir, la volonté d'hégémonie (Thucydide avait bien analysé cette cause de guerre pour la Grèce du Ve siècle, et Polybe pour l'époque romaine, mais ils n'avaient vu que ce point) : chaque puissance cherchait à s'assurer un domaine toujours plus vaste, par désir de commander pour ne pas avoir à obéir. C'est donc là un aspect politique[2], qui a d'ailleurs pris une importance croissante dans les années qui ont précédé 264. Rome mène alors une offensive tous azimuts. En 273, elle installe une colonie à Cosa, au nord. En 272, elle prend Tarente, au sud : la conquête de la péninsule s'achève ainsi (le mot « Italie », a-t-on noté, qui ne désigna d'abord que la Calabre, puis seulement la partie méridionale de la botte, s'appliqua à partir de cette époque à l'ensemble des régions situées au sud de l'Arno). En 269 ou 268, c'est l'est qui est concerné, avec l'écrasement d'une révolte dans le Picénum et, en 266, le pays des Messapiens est dompté : de nouveau le sud. L'Italie conquise, reste à savoir qui sera la future victime : les Celtes, au nord ? Les Illyriens, qui occupaient le territoire de l'ancienne Yougoslavie, au nord-est ? Ou bien la Sicile, au sud ?

Le lucre constitue le deuxième motif de l'impérialisme romain. C'est ici qu'intervient l'économie. Encore faut-il prendre en compte un facteur que les modernes négligent, à tort : la recherche du butin, qui ne fait pas partie des préoccupations de nos dirigeants actuels, du moins pas de manière avouée, est parfaitement normale, légale et morale pour les mentalités collec-

---

1. A. Heuss, « Der erste punische Krieg und das Problem des römischen Imperialismus », *Historische Zeitschrift,* 169, 1959, p. 457-513, repris en 1964 (Darmstadt), 57 p. ; H. W. Harris, *War and Imperialism in Republican Rome 327-70 B. C.*, 1979 (Oxford) ; E. Badian, *Römischer Imperialismus in der späten Republik*, 1980 (Stuttgart).

2. Pour Polybe, I, 6, c'est la volonté d'expansion de Rome qui a provoqué la guerre ; Florus, I, XVIII, 3, pense que, déjà, Rome et Carthage étaient entrées en concurrence pour l'empire du monde, ce qui est anachronique.

tives de l'Antiquité [1]. Remarquons que ce puissant moteur des armées en campagne a fonctionné pendant longtemps, et récemment encore de manière officielle mais atténuée, au début de la guerre de 1914 : leurs officiers accordaient aux soldats allemands « le droit de piller les caves abandonnées [2] ». Ce que les historiens perçoivent mieux, en revanche, c'est le désir de contrôler des marchés, parfois révélés aux négociants par les mercenaires, a-t-on dit. Mais il faut bien voir, n'en déplaise aux tenants d'une idéologie aujourd'hui obsolète, que les commerçants peuvent très bien faire des affaires sans demander et obtenir l'aide et l'appui de soldats. Les historiens ne cherchent plus à tout expliquer par la seule économie. P. Miquel, par exemple, reconnaît que les rivalités en ce domaine ne suffisent pas pour expliquer le déclenchement de la Première Guerre mondiale [3]. Pour en revenir à l'Antiquité, relevons que Capoue, une importante cité de Campanie, s'était « livrée à Rome » en 343, c'est-à-dire qu'elle avait obtenu une protection militaire en échange de sa soumission politique ; et les chercheurs se sont plu à relever, dans l'histoire de la première guerre punique, le rôle des Campaniens et de leurs alliés au sein du Sénat de Rome, la grande famille des Claudii, les Claudes.

Le troisième moteur de l'impérialisme romain, c'était le besoin de sécurité [4] : il paraissait normal aux anciens, à tous les anciens, à la différence de nos contemporains, de détruire un ennemi potentiel pour ne pas courir le risque d'être détruit par lui. Sans aller jusqu'à faire de la première guerre punique une guerre purement défensive pour Rome [5], on doit admettre que cette cité, à tort ou à raison, pouvait ressentir un sentiment d'encerclement, de menace [6] : Carthage, qui avait envoyé une

---

1. Voir, par exemple, Polybe, I, 1, 11.
2. P. Miquel, *La Grande Guerre*, 1983 (Paris), p. 118.
3. P. Miquel, ouvrage cité, p. 79.
4. P. Veyne, « Y a-t-il eu un impérialisme romain ? », *Mél. de l'École fr. de Rome*, LXXXVII, 1975, p. 793-855, privilégie ce facteur, trop à notre avis.
5. C'est la thèse, quelque peu excessive, soutenue par A. Heuss, ouvrage cité.
6. C'est le sentiment qu'exprime l'ami des Romains, Polybe, en I, 1, 11.

flotte au large de Tarente en 272 ou 270, qui contrôlait les Baléares et, au moins en partie, la Sardaigne et la Sicile, commit l'erreur, en 264, de prendre Messine ; ce geste pouvait passer au mieux pour une maladresse et au pire pour une provocation.

Sans doute, dira-t-on, ces mobiles sont susceptibles d'animer la politique de tous les États. Mais ils ne peuvent être ressentis avec intensité, avec passage à l'acte, que par un peuple qui en a et les moyens et la volonté. Or Rome a pu, a su et a voulu mettre en pratique cet impérialisme, qu'elle justifiait d'ailleurs par des motifs moraux et juridiques. C'est là, dans l'histoire de l'humanité, un trait tout à fait original.

En revanche, on ne décèle aucune trace d'impérialisme religieux. Les Romains n'ont jamais voulu exporter leur panthéon, l'imposer à qui que ce soit. Leur modération en ce domaine s'explique : ils pensaient, comme leurs contemporains, que tous les hommes adoraient les mêmes dieux, simplement sous des noms différents. La religion intervenait pourtant, conjointement avec le droit, mais d'une autre manière : elle justifiait l'impérialisme [1]. Les Romains, parce qu'ils étaient les hommes les plus pieux du monde, disaient-ils, bénéficiaient d'une protection particulière, qui leur assurait la victoire et, en plus, ils avaient reçu pour mission d'imposer leur autorité au monde afin de lui donner son ordre. Virgile l'a écrit, bien plus tard, il est vrai : « Ne l'oublie pas, Romain : c'est à toi qu'il appartient de diriger les nations » (*Énéide*, VI, 851).

Toutes les couches de la société ne partageaient pas avec la même intensité ces raisons de faire la guerre. La plèbe, c'est-à-dire la totalité des hommes libres et pauvres, incarnait une première variante de cet impérialisme : elle espérait le profit immédiat, c'est-à-dire le butin, quitte à aller le chercher, au besoin, dans des expéditions lointaines. L'aristocratie, qui régnait au Sénat, adoptait une autre attitude, liée à d'autres intérêts ; elle préférait les entreprises moins aventureuses, les conquêtes proches et les terres à blé. Les tenants de cette deuxième variante de l'impérialisme romain n'en étaient pas moins divisés ; des

---

1. W. Seston, « Le Droit au service de l'impérialisme romain », *Scripta varia,* 1980 (Paris), p. 53-63.

clans, à base familiale, s'étaient formés. Les Fabii, par tradition, regardaient vers le nord, et en premier lieu vers l'Étrurie ; mais leur chef, Fabius Gurges, était mort en 265 sans laisser personne pour lui succéder. Les Claudii, eux, s'intéressaient davantage aux affaires de Sicile, on l'a dit ; par là, ils s'opposaient à Carthage.

L'impérialisme de Carthage

Il ne faudrait pas imaginer pour autant que Carthage se soit senti une vocation de victime, que ses habitants aient répudié toute idée de guerre, de conquête et d'impérialisme : des motifs analogues inspiraient leur politique, et c'est pourquoi nous pouvons passer plus rapidement sur ce point. Ils éprouvaient le même besoin de sécurité que les Italiens. Ils ressentaient le même goût pour le pouvoir, pour le butin, pour la richesse. Dussions-nous déplaire à certains passionnés de la civilisation punique, il nous paraît indispensable de rappeler une évidence : l'impérialisme de Carthage a bel et bien existé [1], même s'il ne se caractérisait pas, en ce début du IIIe siècle, par un dynamisme égal à celui de Rome. Et c'étaient les Africains surtout, mais pas eux exclusivement d'ailleurs, qui en faisaient les frais [2]. Ils étaient divisés en sujets et alliés, une distinction qu'il n'est pas toujours facile de faire. Ceux qui vivaient dans la proximité de la capitale, en gros dans le Nord de l'actuelle Tunisie, étaient les plus opprimés. Pour l'époque que nous étudions, les auteurs actuels tendent à leur réserver le nom de « Libyens », antérieurement appliqué à tous les habitants de l'actuel Maghreb. Ils avaient perdu toute indépendance politique, payaient tribut et fournissaient des contingents de recrues en cas de guerre. Vivant plus à l'ouest, « Numides [3] » et « Maures [4] »

---

[1]. C. R. Whittaker, « Carthaginian Imperialism in the Fifth and Fourth Centuries », *Imperialism in the Ancient World*, édit. P. D. A. Garnsey et C. R. Whittaker, 1979 (Cambridge), p. 59-90.

[2]. E. Acquaro, « L'Espansione fenicia in Africa », *Convegno sul tema Fenici e Arabi nel Mediterraneo, Accad. Naz. dei Lincei*, 1983, p. 23-61.

[3]. G. Camps, *Massinissa, Libyca,* VIII, 1, 1960 ; *Die Numider,* édit. H. G. Horn et C. B. Rüger, 1979 (Bonn).

[4]. Il n'existe pas, sur les Maures, d'ouvrage analogue aux précédents.

étaient soumis à des traités plus ou moins rigoureux. Leur degré d'indépendance variait en fonction inverse de la puissance de Carthage et aussi de leur éloignement par rapport à cette métropole. Eux aussi étaient soumis à diverses astreintes, financières et militaires. De nombreux exemples, dans les pages suivantes [1], illustreront cette situation.

Cependant les centres d'intérêt économiques, pour l'essentiel, n'étaient pas les mêmes que ceux de la cité rivale : les navigateurs et les commerçants puniques parcouraient tout le bassin occidental de la Méditerranée ; les riches propriétaires avaient beaucoup investi en Afrique, notamment en biens fonciers, et dans le Sud de la péninsule Ibérique. Pour eux, la Sicile ne constituait qu'un domaine d'action parmi d'autres. Et, ici aussi, des divergences s'exprimaient entre les aspirations des pauvres et celles des riches. Ici aussi, des oppositions existaient entre les puissants. L'aristocratie n'était pas moins divisée qu'à Rome : un parti improprement appelé « de la paix », qui privilégiait l'expansion en Afrique, s'opposait à un autre parti tout aussi improprement appelé « de la guerre » ; les intérêts de ce dernier se trouvaient dans les îles, Baléares, Sardaigne, Sicile, Corse accessoirement. Pour les représentants de ce deuxième clan, la Sicile représentait un enjeu de pouvoir, un terrain de concurrence économique et une affaire de sécurité.

3. *Les forces en présence*

La guerre eut lieu. Mais on peut se demander si les belligérants avaient bien choisi leur moment, s'il existait un équilibre des forces. Ces dernières, en l'absence de statistiques, restent difficiles à évaluer. Il faut cependant souligner une particularité de cette époque : les adversaires manquaient souvent d'argent, ou de blé, ou d'hommes. Et les opérations se sont souvent arrêtées pour une seule raison : l'intendance suivait mal, ou ne

---

1. Nous renvoyons en particulier au chap. III (*La guerre inexpiable*).

suivait pas du tout. On ne peut donc pas négliger, dans l'histoire de ce conflit, le poids des facteurs économiques, démographiques, politiques. Le lecteur pardonnera certains silences du récit : la civilisation de Rome en 264 reste mal connue, et nous possédons encore moins d'informations sur celle de Carthage.

Les structures politiques

Même régime aristocratique des deux côtés : ce point permettra de comprendre bien des choix stratégiques. Mais, dans les deux systèmes, le peuple pouvait s'exprimer et possédait des moyens d'action. À Carthage [1], une assemblée restreinte, qu'on appelle souvent le « Sénat », et qui comptait environ trois cents membres, déléguait une partie de ses fonctions, notamment en matière de justice, à une commission dite des Cent quatre. Des magistrats, appelés sufètes, exerçaient le pouvoir au quotidien, et le peuple se réunissait au sein d'assemblées. Les historiens se sont disputés, et se disputent encore, sur un point : G.-Ch. Picard pense que les mots *basileus*, employé par les auteurs grecs, et *rex*, par les latins, désignaient bien un « roi », sens de ce mot dans les deux langues [2] ; M. Sznycer [3], suivi par d'autres [4], n'y

---

1. De nos jours, on utilise encore, avec raison d'ailleurs, les 8 vol. de l'*Histoire ancienne de l'Afrique du Nord*, publiée par S. Gsell, 1921-1928, avec plusieurs éditions (Paris) ; en dernier lieu, on consultera l'excellente mise au point de S. Lancel, *Carthage* [punique], 1992 (Paris). Voir aussi *I Fenici*, 1988 (Turin) ; M. Fantar, *Carthage*, 1993 (Tunis), 2 vol. ; *La Civilisation phénicienne et punique. Manuel de recherche*, édit. V. Krings, *Handb. der Orient.*, XX, 1995 (Leyde-New York-Cologne).

2. G.-Ch. Picard, « Les Sufètes de Carthage dans Tite-Live et Cornelius Nepos », *Revue des Études Lat.*, XLI, 1963, p. 269-280, « Les Rapports entre gouvernants et gouvernés à Carthage », *Recueil de la Soc. J. Bodin*, XXIII, 2, 1968, p. 129-138 ; voir aussi, de ce savant, les multiples synthèses mentionnées dans la bibliographie générale.

3. M. Sznycer, « Le Problème de la royauté dans le monde punique », *Bull. du Com. des Trav. Hist.*, XVII, B, 1981, p. 291-296.

4. À titre d'exemples : M. Fantar, « À propos des institutions politiques et administratives de Carthage : la question de la royauté », *Centre de rech. et d'ét. écon. et soc. de Tunis*, cahier n° 1, 1979, p. 33-48, remarque que le mot

voit que des approximations pour traduire le punique « sufète ». De toute façon, ce débat n'intéresse pas directement notre période : si monarchie il y a eu à Carthage, ce régime avait disparu avant le début du IIIe siècle avant J.-C.

1. Carthage : la colline de Byrsa (citadelle) vue du port de guerre.
Photographie de l'auteur.
Au premier plan, on distingue une partie de l'anneau et de l'île qui formaient le port de guerre dans la première moitié du
IIe siècle avant J.-C. ; à l'arrière-plan, dominée par la cathédrale du XIXe siècle, on distingue une petite hauteur qui était la citadelle de Byrsa, où se sont réfugiés les derniers défenseurs de Carthage en 146 avant J.-C.

---

phénicien MLK, « roi », n'est pas attesté par l'épigraphie ; O. Masson, « Le "Roi" carthaginois Iômilkos dans des inscriptions de Délos », *Semitica*, XXIX, 1979, p. 53-57 ; W. Huss, « Der karthagische Sufetat », *Althist. Studien H. Bengtson, Hist. Einzelschr.*, XL, 1983, p. 24-43, pour la période qui commence avec la deuxième guerre punique.

2. Rome : le Forum, la curie et le Capitole.
Photographies de l'auteur.
Les restes de monuments que l'on voit sur ces photographies
sont tous postérieurs aux guerres puniques ; de cette dernière
époque, il ne reste rien : « Même les ruines ont péri. »

À Rome [1], le Sénat, qui possédait alors sans doute moins de puissance qu'il n'en eut par la suite, n'en dominait pas moins la scène politique. Pour voter, la plèbe était répartie en classes censitaires dans des assemblées appelées comices centuriates, qui s'occupaient des affaires militaires notamment, et en unités territoriales dans d'autres assemblées, appelées comices tributes, qui devaient se prononcer sur les sujets plus civils ; les citoyens romains étaient donc organisés dans le premier cas en centuries, unités de l'armée, et dans le second cas en tribus, ce dernier mot ne désignant que des circonscriptions géographiques. Ici aussi des magistrats ; ils ne suivaient pas encore une « carrière des honneurs » aussi organisée qu'elle le devint par la suite : le questeur s'occupait des finances, à Rome ou aux armées, l'édile des bâtiments et de la police, le préteur « disait le droit », et le consul exerçait le pouvoir politique dans la Ville (Ville, avec une majuscule, quand il s'agit de la capitale), et il commandait les armées à l'extérieur.

On constate, en revanche, des différences dans l'étendue et la structure des territoires contrôlés. Le domaine de Rome présentait un aspect massif : il recouvrait, on l'a dit, l'ensemble de la péninsule italienne, une péninsule dont les habitants possédaient des statuts juridiques différents. On distinguait au moins trois niveaux.

Au sommet se trouvaient les citoyens romains, qui jouissaient de tous les droits, politiques et civils. Ce nom de « Romain » n'est pas exempt d'ambiguïté : il peut avoir trois significations. Au sens étroit, il s'applique à un habitant de la Ville. Il peut également désigner un citoyen romain qui n'a même jamais vu sa mère patrie, par exemple parce qu'il est né dans une colonie, véritable morceau de Rome installé au loin, et y a toujours vécu (le terme de colonie, pour cette époque, désigne toujours une

---

1. A. Piganiol, *La Conquête romaine*, 5ᵉ éd., 1967, doit être mis à jour par F. Hinard ; de ce dernier, *La République romaine*, coll. « Que sais-je ? », n° 686, 1992 (Paris) ; pour la période suivante : Cl. Nicolet, *Rome et la conquête du monde méditerranéen*, I, *Les Structures de l'Italie romaine*, 5ᵉ éd., 1993, (Paris). Sur la société : G. Alföldy, *Histoire sociale de Rome*, trad. fr. d'É. Évrard, 1991 (Paris), p. 34 et suiv.

cité, jamais une région). Enfin, les historiens ont inventé un sens large, et ils l'emploient parfois par commodité pour désigner toutes les personnes soumises à l'autorité de Rome ; cet usage, pourtant attesté dès l'Antiquité, est impropre, puisqu'il amène à désigner par ce terme des alliés ou même des sujets ; ainsi, quand on parle de « soldats romains », on devrait réserver cette expression aux seuls légionnaires. Mais l'habitude s'est prise de désigner ainsi non seulement les militaires qui sont originaires de Rome, mais encore tous ceux qui combattent à son service. Juste en dessous, l'existence de citoyens romains de seconde catégorie, si on peut dire, est prouvée : on connaît des « citoyens sans droit de vote », c'est-à-dire sans droits politiques, les *ciues sine suffragio*, qui bénéficiaient cependant des droits civils.

Revenons-en à la société. Au milieu, sous les citoyens romains, étaient placés les Latins, qui pouvaient être organisés en colonies, « colonies latines » donc ; ce terme lui non plus n'avait pas de signification géographique ou linguistique, mais juridique ; il désignait les titulaires d'un statut intermédiaire. À la base, se trouvaient les alliés ou *socii* ; Rome ne leur reconnaissait ni droits politiques ni droits civils, mais bien évidemment ils faisaient partie d'une cité, étaient soumis à ses lois, et profitaient des avantages qu'elle octroyait, qu'elle garantissait. Si cette cité était appelée « municipe », il faut comprendre que ses habitants étaient soumis aux mêmes obligations que les citoyens romains, et qu'ils avaient la possibilité de conserver leurs institutions traditionnelles. Enfin, les esclaves auraient constitué un quatrième niveau si l'opinion publique leur avait reconnu la moindre dignité.

Ce schéma correspondait, sur le plan territorial, à une triple distinction. L'*ager romanus*, le territoire divisé en trente-cinq circonscriptions, pour les trente-cinq tribus, occupait la partie centrale de l'Italie, en gros le Latium, le Sud de l'Étrurie, le Nord de la Campanie, la Sabine et le Picénum (on a remarqué que cet ensemble correspondait à peu près aux anciens États de l'Église, ceux du Moyen Âge, ce qui prouve qu'il possédait une unité géographique, ce qui explique une continuité historique). Sur les marges, des communautés dispersées bénéficiaient du droit latin. Dans le reste de la péninsule, on trouvait des cités et des peuples liés à Rome par des traités inégaux ; ils formaient ce

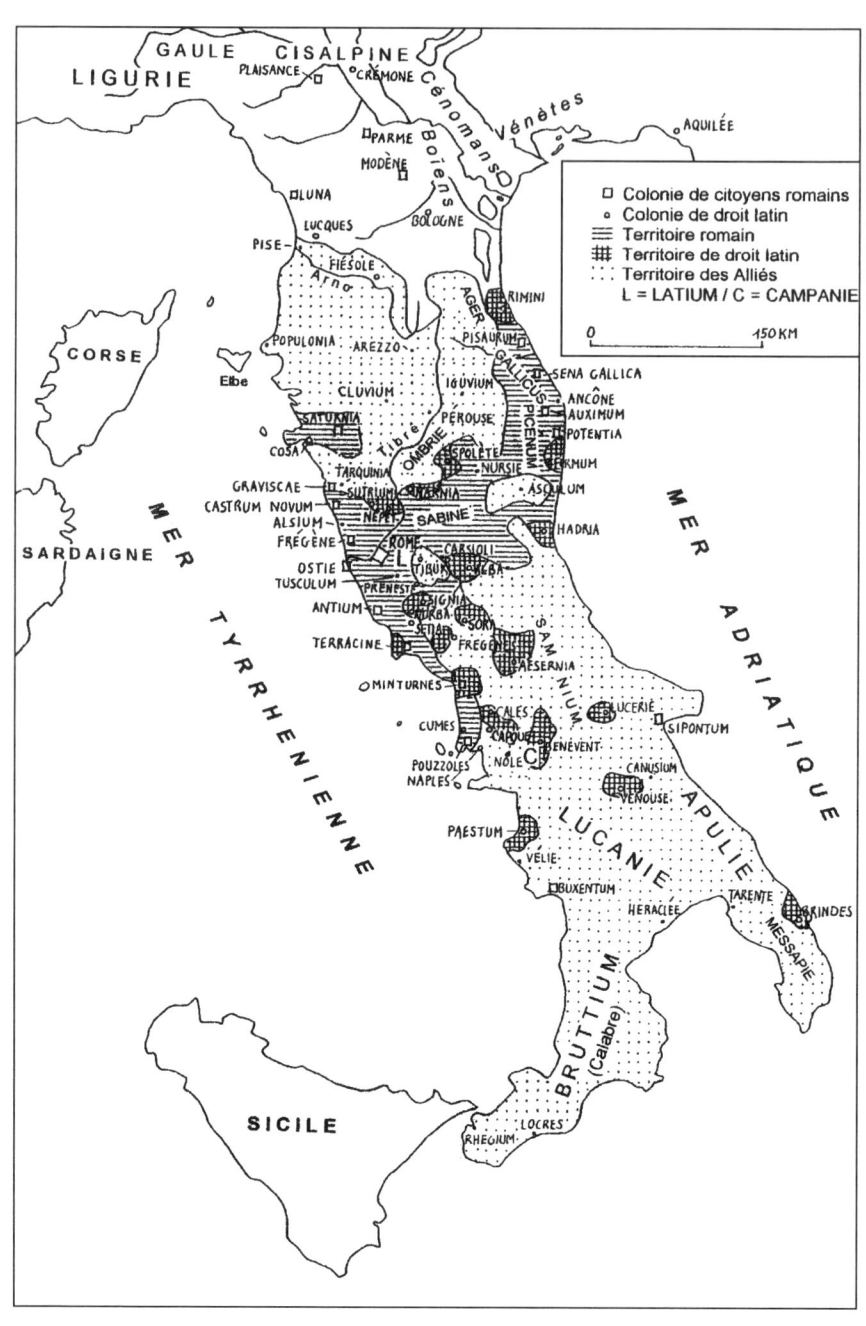

3. L'Italie romaine.
Carte de l'auteur d'après Cl. Nicolet,
Rome et la conquête du monde méditerranéen, 5ᵉ éd., I, 1993
(Paris), p. 298-299.

4. La *chôra* de Carthage.
F. Rakob, *Karthago*, 1992 (Darmstadt), p. 295.

que les modernes ont appelé improprement la « Confédération italique », ce que les anciens désignaient par le mot *socii*, les « alliés ».

Carthage contrôlait un domaine bien différent. Ici aussi se pose un problème de vocabulaire, et il convient de distinguer deux adjectifs : « punique » s'applique à tout ce qui est phénicien en Occident ; « carthaginois » devrait être réservé à ce qui se réfère à la capitale de cet ensemble. Mais les auteurs actuels, comme les anciens d'ailleurs, ont ici aussi pris une mauvaise habitude ; ils parlent de « carthaginois » là où, souvent, ils devraient utiliser le mot « punique », poussés dans ce sens, il est vrai, par un problème de grammaire : il n'existe pas de nom propre correspondant à l'adjectif « punique » (rien n'empêche, il est vrai, de l'inventer). L'application de ces termes au domaine militaire entraîne bien plus d'imprécision encore, puisqu'ils sont employés même pour des alliés ou des sujets. Ainsi, quand un auteur parle d'armée « carthaginoise », c'est comme quand il parle d'armée « romaine » : il ne pense pas à une origine géographique, mais à un rapport d'autorité. Les soldats « carthaginois », dans la langue courante, sont simplement ceux qui combattent pour Carthage.

En Afrique, Carthage s'était constitué, depuis le Ve siècle, un territoire, que l'on appelle d'un mot grec, la *chôra* ; elle correspondait au Nord de la Tunisie actuelle et pourrait être délimitée par une ligne qui irait, très approximativement, de Tabarka à Mactar, et de là jusqu'à la côte, au sud de Mahdia [1].

La présence punique est en outre attestée sur de très nombreux sites éparpillés tout au long du littoral du Maghreb, dans le Sud de la péninsule ibérique [2], aux Baléares, dans l'extrême Ouest de la Sicile comme on l'a dit [3], et dans le Sud-Ouest de la Sardaigne [4]. Parfois on trouve de vraies colonies, ou encore des villes indigènes qui ont subi des influences plus ou moins fortes ; dans certains cas, il ne s'agit que de simples escales, de ports. On admet en général qu'une ville punique se reconnaît du point de vue monumental à la trilogie acropole-cothon-tophet (on appelait cothon un port intérieur et tophet un sanctuaire où étaient déposées les urnes cinéraires des victimes offertes en sacrifice) ; on tiendra compte aussi du recours à une langue, à des institutions et à un panthéon communs avec la métropole.

---

1. S. Lancel, ouvrage cité, p. 281, et, en dernier lieu, des recherches dont on attend le résultat final : N. Ferchiou, « Un Fossé inconnu en Afrique Proconsulaire », *Reppal*, V, 1990, p. 107-115 (ce fossé date sans doute d'une époque postérieure).

2. P. A. Barcelo, « Karthago und die Iberische Halbinsel vor den Barkiden », *Antiquitas*, R. 1, XXXVII, 1988 (Bonn).

3. M. I. Finley, *Ancient Sicily*, 1968 (Londres) ; L. M. Hans, *Karthago und Sizilien... (6.-3. Jh. v. Chr.)*, 1983 (Hildesheim) ; S. Moscati, *Italia punica*, 1986 (Milan).

4. F. Barreca, *La Sardegna fenicia e punica*, 1974 (Sassari) ; R. J. Rowland, « Beyond the Frontier in Punic Sardinia », *American Journal of Anc. Hist.*, VII, 1982, p. 20-39 ; L. M. Hans, « Zur Rolle Sardinien in der karthagischen Handelspolitik im 4. Jh. v. Chr. », *Münster. Beiträge zur ant. Handelsg.*, IV, 2, 1985, p. 65-76.

Les dynamismes économiques

Ces dispositions géographiques expliquent la diversité des facteurs de puissance. L'économie punique, qui s'est illustrée surtout par son dynamisme commercial et maritime [1], assurait une production agricole non négligeable grâce à sa *chôra*.

Pour l'Italie, l'élément fondamental se trouve ailleurs, dans le domaine de la démographie. On dispose de chiffres, certes discutés, mais sur lesquels on a fini par s'accorder à peu près, ceux du cens ; cette opération, effectuée tous les cinq ans, ne prenait en compte que les citoyens romains, adultes, de sexe masculin et en état de porter les armes : pour 265-264, on a estimé leur nombre à 292 334 [2]. Ce chiffre, situé bien au-dessus des besoins de l'armée, comme on le verra, fournit une des explications de la force de Rome, explication qui a souvent échappé aux historiens : d'une part, lors du recrutement, on pouvait faire le choix des meilleurs ; d'autre part, en cas de défaite, les pertes pouvaient être comblées sans peine, ce qui n'était pas le cas de tous les États du bassin méditerranéen, loin de là.

LES CHIFFRES DU *CENSUS* (D'APRÈS A. J. TOYNBEE [3])

265/4 : 292 334	241/0 : 260 000	209/8 : 137 108	(…)
252/1 : 297 797	234/3 : 270 212	204/3 : 214 000	147/6 : 322 000
247/6 : 241 212	230/29 ou 225/4 : 273 000	194/3 : 143 704	142/1 : 328 442

---

1. C'est un lieu commun de la littérature historique, exprimé par exemple dès le titre du livre de F. Decret, *Carthage ou l'empire de la mer*, 1977 (Paris).
2. P. A. Brunt, *Italian Manpower (225 B. C.-A. D. 14)*, 1971 (Oxford), et Cl. Nicolet, ouvrage cité, I, p. 89 (on préfère le chiffre d'Eutrope, II, 18, à celui de l'abréviateur de Tite-Live, *Sommaires*, XVI : 382 233).
3. A. J. Toynbee, *Hannibal's Legacy*, I, 1968 (Londres), p. 439.

Les chercheurs savent bien que ces données statistiques prouvent, d'une manière générale, la force et le dynamisme d'une région qui disposait d'une population exceptionnellement nombreuse. Ces mêmes savants expliquent la supériorité démographique de l'Italie par des facteurs politiques, institutionnels. Fait extraordinaire pour l'Antiquité, Rome avait pris l'habitude, depuis longtemps, d'intégrer les vaincus, et elle leur donnait la citoyenneté romaine au lieu de les écraser ou de les anéantir. Elle ne leur demandait que de se mettre à parler latin, et d'accepter ses lois, ses règles et ses coutumes. Il ne faut cependant pas généraliser. Rome pouvait, bien entendu, détruire l'ennemi, et elle ne s'est pas privée de le faire, on en verra des exemples. Entrer en conflit avec elle comportait évidemment une part de risque : glorieuse incertitude de la guerre !

Les habitants de la péninsule animaient une économie largement rurale. L'Étrurie, les cités grecques de l'Italie du sud, et plus encore la Campanie en général et Capoue en particulier, avaient accaparé l'artisanat et le commerce[1]. Certains auteurs, qui schématisent sans doute, décrivent cette Italie comme un État à deux têtes, Rome pour la politique et Capoue pour l'économie : Capoue[2], qui frappait déjà des monnaies d'argent de type grec, et la Campanie exportaient les produits de leur artisanat, leur vin et leur huile dans toute la Méditerranée occidentale où les archéologues retrouvent partout leur trace, en l'espèce une célèbre céramique à vernis noir. La prospérité n'allant pas sans conséquences politiques et sociales, on vit quelques riches Capouans, les Decii, les Atilii, entrer au Sénat de Rome. En retour, quelques Romains cherchèrent leur alliance. Des unions se formèrent ; certaines d'entre elles eurent des conséquences non négligeables pour la vie publique. Un membre de la famille des Claudes, déjà évoquée, Appius Claudius Caecus, maria sa fille à un Campanien ; le même homme traça la voie Appienne,

---

1. Pages rapides et percutantes dans B. Cunliffe, *La Gaule et ses voisins. Le grand commerce dans l'Antiquité*, trad. fr. F. Vidal, 1993 (Paris), en particulier p. 71 et suiv.

2. Important ouvrage : J. Heurgon, *Recherches sur l'histoire de Capoue préromaine*, 1942, réimpr. 1970 (Paris).

qui porte son nom, pour unir les deux capitales ; et, aux origines de la première guerre punique, on trouve un de ses proches parents, peut-être son frère.

On voit qu'ainsi est mis à mal le schéma qui oppose une Rome tout entière tournée vers la terre et l'agriculture à une Carthage tout entière tournée vers la mer et le commerce.

Les armées : 1, Carthage

Les schémas traditionnels ne sortent pas davantage indemnes d'un examen comparé des forces militaires en présence. Certes, en raison des lacunes de la documentation, l'étude est difficile, en particulier en ce qui concerne Carthage [1] ; les historiens, en général, se bornent à décrire son armée au temps d'Hannibal, parce qu'ils possèdent là-dessus davantage d'informations. Et, quand ils parlent de la première guerre punique, tout au plus conseillent-ils de montrer beaucoup de scepticisme sur les quelques chiffres qui nous sont parvenus.

Tentons néanmoins de faire le point, de voir ce que nous savons et ce que nous ne savons pas. En 264, l'armée de Carthage ressemblait aux armées grecques [2]. Au combat, elle était organisée suivant le modèle de la phalange [3] (la mention de « légions carthaginoises » constitue une impropriété du point de vue du vocabulaire ; elle est rarement employée au demeurant, et s'explique par une habitude des anciens, qui prêtaient toujours aux autres leurs caractéristiques propres). Cette façon de se battre avait été poussée à un point de perfection par les

---

1. S. Gsell, ouvrage cité, II, 1918, p. 331-435, a utilisé toutes les sources littéraires. Pour l'archéologie : S. Moscati, *I Fenici e Cartagine*, 1972 (Turin). Voir aussi P. Bartoloni, dans *I Fenici*, 1988 (Turin), p. 72-77 et 132-138, M. Fantar, *Carthage,* II, 1993 (Tunis), chap. sur « L'Armée et la guerre » et, en dernier lieu, G. Brizzi, dans *La Civilisation phénicienne et punique,* édit. V. Krings, cité plus haut.

2. C. G. Wagner, « Guerra, ejército y comunidad cívica en Cartago », *Homenaje al Profesor Presedo*, 1994 (Séville), p. 825-835, en dernier lieu.

3. Polybe, I, 33.

Macédoniens : les soldats, épaule contre épaule, protégés par les boucliers et les cuirasses, formaient une muraille de fer. Ils utilisaient une lance de cinq à six mètres de long appelée « sarisse » ; cette tactique avait été diffusée largement après les succès d'Alexandre le Grand. On ignore si les Carthaginois utilisaient des sarisses. On sait, en revanche, que des Libyens servaient comme phalangites, mercenaires des rois hellénistiques, et que, dans l'ordre de bataille des Puniques, les hommes étaient alignés au coude à coude, formant un mur hérissé de dards, contre lequel se brisaient les assauts de l'ennemi, ou qui écrasait ce dernier par sa masse. Leurs armées comprenaient également des archers et des frondeurs [1], de la cavalerie, lourde et légère, celle-ci venant surtout de Numidie. Le dispositif initial comprenait, comme partout à cette époque, trois éléments principaux (un centre, une aile droite et une aile gauche), auxquels s'ajoutaient parfois une réserve et toujours un camp où étaient entreposés les bagages et, éventuellement, le butin récolté les jours précédents. Le général n'avait guère le choix qu'entre deux possibilités : soit percer (séparer le centre d'une aile), soit envelopper (encercler une aile).

Le succès de la manœuvre [2], qui impliquait bien sûr que l'ennemi ait été devancé, provoquait le plus souvent la fuite d'adversaires qui avaient tôt compris que, pour eux, la partie était perdue. D'où, souvent, un nombre de morts et de blessés relativement bas. Mais les lois de la guerre laissaient le choix au vainqueur : tuer les vaincus, ou les capturer pour les réduire en esclavage, destin normal et légal du prisonnier. À partir du moment où les hommes étaient en contact les uns avec les autres, la bataille pouvait se transformer en une série de duels, mais les différents peuples étaient plus ou moins bien équipés pour cette phase des opérations. Les Macédoniens, par exemple, n'avaient guère prévu que le choc en unités constituées. On le voit, cette tactique restait rudimentaire ; elle se situait davantage au niveau du jeu de dames qu'à celui du jeu d'échecs. Le génie

---

1. M. Fantar, ouvrage cité, p. 103-105.
2. G. Brizzi, « I *Manliana imperia* e la riforma manipolare : l'esercito romano tra *ferocia* e *disciplina* », *Sileno*, XVI, 1-2, 1990, p. 185-206.

cependant s'exprimer parfois, quand le général enrichissait ses manœuvres par une astuce, un stratagème ; par la suite, après la période qui nous occupe, quelques auteurs, comme Frontin, ont recueilli les plus remarquables de ces traits d'habileté. Les soldats se protégeaient avec un casque et un bouclier rond et, pour tuer, utilisaient une lance et une épée courte. Philippe de Macédoine avait prouvé, en 338, dans la plaine de Chéronée, la supériorité de la tactique de sa phalange sur celle des hoplites, qui, eux, ne combattaient pas en rangs aussi serrés, mais presque « en tirailleurs ».

Une légende veut que ces fantassins n'aient été fournis que par le mercenariat [1]. Les écrivains latins, et leurs amis grecs, pouvaient ainsi stigmatiser la prétendue lâcheté punique : « Les Carthaginois ont toujours fait la guerre sans jamais mettre leur confiance dans des soldats citoyens », dit Diodore (V, 38, 3). En réalité, les cités puniques, et leur métropole au premier chef, ont fourni une partie de ces troupes et, à Ecnome par exemple, sur mer il est vrai, les « soldats citoyens » étaient même majoritaires, nous semble-t-il [2]. Sur terre, en outre, c'étaient eux qui constituaient la cavalerie lourde. Toutefois, leurs effectifs paraissent avoir diminué, lentement mais régulièrement, et avoir été employés de préférence en Afrique, semble-t-il, surtout dans les derniers temps. Dans une bataille, pour préserver le corps civique, l'état-major engageait d'abord les étrangers, mis en première ligne [3]. Ceux-ci étaient présents à des titres divers. Les peuples sujets devaient présenter des contingents à toute réquisition, exigence ressentie comme une manifestation de l'impérialisme carthaginois. Les alliés, qu'il est parfois difficile de distin-

---

1. Polybe, I, 17, 32, 43, 60 ; Orose, IV, 9. Voir aussi A. Cutroni Tusa, « I Libii e la Sicilia », *Sicilia Archeologica*, IX, n° 32, décembre 1976, p. 33-41, et P. Barcelo, « Mercenarios hispanos en los ejércitos cartagineses en Sicilia », *II Congreso di Studi Fenici*, 1991. M. Fantar, ouvrage cité, p. 80 et suiv., insiste également sur la présence de soldats citoyens, tout comme C. G. Wagner, dans l'article cité plus haut.

2. Point de vue également soutenu par W. Ameling, « Karthago », *Vestigia*, XLV, 1993, en particulier p. 190 et suiv ; S. Gsell, ouvrage cité, p. 344 et suiv.

3. S. Gsell, ouvrage cité, p. 352 et suiv.

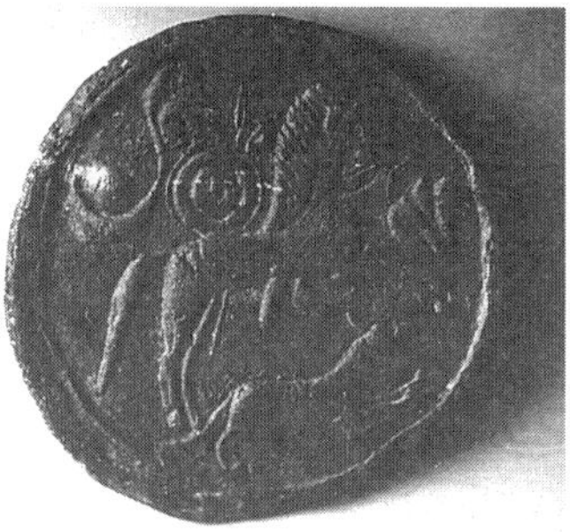

a

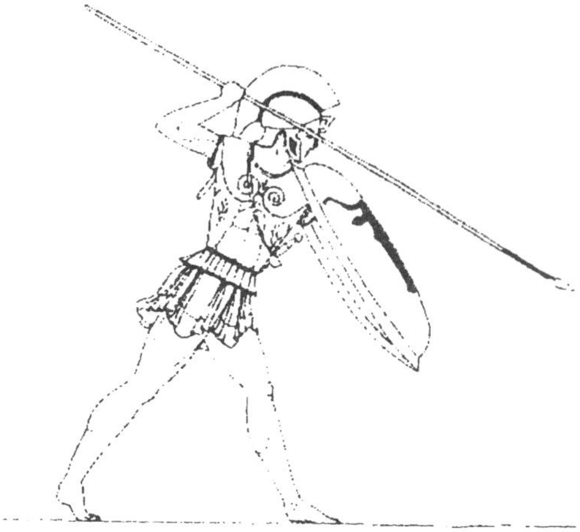

b

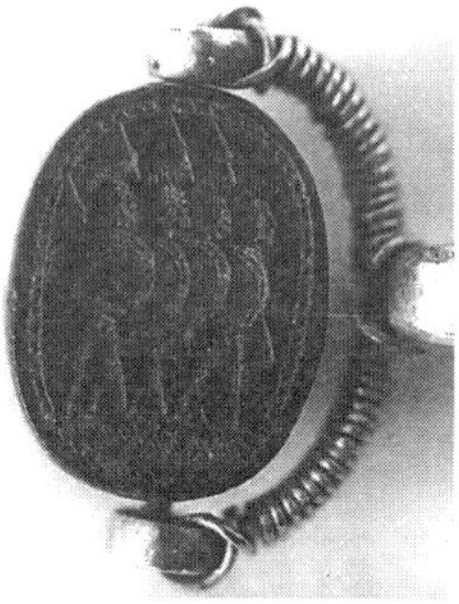

c

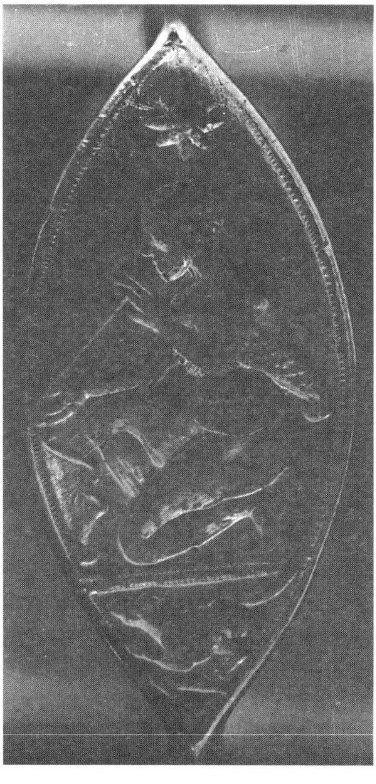

d

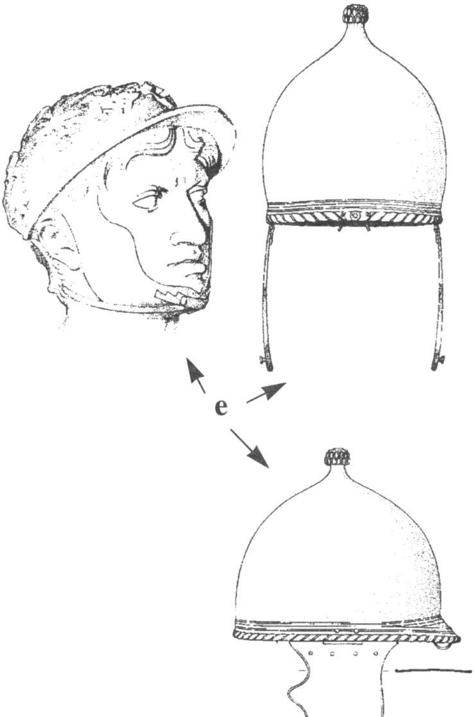

e

5. Les soldats au service de Carthage.
a. Le célèbre cavalier de Douimès (un quartier de Carthage), du vi^e siècle avant J.-C.
Photographie de M. Fantar.
b. Un hoplite du ve siècle avant J.-C. : il aurait pu servir comme mercenaire au service de Carthage.
M. Feugère, *Les Armes des Romains*, 1993 (Paris), p. 9, d'après P. Ducrey.
c. Quatre hoplites sur le plat d'un scarabée de Menzel Temime, dans le Cap Bon ; ive-iiie siècle avant J.-C. On remarque une certaine continuité, par rapport au document précédent, dans l'armement de ces soldats.
Photographie de M. Fantar.
d. Archer sur le chaton d'une bague de Menzel Temime, dans le Cap Bon ; ive-iiie siècle avant J.-C.
Photographie de M. Fantar.
Pour les deux documents c et d, tout le problème consiste à faire la part du réalisme et la part de la convention dans ce genre de reproduction.
e. Casque de Pyrrhus, d'après une statue, et casque en bronze dit « du type de Montefortino ». Des mercenaires au service de Carthage ont dû porter des couvre-chefs de ce type.
M. Feugère, ouvrage cité, p. 84.

guer des précédents, devaient se soumettre à la même obligation, mais dans ce cas par suite d'un traité plus ou moins imposé. Ensuite, en fonction des besoins et des possibilités, on recrutait des mercenaires gaulois, ibères, ligures, corses, grecs, africains aussi, et même italiens, ou encore des frondeurs des Baléares.

Particularité non négligeable, l'armée punique utilisait des éléphants, les blindés de l'Antiquité [1] qui, lancés en premier contre les lignes ennemies, les faisaient éclater. De plus, ils effrayaient les chevaux, désorganisant ainsi les unités de cavalerie. Au combat, le recours à ces animaux n'était cependant pas sans inconvénients : blessés, ils devenaient furieux et pouvaient se retourner contre les leurs ; il fallait alors les abattre : le cornac, à l'aide d'un maillet, enfonçait une pointe de fer dans la nuque de la bête devenue dangereuse. Le problème de leur origine a été posé. Certes, on trouvait encore nombre de ces animaux au Maghreb ; mais, contrairement à ce que l'on pourrait croire, Carthage n'avait pas innové dans ce domaine, se bornant à imiter le roi d'Épire, Pyrrhus (mort en 272), qui lui-même imitait Alexandre, lequel avait appris cette tactique lors de sa grande expédition en Inde (le cornac était d'ailleurs toujours appelé « l'indien », *indus* en latin, quel qu'ait été son lieu de naissance). Si la technique est orientale, les animaux sont africains. Nous en reparlerons, mais nous devons déjà évoquer une « histoire d'éléphants », que raconte un collègue belge, dans un court article [2] : les monnaies et deux blocs sculptés trouvés à Alba Fucens, en Italie, montrent que les éléphants de l'armée punique étaient dotés de longues oreilles, ce qui prouve leur origine maghrébine ; on a cependant constaté qu'une monnaie porte un autre type d'éléphant, à petites oreilles celui-ci, donc « asiatique », et en fait syrien. D'où l'hypothèse, fragile, que Carthage aurait employé des éléphants asiatiques. Mais il faut bien voir qu'un éléphant ne fait pas un troupeau, et il est bien possible que le graveur ait pris pour modèle le sujet d'une émission grecque, le

---

1. Polybe, I, 30 et 40. S. Gsell, ouvrage cité, p. 404 et suiv. : c'est une tradition hellénistique.
2. F. De Visscher, « Une Histoire d'éléphants », *L'Antiquité classique*, XXIX, 1960, p. 53-60.

recopiant sans réfléchir, jusque dans ses moindres détails. La lecture d'Appien (VIII, 11, 79) fait en effet pencher la balance en faveur de la thèse d'une origine africaine.

Nous connaissons très mal l'encadrement de ces troupes [1]. Les textes littéraires ne parlent guère que des généraux et des amiraux, qui étaient élus par le peuple, et auxquels ils donnent des titres grecs ou latins, par exemple *Poenorum imperator* ou *classi praefectus* [2] ; ils étaient distincts des sufètes, ces derniers étant confinés au domaine des affaires civiles. Bien qu'ils aient bénéficié d'un avantage – la continuité –, ils sont souvent taxés d'incompétence, une tare qui est volontiers opposée à la valeur des troupes ; en fait, ce contraste constitue un lieu commun des littératures antiques, et il faut en atténuer la portée [3]. On verra plus loin des exemples édifiants. Souvent courageux et intelligents, les officiers étaient en proie à la jalousie à la fois de leurs concurrents et surtout de la plèbe, parce qu'ils étaient pris dans l'aristocratie. Des raisons littéraires, sociales et politiques expliquent donc au moins en partie les critiques qu'on leur adresse. Il n'en reste pas moins qu'à cette époque le plus petit échec était sanctionné, souvent avec cruauté (lapidation, crucifixion, etc.), soit sur place, soit au retour à Carthage. Pour le premier cas, on remarquera au passage qu'une telle rigueur s'expliquerait mal venant de mercenaires ; elle inciterait à croire davantage à la présence de « soldats citoyens ». Le tribunal des Cent quatre était particulièrement chargé de les surveiller [4]. Il est bien établi, en outre, que les soldats stipendiés, groupés en contingents nationaux, ainsi qu'il a été dit, avaient pour supérieurs directs des cadres issus de leurs rangs, parlant leur langue. Des inscriptions, qui ne sont par malheur pas souvent datées, mentionnent des titres difficiles à traduire [5] : RB MSTRT

---

1. S. Gsell, ouvrage cité, p. 391 et suiv., 420 et suiv.

2. Orose, IV, 8 et 9.

3. Polybe, I, 1, 24, 31 et 32 ; Diodore, XXIII, 10. S. Gsell, ouvrage cité, p. 420 et suiv., et M. Fantar, ouvrage cité, p. 91, portent sur eux un jugement nuancé, qui vaut un début de réhabilitation.

4. L. Maurin, « Himilcon le Magonide », *Semitica*, XII, 1962, p. 5-43 (commence à une époque plus ancienne).

5. M. Sznycer, « Les Titres puniques des fonctions militaires à Carthage », *Carthage. IVe Colloque sur l'Afrique du Nord*, 1990, p. 113-121. Voir

ou RB HMSTRT, « chef », sans doute « de l'intendance militaire », RB M'T, « centurion », et RB MHNT, « chef de l'armée ».

Même si la tactique était simple, il n'en fallait pas moins se préparer aux manœuvres qu'elle impliquait. D'où l'importance de l'exercice [1] : l'entraînement a toujours été ce qui fait la différence entre une bonne et une mauvaise armée, et ce point de vue vaut également pour l'Antiquité ; les modernes l'oublient trop souvent. Hélas, l'information sur ce sujet brille par son imprécision.

Les généraux de Carthage connaissaient cependant d'autres formes de combat que l'engagement en rase campagne ; ils avaient même atteint un niveau d'excellence dans l'art des sièges, la poliorcétique [2], un domaine où les influences hellénistiques se faisaient tout particulièrement sentir. Les archéologues ont pu le constater à Carthage, sur différents sites de Sicile (nous reviendrons plus loin sur les uns et les autres) ; la question a été particulièrement étudiée dans le Cap Bon, pour la forteresse du Djebel el-Fortass, qui date du Ve siècle avant J.-C. [3], et à Kelibia également [4]. Les architectes puniques savaient construire des remparts, des tours et des portes fortifiées, doubler des murs, creuser des mines et des contre-mines, se défendre contre un siège aussi bien qu'assiéger un adversaire quelconque [5]. On leur a même attribué l'invention du bélier, une poutre suspendue par des cordes à un bâti de bois ; à l'aide de cet instrument, ils

---

aussi F. Vattioni, « Aspar è nome libico o fenicio-punico ? », *Die Sprache,* XVI, 1980, p. 191-194, et, pour une époque plus tardive, B. Wollner, *Die Kompetenzen des karthagischen Feldherrn*, 1987 (Francfort).

1. Polybe, I, 32, 38 et 51 (également pour les équipages de la flotte).
2. S. Gsell, ouvrage cité, p. 412 et suiv. ; M. Fantar, ouvrage cité, p. 113-120.
3. S. Moscati, « Le Basi militari di Cartagine », *Misc. E. Manni*, V, 1980, p. 1595-1601 ; F. Barreca et M. Fantar, *Prospezione archeologica al Capo Bon*, II, *Coll. di Studi Fenici*, XIV, 1983 (Rome).
4. M. Gharbi, « Les Fortifications préromaines de Tunisie : le cas de Kelibia », *L'Africa romana*, VII, 1990, p. 187-198 ; S. Lancel, ouvrage cité, p. 287.
5. Polybe, I, 18 et 42 ; Diodore, XXIII, 1 (pour la première guerre punique seulement).

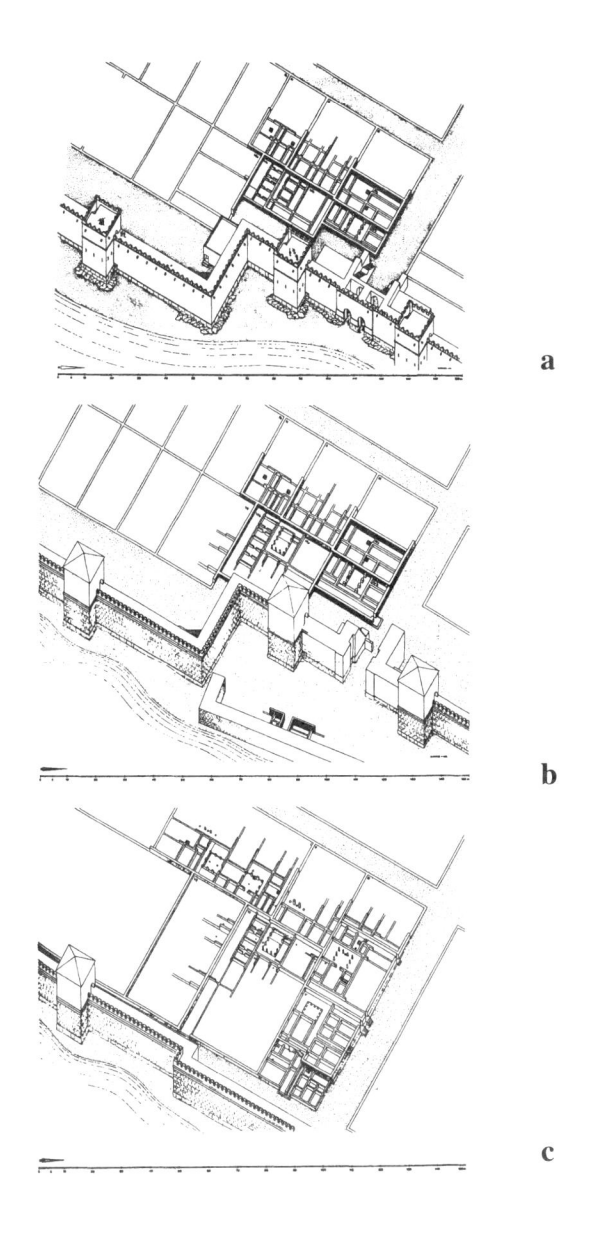

6. La poliorcétique punique : Carthage, la « Porte de la mer ».
F. Rakob, *Karthago*, 1992 (Darmstadt), p. 60, pl. 9 (a), 61,
pl. 10 (b), et 65, pl. 13 (c).
a. État correspondant à la première moitié du IIIe siècle avant J.-C.
b. État correspondant à la deuxième moitié du IIIe siècle avant J.-C.
c. État correspondant à la première moitié du IIe siècle avant J.-C.

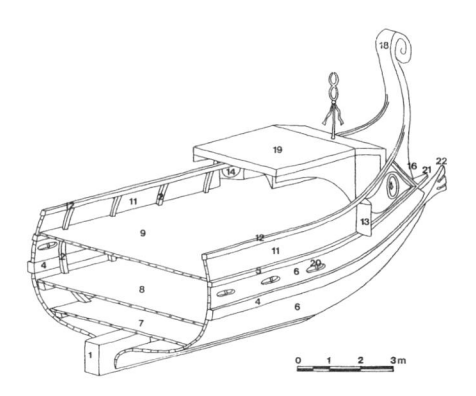

a – Fig. 1 – Ricostruzione assonometrica del quarto di prora di una pentera punica :
1, chiglia ; 2, ordinata o costa ; 4, trincarino ; 5, soglia ; 6, fasciame ; 7, pagliolo ; 8, secondo ponte o ponte dei rematori ; 9, ponte di coperta ; 11, impavesata ; 12, capo di banda ; 13, gru del capone ; 14, cubia ; 16, ruota di prua ; 18, *akrostolion* ; 19, castello di prua ; 20, portello ; 21, *proemibolon* ; 22, *embolon*.

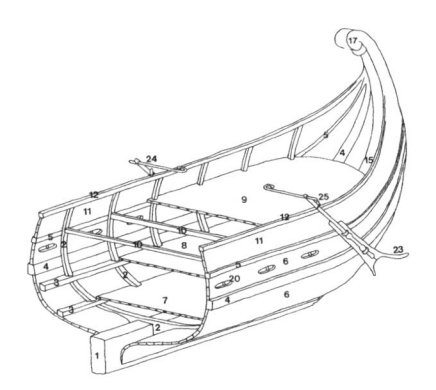

b – Fig. 2 – Ricostruzione assonometrica del quarto di poppa di una pentera punica :
1, chiglia ; 2, ordinata o costa ; 3, dormiente ; 4, trincarino ; 5, soglia ; 6, fasciame ; 7, pagliolo ; 8, secondo ponte o ponte dei rematori ; 9, ponte di coperta ; 10, baglio ; 11, impavesata ; 12, capo di banda ; 15, dritto di poppa ; 17, *aphlaston* ; 20, portello ; 23, governale ; 24, barra ; 25, stroppo.

7. La marine de guerre de Carthage, 1 :
une quinquérème (un « cinq »).
a. Reconstitution axonométrique de la proue.
Remarquer en particulier l'éperon.
P. Bartoloni, *Riv. Stud. Fen.*, V, 1977, p. 158.
b. Reconstitution axonométrique de la poupe.
P. Bartoloni, article cité, p. 159.

pouvaient enfoncer une porte ou battre un mur[1]. Comme leurs adversaires, ils utilisaient d'autres machines, empruntées aux Grecs et sans doute améliorées, des pièces d'artillerie, catapultes, balistes, etc., qui projetaient des pierres, des flèches, des javelots ; ces instruments étaient mus par la torsion d'un nerf de bœuf ou d'un écheveau de crins, ou encore par la tension imposée à une plaque de métal (il est très difficile, voire impossible, d'expliquer ce qui différencie une baliste d'une catapulte). Ce tableau montre que Carthage possédait une armée de terre analogue dans sa composition et son organisation à beaucoup d'autres armées de son temps, et sans doute plus efficace que les autres en raison au moins de ses effectifs. Cette constatation, à savoir que les troupes africaines avaient atteint un haut niveau d'efficacité, ne saurait surprendre : l'infanterie a toujours été la reine des batailles ; sans elle, Carthage n'aurait jamais pu bâtir son empire, même si cet empire était largement maritime.

Il n'empêche : la marine punique s'est acquis une plus grande célébrité[2]. Elle utilisait surtout de légères trirèmes et de lourdes quinquérèmes[3] (on comptait en tout 200 hommes sur une trirème, et 300 sur une quinquérème). Les chercheurs ne se sont pas accordés sur le sens qu'il faut donner à ces mots. Soit ils désignaient le nombre de rangs de rameurs superposés, soit ils désignaient le nombre d'hommes attachés à une rame. Des documents plus tardifs, datant de l'Empire[4], montrent d'impressionnants empilements de rangs de rameurs. On sait qu'ont existé des hexères (communément appelées par les chercheurs d'une abréviation : des « six »)[5], des heptères (des « sept »), etc., et on ne voit pas bien à quoi correspondaient ces noms quand ils dépassent un

---

1. Tertullien, *De pallio*, I.
2. S. Gsell, ouvrage cité, p. 412 et suiv. ; M. Fantar, ouvrage cité, p. 113-120 ; A. Barkaoui, « Une Approche sur le vaisseau de guerre carthaginois de la fin du VIe siècle av. J.-C. jusqu'à la chute de Carthage », *Cah. de Tunisie*, XLI-XLII, n° 151-154, 1990, p. 9-29, et « Recherches sur la marine militaire punique », *Reppal*, V, 1990, p. 17-22.
3. Polybe, I, 47 et 63.
4. La question a été bien étudiée par M. Reddé, *Mare nostrum*, 1986 (Paris-Rome).
5. Zosime, V, 20, 4.

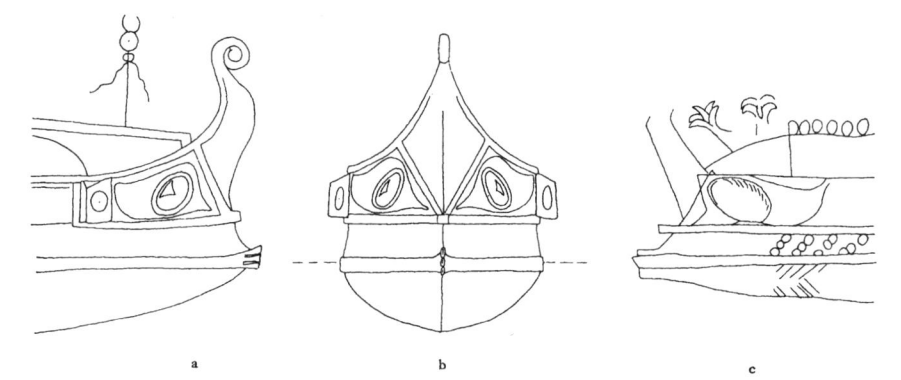

Fig. 3. – *a-b*, C.I.S., 4394; *c*, inedita.

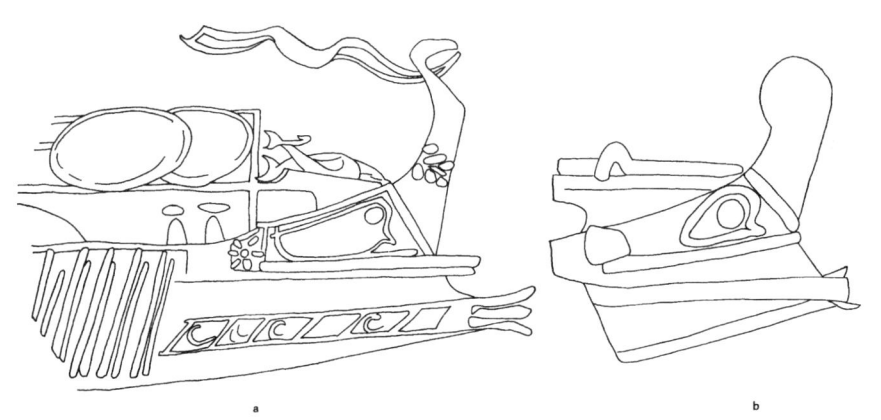

Fig. 5. – *a*, M.H.C., I, 4; *b*, B.B.R., 24.

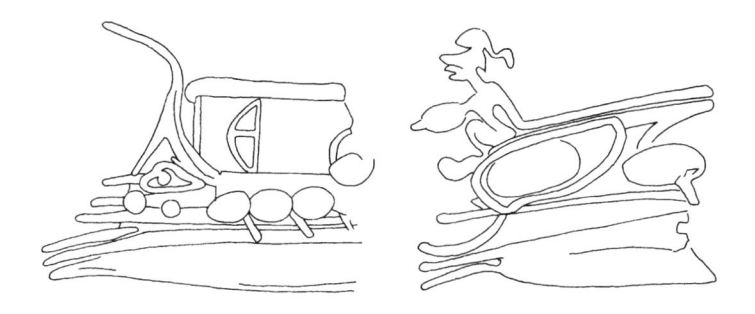

Fig. 6. – *a*, B.C.P., II, 22; *b*, B.C.P., XXIII, 7.

a

b   **c**

8. La marine de guerre de Carthage, 2 : divers navires.
a. Navires de guerre puniques représentés sur des stèles « tardives ».
P. Bartoloni, article cité, p. 160, 162 et 163.
b. Stèle du *Corpus Inscriptionum Semiticarum*, n° 4394 :
la pierre, qui provient du tophet de Carthage, est ici dessinée en
entier ; le tracé diffère quelque peu de celui que propose
ci-dessus P. Bartoloni.
G.-G. Lapeyre et A. Pellegrin, *Carthage punique*, 1942 (Paris), p. 135.
c. Même stèle.
Photographie de M. Fantar.

nombre de rangs de rameurs raisonnable (comment, dans l'une et l'autre de ces interprétations, imaginer un « quarante » ?). Le recours à la voile, surtout pendant les traversées, soulageait les efforts de ces malheureux. De toute façon, il semble bien que l'on ait privilégié les gros vaisseaux. Ceux de Carthage étaient, disait-on, plus mobiles et plus rapides que ceux dont disposait Rome [1], notamment parce qu'ils pouvaient avoir deux gouvernails et deux timoniers en même temps ; ce dispositif, jugé dangereux, n'était possible que grâce à l'habileté des équipages [2].

Et on connaît mieux ces navires depuis quelques années : deux d'entre eux, coulés sans doute pendant la première guerre punique, ont été repérés au large de Marsala et sont en cours d'étude [3], découverte qui, on l'a dit, présente un caractère extraordinaire. Des premières informations disponibles, il ressort que

---

1. Polybe, I, 46 et 51.
2. Élien, IX, 4.
3. H. Frost, « The Discovery of a Punic Ship », *The Internat. Journal of Nautical Arch.*, I, 1972, p. 113-117, « First Season of Excavation on the

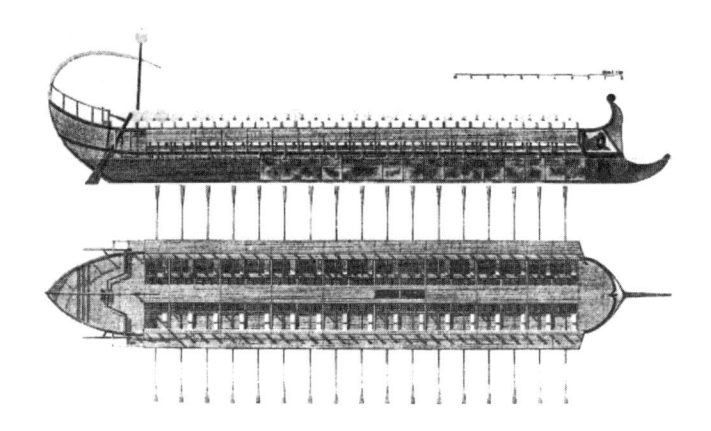

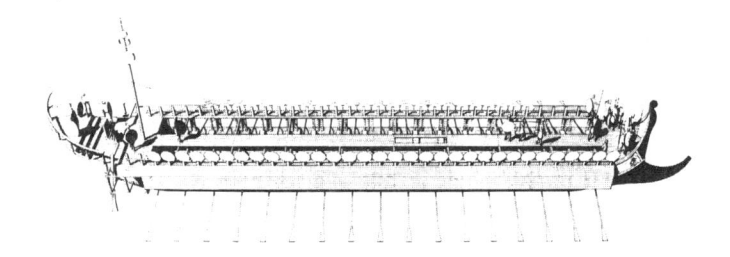

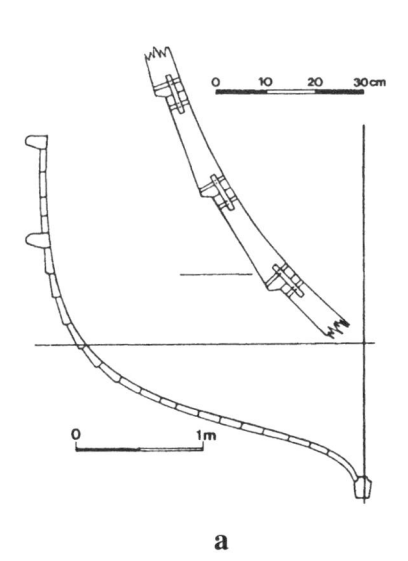

9. La marine de guerre de Carthage, 3 :
une des deux « galères de Marsala ».
a. Ces reconstitutions montrent l'agencement de la coque
et l'ensemble du navire.
S. Lancel, *Carthage*, 1992 (Paris), p. 148 et 150.

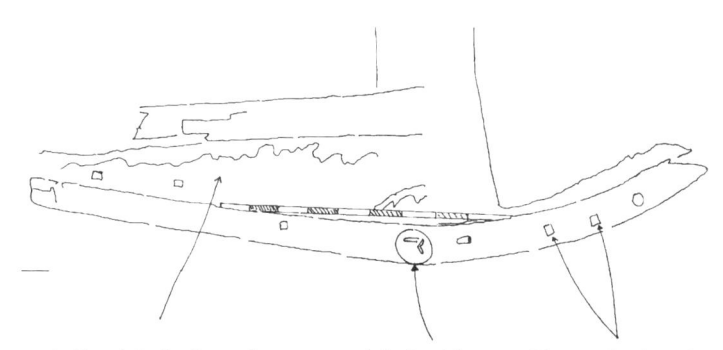

Restes de l'enduit épais, blanc et résineux qui à l'origine recouvrait également les « cornes » de l'éperon.

Sous cet enduit fut découvert le mot phénico-punique peint : WAW.

Traces des broches métalliques qui fixaient les « cornes » sur une poutre centrale assemblée sur l'avant de l'étrave. La poutre n'était pas conservée.

b. Vestiges de l'éperon de la seconde épave punique de Marsala. Photographie et dessin d'Honor Frost.

ces navires étaient construits bien et rapidement, en quelque sorte « en préfabriqué » : les menuisiers, utilisant surtout du pin, un bois léger, préparaient des pièces à la chaîne, les marquaient chacune par une lettre ou un mot, et les transmettaient aux charpentiers qui se chargeaient de l'assemblage. W. Johnstone a identifié les mots puniques W, WW, « le » ou « les clous », et BHR, « la quille [1] ». Grâce à ces symboles, les ouvriers mettaient à leur place d'abord la quille, puis la coque ; ils assemblaient les « virures » (planches de la coque) à l'aide de chevilles et de clous. Les dimensions sont mal connues ; pour un des deux navires de Marsala, on les estime à trente-cinq mètres pour la longueur et à moins de 5 mètres pour la largeur.

L'ordre de bataille, sur mer, reproduisait ce que l'on a observé sur terre. Les escadres, réparties entre deux ailes et un centre, manœuvraient comme l'infanterie. Mais les amiraux disposaient de plusieurs possibilités. En gros, ils devaient d'abord procéder comme leurs homologues de l'armée de terre, et chercher soit à séparer une aile du centre, soit à envelopper une aile. Ensuite, ils passaient à la destruction de l'ennemi, ce qui pouvait se faire de trois façons différentes. De loin, l'artillerie causait de gros dégâts. Face à un adversaire malhabile, l'éperonnage direct permettait de percer le flanc du navire ennemi sous la ligne de flottaison (ce choc était appelé par les Grecs le *periplus*). Ou encore le commandant recourait au *diecplus*, qui demandait deux temps :

Punic Wreck in Sicily », *Ibidem*, II, 1973, p. 33-49, « Notes sur la coque d'un navire punique », *Cahiers d'arch. subaquatique*, II, 1973, p. 97-111, « The Punic Wreck in Sicily », *The Internat. Journal of Nautical Arch.*, III, 1974, p. 35-42, « Another Punic Wreck in Sicily, 2. The Ram of Marsala », *Ibidem*, IV, 1975, p. 219-228, *Lilybaeum (Marsala). The Punic Ship. Final Report* (*cum al.*), 1981 (Rome), « The Excavation and Reconstruction of the Marsala Punic Warship », *I Congr. di Studi Fenici e Punici*, III, 1983, p. 903-907-pl. CLXX-CLXXIII, et « The Prefabricated Punic Warship », dans *Punic Wars*, 1989, p. 127-135 ; W. Culican et J. E. Curtis, « The Punic Wreck in Sicily », *The Internat. Journal of Nautical Arch.*, III, 1974, p. 43-54 ; L. Basch, « Another Punic Wreck in Sicily, 1. Its Ram », *Ibidem*, IV, 1975, p. 201-219, et *Le Musée imaginaire de la marine antique*, 1987 (Athènes).

1. W. Johnstone, « The Epigraphy of the Marsala Punic Ship : New Phoenician Letter-Forms and Words », *I Congr. di Studi Fenici e Punici*, III, 1983, p. 909-917.

par un premier passage, le navire punique détruisait les rames de l'adversaire, qui était éperonné au deuxième passage. Bien entendu, *periplus* et *diecplus* pouvaient être utilisés contre une escadre ou contre un navire isolé. Les marins puniques semblent avoir évité l'abordage, même s'ils l'ont pratiqué, ne serait-ce que pour y avoir été contraints par les Romains. Enfin, autre tactique, les navires transportaient des fantassins et les débarquaient sur le territoire ennemi où ils causaient un maximum de ravages avant de repartir [1].

Armée de terre et marine servaient à appliquer une stratégie [2]. Il fallait protéger le domaine de Carthage. Dans le cas de la guerre en Sicile [3], la plupart du temps, le quartier général avait été installé à Lilybée ; de grandes bases avaient été mises en place à Drépane pour la marine et, à l'occasion, à Agrigente pour l'armée de terre ; des garnisons plus petites avaient été placées là où il avait paru bon d'en mettre, en particulier près de Palerme et au mont Eryx.

Les armées : 2, Rome

Rome, on le sait, a su mettre au point une armée efficace, sans doute la plus efficace qu'ait connue l'histoire de l'humanité [4]. Tite-Live (VIII, 8) [5] en a laissé une description qui correspond, affirme-t-il, à l'état du milieu du IVe siècle, vers 340.

---

1. Polybe, I, 20 et 56 ; Orose, IV, 7 et 10.

2. Au centre de ce dispositif se trouvait le port de guerre de Carthage, mal connu pour cette époque : V. Vitali, J. A. Gifford et G. Rapp, « Location and Character of the Early Punic Harbors at Carthage », *Archaeological News*, XV, 1990, p. 32-33 ; S. Lancel, *Carthage*, 1992, p. 192-211.

3. Polybe, I, 17 ; Diodore, XXII, 13, et XXIII, 1.

4. Pour cette époque : P. Fraccaro, *Opuscula*, II, 1957 (Pavie), *passim*, et *Della guerra presso i Romani, Opuscula*, IV, 1975 (Pavie) ; J. Harmand, *L'Armée et le soldat à Rome de 107 à 50 avant notre ère*, 1967 (Paris), remonte souvent à des époques antérieures à 107 ; du même, *La Guerre antique*, 1973 (Paris) ; Cl. Nicolet, *Les Structures de l'Italie romaine*, 5e éd., 1993, chap. VIII.

5. Texte commenté, notamment, par Ch. Saulnier, *L'Armée et la guerre dans le monde étrusco-romain*, 1980 (Paris), p. 121-137.

S'il l'utilise, l'historien risque assurément de commettre quelques anachronismes ; cependant, plusieurs points paraissent assurés.

L'armée romaine possédait des caractères communs avec toutes les armées de son temps, et donc avec l'armée carthaginoise ; on pense ici, notamment, au dispositif initial (un centre et deux ailes, avec un camp et, éventuellement, une réserve) et aux deux principaux types de manœuvres possibles (disloquer ou envelopper, avant de détruire ou de capturer).

La principale originalité de l'armée de Rome, c'était la tactique manipulaire [1]. Au combat, les hommes n'étaient pas au coude à coude, sur un seul front. Selon une astucieuse reconstitution de l'Italien P. Fraccaro [2], chacun d'eux disposait d'un espace de trois pieds, soit d'environ un mètre vingt, pour pouvoir pratiquer l'escrime, et était séparé de son voisin par un même intervalle. La légion, unité tactique de base, était elle-même constituée d'éléments isolés les uns des autres : les soldats étaient regroupés en manipules, couples de centuries qui se tenaient à distance les uns des autres, et qui étaient échelonnés en profondeur sur trois lignes précédées par des vélites légèrement armés : la première ligne était formée par quinze manipules de hastats, la seconde ligne par quinze autres de *principes*, et quinze encore venaient en troisième ligne, ceux-ci de triaires. Ce tableau de la *triplex acies*, « la triple ligne [de combat] », proposé par Tite-Live, n'est plus valable pour la suite : en 216, d'après Polybe, chacun des trois rangs ne comptait plus que dix manipules. Au temps de César, au milieu du Ier siècle avant J.-C., les soldats étaient regroupés en cohortes, une cohorte étant formée par la juxtaposition de trois manipules ou six centuries. Nous reviendrons là-dessus. Les *principes*, « les premiers », tiraient leur nom de la position qu'ils occupaient primitivement dans le corps de bataille, les hastats n'ayant été ajoutés qu'en un deuxième temps. Un manipule constituait ainsi une unité tac-

---

1. Tite-Live, VIII, 8 ; Polybe, I, 16 et 33. M. J. V. Bell, « Tactical Reform in the Roman Republican Army », *Historia*, 1965, p. 404-422, et surtout : G. Brizzi, article cité, *Sileno*, XVI, 1-2, 1990, p. 185-206.

2. P. Fraccaro, ouvrage cité, IV, p. 51 et 57.

tique petite, donc mobile. Ce dispositif conférait aux troupes beaucoup de souplesse ; il permettait des attaques par vagues successives, et des replis échelonnés.

Les quarante-cinq manipules formaient une légion, qui comprenait environ 4 000 fantassins, 300 cavaliers et des vélites, tous citoyens romains. Cet effectif variait suivant les circonstances : il est absurde d'imaginer qu'un chiffre précis a été décidé une fois pour toutes, et qu'on s'y est tenu avec fermeté. Les débats qui ont eu lieu à propos de l'effectif de la légion représentent donc l'exemple parfait du faux problème. Durant la première guerre punique, et suivant la tradition, l'armée entière comprenait quatre légions, deux par consul, auxquelles s'ajoutaient des contingents alliés [1], des Italiens pour l'essentiel en 264, les *socii*. Au total, pendant la première guerre punique, les armées en campagne ne devaient sans doute jamais dépasser les 40 000 hommes : précieuse indication, probablement valable aussi pour les effectifs de Carthage.

L'encadrement [2], électif ici également, du moins pour les grades supérieurs, était assuré par des centurions (non élus, eux), par des tribuns et, au sommet, par des magistrats, en charge ou prorogés, consuls et proconsuls, préteurs et propréteurs, ou dictateur, un personnage remplissant une fonction exceptionnelle et très honorifique (le mot « dictateur » n'avait pas alors le contenu émotionnel qui lui a été donné par la suite, qui est lié aux abus de Sylla et de César, et qui est encore d'actualité au XXe siècle). Les questeurs, normalement chargés des finances, pouvaient se voir confier des missions tactiques ; leur nombre avait été porté à quatre peu avant la première guerre punique, en 267, pour leur permettre notamment de commander la flotte.

L'armée romaine disposait de nombreux atouts. En 264, les hommes de troupe venaient de la campagne, étaient des « soldats paysans [3] » ; à la suite des anciens, les modernes s'accordent à

---

1. Polybe, I, 20 ; Tite-Live, VIII, 8 ; Appien, V ; Orose, IV, 7. E. Gabba, *Republican Rome, the Army and the allies*, trad. angl. P. J. Cuff, 1976 (Oxford).
2. Polybe, I, 23, 49, 52, 53 ; Diodore, XXIII, 4 ; Tite-live, *Sommaires*, XVII et XIX.
3. J. K. Evans, « Plebs rustica », *American Journal of Anc. Hist.*, V, 1980, p. 19-47.

louer ce mode de recrutement, qui donnait des militaires disciplinés et résistants. Les officiers, comme ceux de Carthage, valaient mieux qu'on n'a dit ; on le verra par la suite. Et tous avaient le moral [1]. Les soldats se battaient sans problèmes de conscience, pour la victoire qui leur apporterait du butin [2] : les prisonniers deviendraient esclaves ; les vainqueurs prendraient ce qu'ils pourraient prendre, et ils détruiraient le reste. De plus, tous les hommes se sentaient rassurés par la pratique de l'exercice ; l'entraînement, qui est mal connu parce que nous manquons de sources pour cette époque, constituait assurément un important facteur de succès [3]. Soumis à une discipline sévère, ils savaient en outre qu'ils bénéficiaient de la protection des dieux. Enfin, ils disposaient d'un armement excellent [4]. Les hommes se protégeaient avec un casque orné d'un panache, avec une cuirasse le plus souvent du type « kardiophylax », c'est-à-dire qui ne couvrait que la région du cœur, et avec le célèbre bouclier long, le *scutum*. Ils tuaient avec une épée, avec un javelot court et léger, formé de deux parties qu'unissait une cheville, le non moins fameux *pilum*, pour les hastats et les *principes*, ou une lance pour les triaires. On remarque ici aussi que le vocabulaire utilisé à l'époque de la première guerre punique constituait une survivance ; il ne correspondait plus à la réalité, puisque les *hastati* ne combattaient pas avec une *hasta,* une lance longue, mais avec un *pilum*.

---

1. Polybe, I, 29, et 49 ; Diodore, XXII, 13 et XXIII, 2 ; Tite-Live, *Sommaires*, XIX ; Florus, I, XVIII, 29.
2. Polybe, I, 29 et 49. Modestie du salaire, qui n'a cessé de croître : G. R. Watson, « The Pay of the Roman Army, The Republic », *Historia*, 1958, p. 113-120 ; R. Thomsen, « The Pay of the Roman Soldier », *Classica et Mediaevalia*, IX = *Mél. F. Blatt*, 1973, p. 194-208.
3. Polybe, I, 59.
4. M. C. Bishop et J. C. N. Coulston, *Roman Military Equipment*, 1993 (Londres) ; M. Feugère, *Les Armes des Romains*, 1993 (Paris), p. 75-108.

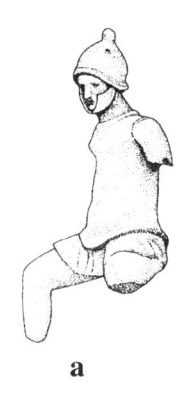

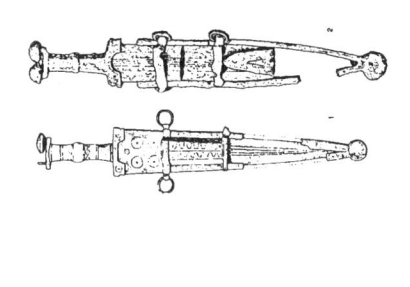

10. L'armement des soldats au service de Rome.
a. Un soldat italien de la fin du IVe ou du début du IIIe siècle avant J.-C. (statuette en terre cuite fixée sur un vase) : casque et cuirasse.
M. Feugère, *Les Armes des Romains*, 1993 (Paris), p. 83.
b. Épées ibériques, ancêtres du glaive romain.
M. Feugère, ouvrage cité, p. 98.
c. Exemplaires du *pilum* républicain. Cette partie métallique était prolongée par un manche en bois.
M. Feugère, ouvrage cité, p. 100.
d. Armes trouvées à Numance.
M. Feugère, ouvrage cité, p. 79 et 80
(d'après A. Schulten, 1927, et L. Keppie, 1984).

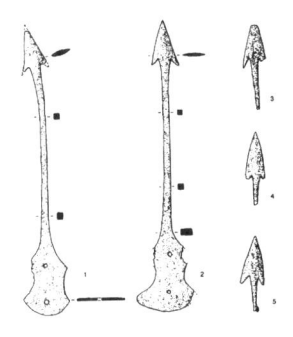

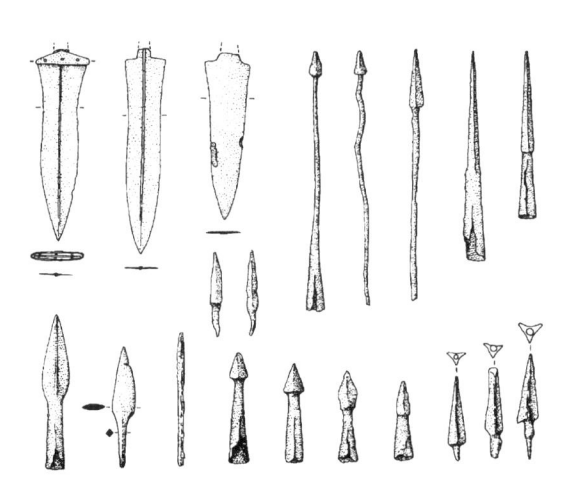

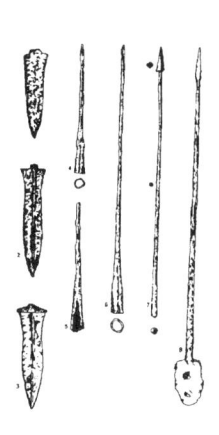

LA STRUCTURE DE LA LÉGION VERS 340

Emplacement	Effectifs	Appellation	Signification de ce nom	Caractéristiques réelles
1re ligne	15 manipules	*hastati*	« porteurs de *hasta* »	utilisent un *pilum*
2e ligne	15 manipules	*principes*	« les premiers »	idem ; sont en 2e ligne
3e ligne	15 manipules	*triarii*	« les troisièmes »	utilisent une *hasta*

La légion comptait en outre des vélites (fantassins légers, placés en avant des lignes) et 300 cavaliers.

Les services [1] représentaient le principal point faible de ce système. La logistique, ce que l'on oublie souvent, était assurée en partie par la marine, et aussi par des convois d'animaux de bât, plus ou moins réquisitionnés. Ainsi que nous l'avons déjà dit, le problème financier se posait en permanence : il fallait de l'argent pour la solde, pour les vêtements, pour les armes, pour les navires, et aussi pour payer les approvisionnements en pays ami (chez l'ennemi, on se servait, on pillait). Or, en opérations, les officiers ne disposaient jamais d'assez de numéraire, et les hommes manquaient fréquemment de blé. C'est assurément une des grandes originalités de ce temps : les soldats se battaient souvent avec la faim au ventre ; mais ils savaient que la victoire leur apporterait aussi de la nourriture, celle des vaincus.

Malgré leur redoutable efficacité dans ce genre, ce n'était pas la bataille en rase campagne que préféraient les légionnaires. À leurs yeux, le siège [2] offrait en effet l'avantage d'un coût humain moindre (dans une amicale correspondance, G. Brizzi m'a fait savoir qu'il ne partageait pas mon avis sur ce point : il pense que les soldats de Rome ne recouraient au siège que contraints et forcés, pour répondre aux choix tactiques de l'adversaire). Et là, ces

---

1. Polybe, I, 17, 18, 40 et 59 ; Diodore, XXIV, 1.
2. Nombreuses descriptions pour la première guerre punique (qui n'en a pas l'exclusivité, on le verra) : Polybe, I, 24, 42, 44, 48 et 53 ; Diodore, XXIII, 2, 18, et XXIV, 1.

paysans savaient travailler. Ils construisaient un grand camp, de multiples fortins, et deux retranchements parallèles, sur de longues distances, l'un pour empêcher les assiégés de sortir, l'autre pour rendre impossible l'arrivée de renforts. Le camp romain [1], dès cette époque, a suscité l'admiration, et on prête à plusieurs souverains hellénistiques un même mot d'admiration : des hommes capables de construire ce genre de bâtiments ne pouvaient être tout à fait des barbares. Les historiens actuels discutent sur l'origine du camp romain : italique, étrusque, grecque ou composite. On ne connaît guère son plan que pour la deuxième guerre punique : nous y reviendrons donc. Disons, en bref, qu'il constituait une vraie ville, entourée par un solide rempart et un fossé. On y trouvait une place centrale, le forum, des tentes pour les officiers (on appelait *praetorium* celle du commandant de l'armée), pour les soldats, et un emplacement pour les dieux. Au cours d'un siège, à l'instar des militaires puniques, les légionnaires utilisaient de multiples machines, catapultes, balistes, « tortues » qui permettaient d'approcher du rempart, pour le battre avec des béliers, ou pour creuser des mines, ou encore pour le prendre d'assaut, etc. Les problèmes qu'elles posent à l'historien ont été évoqués plus haut.

Nous connaissons mal la marine romaine de cette époque ; les archéologues n'ont pas retrouvé, pour elle, l'équivalent des « galères » puniques de Marsala. Les escadres romaines ressemblaient beaucoup à leurs homologues carthaginoises, avec une prédominance de trirèmes et, surtout, de quinquérèmes [2], celles-ci montées par 300 rameurs et 120 soldats [3] environ. Les hommes étaient fournis par les « alliés maritimes » et, comme rien n'effrayait les légionnaires, ceux-ci, au besoin, se transformaient en marins [4]. La tactique, qui ressemblait à ce qu'on a vu pour les armées de Carthage (deux ailes, un centre, des

---

1. P. Fraccaro, *Opuscula*, II, 1957 (Pavie), p. 307-313 (pour une époque sans doute postérieure).
2. Polybe, I, 20, 23 (heptère), 26 (hexère) et 59.
3. Polybe, I, 26.
4. J. C. Thiel, *A History of Roman Sea-Power before the Second Punic War*, 1954 (Amsterdam) ; L. Casson et J. Rougé, ouvrages cités.

manœuvres), était tout aussi rudimentaire ; mais les navires romains, de réputation, se révélaient inférieurs en ce qui concerne la maniabilité[1].

Nous reviendrons sur les aspects stratégiques de cette guerre. L'Italie constituait une base de départ idéale pour la conquête de la Sicile. Les objectifs ont varié, au gré des circonstances. La diplomatie, qui n'a jamais été bien étudiée, jouait un grand rôle : des traités concrétisaient des alliances[2] (que l'on ne signait pas ! On se contentait de jurer de les respecter). Les plus faibles, même amis, livraient des otages, donnaient de l'argent, fournissaient du blé. En cas de conflit ouvert, les vaincus, dans le meilleur des cas, étaient soumis aux mêmes contraintes, et en outre ils rendaient les captifs, et abandonnaient leurs armes ; dans le pire des cas, ils étaient tués ou réduits en esclavage.

4. *Le prétexte*

La Sicile, en raison de sa richesse et de sa situation géographique, pouvait servir de prétexte à un conflit. La guerre était-elle une fatalité ? La question mérite d'être posée. On sait que Rome et Carthage avaient souvent réussi à s'entendre. Le premier traité, selon Polybe, aurait été conclu dès la création de la République romaine, dès 509, une date qui paraît en général trop haute aux modernes ; en 348, il avait été renouvelé selon certains historiens, simplement amendé selon d'autres. Et les sources parlent d'accords, pour nous mystérieux, datés de 306 et de 279-278[3]. Il faut en outre bien voir que les Carthaginois n'étaient pas

---

1. Diodore, XXIII, 2.
2. Diodore, XXIII, 5, et XXIV, 13.
3. Polybe, III, 25, 1-5 ; A. Alföldi, *Early Rome and the Latins*, 1965 (Ann Arbor), p. 350-355 ; J. Heurgon, « Les Inscriptions de Pyrgi et l'alliance étrusco-punique autour de 500 avant J.-C. », *Comptes rendus de l'Acad. des Inscriptions*, 1965, p. 89-104 ; R. E. Mitchell, « Romano-Carthaginian Treaties : 306 and 279/8 B. C. », *Historia*, XX, 1971, p. 633-655 ; K. E. Petzold, « Die beiden ersten römisch-karthagischen Verträge und das *foedus cassia-*

initialement « des ennemis héréditaires » pour les Romains (ce rôle était alors dévolu à nos ancêtres les Gaulois, en particulier à ceux qui vivaient en Cisalpine). Si les Italiens reprochaient aux Africains leur rapacité et leur mauvaise foi, la célèbre « mauvaise foi punique [1] », ces critiques, avant la guerre d'Hannibal (218-201), ne dépassaient pas le niveau atteint quand il s'agissait d'autres peuples, par exemple les Grecs ; elles relevaient souvent de la plaisanterie et d'un humour que les modernes peuvent réprouver, mais qui n'en existait pas moins [2], et elles ne concernaient que les échanges commerciaux [3]. Et même sur ce point, celui des relations économiques, une certaine entente avait, semble-t-il, fini par s'établir, par exemple à propos du droit de naufrage [4].

La guerre vint pourtant. Les historiens ont débattu sur la cause immédiate du conflit, et cela dès l'Antiquité, mais tout le monde est d'accord avec Polybe (I, 13) pour placer la Sicile au centre de la querelle [5] ; elle représentait, dit Florus, « une proie » pour Rome (*praeda*). Il y a là un point qui nous paraît en général difficile à comprendre : cette terre que nous, gens du XXe siècle, considérons comme une région très pauvre, comme une partie misérable du Mezzogiorno italien, les anciens nous la décrivent comme un Éden, une zone de prospérité. En réalité, en raison des travaux des hommes et d'une gestion habile de ses possibi-

---

num », *Aufstieg und Niedergang d. röm. Welt*, I, 1, 1971, p. 364-411 ; B. D. Hoyos, « The Romano-Punic Pact of 279 B. C. », *Historia*, XXXIII, 1984, p. 402-439 ; *I Trattati romano-cartaginesi. Relazioni internazionali nel mondo antico*, édit. B. Scardigli, *Fonti e Studi*, V, 1991.

1. Sur la *fides*, voir G. Brizzi cité plus haut, dans l'Introduction.
2. Nous pensons au célèbre *Pœnulus* (« Le petit Carthaginois ») de l'auteur de comédies Plaute, qui vécut aux environs de 254-184 avant J.-C.
3. L. Prandi, « La *fides punica* e il pregiudizio anticartaginese », *Contributi dell'Istituto di Storia Antica* (Université de Milan), VI, 1979, p. 90-97.
4. R. Rebuffat, « Hélène et le Romain égaré », *Revue des Études Lat.*, LXVIII, 1966, p. 261-263, et J. Rougé, « Le Droit de naufrage et ses limitations en Méditerranée avant l'établissement de la domination de Rome », *Mél. A. Piganiol*, III, 1966 (Paris), p. 1467-1479.
5. D. Roussel, *Les Siciliens entre les Romains et les Carthaginois à l'époque de la première guerre punique*, Ann. litt. de l'Univ. de Besançon, 114, 1970 (Paris).

11. La Sicile en 264. Carte de l'auteur.

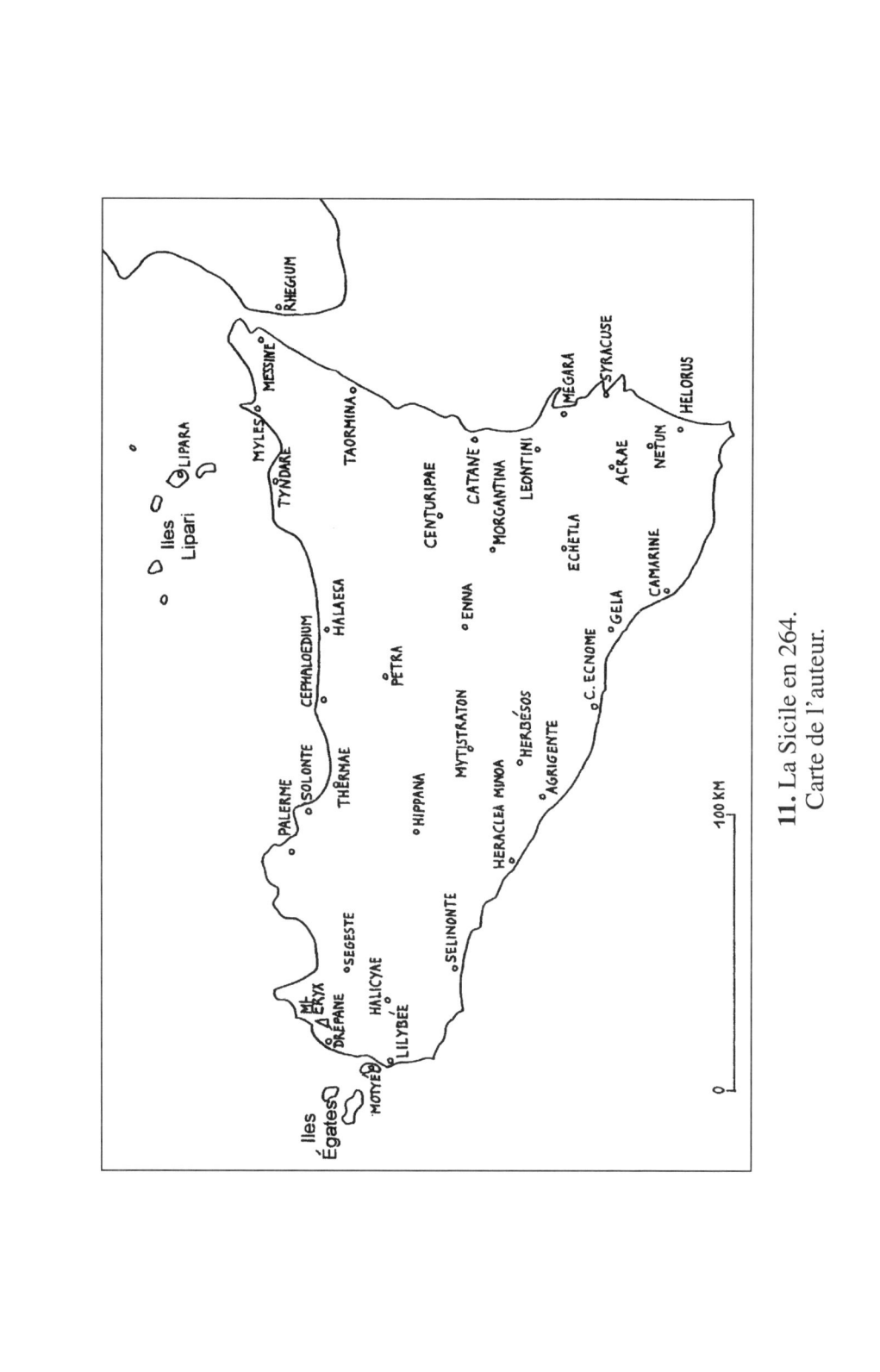

lités naturelles, elle était devenue productrice de grandes quantités de blé. Elle était en outre riche de nombreuses villes et d'inestimables trésors, œuvres d'art qu'avaient accumulées des siècles d'hellénisation.

La Sicile n'était cependant pas unie, mais divisée en trois ensembles, et l'épigraphie montre une situation plus complexe encore à l'aube des guerres puniques, en révélant l'existence d'une Sicile de synthèse, si on peut dire, « gréco-punico-campanienne [1] », sans préjudice de la survie d'éléments indigènes.

À l'est, Syracuse, que gouvernait un roi, contrôlait un domaine qui s'étendait jusqu'à Tyndare et Taormina [2]. Le pays punique, lui, contrairement à ce que l'on écrit souvent, était restreint à quelques villes de l'extrémité occidentale de l'île [3]. Entre les deux, s'étendait un tapis de cités, villes indigènes plus ou moins hellénisées et colonies grecques établies depuis des siècles [4] ; les unes et les autres s'efforçaient de préserver une indépendance précaire, prises qu'elles étaient entre les ambitions de Syracuse d'un côté, celles de Carthage de l'autre. Au début du IIIe siècle avant J.-C., alors que la civilisation grecque progressait de l'est vers l'ouest, la puissance punique, politique et économique, suivait une direction strictement opposée, avec au moins un égal succès. La zone d'influence de Carthage, qui a varié suivant les époques, est estimée, d'après les différents historiens, à la moitié ou aux deux tiers de l'île pour le moment où a éclaté la première guerre punique. Seuls quelques centres, Motyé, Palerme, Lilybée, et Solonte, présentaient un aspect parfaitement carthaginois. En fait, il faut distinguer les établissements proprement indigènes, ou grecs, ou puniques, de ceux qui présentaient un aspect métissé, et dans ce cas c'était à des degrés

---

1. D. Knoepfler, « La Sicile occidentale entre Carthage et Rome à la lumière des nouvelles inscriptions grecques d'Entella », *Ann. de l'Univ. de Neuchâtel*, 1985-1986, 28 p.

2. Diodore, XXIII, 4.

3. G. Coacci Polselli, « L'Epigrafia punica in Sicilia », *Kokalos*, XXVI-XXVII, 1980-1981, p 468-478 (bibliographie) ; L. M. Hans, *Karthago und Sizilien,* ouvrage cité.

4. P. Lévêque, *L'Aventure grecque*, 1964 (Paris), p. 200-201, et J. Boardman, *The Greeks Overseas*, 2e éd., 1981 (Harmondsworth), p. 180-181.

divers. L'exemple de Solonte, dans l'interprétation de V. Tusa [1], illustre cette complexité : le tyran grec de Syracuse, Denys I, avait fondé cette ville au milieu du IVe siècle pour faire barrage à la progression de Carthage dans l'île. Les archéologues y ont découvert, pour la suite, une situation étonnante : une population punique vivait au cœur d'un urbanisme grec. Comme le prouve la numismatique, l'importance économique de cette Sicile de l'extrême Ouest ne saurait être sous-estimée : fait étonnant, Carthage y a frappé ses premières monnaies, au début du IVe siècle avant J.-C., un demi-siècle avant de renouveler l'expérience en terre d'Afrique, seulement vers 350 [2].

Les adversaires ont été présentés. La guerre peut commencer.

---

1. V. Tusa, dans *Studi annibalici, Atti del Convegno di Cortona*, 1964 (Cortona), « Solunto nel quadro della civiltà punica della Sicilia occidentale », *Magna Grecia*, XVII, 7-8, 1982, p. 1-8, et aussi « La Sicilia fenicio-punica », *Dial. d'Hist. Anc.*, IX, 1983, p. 237-285 ; voir également E. Manni, « I Cartaginesi in Sicilia all'epoca dei due Dionisi », *Kokalos*, XXVIII-XXIX, 1982-1983, p. 127-277.

2. Ouvrage fondamental : G. K. Jenkins, *Carthaginian Gold and Electrum Coins*, 1963 (Londres) ; du même G. K. Jenkins, « Coins of Punic Sicily », *Schweiz. Numism. Rundschau*, LIII, 1974, p. 23-41 ; L. Mildenberg, « Punic Coinage on the Eve of the First War against Rome », *Punic Wars*, 1989, p. 5-14.

II

LA MARINE DE ROME

LA PREMIÈRE GUERRE PUNIQUE
264-241 avant J.-C.

Quand, comme chaque année, au printemps de l'année 264 avant J.-C., revient la saison de la guerre [1], une flotte immense quitte l'Italie pour gagner la Sicile : l'armée de Rome, soit 15 à 20 000 hommes [2], vole au secours de frères d'armes. Elle vient secourir des mercenaires campaniens, qui s'appellent eux-mêmes « les Mamertins », c'est-à-dire les dévots de Mars, le dieu des armes ; installés dans la grande île, plus précisément à Messine, ils sont menacés en même temps par deux corps expéditionnaires, dont l'un est commandité par Carthage et l'autre envoyé par Syracuse. Ainsi débute la première guerre punique.

Cette guerre, Rome l'a commencée sur mer, l'a poursuivie sur mer, et l'a achevée sur mer.

---

1. La guerre, phénomène saisonnier, ne se pratiquait que du printemps à l'automne, les assaillants espérant vivre sur les récoltes de l'ennemi.
2. Polybe, I, 11, indique qu'un seul des deux consuls a été envoyé en Sicile : il avait donc ses deux légions, soit deux fois 4 000 hommes, plus des contingents alliés (effectifs analogues).

1. Le déclenchement de la guerre ; Messine

Entre 280 et 275, Pyrrhus, roi d'Épire [1], qui menait une expédition en Italie puis en Sicile, finit par se rendre compte des difficultés de l'entreprise, et de son peu de rentabilité (les victoires lui coûtaient assez cher pour qu'il se soit aperçu qu'à force de vaincre il était perdu : d'où l'expression de « victoire à la Pyrrhus ») ; il décida donc de rentrer dans son pays. La tradition veut qu'en partant il ait fait remarquer à son entourage qu'il laissait un beau champ de bataille à Rome et à Carthage [2].

L'intervention de Rome en Sicile se fit sans nécessité impérative : les Mamertins n'avaient d'ailleurs appelé au secours dans cette direction qu'à tout hasard, comptant autant ou aussi peu sur une aide de Carthage, et le monde dans lequel les légionnaires étaient prêts à intervenir recelait pour eux de nombreux mystères ; le simple citoyen connaissait mal et Syracuse et les cités puniques de l'île. Mais, si l'intervention de Rome se fit sans nécessité impérative, elle ne se fit pas sans impérialisme : quelques sénateurs souhaitaient détruire un ennemi potentiel, une menace, et tous espéraient s'enrichir. Impérialisme militaire et économique, donc.

Le prétexte

Néanmoins, il fallait d'abord un prétexte [3]. Des aventuriers le fournirent en 264.

C'est une histoire de soldats perdus. En 289, à la mort du tyran de Syracuse Agathocle, ses mercenaires, les Mamertins, furent mis au chômage. Pleins de ressentiment contre leur ancien employeur, et de sympathie pour Carthage par réaction, ils erraient en Sicile à la recherche de travail. Ils n'en trouvèrent

---

1. P. Lévêque, *Pyrrhus*, 1957 (Paris).
2. Plutarque, *Pyrrhus*, XXIII, 8.
3. D. B. Hoyos, « A Forgotten Roman Historian : L. Arruntius and the True "Causes" of the First Punic War », *Antichthon*, XXIII, 1989, p. 51-66.

point, mais remarquèrent une ville à la fois riche et mal défendue, située sur le détroit qui lui doit son nom, Messine [1]. À une date qui reste très discutée, selon les auteurs entre 288 et 270, ils s'en emparèrent, se partageant les biens, les femmes et les enfants (!) des morts et des fugitifs. Par une coïncidence extraordinaire, au moment des entreprises de Pyrrhus, en 282, Rome avait envoyé à Rhegium, de l'autre côté du même détroit, d'autres Campaniens, qui intervenaient donc, eux, sur ordre, en tant que *socii* ; passé un certain délai, ils firent subir aux habitants de leur ville de garnison le même traitement que celui qui avait été infligé aux gens de Messine. On remarque que le passage entre la Sicile et l'Italie tombait ainsi sous le contrôle de Campaniens – la place que ce peuple occupait dans le grand commerce a déjà été évoquée –, ce qui, bien évidemment, n'est pas sans signification du point de vue économique.

Cependant, dans l'affaire de Rhegium, un cas d'indiscipline caractérisé, Rome réagit avec vigueur : en 270, la cité fut prise d'assaut, les usurpateurs tués sur place pour la plupart. Quelques-uns furent capturés, ramenés dans la capitale et décapités sur le Forum après avoir été battus de verges : preuve que le Sénat réprouvait ce genre d'agissements. Preuve aussi qu'il savait fermer les yeux quand l'aveuglement l'arrangeait, car il adopta une attitude strictement opposée à l'égard des Mamertins. Ceux-ci, qui n'avaient pas alors le statut d'alliés, il est vrai, purent à loisir organiser un État brigand, gouvernés par deux magistrats appelés *meddices*, comme en Campanie ; ils frappèrent des monnaies (de bronze) et firent payer tribut aux voisins.

L'exigence du tribut, précisément, se trouva à la source d'un conflit [2]. En effet Syracuse, dont le territoire s'étendait jusqu'à Taormina, au nord, estima que ces prélèvements se faisaient à son détriment, et une guerre s'engagea. L'armée avait été confiée à un homme habile, intelligent et ambitieux, appelé Hiéron [3], qui portait depuis 275 environ le titre de *stratègos autokratôr*, ce qui

---

1. A. Vallone, « I Mamertini in Sicilia », *Kokalos*, I, 1955, p. 22-61.
2. Polybe, I, 7-11, et Diodore, XXII, 13, donnent ici des récits complémentaires.
3. H. Berve, *König Hieron II*, 1959 (Munich).

signifie simplement qu'il était devenu tyran de sa cité. La rencontre eut lieu, sans doute en 269, près du fleuve Longanus. Ses adversaires s'étaient donné pour chef un homme compétent dans les choses de la guerre, qui s'appelait Ciôs. Imprégné d'une religiosité confinant à la superstition, comme tous les esprits du temps, au demeurant, le Campanien fit procéder aux sacrifices habituels avant la bataille ; les prêtres tuèrent des animaux, et examinèrent les entrailles des victimes dont l'aspect, croyait-on, révélait le sentiment des dieux. Ceux-ci assurèrent à Ciôs qu'il « passerait la nuit dans le camp des ennemis ». Lui se voyait donc déjà pillant les biens des vaincus. Mais il avait oublié que le langage divin brille par son ambiguïté : il fut vaincu, capturé, et « passa la nuit dans le camp des ennemis »… mais en prisonnier ; par la suite, il jugea plus honorable de se suicider.

Il n'est pas difficile de deviner les conséquences de cette bataille : la réussite de cette entreprise permit en effet à Hiéron d'obtenir l'instauration de la monarchie à son profit, peut-être seulement, de manière officielle, en 265-264, et le poète Théocrite chanta les mérites de ce citoyen devenu roi ; ce dernier renforça ainsi son autorité sur Syracuse, alors que dans Messine les Mamertins se trouvaient fort marris. En bons Méditerranéens, ces derniers engagèrent de longues discussions qui révélèrent leurs divisions. Certes, il leur fallait des alliés. Mais qui ? Peut-être pour éviter de mettre tous leurs œufs dans le même panier, ils se divisèrent ; les uns firent appel à Rome[1], les autres à Carthage.

L'intervention de Rome

La demande d'alliance arriva à Rome. Dans la curie, le bâtiment qui abritait ses réunions, le Sénat hésitait, les Pères étaient partagés : la Sicile, c'était loin, et cette guerre serait pleine de dangers ; et puis, fallait-il aider ces mercenaires ? Mais la plèbe, elle, n'avait pas d'états d'âme ; ou plutôt si : elle rêvait du blé de

---

1. W. Hoffmann, « Das Hilfgesuch der Mamertiner am Vorabend des ersten Punischen Krieges », *Historia*, XVIII, 1969, p. 153-180.

la Sicile, des trésors que des siècles d'histoire y avaient accumulés. Elle voulait du butin. Aussi les comices centuriates votèrent-ils la guerre. Les Mamertins reçurent alors le statut de « fédérés », *foederati*, c'est-à-dire d'alliés reconnus comme tels par un traité [1], *foedus*. Carthage, en revanche, n'avait pas hésité, n'avait pas attendu, et avait envoyé dans les îles Lipari un général appelé d'un nom très répandu dans sa cité à l'époque, Hannibal, qu'il ne faut donc pas confondre avec son illustre homonyme ; Hannibal mit à profit ces hésitations. Après accord avec Hiéron, il installa une garnison dans Messine. L'entreprise devenait une partie à quatre : Syracuse et Messine, Rome et Carthage.

À Rome, le nouveau consul chargé des affaires de Sicile appartenait à la famille des Claudes intéressée, comme nous l'avons dit, à la bonne marche de l'économie campanienne. Quand il arriva à Rhegium (Reggio de Calabre), cet Appius Claudius apprit que les Carthaginois l'avaient devancé dans la citadelle de l'autre bord du détroit. C'est peut-être à ce moment qu'il faut placer un événement connu par une anecdote significative [2]. Le magistrat aurait tenté de négocier, mais se serait heurté au scepticisme ironique de son interlocuteur [3], le Carthaginois Hannon (un autre nom très répandu). Ce dernier, qui avait succédé à Hannibal, lui représenta les dangers qui menaçaient ses soldats paysans.

« Les Romains n'oseront même pas se laver les mains dans la mer.

– Les Romains sont des élèves qui ont toujours dépassé leurs maîtres. »

La réponse était digne des Claudes, dont on disait qu'ils étaient pleins d'orgueil (et ils l'étaient, en effet). Ce dialogue représente bien les deux points de vue : ils étaient d'autant plus inconciliables que personne n'avait envie de les concilier. Il ne doit surtout pas cacher que Rome, encore puissance terrestre, avait néanmoins fait des préparatifs en vue de devenir également une puissance maritime.

---

1. Florus, I, XVIII, 3.
2. Diodore, XXIII, 2.
3. D. B. Hoyos, « The Carthaginian and Roman Commanders in 264. Who was who ? », *Liverpool Classical Monthly*, VIII, 1983, p. 120-122.

Grâce à l'expérience acquise depuis quelques décennies, et grâce notamment aux alliés maritimes, les *socii nauales*, les troupes de Claude franchirent le détroit. Ce fut, comme l'indique Polybe, un événement considérable, « le premier débarquement des Romains hors d'Italie » (I, 5). Sans attendre leur arrivée, et sans esprit de suite, les Mamertins avaient chassé les hommes d'Hannon, qui expia cet échec sur la croix ; une garnison romaine remplaça alors la garnison punique dans Messine. Les légionnaires, d'abord, se donnèrent de l'air ; ils repoussèrent les forces de Carthage après avoir bousculé les troupes de Hiéron, « vaincu avant de voir l'ennemi [1] »… ; puis ils se trouvèrent à leur tour assiégés dans Messine, par ce qu'il restait de forces à la fois à Carthage et à Syracuse (hiver 264-263).

À partir de ce moment, personne n'entendit plus parler des Mamertins : preuve qu'ils n'avaient servi que de prétexte pour mener au déclenchement de la guerre, une guerre qui mit en jeu des intérêts de plus en plus vastes ; le quatuor céda donc la place à un trio. Les consuls de l'année suivante (263), Valérius et Otacilius, revinrent avec une armée considérable, double de la précédente, quatre légions et des alliés, transportés par des navires de Tarente, Locres, Vélie. Cet effectif représentait le maximum concevable pour l'époque, ce qui montre bien l'importance des affaires de Sicile pour Rome à ce moment-là. Le succès ne pouvait donc pas se faire attendre, et les ennemis furent vaincus l'un après l'autre. Tout d'abord, Valérius dégagea Messine des Carthaginois et, pour se récompenser, il prit un surnom de victoire, dit-on : c'était la première fois dans l'histoire de Rome qu'on agissait ainsi. Il se fit appeler Messalla, « [le vainqueur de] Messine [2] » ; le mérite se personnalisait, on oubliait l'ancienne primauté de la collectivité sur l'individu, de l'armée sur le général. C'est du moins ainsi que les écrivains de l'Antiquité ont ressenti les choses, et les ont présentées.

Valérius marcha alors sur Syracuse. Hiéron analysa très rapidement la situation ; il estima que les forces de Rome l'empor-

---

1. Florus, I, XVIII, 5.
2. A. Piganiol, *La Conquête romaine*, 5ᵉ éd., 1967 (Paris), p. 217.

taient déjà et l'emporteraient toujours sur celles de Carthage. Sans attendre un désastre, il se remit au plus fort, lui et les siens, comme l'avait fait Capoue en 343 (c'est ce qu'on appelait en latin *uenire in fidem*). Il dut livrer du blé, des machines de guerre et payer une indemnité, de 100 talents selon Polybe, de 25 d'après Diodore (le talent, unité de poids et monnaie de compte grecques, variait suivant les régions. On estimait en général qu'un talent valait 6 000 drachmes et pesait environ 26 kg d'argent). En échange, il conservait son royaume et recevait le titre officiel d'« allié et ami » du peuple romain. À cette alliance, il demeura fidèle jusqu'à sa mort.

2. *La guerre dans les îles*

L'épisode guerrier qui commença alors correspondit – ce que les historiens n'ont pas toujours bien vu – à une vraie révolution. Sans doute faut-il, en premier lieu, en relever quelques caractères moins originaux : d'abord, le conflit en Sicile s'engagea sur terre, et par un siège, ce qui n'est pas sans intérêt il est vrai (nous avons déjà parlé de l'importance de ce genre d'action pour les légionnaires) ; ensuite, le succès dépendit le plus souvent de l'habileté du général, et dans un cas il releva de son esprit d'invention. L'essentiel se trouve ailleurs ; l'équilibre des forces en Méditerranée connut un profond bouleversement : on assista à la naissance de la marine romaine.

Le siège d'Agrigente

Messine dégagée, les légionnaires prendraient-ils du repos ? Non. Bien au contraire, le conflit s'étendit, au-delà de ce qu'on pouvait attendre. L'initiative vint-elle de Rome ? Rien n'est moins sûr. Déjà, les généraux de Carthage avaient mis au point une tactique à laquelle tous restèrent fidèles jusqu'à la fin de la guerre : ils concentraient leurs troupes dans une, deux ou trois grandes forteresses, pour l'essentiel

Lilybée [1] et Agrigente en 263, et, de là, ils menaient des raids, des actions de commandos, par voie de terre en Sicile, et par mer contre les villes côtières de l'Italie. Ainsi avaient-ils très tôt regroupé de nouveaux mercenaires, Ibères, Ligures et Gaulois, dans Agrigente, aux ordres d'un certain Hannibal ; les sources parlent de 50 000 hommes, chiffre qui représente un maximum, et qui pèche sans doute par excès.

En 262, après avoir traversé toute l'île, les légions commencèrent par appliquer une tactique qui leur convenait particulièrement : le siège. Les consuls avaient omis de déclarer la guerre : cette atteinte au droit international les mettait dans une situation d'illégalité au regard de leurs propres traditions, celle qui était appelée *bellum in-iustum*, « guerre in-juste », « contraire au droit [2] ». Peu leur importait, et ils entreprirent des travaux extraordinaires, décrits par Polybe plus d'un siècle plus tard [3], et qui ne sont pas sans rappeler ceux que réalisa César devant Alésia, en 52 avant J.-C. [4] ! Chacun d'eux construisit un grand camp pour lui-même et ses propres troupes, et installa un réseau de fortins ; deux remparts continus entourèrent complètement Agrigente, l'un pour empêcher les assiégés de sortir, l'autre pour protéger les assiégeants contre l'arrivée d'éventuels renforts. En outre, ils entreposèrent de grandes quantités de vivres à Herbésos, à environ quinze kilomètres de là.

Les stratèges de Carthage réagirent par deux mouvements combinés. D'une part, un général du nom de Hannon attaqua et prit Herbésos : les assiégeants devinrent assiégés, mais ils repoussèrent l'intrus après l'avoir vaincu en rase campagne. D'autre part, Hannibal profita de la bataille… pour s'enfuir. Il échappa donc au siège mais abandonna la ville. Les Romains n'étaient pas venus pour rien : « Tous les Agrigentins », note

---

1. A. M. Bisi, « Ricerche sulle fortificazioni puniche di Lilibeo (Marsala) », *Arch. Class.*, XX, 1968, p. 259-265.
2. Sur cette problématique, voir S. Albert, *Bellum iustum… in republikanischer Zeit*, 1980 (Francfort).
3. Polybe, I, 18.
4. Sur ces travaux, voir notre *César*, 1994 (Paris), coll. « Que sais-je ? », n° 1049, p. 74-76.

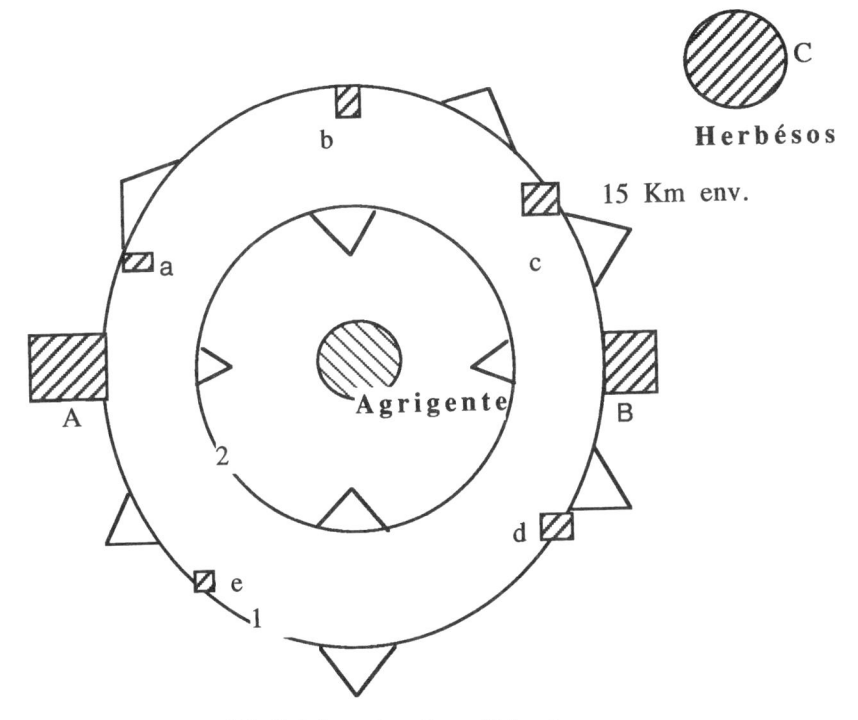

12. Schéma du siège d'Agrigente.
A et B : camps consulaires,
a à x fortins
1 : défense linéaire extérieure
2 : défense linéaire intérieure
C : dépôt de vivres

sobrement Orose (IV, 7), « furent vendus », ce qui aurait fait 25 000 esclaves [1], chiffre probablement exagéré.

La naissance de la marine romaine

Ce succès en appelait d'autres. Selon les auteurs anciens, un événement capital pour l'histoire militaire de l'humanité survint en l'année 261 : la naissance de la marine romaine, sur proposition du consul Valérius. Les spécialistes se disputent encore sur

---

1. Diodore, XXIII, 9.

les modalités de cette naissance, autour de laquelle s'est créée une « légende dorée ». Selon les uns, les alliés auraient tout fourni à Rome, les architectes et les charpentiers, et jusqu'aux premiers pilotes. D'autres préfèrent une version plus romantique : une quinquérème punique (donc une « cinq », comme disent les spécialistes de l'archéologie navale), échouée par hasard, aurait servi de modèle, de prototype. Et, pour former les équipages, dans un premier temps, les officiers leur auraient appris à ramer... sur terre !

La réalité nous paraît plus complexe. Rome a possédé un littoral et s'est donc trouvée confrontée aux problèmes de la mer beaucoup plus tôt qu'on n'a dit, au plus tard dès l'achèvement de la conquête du Latium en 338. Avec la prise de Tarente, en 272, l'Italie était unifiée sous son autorité, ce qui lui donnait six mille kilomètres de côtes. Il est impensable que les problèmes liés aux ports, à la pêche et au commerce ne se soient pas posés au Sénat ; et le moindre de ces problèmes n'était pas la sécurité. Qu'on songe, par exemple, à la piraterie. D'où le besoin de navires de guerre.

Dans ces circonstances, Rome réagit conformément à ses traditions, à sa mentalité, par l'instauration de nouvelles institutions. Dès 311 fut créée une commission de deux membres chargés de ces affaires, les *duouiri nauales*. La mise en place d'un duovirat, organisme d'exception, était la réponse provisoire apportée à une situation nouvelle. En 267, les compétences de ces personnages passèrent à des magistrats, les questeurs de la flotte, véritables « lords de l'amirauté » : les affaires maritimes perdaient leur caractère d'exception, entraient dans le domaine du banal, du courant, du quotidien. Il va de soi que les questeurs de la flotte, comme les *duouiri nauales*, avaient été mis en place pour commander de vrais navires. Et donc la marine romaine existait bien, ces magistrats agissaient en amiraux. Mais la situation a été rendue confuse par l'emploi de l'adjectif « romain ». Car quelle était l'autorité de ces personnages ? Ils dirigeaient des flottes fournies, hommes et bateaux, par les alliés. Que ces derniers, en particulier Tarente, Locres, Vélie et Naples, aient été largement mis à contribution à partir de 264, avec le renfort de Syracuse en 261, ne fait aucun doute. C'étaient leurs arsenaux, suppose-t-on, qui avaient fabriqué les premiers vaisseaux de guerre mis au service de Rome ; on pense en général que ces ateliers souffraient alors d'un certain déclin, ce qui expliquerait l'infériorité de leurs produits par rapport à ceux dont disposaient leurs ennemis. Qu'en outre on ait étudié le mode de construction d'un navire fourni par le hasard n'est pas impossible non plus.

Mais alors, qu'y a-t-il de proprement « romain » dans la nouvelle organisation ? Peut-être des officiers ont-ils surveillé la construction, peut-être des citoyens pauvres ont-ils été employés comme rameurs, ce dernier point paraissant d'ailleurs moins assuré. Trois éléments doivent être pris en compte pour l'essentiel : cette flotte servait les intérêts de Rome, et elle était donc soumise à ses autorités, civiles et militaires ; l'encadrement fut romain ; des légionnaires montèrent à bord des navires, et fournirent ainsi une infanterie de marine.

Des chantiers navals sortirent vingt trirèmes (des « trois ») et cent quinquérèmes (des « cinq ») : Rome se préparait à une guerre de frégates plutôt que de corvettes ; ses stratèges n'envisageaient pas une bataille qui ferait l'économie de l'éperonnage.

Myles

Les choses commencèrent pourtant fort mal. Le consul de 260, Cneius Cornelius Scipio Asina (« l'Ânesse »), connut la défaite près des îles Lipari, et les ennemis le capturèrent avant même la principale bataille que lui et son collègue avaient envisagée. Duilius, qui avait pris la direction de Ségeste, une ville alors proromaine, se chargea du commandement de la flotte.

Les sources (le scepticisme de certains modernes nous paraît excessif) le créditent d'une invention étonnante : le corbeau, *coruus* en latin [1]. Il fit équiper chaque navire d'un pont d'assaut coulissant le long d'un mât installé à la proue grâce à une poulie ; un poids en fer placé à l'extrémité permettait de fixer solide-

---

1. L. Poznanski, « Encore le *coruus* ; de la terre à la mer », *Latomus*, XXXVIII, 1979, p. 652-661, commente en scientifique Polybe, I, 22 ; M. Reddé, *Mare nostrum*, 1986 (Paris-Rome), p. 100 et 661.

13. Un navire de guerre romain de la première (?) guerre punique.
Non seulement la date de cette monnaie peut être contestée,
et abaissée, mais encore on peut se demander quelle part
d'imitation ou de convention le graveur a mise dans son œuvre.
Coins of the Roman Republic in the British Museum,
édit. H. A. Grueber, I, 1970 (Oxford), p. 20.

ment le plan ainsi constitué sur le bateau ennemi. Avant l'abordage, on pouvait, à l'aide de cet appareillage, endommager le gréement de l'adversaire [1] ; puis le combat entre navires se transformait en un combat entre hommes [2]. Un inconvénient cependant : la position de cet appareil, tout à l'avant, menaçait l'équilibre général, surtout par gros temps, ce qui explique sans doute qu'il ait été abandonné assez vite. Du point de vue de la tactique navale, cette invention entraînait un choix clair : Rome essayait de privilégier l'abordage au détriment de l'éperonnage, qui toutefois ne disparut pas totalement.

On combattit au large de Myles, aujourd'hui Milazzo [3]. D'un côté, Hannibal alignait 130 vaisseaux, dont une « heptère » (un « sept »), qui avait appartenu au roi Pyrrhus. De l'autre, Duilius disposait de moins de 120 navires (Asina en avait perdu quelques-uns). Les « corbeaux » firent merveille, et les historiens répètent à l'envi que Rome l'emporta parce que ses soldats avaient transformé le combat naval en combat terrestre. Grave méconnaissance de la guerre maritime, dont l'abordage faisait partie intégrante, tout comme l'éperonnage ; et il l'est resté pen-

---

1. Polybe, I, 22-23.
2. Florus, I, XVIII, 7.
3. Polybe, I, 23.

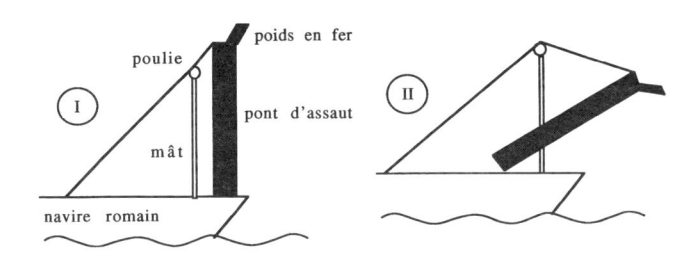

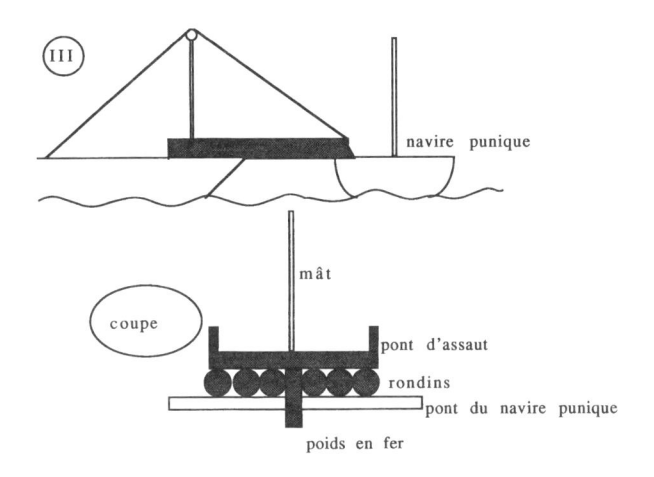

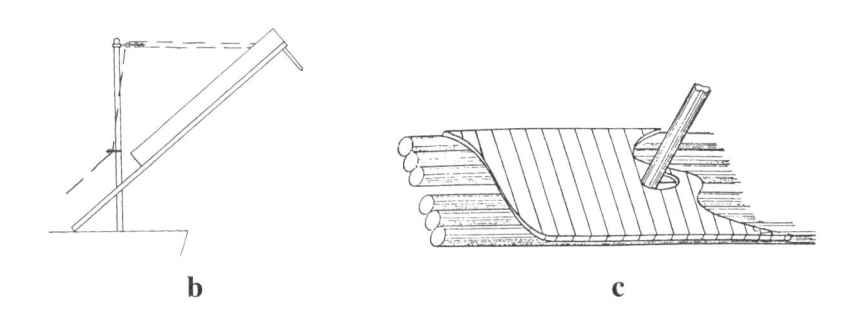

14. Le « corbeau » inventé par Duilius.
a. Reconstitution par l'auteur.
b. Reconstitution par L. Casson, *Ships*, 1971 (Princeton), fig. 111.
c. Agencement du mât et du ponton.
L. Poznanski, *Latomus*, XXXVIII, 1979, p. 657.

dant longtemps. Robert Surcouf eût été surpris, et même indigné, si on l'avait traité de fantassin. De toute façon, cette idée constitue une absurdité : il est bien évident que les légionnaires ne pouvaient pas appliquer sur mer la tactique qui faisait leur force sur terre, c'est-à-dire la tactique manipulaire. Les équipages de Rome pratiquèrent d'ailleurs sans aucun doute et l'éperonnage et l'abordage : c'est ce qui permettrait de comprendre que des navires puniques aient été coulés (mais ils ont pu sombrer après avoir subi un incendie : les sources sont trop discrètes là-dessus).

La victoire de Myles fut, pour Rome, un éclatant succès [1]. Les Romains avaient « osé se laver les mains dans la mer », et ils avaient « dépassé leurs maîtres ». Au risque de paraître nous répéter, nous soutiendrons que ce « premier triomphe naval » ne doit pas cacher une réalité historique : Rome s'était déjà, depuis des décennies, préoccupée des affaires maritimes. À Myles, il n'y eut pas de miracle, mais le résultat d'une politique engagée depuis longtemps, au plus tard depuis 311, et sans doute bien avant.

Duilius en tira un grand orgueil. Dans Rome, il fit graver une inscription sur une colonne, où il se vantait d'avoir pris 31 vaisseaux ennemis et d'en avoir fait sombrer 13 [2] ; à côté du texte, il fit fixer des éperons pris à l'ennemi, des « rostres ». Le premier, dans l'histoire de sa patrie, il reçut l'honneur d'un triomphe naval : cette cérémonie, religieuse et militaire à la fois, comprenait un défilé-procession auquel participait le général ou l'amiral victorieux, honoré dorénavant du titre d'*imperator* ; ses soldats, le peuple romain et le Sénat l'accompagnaient ; tous se rendaient au principal temple de la Ville, le capitole, pour y remercier Jupiter. Au cours de la parade, des domestiques présentaient le butin, ainsi que des illustrations qui montraient les temps forts de la guerre. Cet exploit exceptionnel valut à Duilius d'autres hon-

---

1. H. R. Baldus, dans *Chiron,* XII, 1982, p. 163-190, rapporte à l'année 260 l'enfouissement de trésors en Sicile (monnaies du type VII dans le classement du numismate G. K. Jenkins) : les riches, craignant pour leurs biens, cachaient leurs valeurs mobilières en cas de troubles.

2. A. Degrassi, *Inscriptiones latinae liberae Rei Publicae*, I, 2ᵉ éd., 1965 (Florence), n° 319.

neurs, et notamment « le privilège, jusqu'à la fin de ses jours, d'être reconduit chez lui après le souper à la lumière des flambeaux et au son des flûtes ». C'est l'abréviateur de Tite-Live qui présente ce privilège comme une récompense (XVII) ; Florus en réduit grandement la portée (I, XVIII, 10), en disant que c'est Duilius lui-même qui décida de cet honneur, et paya les frais qu'il occasionnait sur sa cassette.

L'extension de la guerre aux îles

L'éclatant succès de Myles a parfois caché les difficultés qui l'accompagnaient : les cités grecques alliées supportaient de plus en plus mal le poids de la mobilisation ; les Samnites, habitants de l'Italie centrale qui avaient longtemps combattu contre Rome, rêvaient de nouveau d'indépendance quand ils voyaient les légions parties au loin ; et les prisonniers puniques se tenaient en permanence prêts à l'insurrection. C'était de bonne guerre, si on peut dire.

Mais Rome était une cité d'aventuriers, de conquérants, d'impérialistes. Sans même attendre d'avoir bouté l'armée de Carthage hors de Sicile, quelques magistrats audacieux entreprirent d'étendre le conflit aux îles, des îles dont l'identification ne fait aucun doute dans ce cas : la Corse et la Sardaigne [1].

Pendant que son collègue partait pour la Sicile, le consul Scipion menait une escadre d'abord vers la Corse, où il prit Aléria, et détruisit le poste que Carthage y avait installé. Puis il fit voile vers la Sardaigne. Là, sa conduite devient plus floue à nos yeux. Certes, il se vanta d'un succès qu'il jugea brillant, et qui lui donna droit aux honneurs d'un triomphe ; mais ce triomphe n'est pas qualifié de « naval » dans les Fastes, une inscription qui donne la liste des triomphes célébrés. Ce qui est sûr, c'est que Scipion organisa le pillage systématique des agglomérations côtières. En ce qui concerne Olbia, on ignore s'il prit la ville ou s'il remporta une vic-

---

1. J. Debergh, « Autour des combats des années 259 et 258 en Corse et en Sardaigne », *Punic Wars*, 1989, p. 37-65, avec en annexe un dossier comportant textes et traductions.

toire sur mer, à l'entrée du golfe au fond duquel elle est bâtie. Autre élément assuré : il débarqua ses troupes, rencontra l'ennemi en rase campagne, et remporta la victoire (sans doute en Sardaigne plutôt qu'en Corse). Quand il se fut rendu compte de l'étendue du désastre, le général Hannon « pénétra dans les rangs serrés des ennemis, et il fut tué [1] » ; on ignore quel sentiment l'animait davantage, de l'honneur ou du désespoir. Ce qui est sûr, c'est qu'il nous a laissé un bel exemple de courage, preuve de la valeur de certains au moins des cadres de l'armée punique.

Carthage avait envoyé une escadre de renfort, aux ordres d'Hannibal, le vaincu de Myles, qui devint également le vaincu de Sulcis, puisqu'il perdit une partie de ses navires au large de ce port, au sud-ouest de l'île ; il n'échappa aux Romains que pour tomber sous les coups de ses soldats, qui cette fois le mirent en croix. Et ce n'est pas tout : enhardies par ces succès, les escadres de Rome poussèrent leurs raids jusqu'aux îles Lipari, et peut-être même jusqu'à Malte en 258.

Les historiens actuels n'accordent pas grande importance à ces opérations. Et ils ont tort. Il est pourtant clair qu'on ne peut pas les réduire à de simples diversions ou à de vulgaires razzias. L'attrait du butin a assurément compté. Mais il n'y eut pas que cela. Les écrivains de l'Antiquité les ont vues sous un jour bien différent. « Les Romains, dit Polybe, dès qu'ils s'étaient lancés sur la mer, s'étaient efforcés de mettre le pied dans les affaires de Sardaigne » (I, 24, 7). Et la lecture de l'abréviateur de Tite-Live confirme qu'il ne s'agit pas d'épisodes mineurs, puisqu'il les mentionne bien dans ses *Sommaires* (XVII). Il convient donc d'admettre qu'une véritable stratégie était appliquée, avec des objectifs à la fois militaires et économiques ; elle visait à rompre l'encerclement de l'Italie, menacée depuis la Sicile, depuis la Sardaigne et depuis la Corse ; elle visait aussi à assurer le contrôle des îles, de leurs richesses et des voies maritimes qui les reliaient entre elles et les unissaient au continent.

Rome s'était donc fixé un double but, et tout d'abord un but économique. La Sardaigne antique [2], à l'instar de la Sicile, est un

---
1. Orose, IV, 7.
2. P. Meloni, *La Sardegna romana*, 2ᵉ éd., 1990 (Sassari).

mystère pour nous autres, gens du XXᵉ siècle : cette terre d'abondance ne ressemblait non plus en rien à l'actuel Mezzogiorno, caractérisé par la pauvreté ; elle produisait en grandes quantités des richesses essentielles, du blé, des esclaves et, peut-être déjà, du plomb [1]. Pour le blé, on en verra l'importance lors de la deuxième guerre punique ; sa présence, comme toujours, s'explique par le travail de l'homme et l'utilisation rationnelle de la nature. En ce qui concerne les esclaves, il existe une anecdote étonnante : le père des Gracques, les célèbres Tibérius et Caius Gracchus, vainquit des peuples de cette île, et ramena une foule de captifs. Mais il les mit en vente tous ensemble le même jour. Fatale erreur : le cours du Sarde s'effondra. Il en est resté une expression proverbiale, *Sardi uenales*, « Sardes à vendre », employée pour désigner une marchandise proposée à bas prix. Le contrôle de cette source d'approvisionnement ne risquait pas de laisser indifférents les Romains riches. Quant aux Romains pauvres, qui servaient dans les légions, la perspective du butin ne pouvait manquer de les séduire ; on a vu que le pillage n'était jamais absent de leurs mobiles.

Ces opérations visaient également un but militaire : il fallait éviter que les troupes engagées dans la conquête de la Sicile ne soient prises à revers, il fallait empêcher le pillage du littoral de l'Italie, il fallait assurer la sécurité de la capitale elle-même ; c'est tout cela qui était menacé par les bases carthaginoises de Corse et de Sardaigne ; il fallait, en un mot, et comme on l'a déjà dit, rompre l'encerclement. Ajoutons que ces entreprises maritimes, qui prouvent l'existence d'une stratégie, constituaient une excellente répétition pour des opérations ultérieures.

Retour en Sicile ; Ecnome

Dans le même temps se poursuivait la progression méthodique des légions en Sicile, une progression qui ne s'accompagna, en un premier temps, que d'épisodes mineurs. La prise d'Hippana,

---

1. Y. Le Bohec, « Notes sur les mines de Sardaigne », *Sardinia Antiqua, Studi in onore di P. Meloni*, 1992 (Cagliari), en particulier p. 258.

le succès aux sièges de Myttistraton, Camarine et Enna (259-258), et enfin un succès naval au large de Tyndare, compensèrent un échec devant Palerme.

Il y eut mieux, et ce fut la bataille d'Ecnome [1]. Sans doute cette rencontre a-t-elle plongé les historiens dans le doute : de multiples questions subsistent, sur les effectifs, sur l'ordre de bataille, et sur le déroulement des événements. Pour les grandes lignes, cependant, on doit pouvoir faire confiance à Polybe [2]. Les consuls de 256 étaient Régulus, un personnage assez important dans l'histoire de Rome pour devenir un homme de légende [3], et Manlius Vulso. Ils rassemblèrent des forces considérables : 140 000 hommes embarqués sur 330 navires d'après Polybe. Il fallait faire face à un grand nombre d'ennemis : d'après le même auteur, Carthage aurait aligné 350 vaisseaux et aurait disposé de 150 000 combattants. Les modernes, à juste titre, ont jugé excessifs ces chiffres ; ils pensent, et ils ont raison sur ce point, qu'en tout moins de 100 000 hommes ont pris part aux opérations.

Le but de guerre, de même, peut prêter à discussion. « Le plan de Rome, écrit Polybe, était de naviguer sur l'Afrique, d'y déplacer le théâtre des opérations pour imposer aux Carthaginois une menace, non plus pour la Sicile, mais pour leur propre existence et pour leur territoire » (I, 26, 1). On peut se demander si cet auteur, qui a participé en témoin aux affaires de 149, année où précisément fut mise en jeu l'existence même de Carthage, si cet auteur donc ne commet pas un anachronisme, transposant en 256 les objectifs de 149.

Peut-être les consuls voulaient-ils simplement appliquer de nouveau la stratégie d'Agathocle : ce tyran de Syracuse avait porté la guerre en terre d'Afrique, de 310 à 307, pour contraindre Carthage à affaiblir son dispositif en Sicile, et aussi pour faire du butin. On comprendrait mieux, dans ces conditions, les opérations des années précédentes, en Corse et en Sardaigne, qui

---

1. Polybe, I, 25-28.
2. G. K. Tipps, « The Battle of Ecnomus », *Historia*, XXXIV, 1985, p. 432-465.
3. E. R. Mix, *Marcus Atilius Regulus, exemplum historicum*, St. in Cl. Lit., X, 1970 (La Haye).

auraient visé les mêmes objectifs. Les forces puniques, de toute façon, n'avaient plus le choix : il fallait vaincre en Sicile. Avant l'affrontement, et pour donner plus de courage à leurs hommes, les généraux de Carthage leur auraient rappelé qu'ils « combattaient pour leur patrie et pour leurs familles [1] ». Cet argument fait supposer que, ce jour-là au moins, les mercenaires ne constituaient pas la majorité des effectifs ; cette proportion se comprend d'autant mieux qu'il s'agit de la flotte (la marine semble avoir été plus « punicisée » que l'armée de terre, qui utilisait davantage les mercenaires, les sujets et les alliés). On pourra cependant objecter que ces discours sont stéréotypés, récrits par des auteurs férus de rhétorique. Il est hélas difficile d'avoir des certitudes sur ce point.

Le dispositif initial de la bataille d'Ecnome montre une grande maîtrise de la part des Italiens, et tout autant de sottise, peut-être à base de présomption, chez les Africains. Aux ordres d'Hamilcar et de Hannon, les navires de Carthage furent en effet placés dos au rivage, en particulier à l'aile gauche commandée par Hamilcar : leurs possibilités de manœuvres étaient ainsi réduites pratiquement à néant. Les consuls, eux, adoptèrent un ordre de bataille original : ils divisèrent leurs vaisseaux en quatre escadres, trois d'entre elles formant un triangle, dont la pointe était dirigée vers l'ennemi, la quatrième se plaçant en parallèle à la base de cette figure ; eux-mêmes avaient pris place dans les navires de tête. Le latiniste Jean-Paul Brisson pense que c'était Vulso qui exerçait le commandement suprême, parce qu'il appartenait au patriciat, la plus vieille noblesse, et en outre qu'il se trouvait à droite, en raison de la prédominance de la droite sur la gauche, « dans la mentalité antique », précise-t-il [2].

L'affaire, qui a donc lieu en 256, se déroule en quatre temps. 1° Par une première manœuvre d'ensemble, les navires puniques reculent autant qu'ils le peuvent, dans l'espoir d'attirer vers eux les deux ailes avancées de Rome. 2° Puis Hamilcar, par la gauche, et Hannon, par la droite, essaient d'envelopper leurs adversaires, de les prendre en tenaille, et attaquent leur arrière-garde. 3° Mais,

---
1. Polybe, I, 27.
2. J.-P. Brisson, *Carthage ou Rome ?* 1973 (Paris), p. 64.

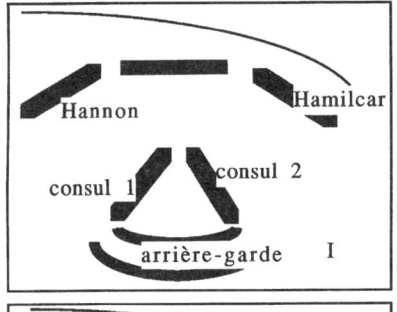

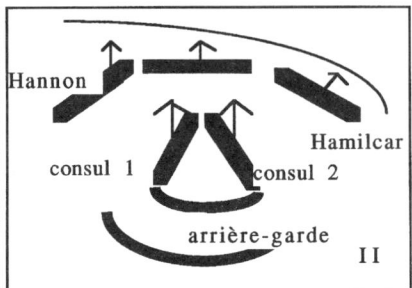

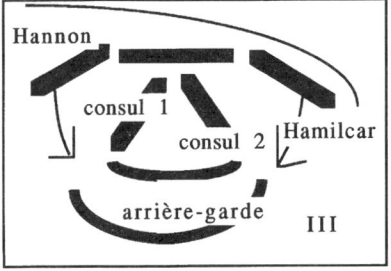

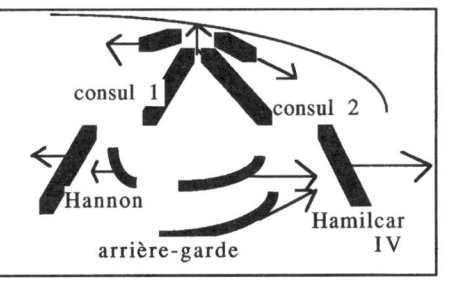

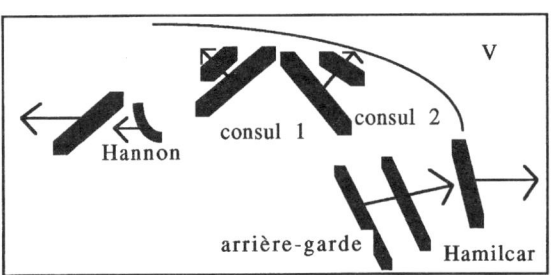

15. Schéma de la bataille d'Ecnome.
I. La flotte punique est placée dos au rivage ; les navires romains adoptent un dispositif en triangle.
II. Les navires puniques reculent ; les deux ailes des Romains les suivent.
III. Les ailes puniques font volte-face, tentent un mouvement d'enveloppement.
IV. Le centre romain repousse son vis-à-vis contre le littoral ; l'arrière-garde se tourne contre l'aile gauche punique.
V. Hamilcar prend la fuite ; le centre punique est écrasé contre le littoral ; Hannon prend la fuite à son tour.

à ce moment, le centre romain écrase son vis-à-vis contre le littoral, pendant que l'arrière-garde, négligeant Hannon, se retourne tout entière contre Hamilcar, qu'elle bouscule. 4° Vient alors la victoire pour Rome : le centre de Carthage est enfoncé, écrasé, et Hamilcar prend la fuite. Il ne reste plus à Hannon qu'à en faire autant. Le bilan, sans équivoque, fait état de 24 navires perdus pour les vainqueurs, contre 30 détruits et 64 capturés du côté des vaincus. Une fois encore, les Romains ont « osé se laver les mains dans la mer », et ils ont « dépassé leurs maîtres ».

La route de l'Afrique leur est ouverte.

3. *La guerre en Afrique*

L'armée romaine, en Afrique, apprit une chose, dont nous ferons notre profit : la tactique manipulaire ne représentait pas une panacée. Si le trajet, à l'aller, se fit sans encombre, si le débarquement et les premiers engagements furent autant de succès, la situation se gâta très vite : sur terre, Rome subit une sévère défaite, et sa flotte courut au désastre sur le chemin du retour. D'où des difficultés : déjà le manque d'hommes et d'argent se fit sentir. Ces maux n'épargnaient ni Rome ni, surtout, Carthage.

L'offensive de Régulus ; la bataille de 255

Les consuls regroupèrent leurs forces et, après une traversée sans encombre, débarquèrent à *Aspis*, encore appelée *Clupea*, aujourd'hui Kelibia, au sud-est du Cap Bon. La forteresse punique fut prise et devint le quartier général des armées de Rome. Les soldats, suivant la tradition, mirent au sec les navires et les protégèrent par un rempart doublé d'un fossé. Vulso repartit ; Régulus aurait demandé son rappel : il voulait cultiver son champ [1]. Mais le Sénat refusa. Il resta donc en Afrique, avec 15 000 hommes.

---

1. Abréviateur de Tite-Live, *Sommaires*, XVIII.

Les troupes de Rome commencèrent par piller [1]. Parmi les cités victimes de ces exactions, il faut peut-être compter Kerkouane, « la Pompéi punique [2] », et aussi Menzel Temime et Korba. Régulus prit *Adys* (Oudna ?), bouscula une armée ennemie et transféra son camp à Tunis : il était en vue de Carthage, et il hiverna à cet endroit. C'est ici que se place un épisode intéressant pour mesurer le degré de confiance qu'on peut accorder aux sources... et leur crédulité ! Les chercheurs, pour perfectionner leurs méthodes, ne devraient pas le négliger. Plusieurs auteurs unanimes, à savoir Silius Italicus, Tite-Live, Florus, Aulu-Gelle, Valère Maxime et Orose, racontent en effet la même anecdote invraisemblable, qu'ils ont puisée à une source commune : un serpent gigantesque dévorait les soldats qui se rendaient à la corvée d'eau ; il se révéla invulnérable aux javelots, et seule une pièce d'artillerie, une baliste, put en venir à bout. Le lecteur, qui aura compris à quelles difficultés se trouve confronté l'historien de l'Antiquité, peut néanmoins le croire quand il dit que, depuis le camp de Tunis, les soldats passaient le plus clair de leur temps à faire du butin : ils prenaient les valeurs mobilières, le bétail, les esclaves, et détruisaient le reste.

Les autorités de Carthage ne pouvaient pas rester impassibles devant ces exactions. Confrontées à un choix de commandement, et n'accordant apparemment pas la moindre confiance à leurs généraux habituels, elles s'adressèrent à des mercenaires ; l'intervention de Régulus en Afrique provoqua une rupture, provisoire il est vrai, dans les pratiques du recrutement, surtout pour les grades supérieurs. Il semble bien que cette période ait été marquée par un fort recul de la part réservée à l'élément punique et un net essor de l'appel aux combattants étrangers et salariés. En effet, le premier personnage contacté fut un Lacédémonien appelé Xanthippe, et il reçut tout le pouvoir militaire : la crise

---

1. M. Fantar, « Régulus en Afrique », *Punic Wars*, 1989, p. 75-84, met en rapport les textes anciens avec la toponymie et l'archéologie.
2. Suggestion de J.-P. Morel, « Kerkouane, ville punique du Cap Bon », *Mélanges de l'École fr. de Rome*, LXXXI, 1969, p. 473-518, qui se fonde sur l'étude de la céramique ; il a été suivi par M. Fantar, passage cité, mais pas par P. Bartoloni *et alii,* « Prospezione archeologica al Capo Bon, I », *Coll. di Stud. Fen.*, II, 1973 (Rome), 84 p.-43 fig.-10 pl., qui préfèrent la date de 208.

était bien surtout une crise du commandement. Ce chef de bande, à son tour, procéda à des enrôlements massifs en Grèce. La numismatique a prouvé l'importance et l'urgence de cet appel aux troupes stipendiées : les ateliers de Carthage ont alors procédé à une émission exceptionnelle de pièces d'or pour payer ces nouveaux défenseurs [1]. Cependant, le Sénat de Carthage négocia d'abord ; il aurait préféré acheter la paix plutôt que faire la guerre. Mais Régulus fit échouer les pourparlers en présentant des exigences extravagantes. Alors on combattit.

On ne sait pas exactement où eut lieu l'affrontement. Régulus, on l'a dit, avait installé son camp devant Tunis, et Orose parle du *Bagradas*, l'actuel oued Medjerda. Comme on sait que les adversaires firent choix d'un terrain plat, on peut penser à la plaine qui s'étend entre cette rivière et la capitale de l'actuelle Tunisie, au nord-ouest de la ville. Comme, en outre, on sait que, par tradition, on désigne une bataille du nom de l'agglomération la plus proche, on peut proposer de donner à cette rencontre, au moins à titre d'hypothèse, le nom de « bataille de Tunis ». Si on hésite sur la localisation, le doute n'est pas permis pour le déroulement, grâce à Polybe [2] (le récit d'Appien [3] paraît relever d'une confusion entre un engagement mineur et le grand combat qui opposa Xanthippe à Régulus).

Au cours d'une réunion d'état-major, Xanthippe annonce aux siens qu'il préfère un terrain plat : l'avantage de la souplesse que confère à ses adversaires la tactique manipulaire, estime-t-il, en sera grandement atténué ; lourde erreur de sa part, Régulus accepte ce choix. Le Lacédémonien place au centre de son dispositif la phalange des Carthaginois, met à chaque aile de la cavalerie et de l'infanterie, avec des mercenaires en dernière ligne ; au milieu, et en position avancée, les éléphants. Régulus, qui n'apparaît décidément plus comme un bon tacticien, adopte

---

[1]. H. R. Baldus, « Unerkannte Reflexe der römischen Nord-Afrika Expedition von 256/255 v. Chr. in der karthagischen Münzprägung », *Chiron*, XII, 1982, p. 163-190, et « Zwei Deutungsvorschläge zur punischen Goldprägung im mittleren 3. Jh.v. Chr. », *Chiron*, XVIII, 1988, p. 171-179.

[2]. Polybe, I, 33-34. Sur Régulus en Afrique, voir aussi Silius Italicus, VI, 117-551.

[3]. Appien, *Lib.*, VIII, 3. Voir M. Fantar, passage cité.

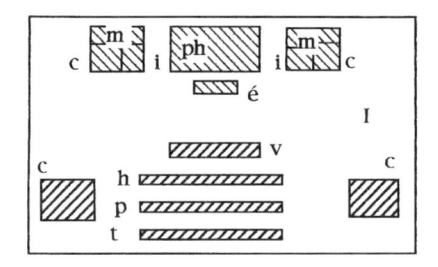

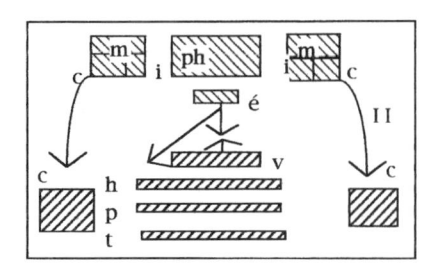

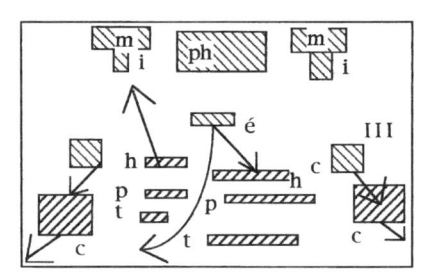

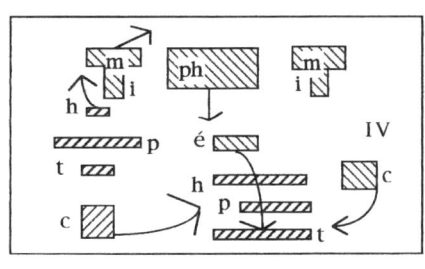

16. Schéma de la bataille de 255.
I. Dispositif initial.
II. Xanthippe envoie en avant sa cavalerie et ses éléphants.
III. Les vélites de Régulus sont dispersés, sa cavalerie en fuite, mais son aile gauche attaque l'aile droite de Xanthippe après avoir évité les éléphants.
IV. L'aile gauche de Régulus met en déroute l'aile droite de Carthage. Les éléphants enfoncent les premières lignes de Régulus au centre, et la cavalerie punique attaque ses lignes arrière.
Armée de carthage : **c** : cavalerie, **i** : infanterie, **m** : mercenaires, **ph** : phalange, **é** : éléphants.
Armée de Rome : **v** : vélites, **c** : cavalerie, **h** : hastati, **p** : principes, **t** : triarii.

un dispositif qui ne brille pas par son originalité : il s'articule autour d'un centre et de deux ailes, avec l'infanterie légère des vélites en avant et la cavalerie sur les flancs.

Le déroulement des événements, en revanche, se présente de manière moins banale. Xanthippe lance ses éléphants, tels des chars d'assaut, pour bousculer et écraser l'ennemi ; en même temps, il fait avancer ses unités montées. La troupe des vélites, trop légère, vole en éclats, et la cavalerie de Régulus prend la fuite ; dans le même temps, l'aile gauche de l'armée de Rome marche sur l'aile droite adverse, réussit à éviter une nouvelle charge des éléphants, et fait même refluer les hommes qui lui font face. Mais le Romain ne sait pas prolonger ces heureuses prémices : pendant que les éléphants enfoncent son centre, ses lignes arrière sont prises à revers par la cavalerie ennemie qui revient au galop après avoir bousculé et chassé les troupes qui lui ont été opposées. C'est la déroute. Le consul est pris. Seuls 2 000 survivants peuvent se réfugier à Kelibia. De l'autre côté, on ne déplore que 800 morts, pour l'essentiel des mercenaires. Ces hommes ont su mourir pour de l'argent ; il n'est pas sans intérêt de le constater. Autre remarque importante : apparemment minoritaires, les soldats citoyens ont été présents sur le terrain, et même au centre du dispositif ; mais leurs chefs, et Xanthippe le premier, ont préféré engager les soldats étrangers avant eux pour préserver le plus possible le sang punique : rien là que de très conforme aux us et coutumes de Carthage.

Il convient de relever l'originalité de cette bataille : ce sont les éléments mobiles, éléphants et cavalerie, qui ont permis d'emporter la décision. Cette remarque ne doit pas cacher, bien entendu, le rôle toujours essentiel de l'infanterie, à laquelle appartenaient sans doute en majorité les morts de Xanthippe. Polybe n'envisage même pas d'adresser le moindre éloge au vainqueur, le moindre blâme au vaincu, qui s'est pourtant conduit au mieux sans le moindre génie, et au pire avec beaucoup de maladresse ; conformément aux mentalités collectives de l'Antiquité, il explique l'issue de cette rencontre par la seule volonté divine, par l'intervention de la déesse Fortune, la *Tychè*.

On se rappelle que la victoire de Myles n'avait pas empêché les alliés sujets de Rome de manifester un certain mécontentement ; la défaite de 255 n'évita pas à Carthage un soulèvement des Maures et des Numides. On confia la répression à un Hamilcar qui, envoyé pour rétablir l'ordre, fit suspendre les chefs des tribus à des fourches patibulaires, et taxa les insurgés de 1 000 talents d'argent (environ 26 000 kg) et de 20 000 bovins. Il ne faut négliger ni ce mouvement ni la répression qui l'accompagna : l'un et l'autre prouvent bien, si besoin était, l'existence d'un impérialisme de Carthage, dont les peuples d'Afrique ont fait les frais.

La poursuite de l'offensive romaine après 255

Rome ne pouvait rester sans réaction après un tel désastre, ne serait-ce que parce qu'un ancien consul était prisonnier, et des légionnaires encerclés à Kelibia. Les assemblées décident de poursuivre l'offensive, sur mer et en Afrique, encore et toujours.

Dès 254, une importante flotte mit à la voile vers le sud. Au passage, elle occupa *Cossyra* (Pantelleria). Au large du cap Hermès, au nord-est du Cap Bon, elle rencontra des navires envoyés par Carthage pour lui barrer la route, et leur fit subir un désastre ; 114 bateaux puniques furent coulés à cette occasion. Décidément, sur mer, Rome faisait au moins jeu égal avec Carthage. Les restes de l'armée de Régulus furent ensuite embarqués, et reprirent le chemin de la Sicile. Peut-être est-ce la *Tychè* qui les inspira, on ne sait : toujours est-il que les chefs de l'escadre ne voulurent pas écouter les pilotes, et se dirigèrent vers Camarine ; une tempête éclata sur le trajet du retour, au large de ce port, et seuls 80 navires sur 364 en réchappèrent. Les survivants bénéficièrent des secours du roi de Syracuse, Hiéron.

Les échecs sur mer et en Afrique enseignaient la prudence, mais pas à tous sans doute. Toutefois, en 254, Rome recommença à s'intéresser à la Sicile, et mit le siège devant Palerme [1]. Les légionnaires entourèrent la ville avec un fossé et une palissade ; ils utilisèrent des machines de guerre, et le rempart s'effondra sous leurs coups. Ils récupérèrent un butin considérable, constitué pour l'essentiel par 27 000 captifs ; 14 000 d'entre eux purent se racheter. L'affaire fit impression ; passèrent alors aux côtés de Rome plusieurs cités, Iaetia et Enattaros, qu'on ne sait pas localiser, ainsi que Solonte, Petra et Tyndare. Pour arrêter ces défections, Carthage envoya 100 éléphants en Sicile. Ce renfort, très efficace, et aussi l'épuisement des parties, entraînèrent un maintien du statu quo dans l'île jusque vers 250.

Nous avons dit que tous les responsables, à Rome, n'avaient pas tiré les leçons de l'échec de Régulus et du désastre de Camarine. Une autre flotte partit vers le sud en 253. Elle longea les côtes orientales de l'actuelle Tunisie, atteignit l'île des

---
1. Diodore, XXIII, 18.

Lotophages (Djerba) et le golfe des Syrtes. Une fois de plus, tout commença bien et finit mal : les soldats ramassèrent sans peine un butin abondant ; sur le chemin du retour, une nouvelle tempête provoqua un nouveau désastre, cette fois au nord de Palerme ; plus de 150 navires sombrèrent.

Rome put encore occuper les Lipari – toujours des îles – en 252, mais renonça aux entreprises sur le sol de l'Afrique. L'action se ralentissait.

L'épuisement

L'action se ralentissait, parce que l'épuisement affectait les uns et les autres, à des degrés différents il est vrai. Certes, Rome se heurtait à bien des difficultés pour construire des navires et pour lever des troupes, par manque d'argent. Carthage cependant se portait encore plus mal, non seulement dans le domaine financier mais encore dans le domaine militaire. Cet affaiblissement peut être constaté en 250 ; le consul Caecilius Metellus sut s'illustrer aux dépens de ses adversaires. Installé dans Palerme, il réussit à s'assurer le contrôle de tous les environs, à protéger les moissons des alliés, moissons que les militaires puniques s'essayaient à piller ; et, devant cette ville, il infligea à Hasdrubal une sévère défaite. À cette occasion, il mit au point une tactique appelée à un grand succès contre les éléphants : les troupes légères avaient pour mission de cribler de traits ces animaux qui, à la longue, devenaient furieux, incontrôlables, et chargeaient au hasard, tout aussi bien contre les troupes de Carthage. À son retour dans la Ville, Metellus reçut les honneurs du triomphe, un triomphe qui marqua durablement les esprits, et dont on parlait encore deux siècles plus tard : on y vit défiler 120 éléphants et 13 généraux ennemis.

Carthage prit donc l'initiative des négociations et, dit la tradition, en se servant de Régulus, qui était prisonnier. Ses geôliers l'envoyèrent à Rome : il pourrait y rester s'il obtenait la paix à des conditions satisfaisantes ; dans le cas contraire, il s'engageait sur l'honneur à retourner dans sa prison. Il devait alors s'attendre au pire, même si on ne l'avait pas menacé trop ouvertement. Arrivé devant ses pairs, il décrivit l'état d'épuisement dans lequel se trouvait l'ennemi, assurant qu'il fallait poursuivre le combat, que la victoire était inéluctable dans ces conditions ; puis, malgré les larmes des siens, il retourna à Carthage, où il périt dans d'affreux supplices, sur le détail desquels les sources ne s'accordent pas.

Les universitaires actuels, dans leur majorité, refusent d'accorder le moindre crédit à cette anecdote, pour trois raisons : ils pensent que les Romains l'ont inventée pour illustrer la cruauté punique, qu'aucun homme ne pourrait avoir le sens de l'honneur assez poussé pour s'exposer à de si grands périls, et ils relèvent que les auteurs les plus sérieux font le silence sur cet épisode. Assurément, les historiens de l'Antiquité ont parfois brodé ; nous avons évoqué plus haut l'histoire du serpent de Régulus pour bien le montrer.

Toutefois, on peut faire trois remarques à propos de cette histoire. D'abord, mille exemples prouvent que les hommes, surtout quand ils font la guerre, peuvent manifester une cruauté effroyable ; la naïveté serait du côté d'historiens vivant au XXe siècle s'ils ne l'admettaient pas, et on ne voit pas pourquoi Carthaginois et Puniques auraient fait exception à la règle : ils n'avaient entendu parler ni de l'humanisme, ni des droits de l'homme, ni de la charité chrétienne. Ensuite, le sens de l'honneur, même très poussé, jusqu'au risque de la mort, fait partie des mentalités collectives, surtout dans les milieux aristocratiques : l'histoire de France, pour ne parler que d'elle, est remplie de récits où des hommes distingués mettent leur vie en jeu et provoquent un duel pour un simple mot déplacé, et cela jusqu'au début du XXe siècle ; c'est ce qu'au temps d'Henri IV et de Louis XIII on appelait « le point d'honneur [1] ». Bien entendu, il faudrait savoir comment les aristocrates romains du milieu du IIIe siècle avant J.-C. concevaient l'honneur : à ce sujet, nous renvoyons à ce qui a été dit plus haut [2] à propos de la notion de

---

1. Roland Mousnier avait traité ces questions dans un cours professé à la Sorbonne en 1965-1966 ; l'auteur de ce livre, présent dans la salle, n'a pas oublié ses leçons. Il n'a pas oublié non plus le mémoire rédigé sous la direction de Jacques Droz et consacré à *L'Affaire Mores et La Libre Parole* : au début du XXe siècle, le duel pour l'honneur se portait encore bien.
2. G. Brizzi, cité plus haut, parle même de « chevalerie ».

fides, qui est loyauté, et qui le fonde. Pourtant, et c'est là un troisième point important, les historiens possèdent un « parallèle », un récit qu'ils peuvent comparer à celui-ci, un récit qu'ils n'ont jamais songé à mettre en doute, car il est rapporté à la fois par Polybe (VI 8, 58) et par Tite-Live (XXII, 58 et 61) : on y voit un chef carthaginois, Hannibal, envoyer à Rome des prisonniers, après leur avoir fait jurer qu'ils reviendraient. Et, malgré l'échec de leur mission, les captifs retournent dans les fers ! On peut donc se demander si certains historiens actuels s'y entendent bien en matière de cruauté et d'honneur.

La mort de Régulus présente ainsi beaucoup d'intérêt pour l'étude des mentalités collectives. Cet épisode ne saurait donc être négligé, même s'il n'a pas joué un grand rôle dans le déroulement de la première guerre punique, dans les événements militaires qui l'ont marquée.

4. *Le retour des opérations en Sicile*

L'agressivité de Rome finit par l'emporter. Elle lui coûta cher, sans doute, mais ce fut un investissement rentable.

Du point de vue strictement militaire, on retiendra, pour cette période, que Rome et Carthage ont fait jeu égal sur terre, en particulier dans la guerre de siège, et surtout par suite de l'arrivée, du côté des forces puniques, d'un grand capitaine, Hamilcar. C'est sur mer que Rome a fini par l'emporter, ce qui somme toute est peu banal, et fort inattendu.

Les difficultés de Rome ; Drépane

Pour venir à bout des forces de Carthage stationnées en Sicile, il apparut enfin évident qu'il fallait s'emparer de leur principale forteresse et quartier général, Lilybée, aujourd'hui Marsala, ainsi que de leur plus grande base navale, Drépane, l'actuelle Trapani. Rome n'ignorait pas, bien sûr, ses propres faiblesses, mais elle comptait sur des faiblesses plus graves encore chez l'ennemi.

C'est en 250 que Lilybée fut investie[1]. La ville fut en même temps soumise à un blocus maritime et à un siège. Suivant leur habitude, les légionnaires construisirent un grand camp et un rempart, flanqué de tours et doublé d'un fossé, qui entourait totalement l'agglomération du côté de la terre. De même, ils mirent en action toutes sortes de machines, catapultes et balistes, tortues et béliers. Peut-être l'épuisement les empêcha-t-il de doubler vers l'intérieur, conformément à la tradition, la défense continue qu'ils avaient construite ; ou alors ils ne craignaient pas d'être pris à revers ; il est aussi possible, simplement, que les sources aient oublié de mentionner ce rempart.

Les habitants de Lilybée souffrirent. Mais ils possédaient encore des hommes de valeur pour les entraîner au combat. On en trouve le témoignage dans le récit des exploits qu'accomplit un de leurs officiers de marine, un personnage appelé Hannibal le Rhodien par Polybe, et Hannon par Zonaras[2]. Seul à avoir bien repéré les hauts-fonds, il entrait dans le port et en sortait comme il le voulait ; il se glissait entre les navires de ses adversaires sans que ceux-ci pussent l'arrêter, et leur échappait grâce à sa connaissance du relief sous-marin et aussi grâce à sa vitesse. Il poussa même l'audace, une fois, jusqu'à s'arrêter, rames levées, pour narguer ses poursuivants. Ceux-ci finirent néanmoins par apprendre la leçon, et le capturèrent grâce à un navire punique dont ils s'étaient emparé, une tétrère, un « quatre ». Ils étaient décidément de très bons « élèves ».

Le consul Publius Claudius Pulcher, de l'illustre famille des Claudes, jugeant sans doute qu'il avait été suffisamment bien formé, bien préparé à la guerre navale, décida de tenter le sort ; il engagea sur mer une bataille au large de Drépane. La loi lui imposait de demander leur avis aux dieux avant la rencontre. Cette exigence s'imposait aux mentalités collectives de l'Antiquité (on l'a vu, par exemple au début du conflit, pour le Mamertin Ciôs) ; elle se manifestait avec encore plus de vigueur chez les Romains qui se sont toujours ouvertement vantés d'être

---

1. Polybe, I, 42-48 ; Diodore, XXIV, 1.
2. Zonaras, VIII, 15, place en outre l'épisode en 249 ; voir aussi Polybe, I, 46-47.

les hommes les plus pieux du monde, attitude qui peut nous paraître étrange à nous, gens du XXe siècle. Les dieux s'exprimaient par des canaux divers. Cette fois, il fallait proposer du grain à des poulets sacrés embarqués sur le navire amiral : s'ils mangeaient de bon appétit, le présage était favorable ; dans le cas contraire, mieux valait renoncer à l'entreprise. Claudius, qui souhaitait vivement remporter une victoire dont il ne doutait pas, fit donc procéder à la cérémonie. Hélas pour lui, qu'ils aient été incommodés par le mal de mer, ou par quelque autre raison, les volatiles ne montrèrent aucun empressement devant le festin ; les poulets sacrés n'avaient pas faim. Le consul s'emporta, et les fit jeter à l'eau : « Puisqu'ils n'ont pas faim, qu'ils boivent. » Puis il engagea les opérations et, naturellement, perdit la bataille de Drépane (249).

Claudius avait eu en face de lui l'habile Adherbal, et le non moins habile Carthalon, le second étant apparemment placé sous les ordres du premier ; les chefs puniques ne lui avaient pas laissé le temps de s'organiser, et l'avaient attaqué alors que sa flotte n'avait pas encore totalement quitté l'abri du port. Un ordre malheureux du consul, qui rappela ses navires alors que seulement quelques-uns d'entre eux avaient gagné le large, aggrava le désastre en augmentant le désordre ; cet échec s'explique aussi sans doute en partie par l'angoisse des hommes que l'affaire des poulets sacrés avait certainement inquiétés. Rome ne put sauver qu'une trentaine de navires, l'ennemi en prit 93, et les autres s'échouèrent. Cette victoire navale de Carthage mérite d'être relevée : elle fut une des rares que « l'empire de la mer » a remportées dans cette première guerre punique. Et elle s'explique, comme pour les rencontres précédentes, Myles et Ecnome notamment, moins par l'habileté manœuvrière des équipages que par la supériorité d'un amiral sur l'autre. Il est des légendes dont il faut faire justice.

Les malheurs de Rome ne s'arrêtèrent pas là. Le consul Junius arriva à son tour en Sicile, avec une flotte importante. Il séjourna d'abord à Syracuse puis, par voie de terre, se dirigea vers le cœur du pays punique. Il s'empara du mont Eryx. Sur cette hauteur se trouvait un antique sanctuaire d'une déesse de l'amour, divinité indigène que les Puniques prenaient pour Astartè, et les Romains pour Vénus. Or Vénus, pour ces derniers, présentait une grande importance. D'après la tradition, d'après la mythologie, elle était la mère du héros troyen Énée qui, après la prise de sa ville par les Grecs, était parti pour l'Occident, poussé par une inspiration divine. Il s'était arrêté à Carthage, où il avait aimé puis abandonné la reine Didon, épisode bien connu qui a inspiré des écrivains et des compositeurs, par exemple Purcell dans un célèbre opéra. Or, aux yeux de tous les Méditerranéens, dans leurs mentalités collectives, cette rencontre et cette rupture symbolisaient la supériorité de l'homme séducteur sur la femme séduite, et, en fin de compte, la supériorité de Rome sur Carthage. En effet, Énée avait eu pour descendant Romulus, fondateur de Rome comme on sait. Et ce n'est pas tout. Dans les croyances du temps, Vénus était aussi la déesse qui donnait la victoire.

Ce succès paraissait donc de bon augure pour la suite ; la religion, comme toujours, jouait un grand rôle dans le cœur de tous les humains. Hélas pour lui, Vénus étant distraite ce jour-là, Junius fut pris. Le Sénat demanda à l'autre consul, Claudius Pulcher, de nommer un dictateur pour faire face à l'urgence et à la gravité de la situation ; ce dernier, malgré la défaite qu'il avait subie, n'avait rien perdu de sa morgue et, estimant qu'il suffirait à rétablir la situation, désigna un homme modeste, sans doute un de ses clients, le scribe Claudius Glycia, ce qui était inadmissible. Ce choix, bien sûr, ne pouvait pas être entériné, et ne le fut pas.

Hamilcar en Sicile

La lassitude de Rome devenait néanmoins évidente, et s'explique sans peine : la guerre durait et l'argent manquait. Pour se donner du courage, le Sénat renouvela en 249 le traité conclu avec Hiéron. Peu après, la famille des Fabii fit son retour aux affaires : Fabius Buteo fut élu au consulat pour 247 ; l'expansion vers le nord allait se retrouver au nombre des priorités. En cette même année 247, Rome eut pourtant une nouvelle raison de se faire du souci pour les affaires de Sicile. Carthage y envoya en effet, ou plutôt y renvoya, cette fois avec des pouvoirs très étendus, un des meilleurs généraux de son histoire, un de ceux qui, par leurs exploits, infirment la légende de chefs puniques lâches et incompétents.

Jeune, intelligent et actif, Hamilcar Barca [1] ne connut en Sicile que des succès, bien qu'il ait trouvé à son arrivée une situation militaire dégradée [2]. Très vite, il reprit le contrôle de toute la partie occidentale de l'île. Il remit en honneur la stratégie qui avait jadis donné le succès à ses prédécesseurs. En premier lieu, il installa un camp principal, d'abord au mont Eirctè, près de Palerme, puis sur le mont Eryx que le consul Junius avait occupé autrefois, et dont il chassa la garnison [3]. De là, il faisait mener des raids, des actions de commandos. Des petits groupes d'hommes attaquaient à l'improviste les points d'appui terrestres tenus par Rome, puis repartaient le plus vite possible, suivant en cela le principe bien connu de toutes les unités de guérilla : « Frappe et fuis. » La marine organisait des opérations de razzia contre le littoral de l'Italie ; des soldats débarquaient, pillaient, puis se repliaient avec une égale rapidité, et cette fois les navires puniques remontaient jusqu'à Cumes. Pas de grande bataille, ni sur terre ni sur mer, mais une multitude d'escarmouches. Et tout ce qu'Hamilcar tentait réussissait. Mais, la Campanie touchée, Rome ne pouvait plus rester dans l'expectative.

L'ultime sursaut de Rome ; les îles Égates

Les responsables de la stratégie, à Rome, le comprirent : il ne fallait pas abandonner l'initiative à Hamilcar, et il convenait de ne pas lui laisser la direction des opérations. Ils estimèrent surtout qu'ils devaient rompre avec sa tactique des petits engagements et tout jouer sur une grande bataille [4]. Le problème pour

---

1. Aux sources habituelles, on ajoutera la courte biographie du personnage due à Cornelius Nepos.
2. Appien, *Sic.*, V, confirmé par Cornelius Nepos, dans sa vie d'Hamilcar.
3. S. Vivona, *Amilcare Barca e l'assedio di Erice. Studio storico-topografico-militare*, 1970 [1980 ?] (Castello Tiferno) ; *non uidi*.
4. On met souvent en rapport avec ce changement de stratégie l'établissement de deux colonies romaines en Étrurie, à *Alsium* en 247 et à *Fregenae* en 245, et d'une colonie latine à Brindisi en 244. Pourquoi pas ?

eux était qu'une fois de plus ils manquaient de moyens financiers. L'État ne disposant pas de « planche à billets », ils devaient payer en espèces. Dans l'immédiat, ils répondirent au pillage de l'Italie par le pillage de l'Afrique, et choisirent la ville de Bizerte comme victime de ces représailles.

C'est ici que se plaça une initiative étonnante [1]. Rome ne disposait pas seulement de généraux compétents. On trouvait aussi dans la Ville des financiers avisés ; et l'un d'eux eut l'idée de faire de la guerre une entreprise comme une autre, avec ses investissements certes aventureux, mais une rentabilité à la mesure des dangers encourus. Il proposa d'instaurer un emprunt forcé acquitté par les riches. Chacun de ceux qui le pourraient armerait un navire à ses frais ; les moins aisés, au besoin, se regrouperaient à deux ou trois. En cas de défaite, tout serait perdu ; en cas de victoire, le butin rembourserait les dépenses engagées et, de plus, dans ce deuxième cas, le marché sicilien s'ouvrirait tout grand. Pour certains sénateurs, et sans doute pour le clan « campanien » au premier chef, la politique extérieure se réglait en fonction des profits attendus. À Rome, la guerre devenait une affaire, au sens économique bien sûr.

Rome put ainsi armer 200 quinquérèmes (des « cinq »). Ce choix montre le renforcement d'une tendance déjà observée en matière de tactique navale ; on préférait la puissance à la mobilité. Il prouve aussi que Rome ne craignait toujours pas d'affronter Carthage sur l'eau. Le consul Lutatius Catulus fut envoyé en Sicile. Il entreprit donc, avec ses soldats paysans, de porter la guerre sur mer, pendant que l'empire maritime, incarné par Hamilcar, poursuivait ses opérations sur terre. Le lecteur a déjà rencontré cette situation paradoxale. Catulus fut pourtant vaincu en 242, au large de Drépane, et il fut même blessé ; mais il tira profit de l'absence de la marine punique, repartie dans la métropole, et il put s'emparer de Drépane et de Lilybée, succès considérables sur lesquels nous sommes malheureusement peu informés, ce qui explique la discrétion des historiens sur ce sujet ; il ne faudrait pourtant pas en diminuer la portée. Prorogé dans son commandement, il se résolut, en 241, à affronter de nouveau la marine de Carthage.

---

1. Polybe, I, 59.

La bataille, appelée bataille des îles Égates (ou Ægates), eut lieu le 10 mars 241 [1]. La flotte punique, aux ordres de Hannon, avait reçu pour mission de transporter des renforts et des approvisionnements aux troupes du mont Eryx : Carthage ne voyait toujours son salut que dans des engagements terrestres ! Alourdis par ce chargement, et manœuvrés par des équipages novices, les bateaux puniques s'engagèrent à la file à travers l'archipel des îles Égates pour rejoindre Drépane. Informé de cette situation, Catulus fit un choix contraire, et allégea le plus possible ses propres navires qu'il disposa sur une seule ligne. Le choc tourna très vite à son avantage. Carthage perdit 120 vaisseaux, 50 ayant coulé et 70 ayant été capturés ; 10 000 de ses soldats se retrouvèrent prisonniers. Si on examine ces chiffres sans passion, et si on les compare à ceux que l'on a déjà rencontrés, on arrive à une constatation évidente : pour les forces puniques, la rencontre de Drépane était une défaite ; ce n'était pas un désastre.

Pourtant, Carthage rendit les armes. La première guerre punique était terminée. Elle se terminait comme elle avait commencé : sur mer.

5. *Les comptes de la guerre*

Le choix de Carthage

La nouvelle de l'échec des îles Égates provoqua de longs débats à Carthage, sauf sur un point, le sort du malheureux Hannon, qui fut crucifié. Les deux partis qui, par tradition, divisaient l'aristocratie, s'affrontèrent de nouveau. Le clan, que l'on appelle improprement « de la paix », parce qu'il était prêt à accepter l'arrêt des opérations en Sicile, mais qui, en réalité, accordait la priorité aux conquêtes en Afrique, proposait de traiter immédiatement et à n'importe quel prix. De ce côté, on avançait des arguments non négligeables : les caisses étant vides et

---
1. Polybe, I, 60-61.

l'économie ruinée, on n'avait plus les moyens de poursuivre le conflit ; de plus, des troubles avaient éclaté en Afrique même, aux portes de la cité, et l'urgence était d'éteindre ce foyer d'incendie ; enfin, la Sicile ne représentait pas un enjeu fondamental pour l'avenir de Carthage. Le « parti de la guerre », qu'animaient Hamilcar Barca et les siens, appelés d'un nom tiré de son surnom, les Barcides, proposait au contraire de défendre la Sicile : l'avenir de Carthage, pour eux, se jouait contre Rome, et donc d'abord en Sicile. Cette thèse, peut-être plus réaliste pour le long terme, ne plut pas à la majorité ; les partisans de l'impérialisme en Afrique l'emportèrent. On traita.

Le traité

Hamilcar reçut donc l'ordre d'engager des pourparlers avec Catulus. Ce dernier accepta. Les discussions portèrent sur quatre points, qui ne présentaient d'ailleurs rien d'original par rapport aux règles de la diplomatie de ce temps : le vaincu évacuait des territoires au profit du vainqueur, payait une indemnité, donnait des armes, livrait les transfuges et rendait les prisonniers. Hamilcar fit remarquer que ses forces terrestres étaient intactes ; il demanda, en conséquence, l'honneur de conserver ses armes et de garder les déserteurs ; en réalité, semble-t-il, il espérait reprendre les hostilités le plus tôt possible. Sensible à ses arguments, ou soucieux de conclure au plus vite, Catulus céda sur l'une et l'autre de ces requêtes, et les deux hommes rédigèrent un projet de traité. Le texte de ce document diplomatique, un des rares qui nous soient parvenus pour cette époque, mérite à ce titre d'être cité[1] :

« Aux conditions suivantes, il y aura amitié entre Carthage et Rome, sous réserve de ratification par le peuple romain :

---

1. Polybe, I, 62, 8-9 ; on ignore la source utilisée par l'historien grec pour ce texte dont le style, de toute façon, a été arrangé. Voir aussi, K. M. Girardet, « Die Sicherheitsklauseln des Lutatiusvertrages (241 v. Chr.) », *Zum Umgang mit fremden Sprachen in der griechisch-römischen Antike*, édit. C. W. Müller, 1992 (Stuttgart), p. 97-113.

– que Carthage évacue la Sicile tout entière ;
– que Carthage ne fasse pas la guerre à Hiéron, ne porte pas les armes contre Syracuse, ni contre les alliés de Syracuse ;
– que Carthage restitue à Rome sans rançon tous les prisonniers ;
– que Carthage verse à Rome, sur vingt ans, une indemnité en argent de 2 200 talents euboïques. »

Précisons que 2 200 talents euboïques représentaient près de 60 000 kg de métal précieux.

Le projet fut transmis à Rome, et soumis aux comices, qui ne l'approuvèrent pas. Le peuple fit désigner une commission de dix membres, qui augmenta le montant de l'indemnité et compléta un des articles. Carthage devrait donc payer 3 200 talents, au lieu de 2 200, et sur dix ans seulement au lieu de vingt. En ce qui concerne les exigences territoriales, on peut noter que la Sicile n'était plus seule en cause, contrairement à ce qu'ont écrit certains modernes, en croyant s'appuyer sur un Appien qu'ils ont mal lu. Cet auteur, en effet, n'a pas intitulé le livre qu'il a consacré à la première guerre punique *Les Affaires de la Sicile*, mais *Les Affaires de la Sicile et des îles*. Et Polybe appuie les affirmations d'Appien quand il écrit que les forces puniques devaient s'engager à évacuer « toutes les îles situées entre la Sicile et l'Italie [1] ». Cette définition, cependant, était volontairement ambiguë, ce qui était bien dans la manière de Rome : le texte ne nommait pas les îles en cause, ce qui permettrait ensuite toutes les interprétations possibles, au gré des circonstances. Dès l'Antiquité, d'ailleurs, les écrivains se sont partagés sur le sens à donner à cette expression. Et, si Appien pensait qu'elle s'appliquait à de petits territoires comme les Lipari [2], Orose, ou plutôt la source d'Orose, mentionnait clairement la Sardaigne [3], ce nom désignant également, de manière implicite, ce qui était alors considéré comme une simple annexe de la Sardaigne, à savoir la Corse.

---

1. Polybe, I, 63, 3.
2. Appien, *Sic.*, V.
3. Orose, IV, 11. Il utilise probablement ici un passage perdu de Tite-Live.

Le bilan

Le bilan fut donc bien lourd, plus lourd évidemment pour Carthage. Si nous pouvons hésiter à accepter sans discussion le chiffre total de ses pertes sur mer, estimées à environ 500 navires, en revanche nous sommes sûrs que ses finances furent gravement atteintes ; la crise économique qui suivit la défaite est déjà mentionnée par Polybe [1], et la numismatique en a bien confirmé la réalité [2]. Quant aux sénateurs de Carthage, qui avaient choisi la capitulation dans l'espoir de sauver leur prospérité, ils sortirent ruinés de l'aventure, et ce déclin de leurs moyens matériels s'aggrava avec le temps. On ignore si, en outre, ils se sentirent déshonorés.

Du côté de Rome, le bilan pouvait ne pas paraître entièrement satisfaisant. Les pertes globales en navires auraient atteint le chiffre de 700 unités, et les finances avaient également bien souffert. Mais l'indemnité de guerre viendrait compenser le déficit, le butin avait enrichi tous les combattants, et l'annexion de la Sicile rembourserait pas mal de dépenses. Du point de vue psychologique, sénateurs et plébéiens éprouvèrent avec force un sentiment nouveau : ils venaient de prouver qu'ils avaient atteint un degré de puissance jusqu'alors inouï, ils venaient de faire une première conquête hors d'Italie. Les manuels disent que la Sicile devint alors « la première province [3] ». C'est inexact : la province romaine ne recouvrait que la partie occidentale de l'île, confiée à un questeur installé à Lilybée. Trois cités restèrent « libres », Ségeste, Palerme et Centuripae, et deux autres reçurent le statut de « fédérées », Messine et Taormina. Quant au royaume de Syracuse, il conserva sa semi-indépendance et son roi, Hiéron. C'était bien le moins que Rome pouvait faire pour le remercier.

---

1. Polybe, I, 66, 6.
2. H. R. Baldus, « Zwei Deutungsvorschläge », cité plus haut, et « Eine karthagische Sonderprägung von 241 v. Chr. ? », *Bulletin de la Soc. fr. de Numismatique*, 1989, p. 510.
3. Le mot « province » désignait, à l'origine, la mission confiée à un magistrat ou à un promagistrat, et ensuite seulement, par dérivation de sens, le territoire confié à l'administration de ce personnage.

Le plus important se trouve ailleurs : l'existence de la marine la plus puissante de l'époque venait d'être révélée au monde étonné. Un nouvel ordre s'établissait en Méditerranée. À partir de 241, « l'empire de la mer », ce n'est plus Carthage. À partir de 241, « l'empire de la mer », c'est Rome.

APPENDICE
LES FASTES TRIOMPHAUX CAPITOLINS

La liste des triomphes est connue par une inscription trouvée à Rome, au capitole ; elle a été regravée à l'époque d'Auguste, vers les débuts de l'ère chrétienne (*Inscriptiones Italiae*, XIII, 1, 1947, édit. A. Degrassi, p. 75-77).

Dates	Vainqueurs	Vaincus	Particularités
263	M' Valerius Maximus	Puniques + roi de Sicile, Hiéron	Surnom de Messalla au vainqueur
260	C. Duilius	Sicile + flotte punique	Premier triomphe naval
259	L. Cornelius Scipion	Puniques + Sardaigne, Corse	
258	C. Aquillius Florus C. Sulpicius Paterculus	Puniques Puniques + Sardaigne	
257	A. Atilius Calatinus C. Atilius Regulus	Puniques de Sicile Puniques	Triomphe naval
256	L. Manlius Vulso	Puniques	Triomphe naval
254	Ser. Fulvius Paetinus M. Aemilius Paulus	Puniques + Cossurenses *Idem*	Triomphe naval Triomphe naval
253	Cn. Cornelius Scipio Asina C. Sempronius Blaesus	Puniques Puniques	
252	C. Aurelius Cotta	Puniques + Sicile	
250	L. Caecilius Metellus	Puniques	
241	C. Lutatius Catulus	Puniques de Sicile	Triomphe naval

III

LE PREMIER ENTRE-DEUX-GUERRES
241-218 avant J.-C.

Carthage a perdu. La métropole africaine va-t-elle tirer les leçons de sa défaite ? On pourrait s'y attendre, on pourrait penser qu'elle envisagerait de réorganiser ses finances, tout comme son armée. Mais, dans le même temps, elle s'expose à plusieurs dangers, comme le découragement, ou le désintérêt pour les grandes entreprises.

Rome a gagné. Le Sénat et les comices ont le loisir de s'arrêter là et de se reposer sur des lauriers durement acquis. Ils peuvent au contraire estimer qu'il convient de profiter d'une position de force.

1. *Carthage : le prix de la défaite*

L'ancienne oligarchie sortit amoindrie de l'entreprise, au profit d'un groupe que de nombreux auteurs ont appelé le « parti barcide » ; il s'agit d'un regroupement, surtout populaire, qui s'est effectué autour d'un chef, Hamilcar d'abord, puis chacun de ses successeurs et héritiers ensuite, regroupement qui considérait que Carthage avait intérêt à écraser Rome.

En réalité, la faiblesse économique et militaire de Carthage s'était aggravée. Sa défaite, elle la payait chèrement, comme le montra un conflit bien connu, que Polybe a appelé « la guerre d'Afrique » (II, 1), et également « la guerre inexpiable » (I, 65, 6). Cet épisode est devenu célèbre dans notre littérature grâce au roman de Flaubert, *Salammbô*.

Du point de vue militaire, se posaient pour Carthage le problème des mercenaires, et surtout celui du salaire à leur verser quand les finances se portaient mal.

La « guerre inexpiable » : le pourquoi

Il était d'usage, dans l'Antiquité, que les mercenaires s'engagent à risquer leur vie par contrat ; un document écrit fixait le montant du salaire, de la prime qui serait versée pour les éventuels orphelins, et il garantissait aux combattants du blé et du vin, une compensation en espèces pouvant remplacer les livraisons en nature. Cette deuxième solution, semble-t-il, avait été choisie pour les opérations de Sicile. La crise économique qui avait marqué les dernières années du conflit, aggravée par les clauses financières du traité, avait empêché d'effectuer tous les versements prévus. Toutefois, en 241 encore, Carthage avait pu frapper des monnaies d'or pour payer au moins une partie des salaires [1], ce qui acheva de ruiner les finances publiques. Cette mesure ne suffit cependant pas, et n'empêcha pas une révolte générale.

Les dirigeants de Carthage avaient cru habile d'installer les mercenaires dans leur ville où, espéraient-ils, ils sauraient les faire patienter. Il y avait là beaucoup de Celtes, des Campaniens, des « demi-Grecs », également des Ligures, des Ibères, des Baléares, et surtout une majorité d'Africains [2]. En tout, quelque

---

1. Polybe, I, 66, 6. H. R. Baldus, « Zwei Deutungsvorschläge zur punischen Goldprägung im mittleren 3. Jh. v. Chr. », *Chiron*, XVIII, 1988, p. 171-179, et « Eine karthagische Sonderprägung von 241 v. Chr. ? », *Bull. Soc. fr. de Numismatique*, 1989, p. 510 : dans un trésor de 238, on a trouvé des monnaies qui proviennent peut-être de cette frappe. G. Manganaro, « Darici in Sicilia e le emissioni auree delle poleis siceliote e di Cartagine nei V-III sec. a. C. », *Rev. des Études Anc.*, XCI, 1-2, 1989, p. 299-317, pense qu'il s'agit des types III et IX de G. K. Jenkins (ouvrage cité au chapitre I).
2. Polybe, I, 67.

20 000 hommes. Ce que ces derniers attendaient, au premier chef, c'était leur complément de solde [1]. Contrairement à ce qui a été écrit sur le sujet, c'était leur seule revendication initiale ; ce ne fut que par la suite, après l'engagement des opérations, qu'ils eurent l'idée d'ajouter d'autres exigences : paiement des chevaux tués, et du blé consommé, et au cours maximum atteint pendant la guerre.

À ces revendications générales, les Libyens, dont les uns servaient au titre de sujets et les autres pour un salaire, d'autres encore comme alliés, ajoutaient des motifs de mécontentement qui leur étaient propres : pour l'essentiel, ils s'estimaient opprimés par l'impérialisme de Carthage. Des jeunes gens étaient pris dans les tribus, mobilisés comme auxiliaires et engagés dans des opérations qui ne les concernaient parfois que de loin. Tous étaient pressurés comme contribuables, situation dont ils ne voyaient pas bien l'utilité : les paysans versaient la moitié de leurs récoltes, et les villes acquittaient des contributions spéciales [2]. Quelques-uns, dans leurs rangs, avaient poussé fort loin l'hostilité vis-à-vis de Carthage : ils s'étaient purement et simplement rangés au côté des légionnaires. En quoi ils avaient eu bien tort : Rome avait livré 3 000 transfuges aux autorités de Carthage qui, bien entendu, les avaient fait conduire au supplice. Quoi qu'il en soit, la principale revendication des Libyens, c'était la liberté. Et un de leurs chefs, Matho, avait su rassembler autour de ce thème 70 000 hommes, des mercenaires, mais aussi des paysans et des semi-nomades qui avaient rejoint les premiers nommés.

Les Africains insurgés ont frappé des monnaies sur lesquelles étaient représentés, le plus souvent, Héraklès et le lion [3] : elles

---

1. Polybe, I, 66.

2. L. A. García Moreno, « La Explotación del agro africano por Cartago y la guerra líbica », *Memorias de Historia Antigua*, II, 1978, p. 71-80, insiste sur les causes socio-économiques de la révolte, sur l'exploitation des indigènes par Carthage.

3. I. A. Carradice et S. La Niece, « The Libyan War and Coinage, A New Hoard and the Evidence of Metal Analysis », *Num. Chronicle*, 148, 1988, p. 32-52 (trésor de Tunis) ; E. Acquaro, « Les Émissions du "soulèvement libyen" », *Punic Wars*, 1989, p. 137-144. G. Manganaro, article cité, abaisse la date de ces monnaies.

rappelaient que le demi-dieu grec avait tué le lion de Némée, un site du Péloponnèse. Mais elles avaient une autre signification, une double signification, car l'animal en question symbolisait également à la fois l'Afrique et le courage. Par là, les Libyens manifestaient une volonté d'indépendance : ils espéraient obtenir la création d'un État, au besoin par la guerre, le droit de battre monnaie constituant une des caractéristiques de la souveraineté. L'iconographie choisie, cependant, montre aussi les limites du caractère « national » de ce mouvement, car le dieu pris comme symbole n'était pas indigène, mais à la fois grec et phénicien, à la fois Héraklès et Melqart. Les chercheurs, qui connaissent bien ces synthèses divines, fréquentes pendant l'Antiquité, les appellent des « syncrétismes ». Les Libyens avaient subi de fortes influences religieuses, et donc psychologiques, de la part de leurs maîtres puniques, eux-mêmes parfois soumis à des modes hellénistiques, ce qui explique qu'ils aient fait des emprunts à la mythologie grecque. Ainsi, dans les mentalités collectives, les syncrétismes s'imposaient chaque jour davantage.

La « guerre inexpiable » : le comment

Carthage avait donc accueilli les mercenaires [1]. Comme ils effrayaient le bourgeois, on les pria de se rendre au Kef, ce qui représentait un voyage d'environ 150 kilomètres. Ils acceptèrent. Un parlementaire envoyé pour calmer les insurgés avait été arrêté sur-le-champ. Mais les caisses étaient vides, et ce fut l'explosion. La révolte se répandit alors comme une traînée de poudre, aussi bien chez les mercenaires que chez les Africains. Peut-être même avait-elle éclaté plus tôt, en Sicile ; c'est ce que prouverait une autre émission dont on a trouvé des exemplaires à Sélinonte ; ils portent la légende *Libyôn* en caractères grecs, un génitif pluriel qui signifie normalement « [monnaie] des Libyens [2] » ; un historien a toutefois estimé récemment que ce

---

1. Récit de ces événements dans Polybe, I, 66-87.
2. A. Cutroni Tusa, « I Libii e la Sicilia », *Sicilia Archaeologica*, IX, n° 32, décembre 1976, p. 33-41.

texte visait seulement à reconnaître les mérites de sujets engagés dans les rangs puniques, ce qui convient mal à cette tournure grammaticale, et il a abaissé la datation de ces espèces jusqu'au temps de la deuxième guerre punique [1]. Il est en revanche assuré que le conflit secoua la Sardaigne : les troupes stipendiées qui s'y trouvaient s'insurgèrent, et mirent à mort tous les officiers rencontrés.

Le mouvement s'organisa vite : des chefs se dégagèrent, Autaritos pour les Celtes, Spendios pour les Campaniens, Matho pour les Africains, ainsi qu'un certain Zarzas, qui nous paraît avoir joué un rôle secondaire, mais dont un savant allemand a fait grand cas, trop grand cas sans doute [2]. Les dirigeants des insurgés frappèrent peut-être des monnaies [3]. Puis tout le monde se mit en route et, pour mieux menacer Carthage, un camp fut installé sur l'isthme situé entre cette cité et Tunis. Deux villes puniques, Utique et Bizerte, firent vite défection : l'histoire de l'Antiquité, et de l'Afrique du Nord, est remplie de ces conflits entre villes voisines, suscités par la jalousie et la concurrence.

Ces événements se passaient en 240.

La réaction vint cependant, avec lenteur. Le commandement fut d'abord confié à un maladroit, Hannon, et ensuite proposé à Hamilcar qui reçut pour l'occasion 10 000 hommes et 70 éléphants, ce qui lui permit de remporter un premier succès sur les rives de la Medjerda [4]. Il nous semble probable que ses troupes

---

1. G. Manganaro, « Per la cronologia delle emissioni a leggenda Λιβύων », *Numismatique et histoire économique phénicienne et punique, Stud. Phoen.*, IX, *Publ. Univ. Louvain*, LVIII, 1992, p. 93-106, et pl. XXV-XXVII.

2. Voir note suivante.

3. W. Huss, « Die Libyer Mathos und Zarzas und der Kelte Autaritos als Prägherrn », *Gazette num. Suisse*, XXXVIII, 1988, p. 30-33, pense que des monnaies, qui portent les lettres M, Z et A, auraient été marquées respectivement aux noms de Mathos, Zarzas et Autaritos. On peut cependant se demander où a été trouvé le métal nécessaire (c'est précisément pour obtenir des pièces de monnaie, c'est-à-dire du métal, que les mercenaires se sont révoltés). On peut aussi s'étonner que Spendios n'ait pas imité ses collègues et que Zarzas l'ait fait.

4. W. E. Thompson, « The Battle of the Bagradas », *Hermes*, XCIV, 1986, p. 11-117.

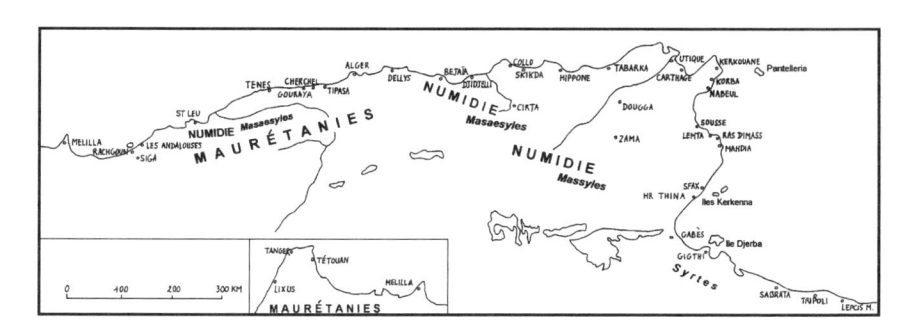

17 a. Les comptoirs puniques.
Carte de l'auteur.

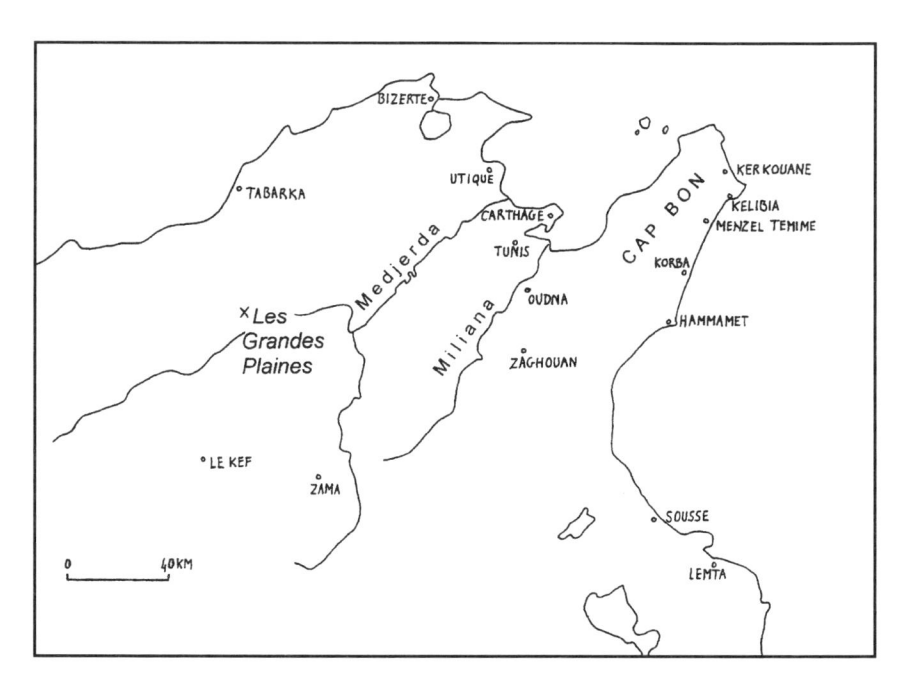

17 b. La « guerre inexpiable ».
Carte de l'auteur.

n'étaient pas seulement constituées de mercenaires recrutés pour l'occasion : les Libyens fidèles et les citoyens avaient dû être largement mobilisés ; une fois de plus, la thèse du primat des soldats stipendiés paraît difficilement recevable. Autre bonne nouvelle : en Sardaigne, les indigènes s'étaient à leur tour révoltés, mais contre les mercenaires. Et puis, en Afrique même, les Libyens s'étaient divisés. Le prince Naravas avait mis ses cavaliers au service d'Hamilcar, qui remporta un deuxième succès. Enfin, Rome envoya une ambassade qui prit le parti de Carthage contre les insurgés : il ne fallait pas tuer la poule aux œufs d'or (l'indemnité de guerre rapportait beaucoup) ; de plus, le Sénat n'aimait pas les mouvements populaires, les insurrections.

Pourtant, bien des difficultés subsistaient. En particulier pour Giscon, le parlementaire capturé par les révoltés : les mercenaires lui coupèrent les mains, « les autres extrémités », lui brisèrent les cuisses et le jetèrent encore vivant dans une fosse où il rejoignit quelque 700 compatriotes qui avaient déjà subi les mêmes supplices. En représailles, Hamilcar fit écraser par ses éléphants les captifs qu'il détenait [1]. La guerre était devenue véritablement « inexpiable ». Le Carthaginois ne put empêcher les révoltés, placés sous les ordres de Matho et de Spendios, de mettre le siège devant sa ville. Rome, qui ne perdait jamais de vue ses intérêts, profita de la situation. Comme des forces puniques se préparaient à remettre de l'ordre en Sardaigne, à écraser les mercenaires qui s'y étaient révoltés, ces préparatifs furent hypocritement considérés comme une menace ; d'où une déclaration de guerre, et des négociations pour éviter l'affrontement.

Le cynisme de Rome s'exprimait sans retenue. Des navires italiens, qui avaient essayé de ravitailler les révoltés, avaient été saisis ; ce fut l'occasion de nouvelles menaces. Comme Hamilcar avait imposé son autorité à Carthage au détriment d'Hannon, une intervention devenait utile du point de vue politique et stratégique. Elle se justifiait, en outre, du point de vue juridique, moral, aux yeux des Romains s'entend, parce qu'il y avait eu appel au secours venant de Sardaigne. Il parut bon, dans

---

1. Polybe, I, 80, 11-13, et 82, 2.

ce contexte, d'essayer d'imposer un nouvel accord à Carthage, en 238 ou 237. Il précisait que la Sardaigne et la Corse faisaient partie des « îles situées entre la Sicile et l'Italie », et que les vaincus paieraient un supplément de 1 200 talents d'argent. La conquête de la Sardaigne fut donc entreprise, mais la grande île resta presque perpétuellement en révolte de 238 à 225 [1]. Le traité de 241, et les serments qui l'avaient accompagné, étaient violés apparemment au nom du bon droit, en réalité au nom de la loi du plus fort. Les vainqueurs purent alors manifester quelque générosité, ce qui s'explique d'ailleurs par une juste compréhension de leurs intérêts : Rome autorisa le recrutement de mercenaires dans la péninsule italienne, le ravitaillement de Carthage par ses navires, et interdit de fournir la moindre assistance aux insurgés.

En Afrique, Hamilcar put rétablir l'ordre. Il réussit à bloquer les hommes de Spendios quelque part entre Zaghouan et Hammamet, au lieu-dit « La Scie », qui est devenu « le défilé de la Hache » dans l'œuvre de Flaubert. Les mercenaires, assiégés, affamés, s'entre-dévorèrent ; enfin, quelques survivants se rendirent. Hamilcar fit crucifier Spendios. Peu après, Matho, qui venait de capturer un chef punique appelé Hannibal, fit à son tour crucifier ce dernier sur le bois même où était mort son ami et allié. Ces actes de cruauté accompagnèrent, pour Carthage, le rétablissement de ses affaires : les Libyens furent vaincus à leur tour vers *Leptiminus*, aujourd'hui Lemta.

La paix s'étendit donc alors sur l'Afrique, où Carthage aurait même réussi à agrandir son domaine [2]. Quant à Hamilcar, il reçut du peuple, et contre l'avis des membres de l'assemblée aristocratique, le titre de « stratège [c'est-à-dire général] de toute la Libye » : il ne faut pas interpréter cette réaction de la plèbe comme un mouvement démocratique ; on voyait, au contraire, s'esquisser un système politique bien connu dans l'Antiquité, où un chef reçoit l'appui des hommes libres et pauvres contre les nobles, contre les riches. Son programme, le général carthaginois se préparait à l'appliquer loin de là, dans le Sud de l'Espagne.

---

1. P. Meloni, *La Sardegna romana*, 2ᵉ éd., 1990 (Sassari), p. 7 et suiv.
2. Cornelius Nepos, *Hamilcar*, II.

L'Espagne barcide

En 237, désolé d'avoir eu à intervenir contre ses anciens soldats, et déçu par la capitulation de 241, qu'il estimait inutile et dangereuse, Hamilcar partit vers l'ouest [1]. Avant le départ, il fit prêter un serment à son fils, Hannibal : le jeune homme aurait juré une haine éternelle à Rome. Le texte du serment, tel qu'il nous est parvenu, paraît traduit du punique [2]. Hamilcar emmenait avec lui les débris des grandes compagnies. Il devait, après avoir franchi le détroit de Gibraltar, fonder dans le Sud de la péninsule Ibérique, la « stratégie d'Espagne » (zone placée sous l'autorité du pouvoir militaire). Par son action, il marqua si profondément cette région que les historiens ont pris l'habitude de la désigner par un adjectif, « barcide ».

Ce fut la rencontre d'un homme et d'un pays.

Il n'est pas facile de cerner l'homme Hamilcar. On s'accorde à lui reconnaître de grandes qualités militaires et une haine solide contre Rome, passion qui pouvait sinon se justifier du moins se comprendre. Son sentiment religieux et sa culture, autant qu'on puisse les connaître, font de lui un Sémite, mais il connaissait le grec. Excellent spécialiste de cette période, l'historien Gilbert-Charles Picard, qui a insisté sur le caractère hellénistique de son projet politique, n'a cependant pas fait l'unanimité sur ce point [3]. Pourtant, ce programme, l'accord d'un chef

---

1. Sur ce paragraphe : Polybe, II ; Appien, VI, 4-7 ; Cornelius Nepos, *Hamilcar*, et *Hannibal*. Voir J. M. Blázquez, « Las Relaciones entre Hispania y el Norte de Africa durante el gobierno barkida y la conquista romana », *Saitabi, Rev. de la Fac. de Filos. y Letras de la Univ. de Valencia*, XI, 1961, p. 21-43, et P. A. Barcelo, « Karthago und die Iberische Halbinsel vor den Barkiden », *Antiquitas*, R. 1, XXXVII, 1988 (Bonn).

2. Polybe, II, 1 ; Cornelius Nepos, *Hamilcar*, III, et *Hannibal*, II. Sur la langue d'Hannibal en général : E. J. Bickerman, « An Oath of Hannibal », *Trans. Proc. Amer. Journal of Philol.*, LXXV, 1944, p. 187, et « Hannibal's Covenant », *Ibidem*, LXXIII, 1952, p. 1 (à propos du traité de 215).

3. G.-Ch. et C. Picard, *Vie et mort de Carthage*, 1970 (Paris) ; dans le même sens : N. Sanviti, « Projets barcides et mutations politiques à Carthage », *Ann. de l'Univ. d'Abidjan*, s. 1, XII, 1984, p. 105-126. Point de vue opposé, par exemple dans E. Acquaro, cité plus bas.

et de la plèbe, appartenait à un courant d'idées assez répandu dans le bassin méditerranéen du temps, surtout dans sa partie orientale. On retrouvera plus loin les mêmes problèmes à propos d'Hannibal.

Ce qu'Hamilcar allait chercher dans notre moderne Andalousie, c'était la richesse, pour les siens plus que pour lui d'ailleurs, car il semble avoir été désintéressé (le Carthaginois cupide est un autre cliché à éliminer). La région n'était pas inconnue des navigateurs phéniciens : les liens qu'elle avait noués avec l'Afrique sont clairement établis par les nombreuses trouvailles de céramique faites des deux côtés du détroit de Gibraltar, jusqu'à Carthagène d'un côté et Oran de l'autre [1].

Cette diffusion prouve le dynamisme d'activités commerciales fondées sur une richesse qui était alors unanimement reconnue : comme la Sicile ou la Sardaigne, ce qui peut également surprendre les modernes, l'Andalousie d'alors était un Eldorado, célèbre jusque dans la Bible et connu sous le nom de Tartessos. Ses mines produisaient en abondance l'or, l'argent et le cuivre : non qu'il y en ait eu d'immenses quantités qui se seraient volatilisées depuis, mais, dans cette région, ces minerais étaient facilement exploitables avec les moyens techniques du temps, et les besoins étaient plus modestes qu'ils ne le sont devenus depuis. Là aboutissait une des routes de l'étain de Bretagne (la Grande-Bretagne). Les plaines fournissaient de grandes quantités de blé, ce qui s'explique comme toujours par le travail de l'homme et par une habile utilisation de la nature.

On y trouvait surtout le nécessaire pour la guerre : des chevaux et des hommes. Nul doute que de telles richesses, et l'usage militaire qu'il pourrait en faire, n'aient attiré Hamilcar. Il y créa donc un État, appelé « barcide » par les modernes, et dont les liens avec Carthage font problème. Certains historiens actuels s'efforcent, non sans raison, de minimiser l'esprit d'indépendance du *stratègos* : il a sans doute conservé des liens assez forts avec sa métropole. C'est le point de vue notamment de quelques numismates : pour eux, des monnaies au type d'Héraklès, dans

---

1. J. M. Blázquez, article cité ; voir aussi les actes du colloque *El Estrecho de Gibraltar*, 1988 (Madrid).

lesquelles on avait voulu voir un symbole hellénistique et indépendantiste de l'État barcide, reprenaient en fait un type punique attesté en Sicile dès le IVe siècle [1].

Très vite, Hamilcar dut résoudre de difficiles problèmes. Il lui fallut soumettre les Turdétans [2], habitants du sud de la péninsule ibérique associés pour l'occasion à des Celtes installés dans le Portugal actuel.

Les indigènes ne représentaient cependant pas le seul danger potentiel. Une grande puissance commerçante contrôlait une bonne partie des activités sur le littoral nord de la Méditerranée occidentale et, comme elle manquait de moyens militaires, elle était devenue la principale alliée de Rome, qui en avait fait une sorte de protectorat ; c'était Marseille [3]. Les progrès des forces puniques dans la péninsule ibérique finirent par inquiéter les commerçants de Marseille ; ils alertèrent Rome, qui envoya une ambassade. Hamilcar répondit aux messagers avec quelque insolence et non sans humour : il imposait sur ces terres la domination de Carthage pour que sa métropole puisse payer l'indemnité due en vertu du traité de 241. Les Romains ne virent pas l'ironie de ses propos dans lesquels on ne trouve, par ailleurs, nulle volonté de séparatisme. Son action fut, par malheur pour les siens, brutalement interrompue : en 229, il mourut au cours d'un combat contre des indigènes.

Carthage lui donna comme successeur son gendre Hasdrubal : la métropole exerçait ses prérogatives, mais ne voulait pas entrer en conflit avec ceux de ses fils qui s'étaient expatriés. Car le nouveau « gouverneur » avait les faveurs de ses subordonnés, et d'ailleurs les faveurs de tous. Ce « jeune homme distingué, d'un

---

1. E. Acquaro, « Sui "ritratti barcidi" delle monete puniche », *Riv. Stor. dell'Antichità*, XIII-XIV, 1983-194, p. 83-86. Le débat n'est pas clos : C. Bonnet, *Melqart*, 1988 (Louvain), p. 233 ; G. Brizzi, *Carcopino, Cartagine*, 1989 (Sassari), p. 46 et suiv.

2. A. Pelletier, « Sagontins et Turdétans à la veille de la seconde guerre punique », *Rev. des Études Anc.*, LXXXVIII, 1986, p. 307-315 : pour elle, la Turdétanie est la partie de l'Espagne soumise à Carthage.

3. B. Cunliffe, *La Gaule et ses voisins. Le grand commerce dans l'Antiquité*, trad. fr. de F. Vidal, 1993 (Paris), p. 21 et suiv., a écrit des pages lumineuses sur ce contexte.

physique agréable,… un homme de grand mérite » (c'est un écrivain latin qui le dit [1]), préféra la diplomatie à la guerre. Il fit alliance avec des chefs indigènes, épousa une princesse autochtone, et poursuivit la politique de son prédécesseur. Il fonda Carthagène, « la Nouvelle Carthage », en latin *Carthago noua*, c'est-à-dire « la Nouvelle Nouvelle Ville » : en effet, le nom de Carthage, Qart Hadasht, signifie déjà, en phénicien, « la Nouvelle Ville ». En 226 ou 225, il conclut avec Rome un traité qui désignait l'Èbre comme limite entre les deux zones d'influence ; le tout est de savoir à quel fleuve actuel correspondait l'Èbre des anciens [2]…

Quand Hasdrubal mourut, en 221, l'armée désigna comme son nouveau chef le fils d'Hamilcar, Hannibal, le grand Hannibal ; la désignation ne se fit donc pas comme en 229. Il ne semble pas pourtant que les autorités de Carthage aient protesté, soit par incapacité, soit par indifférence. Le jeune Hannibal commença à combattre des peuples indigènes. Puis il passa l'hiver 220-219 à Carthagène. Il se rapprochait du domaine passé sous le protectorat de Rome. Le conflit couvait. Caton, par la suite, put affirmer qu'en une dizaine d'années, les dirigeants de Carthage avaient rompu le traité à six reprises [3] ; à Rome, on les affubla du surnom de *foedifragi*, « les briseurs de traités ». Les modernes datent ces ruptures de 241 (ou 240), 238, 235, 235 de nouveau (ou 235-234), 233 et, enfin, 219 [4].

Qui a provoqué ces conflits ? Rome y avait-elle intérêt ?

---

1. Cornelius Nepos, *Hamilcar*, III.
2. Abondante bibliographie sur ce sujet (voir au chap. suiv.).
3. Caton, *Origines*, IV, qui s'inspirerait de Fabius Pictor et non d'Ennius : W. Huss, *Carthaginienses sextum de foedere decessere, Vicino Oriente*, III, 1986, p. 115-121 ; N. Mantel, *Poeni foedifragi, Münchener Arb. Alten Gesch.*, IV, 1991 (Munich). Voir note suivante.
4. G. V. Sumner, « Roman Policy in Spain before the Hannibalic War », *Harv. St. Class. Philol.*, 1967, p. 205-246 (important) ; B. D. Hoyos, « Cato's Punic *perfidies* », *Anc. Hist. Bull.*, I, 1987, p. 112-121 ; N. Mantel, ouvrage cité ; *I trattati romano-cartaginesi*, édit. B. Scardigli, *Fonti e Studi*, V, 1991.

2. *Rome : le prix de la victoire*

Pendant que Carthage se débattait au sein de mille difficultés, luttait contre les mercenaires et les Libyens, Rome poursuivait sa politique d'expansion, aidée en cela par la conjoncture, politique, démographique, économique, et même culturelle. Son impérialisme se développait avec éclat.

Les facteurs d'expansion

Comme on l'a vu plus haut [1], l'Italie fournissait de nouveaux soldats, et parmi eux des légionnaires ; les chiffres du cens [2] révèlent cet accroissement.

LE CENS (D'APRÈS A. J. TOYNBEE [3])

Années	Citoyens romains	Explications
265	382 234	
247	241 212	Pertes de la guerre
241	260 000	Intégration de nouveaux citoyens romains
234	270 212	Augmentation normale

L'essor de l'artisanat, les surplus de blé fournis par la Sicile et la Sardaigne, assuraient des profits aux marchands qui devaient cependant trouver de nouveaux débouchés. La frappe d'une monnaie proprement romaine, d'un type connu au loin et reconnu par tous, ce qui n'était pas le cas autrefois avec les lingots appelés *aes rude* (lingots bruts) et *aes signatum* (lingots

---

1. Voir, au chap. I, le paragraphe consacré à l'économie de l'Italie.
2. De nombreux travaux traitent du cens. On verra, par exemple, Cl. Nicolet, *Rome et la conquête du monde méditerranéen*, déjà cité, ou P. A. Brunt, *Italian Manpower*, 1971 (Oxford).
3. A. J. Toynbee, *Hannibal's Legacy*, I, 1965 (Londres), p. 439.

ornés d'un symbole), témoigne de cet essor du commerce [1] ; et la domination qu'exerçait la marine de guerre romaine ne devait pas entraver ce genre d'activités, loin de là. En outre, on constate qu'une évolution affecta le domaine politique : la plèbe, et surtout les paysans, qui avaient permis de gagner la guerre, se mirent à y jouer un rôle croissant. Le domaine public, appelé en latin *ager publicus*, rappelèrent-ils, était par définition le bien de tous ; en effet, il avait été conquis par tous les Romains, riches et pauvres, officiers et soldats confondus ; et ils voulaient en avoir leur part. Ils obtinrent le lotissement de terres situées dans le Picénum (nous reviendrons là-dessus). Le tribun puis consul Caius Flaminius se faisait l'interprète de leurs revendications, ce qui, au demeurant, ne nuisait pas à sa carrière. Enfin, le goût pour la culture grecque, qui se développait au sein des élites sociales, attirait l'attention de tous sur la brillante civilisation hellénistique [2]. Il attirait l'attention, certes, et aussi les convoitises. Il ne faut pourtant pas caricaturer une réalité assurément fort variée, fort diverse. Il n'est en effet pas invraisemblable que Rome, tout en ayant des projets expansionnistes, ait dans le même temps nourri un complexe, le complexe de l'assiégé. À en croire Florus (I, XIX, 2), elle se sentait harcelée par les Gaulois de la plaine du Pô, en particulier les Boïens et les Insubres, par les Illyriens, les habitants de l'ancienne Yougoslavie, et par les Ligures.

L'expansion vers le nord-ouest

C'est ainsi que trois groupes de peuples furent victimes de l'impérialisme de Rome entre la première et la deuxième guerre punique, et d'abord ceux qui vivaient en Ligurie [3]. On donnait ce

---

1. Sur la monnaie romaine : H. Zehnacker, *Moneta*, 1973 (Paris-Rome), et M. H. Crawford, *Roman Republican Coinage*, 1974 (Cambridge), 2 vol.

2. Sur l'hellénisation de Rome, étude magistrale de P. Grimal, *Le Siècle des Scipions*, 1953 (Paris) ; en dernier lieu, J.-L. Ferrary, *Philhellénisme et impérialisme*, 1988 (Paris).

3. Il n'existe pas de synthèse récente et commode sur la Ligurie dans l'Antiquité.

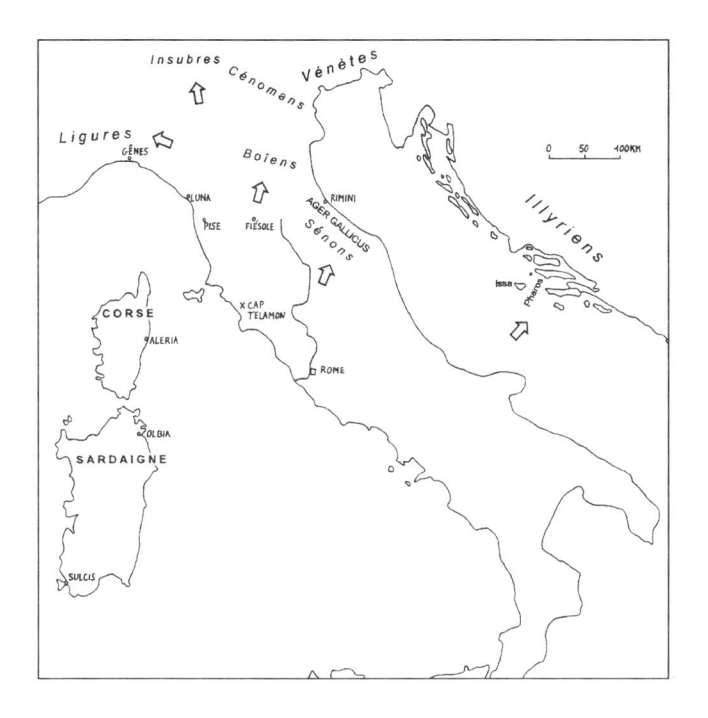

18. L'expansion de Rome dans le premier entre-deux-guerres.
Cartes de l'auteur.

nom, dans l'Antiquité, à un vaste territoire qui bordait la Méditerranée ; il commençait au nord-est de Marseille et s'étendait jusqu'au-delà de Gênes, vers l'Apennin. Les Salyens d'Entremont (près d'Aix-en-Provence), les Déciates, les Oxybiens, les Euburates et les Ingaunes irritaient Rome par des opérations qui s'apparentaient davantage au pillage qu'à la guerre, et qui perturbaient sérieusement le commerce. Les autorités décidèrent que les légions interviendraient ; elles le firent, mais nous ignorons le détail de leurs mouvements. En 238, une offensive les mena au nord de Luna. En 236, Cornelius Lentulus célébra un triomphe « sur les Ligures ». Gênes fut l'objectif visé par le consul de 233, Fabius Maximus ; cette cité finit par conclure un accord avec Rome en 230. Le calme était enfin établi de ce côté-là, au moins pour un temps.

L'expansion vers le nord

La situation était autrement dangereuse dans un autre secteur. Bien que Rome se fût engagée contre les Illyriens, elle entreprit, dans le même temps, de combattre les Celtes, qui occupaient la plaine du Pô et ses abords [1] : si grande était sa force qu'elle pouvait désormais se battre de manière simultanée sur plusieurs fronts. En ce qui concerne les Celtes, on sait que de multiples raisons avaient poussé le Sénat à l'intervention. D'abord, il fallait trouver un exutoire proche au dynamisme des Italiens. Ensuite, cette région possédait de grandes richesses. Polybe (II, 15) constate avec admiration qu'elle produisait beaucoup de blé, une céréale fondamentale pour la vie à cette époque, abondance qui s'explique par la présence d'eau en quantité, eau de pluie, de sources et de rivières ; il remarque aussi qu'on y élevait

---

1. Sur cette région, abondante bibliographie : G. Mansuelli, *I Cisalpini*, 1962 (Florence) ; Ch. Peyre, *La Cisalpine gauloise*, 1979 (Paris) ; R. Chevallier, *La Romanisation de la Celtique du Pô*, 1983 (Paris-Rome) ; G. Brizzi, « L'Appennino e le due Italie », *Cispadana e letteratura antica*, 1987 (Bologne), p. 27-72 ; G. Bandelli, *Ricerche sulla colonizzazione romana della Gallia Cisalpina*, 1988 (Rome).

des porcs en grand nombre. Enfin, le Gaulois, c'était l'ennemi héréditaire. Les Romains avaient gardé un très mauvais souvenir des raids, du pillage dont ils avaient pour une fois été victimes. Ils se souvenaient que Brennus avait pris et détruit leur ville après leur avoir fait subir le désastre de l'Allia en 390. Ils se rappelaient le cri de ce même Brennus : « *Vae uictis !* », « Malheur aux vaincus [1] ! ». En conséquence, ils prêtaient à ces voisins tous les vices, les trouvaient ivrognes, voleurs et menteurs. Pourtant, il reste à prouver, une fois de plus, que ce sont les Romains qui firent le premier pas [2].

En 236, les Boïens, qui vivaient sur le cours moyen du Pô, s'agitèrent. Leurs chefs annoncèrent qu'ils voulaient s'emparer d'*Ariminum*, aujourd'hui Rimini. Ce projet ne pouvait manquer de faire éclater la guerre avec Rome. Il échoua, parce que les Celtes étaient politiquement divisés en un « parti » aristocratique et un « parti » populaire, et que ce dernier l'emporta ; une insurrection entraîna la mort des dirigeants incriminés, et sauva la paix. Provisoirement, car Rome, à son tour, passa à l'offensive. En 232, une loi de Flaminius partagea, comme on l'a dit, les terres des Sénons, les descendants de Brennus, qui en avaient été au préalable expulsés (il est inutile de chercher des justifications morales à cette mesure : le droit du plus fort suffisait) ; ce domaine s'étendait, précisément, dans l'arrière-pays de Rimini. Mais alors, semble-t-il, nul ne bougea.

Il n'en alla pas de même en 228-225. L'affaire fut chaude, et même très chaude pour Rome. Une alliance réunit les Boïens et les Insubres, qui vivaient sur la rive gauche du fleuve, dans son cours supérieur. Ces derniers passaient alors pour le plus puissant des peuples de la Gaule Cisalpine ; ils étaient également, sans doute, le plus dangereux, quoi qu'en dise Florus, selon qui ils se comportaient comme des hommes au premier assaut,

---

1. Tite-Live, V, 48. En 238 au plus tard, Rome craint une alliance entre les Puniques et les Celtes, selon B. L. Twyman, « The Influence of the Northern Italian Frontier on Roman Imperialism », *Ancient World*, XXIII, 1992, p. 91-106.

2. Pour cette guerre : Polybe, II, 18-31 ; abréviateur de Tite-Live, *Sommaires*, XX ; Florus, XX ; Orose, IV, 13.

comme des femmes au second (I, XX, 1). Ils avaient fait appel aux Celtes du Valais, appelés « gésates », *gaesati*, ce qui n'est pas l'appellation de leur nation, comme on le croit souvent, mais un nom tiré de leur arme préférée, le pieux, *gaesum*. Des effectifs considérables se mirent en marche vers le sud, 50 000 fantassins et 20 000 combattants montés à cheval ou en char. La panique fut grande à Rome en 228. Pour conjurer la menace, on recourut à un rite nouveau et d'une cruauté sans nom : deux Grecs et deux Gaulois furent enterrés vifs sur le Marché aux Bœufs.

Les dieux entendent les prières qui leur sont adressées, et deux facteurs permettent de rétablir la situation. En premier lieu, la diplomatie de Rome fait merveille, et réussit à opposer les barbares aux barbares : cette pratique présente une plus grande importance qu'on ne l'a dit, et a joué un rôle essentiel par la suite, en particulier dans la guerre contre Hannibal. Les Vénètes de l'actuelle Vénétie et les Cénomans, qui vivent au nord des Boïens, poussés par la haine de leurs voisins, préfèrent l'alliance de Rome, à qui ils fournissent 20 000 hommes, qui ne sont d'ailleurs pas engagés, mais restent disponibles.

C'est, en second lieu, la tactique et la stratégie qui permettent de rétablir la situation. Les forces de Rome se trouvent réparties en trois armées : la première, aux ordres du consul Atilius, essaie de remettre de l'ordre en Sardaigne, tout en pillant (peut-être aussi forme-t-elle barrage contre une éventuelle menace punique) ; la seconde, sous le consul Papus, est installée à *Ariminum*, Rimini, et la troisième à *Faesulae*, Fiésole. Les Gaulois réussissent à se glisser entre ces deux dernières ; ils atteignent *Clusium*, Chiusi, et bousculent les troupes venues de Fiésole. À ce moment, ils ont amassé un butin considérable ; ayant atteint leur objectif, l'enrichissement, ils décident de retourner vers leur patrie. Mais ils sont alourdis par cette charge. C'est alors qu'ils sont pris en tenaille. L'armée de Sardaigne, qui a débarqué à Pise, leur barre la route, et l'armée de Rimini, grossie par les débris des unités rescapées de la bataille de Chiusi, les prend à revers. Au cap Télamon, en 225, les légions remportent la victoire.

Rome n'en resta pas là. Il y avait un problème à régler, et il fut réglé. En 224, les Boïens furent contraints à la capitulation.

Le tour des Insubres vint en 222. Ils ne se rendirent pas sans combattre ; « le consul Marcus Claudius Marcellus tua de sa propre main le chef des Gaulois Insubres, et emporta les dépouilles opimes [1] » (on appelait ainsi les dépouilles prises à un commandant d'armée ennemi tué au combat ; elles étaient ensuite offertes à Jupiter et déposées au capitole). On remarquera au passage que, du côté de Rome comme du côté de Carthage, quelques officiers pouvaient montrer et de l'intelligence et du courage, moral et physique. Pour en revenir à cette affaire, rappelons que des historiens se sont partagés sur un point : ils se demandent si les Cisalpins ont, ou non, fait appel à des Celtes nouveaux venus, les Belges, voire à des Germains ; il semble bien que ces renforts soient venus puis repartis.

Du point de vue de Rome, ces entreprises se soldaient par un bilan très positif : l'embryon d'empire s'était étendu en direction de l'arc alpin, même si la pacification était loin d'être totale ; cet agrandissement supplémentaire apporterait encore des hommes pour l'armée et encore du blé pour la Ville.

L'expansion vers le nord-est et l'est

Rome, dans le même temps, menait ainsi des opérations sur plusieurs fronts, au nord-ouest donc contre les Ligures, au nord contre les Gaulois, et également au nord-est et à l'est, contre les Illyriens [2]. Ce peuple, qui occupait le littoral de l'ancienne Yougoslavie, avait été repoussé contre la côte par les mouvements des Celtes qui, eux, se déplaçaient sur tous les territoires qui sont situés sur la rive droite du cours moyen du Danube. Organisés en monarchie, les Illyriens eurent à leur tête un roi appelé Agron, assisté par des princes comme le dynamique Skerdilaïdas. Après sa mort, sa veuve, Teuta, prit pour lieutenant le dynaste de

---

1. Abréviateur de Tite-Live, *Sommaires*, XX.
2. Polybe, II, 2 et suiv. ; abréviateur de Tite-Live, passage cité ; Florus, XXI ; Appien, X (*Ill.*), II ; Orose, IV, 13, 2. G. Marasco, « Interessi commerciali e fattori politici nella condotta romana in Illiria (230-219 a. C.) », *Studi Classici e Orientali*, XXXVI, 1986, p. 35-112.

Pharos, Démétrios [1]. Soit par intérêt bien compris, soit par incapacité, elle laissa la piraterie se développer. Ces désordres gênaient considérablement les exportations de blé occidental vers la Méditerranée orientale, tout comme les importations d'esclaves qui se faisaient en sens contraire, et en particulier depuis l'axe danubien. Cette situation ne pouvait pas durer, d'autant que des facteurs politiques jouaient également. L'Illyrie se trouvait prise entre deux puissances en plein essor : d'un côté, alors que l'Épire [2] sombrait dans l'anarchie après la mort de l'Éacide Déidamie, sa dernière souveraine, la Macédoine se renforçait sous l'impulsion de Démétrios II [3] ; d'un autre côté, Rome s'approchait, envoyant de plus en plus de négociants.

Une tradition, qui n'est peut-être pas tout à fait désintéressée, prétend que Rome ne serait pas intervenue de sa propre initiative dans cette région. Les Acarnaniens lui auraient demandé son aide contre les Étoliens vers 239. Puis la cité d'Issa aurait fait de même, mais contre Agron d'abord, et contre Teuta ensuite. Ce qui est sûr, c'est que le Sénat envoya deux ambassadeurs auprès de Teuta pour lui faire savoir qu'il ne supporterait pas davantage l'insécurité qui régnait dans l'Adriatique. Devant la reine, un des messagers se montra très incisif dans ses propos. Il fut assassiné sur le chemin du retour. Les comices votèrent la guerre.

À l'été de 229, les consuls Fulvius et Postumus rassemblèrent une armée dans le port de Brindisi : 200 navires devaient embarquer 20 000 fantassins et 2 000 cavaliers. La tradition parle à ce propos de « première guerre d'Illyrie » (229-228). Les Grecs, également lassés de l'attitude des Illyriens, ne leur facilitèrent pas la tâche, les attaquant sur leurs arrières, pour ne pas dire dans le dos, et l'intervention romaine se transforma en une promenade triomphale. Les cités tombaient les unes après les autres ; Corcyre, Apollonie, Épidamne, Issa, et enfin Pharos furent tour à tour occupées, si bien qu'au printemps 228, Teuta

---

1. A. Coppola, *Demetrio di Faro*, 1993 (Rome).
2. P. Cabanes, *L'Épire, de la mort de Pyrrhos à la conquête romaine (272-167 av. J.-C.)*, 1976 (Paris).
3. L'essor de la Macédoine dans les années qui ont immédiatement suivi a été étudié par S. Le Bohec, *Antigone Dôsôn*, 1993 (Nancy).

demanda la paix. L'Illyrie était réduite au rang de protectorat romain, au moins provisoirement. Le Sénat de Rome envoya des ambassadeurs auprès des Étoliens, des Achaïens, ainsi qu'à Corinthe et Athènes ; selon Zonaras (VIII, 19), Athènes et Rome auraient même conclu une alliance et rédigé un traité en 229-228. Mais un autre accord réunit, vers 225, Skerdilaïdas et Démétrios de Pharos : ils relançaient la piraterie, profitant de l'immobilisation des légions retenues par la guerre contre les Gaulois de Cisalpine. La réaction ne vint que tardivement, et se serait traduite par l'envoi de *socii* sur ce front en 221 [1]. Enfin, en 219, les consuls Aemilius Paulus et Livius Salinator établirent solidement en Illyrie l'ordre de Rome.

Bilan

Pour comprendre l'évolution du rapport de forces entre Rome et Carthage jusqu'en 218, ce n'est pas l'année 241, la fin de la première guerre punique, qu'il faut prendre comme référence. C'est par rapport à la situation initiale, celle de 264, qu'il faut établir une comparaison. Carthage n'a modifié de manière sensible ni son système politique ni son organisation économique, pas plus que Rome, il est vrai. Elle a perdu la Sicile, la Sardaigne et la Corse, ou du moins les portions de territoire qu'elle occupait dans ces îles. Elle s'est sans doute agrandie en Afrique, et s'est solidement implantée dans le sud de la péninsule ibérique : le profit territorial, s'il y en a eu un, n'a pas dû être bien considérable ; et il s'est situé loin de l'Italie. Pour Rome, en revanche, l'accroissement a compté : pas de pertes, mais des gains. Le Sénat et les comices avaient entériné l'annexion des grandes îles de la Méditerranée occidentale, Sicile, Sardaigne et Corse. Par ce choix, ils avaient écarté une menace, un danger potentiel. De plus, ils avaient imposé leur protectorat aux habitants de la plaine du Pô, à ceux de la Ligurie et de l'Illyrie. Sans doute ces conquêtes étaient-elles loin d'être

---

1. G. Bandelli, « La Guerra istriaca del 221 e la spedizione alpina del 220 a. C. », *Athenaeum*, LIX, 1981, p. 3-28.

affermies. Sans doute aussi beaucoup de sang coulerait encore sur toutes ces terres avant que ne fût admise la conquête. Rome n'y était cependant pas sur la défensive ; elle poursuivait son offensive.

Déjà vaincue par Rome à l'issue de la première guerre punique, Carthage s'engageait dans la deuxième guerre punique en position d'infériorité.

IV

L'INFANTERIE DE CARTHAGE

LA DEUXIÈME GUERRE PUNIQUE
1. 218-216 avant J.-C.

Quand, au printemps de l'année 218 avant J.-C., revient la saison de la guerre, une armée immense quitte la vallée du Guadalquivir, et Carthagène ; elle part en direction du nord. Hannibal, un des plus grands tacticiens de tous les temps, a rassemblé en grand nombre des fantassins et des cavaliers, appuyés par des éléphants, les chars d'assaut de l'époque. Les soldats de Carthage sont accompagnés par des alliés, des sujets et des mercenaires, pour l'essentiel alors ibères et africains. Ils emportent avec eux les richesses des Espagnes, des vivres, des armes, de l'or. Et aussi l'espoir de grandes victoires en Italie.

La deuxième guerre punique commence.

Cette guerre, que Carthage a commencée sur terre, a été poursuivie sur terre, et s'est achevée sur terre : grande différence avec la précédente. Du point de vue de la chronologie, on peut distinguer, pour ce conflit, deux périodes. La première partie, qui va jusqu'au 2 août 216, est marquée par la personnalité exceptionnelle d'un jeune général carthaginois, Hannibal, et par les exploits extraordinaires qu'il a fait accomplir à ses soldats, une geste digne d'Alexandre et de Napoléon. Elle ne doit pourtant pas faire négliger l'extraordinaire résistance de Rome, la puissance vaincue, vaincue au moins provisoirement.

1. *Les causes et le prétexte*

Se pose au préalable une question logique : comment expliquer que Rome et Carthage, malgré les traités, n'aient trouvé aucune autre solution à leur différend que la guerre ? Répondre ne présente peut-être pas autant de difficultés qu'il y paraît. Mais il faut commencer par le commencement.

La personnalité d'Hannibal a fasciné des générations de curieux, ce que prouve l'abondance des publications qui lui ont été consacrées ; cette puissance de séduction explique que les années 218-201 soient mieux connues que les précédentes ; pour s'en convaincre, il suffit de consulter la bibliographie générale placée à la fin de cet ouvrage. Cette richesse ne va pas sans inconvénients : les désaccords entre érudits se sont multipliés. Ils se sont peut-être surtout aggravés à cause d'un problème de vocabulaire : les auteurs ne donnent pas tous le même sens au mot « cause », qu'ils ont le plus souvent confondue avec « prétexte ». Et surtout, ils ont concentré leur attention sur l'intrigante personnalité d'Hannibal [1] (coupable ou non coupable, là est la question), sans voir qu'un homme, aussi grand soit-il, représente des intérêts, politiques, économiques, ou une idéologie, ou encore une religion particulière, qui dépassent souvent sa simple personne. Il est même arrivé que l'aveuglement ait empêché certains de nos contemporains de lire correctement les auteurs anciens, qui ont parfois montré plus de clairvoyance qu'eux.

Les causes

La cause principale de la deuxième guerre punique réside dans le choc de deux impérialismes [2].

---

1. Bibliographie à la fin de cet ouvrage. En dernier lieu : G. Brizzi, « Gli studi annibalici », *II Congr. Intern. di Studi Fen. e Pun.*, I, 1991, p. 59-65.
2. Polybe, III, 1, 10 ; G. De Sanctis, *Annibale e la Schuldfrage di una guerra antica*, 1932 (Bari) ; F. C. Matusiak, *Polybius and Livy : the Causes of the Second Punic War*, Diss., 1993 (*non uidi*).

Il serait naïf de croire que les Romains se seraient levés de table après avoir avalé la Sicile, la Sardaigne et la Corse, après avoir grignoté la Ligurie, la Gaule Cisalpine et l'Illyrie. Même Polybe, leur ami, l'a bien vu, et bien dit (III, 1, 1). Il serait tout aussi sot de croire que Carthage, après avoir perdu ces mêmes îles, après avoir été contrainte de payer tribut et de livrer des otages, en serait restée là. Et, désormais, les deux puissances s'étant agrandies (par l'annexion de l'Andalousie pour la partie punique), la guerre se ferait pour un nouvel enjeu : le vainqueur, même si personne n'en était parfaitement conscient au début, pouvait obtenir la péninsule ibérique, dans sa totalité cette fois [1], ce qui lui assurerait une position dominante sur presque tout le bassin occidental de la Méditerranée. Tel avait été l'objectif d'Hamilcar, programme repris par son fils Hannibal [2]. Tite-Live le dit sans ambiguïté, dans un passage finement analysé par Serge Lancel [3]. Là où le latin parle du désir qu'avaient les chefs puniques de redonner à leur patrie sa *dignitas* et son *imperium*, valeurs en réalité romaines, il faut comprendre qu'ils souhaitaient lui rendre quelque chose que nous appellerions son honneur, qu'ils voulaient effacer des traités jugés humiliants en changeant l'ordre du monde, cette fois dans un sens qui leur serait favorable. Une autre cité, Capoue, prendrait la tête de l'Italie, les pays du nord récemment conquis retrouveraient leur autonomie, et les îles seraient rendues à Carthage. Même des auteurs comme le médiocre Florus (I, 22, 2) et le poète Silius Italicus (XI, 527-528) ont vu qu'il s'agissait de récupérer les territoires perdus, de mettre un terme au tribut, en un mot d'abolir les humiliations subies. Bien entendu, cette interprétation suppose qu'Hannibal n'était pas un condottiere travaillant pour le plus offrant, ou un égoïste agissant pour son propre compte, mais un général au service des siens. C'est ce que montrent les travaux les plus récents ; le lecteur s'en rendra compte au fil des pages qui suivent. La situation peut donc être résumée ainsi : il

---

1. Polybe, XV, 1, 7-8.
2. Tite-Live, XXXI, 1 (Hamilcar), et XX, 44 (Hannibal).
3. Tite-Live, XXII, 58 ; S. Lancel, *Carthage*, 1992, p. 409-410.

ne pouvait pas y avoir deux crocodiles dans ce marigot qu'était la Méditerranée.

Il convient d'ajouter à cela d'autres facteurs plus conjoncturels, et d'abord des raisons économiques. Les Grecs de Marseille poussaient à la guerre parce qu'ils se trouvaient en concurrence avec les commerçants puniques ; dans ce but, ils avaient fait alliance avec Rome depuis longtemps, depuis au moins 236, quand Cornelius Lentulus avait vaincu les Ligures. On soupçonne même leurs ambassadeurs d'avoir inquiété les Romains en attirant leur attention sur le danger que représentaient Carthaginois et Gaulois. En outre, il ne faudrait pas non plus négliger l'aspect stratégique : si, en 264, Rome avait pu se sentir encerclée, c'était la même crainte qu'exprimait Hannibal en 218, dans des propos que lui prête le très patriotique Tite-Live (XXI, 44). Le contexte politique intervenait également : l'aristocratique Sénat trouvait trop démocratique le régime de la cité rivale. De plus, on a dit que le « parti barcide » n'était pas sans ennemis à Carthage même, et Hannibal pouvait chercher à faire taire les critiques par des succès militaires [1]. Dans ces conditions, l'aspect psychologique, à savoir le désir de vengeance d'Hannibal [2], ne peut compter que pour bien peu dans le déclenchement du conflit.

Le prétexte

Quant au prétexte, le siège de Sagonte par Hannibal, il a été souvent pris pour la cause réelle du conflit [3]. Regrettable confusion ! Il ne s'agit pourtant pas seulement d'une question de vocabulaire. Expliquons cette affaire. En 226 (ou 225 ?), Rome et Carthage avaient conclu un traité qui limitait à l'Èbre leurs zones d'influence dans la péninsule ibérique. En 221, Hannibal fut porté au pouvoir par l'armée [4], ce qui implique, remarquons-le

---

1. Polybe, III, 1, 10 ; A. J. Domínguez Monedero, « La Campaña de Aníbal contra los Vacceos, sus objectivos y su relación con el initio de la segunda guerra púnica », *Latomus*, XLV, 1986, p. 241-258.
2. Polybe, III, 1, 6 et 9.
3. Tite-Live, XXX, 31.
4. Tite-Live, XXI, 3.

au passage, qu'elle comptait au moins quelques soldats citoyens dans ses rangs ; et Carthage entérina ce choix.

À partir de ce moment, Hannibal appliqua une politique parfaitement cohérente et parfaitement agressive. Tout d'abord, il transforma l'actuelle Andalousie en base arrière solide. Puis il fit passer sous son contrôle la quasi-totalité de la Péninsule. Dès 220, il mena campagne contre les Olcades des sources du Guadiana, contre les Vaccéens du Duro, à qui il prit Salamanque et de grandes quantités de blé qu'il stocka [1], enfin contre les Carpétans du Tage, en Nouvelle Castille ; et il recommença en 219 [2]. Pour maintenir l'ordre punique, il fit venir d'Afrique 15 000 soldats libyens qu'il confia à son frère Hasdrubal, dont il fit une sorte de vice-roi. Dans le même temps, il envoya 15 000 hommes en Afrique, des Ibères et des frondeurs recrutés aux Baléares. Double avantage : il énervait la péninsule ibérique en la privant d'hommes jeunes et vigoureux, dont on pouvait toujours craindre une révolte, et il renforçait la sécurité de Carthage et de son territoire [3]. Enfin, il envoya des émissaires chez les peuples gaulois de Cisalpine et de Transalpine, et reçut leurs ambassadeurs à Carthagène. Toutefois, les tractations devaient donner peu de fruits ; les buts de guerre différaient : nouvel ordre en Méditerranée occidentale pour le Carthaginois, pillage pour les Celtes [4]. Les accords conclus reposaient donc sur un malentendu.

Là-dessus éclata l'affaire de Sagonte, une affaire qui a fait couler beaucoup de sang jadis, et aussi, chez les anciens [5] et les modernes [6], beaucoup d'encre. Cette ville, l'actuelle Murviedro ou Sagunto, se trouve à cent soixante kilomètres au sud de l'Èbre.

---

1. A. J. Domínguez Monedero, article cité.
2. Polybe, III, 1, 13-14.
3. Polybe, III, 1, 33.
4. Polybe, III, 2, 34 ; Tite-Live, XXI, 23 ; G. Brizzi, *Carcopino, Cartagine e altri scritti*, 1989 (Sassari), p. 89 et suiv.
5. Polybe, III, 1, 15 et 20 ; Tite-Live, XXI, 6-9 et 11-15 ; Silius Italicus, I, 271-694, et II, 1-269 et 457-707 ; Appien, VI, 2, et VII, 1.
6. P. Treves, « Le Origini della seconda guerra punica », *Atene e Roma*, XIII, 1932, p. 14-39, et L. Pareti, « Ancora sulle cause della seconda guerra punica », *Ibidem*, p. 39-43 ; F. Cassola, *I Gruppi politici romani nel III secolo a. C.*, 1962 (Trieste) ; G.-Ch. Picard, « Le Traité romano-barcide de 226 avant J.-C. »,

Elle était peuplée par des indigènes, les Edetani, mais deux passages de Silius Italicus laissent penser qu'y vivaient un fort contingent d'Italiens (IV, 62) et un autre de Grecs (III, 178), très probablement des Marseillais. Les motifs économiques ne manquent pas pour expliquer cette situation. Mais une présence punique plus ancienne, évidente par exemple à travers le monnayage [1], ne saurait être négligée. De la sorte, deux partis, l'un proromain et l'autre procarthaginois, se disputaient la direction des affaires. Vers 220, les proromains l'avaient emporté, après un petit massacre de leurs adversaires, et ensuite ils étaient entrés en conflit avec des voisins, les Torboletai ou Turdétans, alliés de Carthage. Sans doute les Sagontins avaient-ils contracté une alliance avec Rome [2]. Mais, étant donné le degré de « tension internationale », une intervention d'Hannibal contre eux n'a rien de surprenant.

Les historiens se sont demandé si le chef punique avait le droit d'attaquer Sagonte. En effet, le traité de 226 lui interdisait l'offensive si la ville était grecque, ou si elle se trouvait au nord de l'Èbre. Or, nous l'avons dit, elle était située au sud de ce fleuve et elle était peuplée d'indigènes. Cependant, pour établir la culpabilité juridique d'Hannibal, le grand historien Jérôme Carcopino a essayé de prouver que plusieurs fleuves de ce nom

---

Mél. J. Carcopino, 1966, p. 747-762 ; A. E. Astin, « *Saguntum* and the Origins of the Second Punic War », *Latomus*, XXVI, 1967, p. 577-596 ; G. V. Sumner, « Roman Policy in Spain before the Hannibalic War », *Harvard St. Cl. Phil.*, 1967, p. 205-246, et « Rome, Spain and the Outbreak of the Second Punic War », *Latomus*, XXXI, 1972, p. 469-480 ; E. Coleiro, « Hannibal's Excuse for Attacking *Saguntum* », *Helmantica*, 1977, p. 97-102 ; J. Uroz Sáez, « Turbuletas o Turdetanos, en la guerra de Sagunto ? », *Lucentum*, I, 1982, p. 173-182 ; K. H. Schwarte, *Der Ausbruch des Zweiten Punischen Krieges, Historia Einzelschr.*, XLIII, 1983 ; A. M. Eckstein, « Rome, Saguntum, and the Ebro Treaty », *Emerita*, LII, 1984, p. 51-68 ; A. Pelletier, « Sagontins et Turdétans à la veille de la seconde guerre punique », *Rev. des Ét. Anc.*, LXXXVIII, 1986, p. 307-315 ; L. Pérez Vilatela, « Ilercavones, Celtíberos y Cartagineses en 218-217 a. C. », *Caesaraugusta*, LXVIII, 1991 [1993], p. 205-227 ; F. Heubner, « Hannibal und Saguntum bei Livius », *Klio*, LXXIII, 1991, p. 70-82. Voir aussi les notes suivantes.

1. E. Coleiro, article cité.
2. Orose, qui est espagnol, parle d'*amicitia* en IV, 14, 1.

avaient existé [1], et que l'Èbre du traité était en réalité le Jucar, situé bien plus au sud [2] ; sa proposition n'a pas fait l'unanimité [3]. En fait, Sagonte se trouvait bien dans la zone d'influence punique [4]. Le débat peut être éclairci grâce à une anecdote qui ne laisse pas place au doute car elle est racontée par un écrivain latin. Hannibal rapporta un jour à ses soldats un entretien qu'il avait eu avec un représentant de ses ennemis :

« Ne passe pas l'Èbre, menace le Romain. Ne touche pas à Sagonte !

– Mais, rétorque le Carthaginois, Sagonte est au sud de l'Èbre !

– Ne bouge nulle part », s'entendit-il enfin ordonner.

L'auteur de ce récit, Tite-Live (XXI, 44), ne peut pas être suspecté de sympathie pour Carthage, et il plaçait bien Sagonte au sud de l'Èbre. Donc Hannibal, en attaquant cette ville, ne « brisait pas le traité ». Quant aux Romains, réagissant en vertu d'une

---

1. J. Carcopino, « Le Traité d'Hasdrubal et la responsabilité de la deuxième guerre punique », *Rev. des Ét. Anc.*, LV, 1953, p. 258-295 = *Points de vue sur l'impérialisme romain*, 1961, p. 19-67, et « À propos du traité de l'Èbre », *Comptes rendus de l'Acad. des Inscr.*, 1960, p. 341-346. Le problème est ancien : W. Otto, « Eine antike Kriegschuldfrage, Die Vorgeschichte des 2. punischen Krieges », *Hist. Zeitschr.*, CXLV, 1931, p. 489-516 ; W. Kolbe, « Die Kriegschuldfrage von 218 v. Chr. », *Sitzungsb. der Heidelb. Akad. der Wiss.*, 1934, 4. J. Carcopino vient cependant d'être défendu par P. Jacob, « L'Èbre de J. Carcopino », *Gerión*, VI, 1988, p. 187-222.

2. Sur l'Èbre et les Romains, voir N. Dupré, « L'Èbre dans l'Espagne romaine », dans *Le Fleuve*, édit. F. Piquet, 1993 (Paris), p. 133-139, et « Remarques sur l'hydronymie du bassin de l'Èbre à l'époque romaine », *Mél. R. Chevallier*, 1995 (Tours), p. 15-31.

3. F. M. Heichelheim, « New Evidence on the Ebro Treaty 226 », *Historia*, III, 1954, p. 211 et suiv. ; F. W. Walbank, *Journal of Rom. St.*, LI, 1961, p. 228-229 ; Ph. Gauthier, « L'Èbre et Sagonte : défense de Polybe », *Rev. Phil.*, 1968, p. 91-100 ; R. M. Errington, « Rome and Spain before the Second Punic War », *Latomus*, XXIX, 1970, p. 25-57 ; F. Hampl, *Aufstieg und Niederg. d. Röm. Welt*, I, 1, 1974, p. 412-441 ; M. Pavan, « A proposito del giudizio di G. De Sanctis su Annibale », *Riv. Stor. dell'Ant.*, XIII-XIV, 1983-1984, p. 143-159 ; A. M. Eckstein, « Rome, Saguntum and the Ebro Treaty », *Emerita*, LII, 1984, p. 51-68 ; A. Barzanò, « Il Confine romano-cartaginese in Spagna dal 348 al 218 a. C. », *Contributi dell'Istituto di Storia Ant.* (Milan), XIII, 1987, p. 179-199.

4. Florus, II, 22, 3.

alliance, ils pouvaient se sentir dans leur bon droit pour cette raison. Mais il reste à savoir si l'accord de 226 prévoyait une exception pour les alliés, comme celle qu'avait mentionnée le traité de 241, dont le texte a été donné plus haut. Nous ne pourrons jamais trancher : le contenu de cet accord ne nous a pas été transmis.

De toute façon, Sagonte servait seulement de prétexte. Hannibal avait passé l'hiver 220-219 à Carthagène, où il avait rassemblé une immense armée de 50 000 fantassins, 6 000 cavaliers et 200 éléphants ; on peut penser qu'il avait l'intention de s'en servir. De fait, vers le mois de juin 219, il vint assiéger Sagonte. L'affaire dura huit mois, et fut marquée par des combats sanglants, sans que Rome bouge. La lenteur des communications n'explique pas tout à fait cet immobilisme : les esprits étaient alors occupés surtout par l'Illyrie, et rien n'assure que tous aient envisagé avec le même enthousiasme une action immédiate contre le Punique. Finalement, la ville fut prise par trahison, pendant des négociations et, dit Orose (IV, 14, 1), complètement détruite. Hannibal envoya une partie du butin à Carthage[1], ce qui confirme, comme on l'a dit plus haut, qu'il avait conservé des liens solides avec sa métropole. Cette générosité renforçait aussi le « parti des Barcides » qui y soutenait sa politique. Après la victoire, il retourna à Carthagène.

Le Sénat de Rome réagit alors, alors seulement est-on tenté de dire, et surtout par des paroles[2]. Les Cornelii Scipiones, et à leur tête Publius, le frère du vainqueur des Ligures, poussaient à la guerre ; les Aemilii les soutenaient. On a dit que Quintus Fabius Maximus, principal représentant des Fabii, avait plaidé la cause de la paix ; on peut toutefois penser, en raison de son attitude ultérieure, qu'il n'a pas dû parler avec beaucoup de chaleur dans ce sens. Le Sénat romain décida l'envoi d'ambassades[3]. La pre-

---

1. Polybe, III, 1, 17.
2. Silius Italicus, I, 671-694.
3. A. Klotz, « Die beiden römischen Gesandschaften beim Beginn des zweiten punischen Krieges », *Würzbürger Jahrb. f. Altert.*, I, 1946, p. 155 et suiv ; W. Hoffmann, « Die römische Kriegserklärung am Karthago im J. 218 », *Rhein. Mus.*, XCIV, 1952, p. 69-87 ; H. H. Scullard, « Rome's Declaration of War to Carthage in 218 B. C. », *Ibidem*, p. 209-237.

mière se rendit d'abord en Espagne, auprès d'Hannibal, sans succès, puis à Carthage pour se plaindre de l'accueil reçu à Carthagène [1]. Là, seul Hannon le Grand plaida pour le statu quo, et il le fit avec vigueur. En public, il rappela les risques que courait Carthage ; in petto, il se dit qu'un conflit renforcerait le poids des Barcides. Mais il se trouva seul de son avis. En mars 218 [2], une nouvelle ambassade de cinq membres revint dans la métropole africaine, et demanda qu'Hannibal et ses lieutenants lui soient livrés ; elle les accusait d'avoir rompu le traité [3]. On lui fit des réponses contradictoires : l'accord de 226 n'avait pas été ratifié, disaient les uns ; Sagonte se trouvait dans la zone punique d'après ce même accord de 226, disaient les autres ; le traité de 241 ne mentionnait pas Sagonte, disaient d'autres encore. Excédé sans doute par cette cacophonie, Fabius, dont on a voulu faire un pacifiste, plia son vêtement et prit la parole :

« Dans les plis de ma toge, j'apporte la paix et la guerre. Choisissez.

– Choisis toi-même, répondit le sufète.

– Alors, c'est la guerre », dit-il.

Cette deuxième ambassade se rendit ensuite en Espagne pour y chercher des alliances, mais les chefs qu'elle y rencontra lui répondirent qu'après l'abandon de Sagonte, plus personne n'avait confiance en Rome. Les Gaulois de Transalpine, consultés ensuite, utilisèrent le même argument, assorti d'éclats de rire [4].

Résumons : les Romains, malgré peut-être quelques exceptions, voulaient la guerre ; les Carthaginois, sauf peut-être Hannon le Grand, voulaient la guerre ; et Hannibal la voulait encore plus que tous. Se pose maintenant une question : les uns et les autres ne couraient-ils pas de grands risques en se lançant dans cette entreprise ?

---

1. Polybe, III, 15 (avant même le début du siège) ; Tite-Live, XXI, 6, et 9, 3-11, 2 (après le début).

2. Polybe, III, 1, 33 ; Tite-Live, XXI, 10 et 18 ; Silius Italicus, II, 270-390. Sur l'année 218 : W. Hameter, « Zur Chronologie von 218 v. Chr. », *Ber. Österr. Althistorik.*, édit. I. Weiler, 1983 (Graz), p. 55-57.

3. B. D. Hoyos, « Cato's *duouicesimo anno* and Punic Treaty Breaches in the 230s B. C. », *Anc. Hist. Bull.*, IV, 1990, p. 31-36.

4. Tite-Live, XXI, 19-20.

2. *Les forces en présence*

Les modifications territoriales intervenues entre 264 et 218, examinées au chapitre précédent, jouaient à l'avantage de Rome. Elles ne sont pas les seules.

Du côté de Rome : 1. La démographie et l'économie

De fait, il semblait que seul un fou pût s'attaquer à Rome. Ce sentiment a été ressenti dès l'Antiquité. Il a été exprimé, teinté d'une admiration étonnée, par Polybe. L'historien grec a pu consulter des archives, et a laissé des statistiques (II, 24), objets de discussions, mais sur lesquelles les modernes se sont en gros mis d'accord [1], après les avoir confrontées aux données de Diodore (XXV, 13), de l'abréviateur de Tite-Live (*Som.*, XX) et de Pline l'Ancien (III, 138). L'Italie, en cas de besoin, pouvait aligner plus de 500 000 fantassins et de 50 000 cavaliers. C'était, pour l'époque, du jamais vu. Et il était plus facile de mobiliser des Italiens pour défendre l'Italie que des Africains ou des Espagnols pour l'attaquer.

Silius Italicus, en poète, a dressé un tableau où les chiffres sont négligés, mais néanmoins intéressant car il s'attache à la diversité géographique (VIII, 349-621). P. A. Brunt l'a confronté à d'autres textes, et a pu donner une idée de l'importance de chacune des communautés susceptibles de fournir des hommes.

POPULATION DE MÂLES ADULTES EN 225

Romains	300 000	Peuples des Abruzzes	54 400
Latins	134 000	Étrusques	86 400
« Samnites »	123 000	Ombriens	35 200
Apuliens	89 000	Lucaniens	52 800

---

1. F. W. Walbank, *Commentary on Polybius*, I, 1957, p. 196-203 ; A. J. Toynbee, *Hannibal's Legacy*, 1965, p. 479-501 ; Cl. Nicolet, *Rome*, I, *Structures de l'Italie*, 5ᵉ éd., 1993, p. 81-82, d'où vient le tableau reproduit.

Ces effectifs permettaient d'abord de choisir les meilleurs : lors du recrutement, les officiers responsables pouvaient faire une sévère sélection ; d'où, ce qui ne saurait être négligé, une armée fondée sur la qualité. Ensuite, en cas de défaite, et même de désastre, il n'était pas trop difficile de combler les pertes. Il faut se rappeler une réalité essentielle : la mobilisation générale, héritage de la Révolution française, n'existait pas dans l'Antiquité. Elle était tout simplement impensable : les ancêtres ne l'avaient pas pratiquée, et aucun État n'avait les moyens financiers suffisants pour équiper tous ses adultes en âge de combattre et pour construire le nombre de navires correspondant. Contrairement à ce qu'on écrit parfois, le *tumultus* n'est pas la « levée en masse » mais la « levée en urgence ».

Rome avait des moyens financiers. Une anecdote, rapportée par Tite-Live (XXII, 32 et 37), illustre cette richesse. Au plus fort de la tourmente, après un désastre, une délégation venue de Naples se présenta devant le Sénat et lui offrit quarante coupes d'or massif : « Nous savons que la guerre a épuisé le trésor du peuple romain. » Le Sénat remercia, refusa et, pour obliger ses amis, n'accepta que la coupe qui pesait le moins. Par rapport à la première guerre punique, un fait nouveau s'imposa : l'or et l'argent étaient devenus beaucoup plus abondants, ce qui n'empêcha pas d'ailleurs quelques crises financières. Ce phénomène ne relève pas du mystère. Il s'explique par les progrès de la conquête, situation heureuse qui permettait des rentrées d'impôts supplémentaires et du butin, et aussi par les manipulations monétaires : quand l'État frappait de nouvelles espèces, il mêlait davantage de métal vil au métal précieux, ou il imposait un cours officiel supérieur à la valeur réelle des nouvelles pièces. P. Marchetti a calculé le budget de la deuxième guerre punique. Sans doute ses chiffres peuvent-ils être discutés dans le détail, mais ils paraissent acceptables dans l'ensemble [1]. Pendant la tourmente, le total des recettes et des dépenses annuelles se calculait en millions de deniers (pièces d'argent) par an. Pour la période 218-201, cet historien propose un chiffre supérieur à

---

1. P. Marchetti, *Histoire économique et monétaire de la deuxième guerre punique*, 1978 (Bruxelles).

71 000 000 de deniers pour les sorties et à 61 000 000 de deniers pour les rentrées, réparties entre le tribut, de 36 700 000, et le butin, de 25 500 000, les fameuses manipulations monétaires venant combler le déficit [1].

Du côté de Rome : 2. L'armée

Rome conserva également une armée excellente [2]. Polybe en a laissé une description admirative (VI, 6) ; sans doute a-t-il écrit un demi-siècle plus tard : les risques d'anachronisme existent, mais ils sont faibles, et l'archéologie permet de rendre plus concrètes certaines descriptions.

Au début du conflit, l'encadrement des quatre légions était toujours assuré par des magistrats élus par les comices, au sommet par les deux consuls (ou par les préteurs, ou par des magistrats prorogés, propréteurs ou proconsuls), et par les 24 tribuns ; les centurions, eux, étaient nommés. Des vélites précédaient la légion ; ils utilisaient une épée et des javelots, se protégeaient avec un bouclier rond appelé « parme », et un casque. L'infanterie lourde était encore divisée en hastats, *principes* et triaires. Hastats et *principes* portaient comme armes offensives l'épée « espagnole » ou glaive, qui permet de frapper d'estoc et de taille, et deux javelots du type *pilum* dont un lourd ; ils avaient comme armes défensives un bouclier long, un casque à panache, des jambières et une cotte de mailles ou une cuirasse du type *kardiophylax*, « protège-cœur ». Les *triaires* disposaient du même équipement, sauf qu'ils remplaçaient le *pilum* par une *hasta*, une lance longue. En 218, ils appliquaient toujours la tactique manipulaire, mais les 45 manipules avaient été réduits à 30, toujours

---

1. Cl. Nicolet, « À Rome pendant la deuxième guerre punique. Technique financière et manipulations monétaires », *Annales E.S.C.*, XVIII, 1963, p. 417-436.
2. F. Gschnitzer, « Das System der römischen Heeresbildung im zweiten punischen Krieg », *Hermes*, CIX, 1981, p. 59-85. Nombreux travaux de G. Brizzi, cités dans la bibliographie placée en fin d'ouvrage ; y ajouter *I Sistemi informativi dei Romani,* 1982 (Wiesbaden).

19. Soldats de l'armée romaine
pendant la deuxième guerre punique.
a. Infanterie légère, vélites.
G. Brizzi, *Annibale*, 1984 (Spolète), fig. n° 1.
b. Infanterie lourde romaine, hastats et *principes*.
G. Brizzi, ouvrage cité, fig. n° 2.
c. Infanterie lourde romaine, triaires.
G. Brizzi, ouvrage cité, fig. n° 3.

20. Navire romain de la deuxième guerre punique
(environ 217-197 avant J.-C.).
La chronologie de cette monnaie peut être discutée.
A. Babelon, *Monnaies romaines*, I, 1901 (Paris), p. 62, n° 48.

répartis sur trois lignes. Les cavaliers, répartis en 10 turmes, étaient armés à la grecque, avec cuirasse, lance et bouclier. Pour une légion, on pouvait compter 1 200 vélites, le même nombre d'hastats et de *principes*, et seulement 600 triaires. Les alliés devaient fournir autant de fantassins qu'on en comptait dans une légion, et trois fois plus de cavaliers ; ils étaient placés aux ailes et commandés par des préfets [1].

Le camp ne semble pas avoir changé depuis la première guerre punique, pas plus que la discipline. Polybe avait d'autres motifs d'admiration. Il avait en effet remarqué que l'ordre de marche de l'armée romaine obéissait à une grande logique. Le général, quand il était loin de l'ennemi, plaçait en tête sa garde, les *extraordinarii*, suivie par une partie des alliés, par les légions, puis par le reste des alliés, chaque corps de troupe étant suivi de ses bagages. En cas de danger, ce dispositif se rapprochait de l'ordre de bataille, les hastats précédant les *principes* qui eux-mêmes devançaient les triaires, de façon à ce qu'au besoin une contre-attaque puisse être immédiatement lancée. L'historien grec n'a cependant pas bien vu deux changements importants. Rompant, d'une part, avec la tradition des quatre légions consulaires, Rome aligna, peu après le début des hostilités, six légions.

---

1. L. Pérez Vilatela, « Ilercaones, Celtícos y Cartaginenses en 218-127 a. C. », *Caesaraugusta*, LXVIII, 1991 [1993], p. 205-227.

Et cette inflation des effectifs se poursuivit ; nous y reviendrons. D'autre part, Rome possédait déjà en 218 la maîtrise de la mer, et pouvait aligner 220 quinquérèmes, total qui a pratiquement interdit tout mouvement à l'adversaire [1]. Avec de telles forces, non seulement il était possible de l'emporter en cas de bataille, escadre contre escadre, mais encore il était possible d'assurer la logistique des forces terrestres, d'effectuer des débarquements, d'assurer des liaisons. Cette supériorité maritime, qui constitue un paradoxe, nous l'avons déjà relevé, s'explique, en partie au moins, par l'importance des moyens financiers dont disposait Rome.

Du côté de Rome : 3. La vie politique

Malgré, donc, quelques frémissements annonciateurs de nouveautés, c'était la tradition qui l'emportait à Rome dans tous les domaines qui viennent d'être évoqués, comme en politique. Ici, on retrouve l'opposition traditionnelle, déjà constatée en 264. Un clan conservateur, animé par les Fabii, auxquels s'était joint Claudius Marcellus, regardait vers le nord proche et souhaitait éviter les grandes entreprises. Des coteries plus ouvertes s'intéressaient au contraire aux terres plus lointaines, à la Sardaigne et même, déjà, à la péninsule ibérique. Aux Cornelii Scipiones, qui formaient le cœur de ce groupe, il faut ajouter les Appii Claudii et les Aemilii. On remarque également l'apparition de forces nouvelles, conséquence de la première guerre punique. Un troisième « parti », si l'on peut dire, avait pris pour chef Flaminius ; il regroupait ceux qui, justement, avaient combattu et avaient donné à Rome la victoire, à savoir la plèbe, les paysans. Par réaction politique, pour des raisons de morale et d'intérêt, ces anciens combattants s'opposaient souvent aux hommes d'affaires. Comme ils regardaient eux aussi vers le nord, vers les riches terres agricoles de la Cisalpine, on a voulu en faire les alliés des Fabii. Mais il ne s'agit que d'une alliance de circons-

---

1. J. M. Libourel, « Galley Slaves in the Second Punic War », *Class. Philol.*, LXVIII, 1973, p. 116-119.

tance. En revanche, contre Hannibal, l'union sacrée se fit sans hésitation, et elle fut solide.

Et du côté de Carthage ?

Forces et faiblesses de Carthage

Hélas, aucun Polybe philocarthaginois ne nous a laissé de données chiffrées. Nous en sommes réduits aux estimations et aux approximations. En se fondant sur l'étendue des villes, les spécialistes estiment que les populations des deux capitales rivales étaient équivalentes. Soit. Mais il faut aussi tenir compte des arrière-pays et des empires. Et, sur ce point, le doute n'est pas permis : l'Afrique était moins peuplée que l'Italie, et nous avons déjà dit qu'il existait une grande différence entre les étendues des pays conquis. Certes, au printemps 218, Hannibal avait pu rassembler 102 000 hommes à Carthagène, ce qui représentait des effectifs presque doubles de ceux dont il avait disposé l'année précédente. Mais ici l'avantage appartenait à Rome.

Dans le domaine économique, en revanche, il ne semble pas que Carthage ait eu à pâtir d'une trop grande infériorité. L'agriculture africaine impressionnait même les grands propriétaires italiens : elle fournissait du blé en abondance, de l'huile, du vin et des fruits. Les navigateurs exportaient partout ces produits, et ceux d'un artisanat actif. L'étude de la céramique le montre. La numismatique également prouve la bonne santé de ces activités. Le principal atelier monétaire se trouvait à Carthage. Il fabriquait de belles pièces d'or pur, ou d'électrum (un alliage contenant de l'or et 20 ou 25 % d'argent), des « didrachmes » de 7,60 g avec leurs subdivisions (1/2, 1/4, 1/5 et 1/10), ainsi que du bronze [1]. Les richesses de l'Andalousie s'ajoutaient à celles du Maghreb. Les Barcides les ont utilisées pour se doter d'une solide armée, et aussi pour peser à Carthage, où ils subventionnaient leurs amis et achetaient leurs ennemis.

---

1. G. K. Jenkins et R. B. Lewis, *Carthaginian Gold and Electrum Coins*, 1983 (Londres) : fondamental ; P. Visonà, *Punic Bronze Coinage, Diss. Abstracts*, XLVI, 1986, 3393A ; P. Serafin Petrillo, « L'Elettro annibalica : un problema di lega ? », *II Congr. di Studi Fen. e Pun.*, 1991.

Du côté de la métropole africaine, l'argent jouait un très grand rôle pour l'armée, dans la mesure où Carthage utilisait des mercenaires. Aucun bouleversement, semble-t-il, n'y est intervenu dans le domaine militaire [1]. En revanche, bien que l'ost punique n'ait pas eu, lui non plus, son Polybe, nous en connaissons mieux l'organisation, grâce à l'iconographie, grâce aux Grecs et aux Latins. Du point de vue de la composition, on ne doit, apparemment, relever que de modestes changements. Le poète Silius Italicus, qui n'est hélas qu'un poète, nous en rappelle la composition dans un tableau coloré, plein de noms exotiques et sonores (III, 214-414). On y remarquait d'abord des soldats citoyens, « la jeunesse de Carthage la Tyrienne » (III, 231) : sans doute moins nombreux dans l'infanterie, ils formaient le gros de la cavalerie lourde et des équipages de la flotte. Aux côtés des Carthaginois se trouvaient les contingents des cités puniques, d'autres Africains non puniques, et enfin des hommes recrutés dans la péninsule Ibérique [2]. Ils servaient comme autrefois, au titre d'alliés, de sujets, de mercenaires, ou parce qu'ils étaient soumis au service militaire obligatoire. On retrouve un tableau très voisin et résumé dans un passage de Tite-Live qui met dans la bouche d'Hannibal une adresse à ses soldats (XXI, 44) : « Vous, mes vieux fantassins, vous, cavaliers des plus nobles familles, montés sur des chevaux avec ou sans bride, vous, les plus braves et les plus fidèles des alliés, vous, Carthaginois... »

Ce texte de Tite-Live présente de l'intérêt également pour la tactique. Il rappelle l'existence d'une cavalerie lourde et d'une cavalerie légère. La première intervenait dans les batailles pour provoquer un effet de choc, souvent de concert avec les éléphants montés par un cornac et un soldat portant casque, cuirasse et javelot [3]. Elle était composée de Carthaginois (casque et cuirasse,

---

[1]. F. Barreca, « Gli eserciti annibalici », *Riv. Stor. Ant.*, XIII-XIV, 1983-1984, p. 43-68 ; G. Brizzi, *Annibale*, 1984.

[2]. Les Puniques, plus que les Romains, ont utilisé des indigènes : L. Pérez Vilatela, article cité.

[3]. R. Glover, « The Elephant in the Ancient War », *Class. Journal*, XXXIX, 1944, p. 257-269, et « The Tactical Handling of the Elephants », *Greece and Rome*, XVII, 1948, p. 236-250 ; H. H. Scullard, « Hannibal's Elephants », *Num. Chron.*, VIII, 1958, p. 158, « Hannibal's Elephants

épée et lance) et de Gaulois [1], les plus efficaces sans doute, avec leur épée et leur lance, leur casque et leur bouclier. Seuls quelques-uns portaient une cotte de mailles. La cavalerie légère venait de la péninsule ibérique et de Numidie ; il ne semble pas qu'ait existé une bien grande différence entre les combattants de ces deux origines, qui utilisaient « parme » et javelot, si ce n'est que les *Hispani* avaient un glaive court. Ils harcelaient l'ennemi ; les Numides, en particulier, attaquaient, lançaient leurs javelots, puis se repliaient à grande vitesse. Une autre de leurs coutumes de guerre leur assurait une redoutable efficacité : frappant de bas en haut avec leur couteau, ils tranchaient les jarrets et les muscles de l'ennemi, qui était ainsi paralysé et mourait lentement d'hémorragie [2]. Une importante différence par rapport à l'armée romaine, où l'infanterie restait « la reine des batailles », mérite d'être relevée [3] : les forces montées représentaient, au combat, un élément essentiel des armées puniques et elles ont souvent permis d'emporter la décision à elles seules. De même, existaient une infanterie lourde et une infanterie légère. La première était formée notamment par des contingents libyens. Au début de la deuxième guerre punique, ils ressemblaient comme des frères à des hoplites grecs, portant lance et épée, casque à panache, bouclier moyen, jambières et cuirasse à écailles ; eux surtout se sont profondément transformés au cours du conflit (nous verrons plus loin cette évolution). Les Celtibères fournissaient d'autres éléments à l'infanterie lourde, des soldats armés de la lance et du glaive, protégés par un grand bouclier, un casque et une cotte de mailles. Quant à l'infanterie légère, elle était partagée entre des troupes ibériques, les célèbres *caetrati*, du nom du petit écu qui leur servait à se protéger, qui utilisaient un glaive court, et les Celtes reconnaissables à leur épée longue, à leur grand bouclier, à leur torque (collier), à leur pantalon... et à leur aspect quelque peu hirsute.

---

again », *Ibidem*, X, 1960, p. 271 et suiv. (en coll. avec W. Gowers), et *The Elephant in the Greek and Roman World*, 1974 (Londres), p. 236-250 ; G. De Beer, *Hannibal*, 1969 (Londres), p. 100-107.

1. A. Rapin, dans S. Moscati, *I Celti,* 1991, p. 321-332.
2. G. Brizzi, « Une Coutume de guerre des Numides », *Bull. de l'École des Hautes Études*, sous presse.
3. Voir, par exemple, Tite-Live, XXII, 44 (et *passim* !).

La marine militaire de « l'empire de la mer » se trouvait alors réduite à sa plus simple expression ; au début du conflit, elle comptait moins de 150 quinquérèmes, dont un tiers environ avait été basé à Carthagène [1]. Il semble que cette situation doive être expliquée d'abord par des raisons économiques, la nécessité de limiter les dépenses, ensuite par la trop grande force de Rome sur mer, et enfin en raison d'un choix délibéré d'Hannibal, qui préférait se battre sur terre, persuadé que, sans une grande victoire en bataille rangée ou sans la prise de Rome, il ne pourrait pas emporter la décision finale. Le lecteur conviendra une fois de plus, du moins nous l'espérons, que cette situation, qui n'était pas nouvelle, n'en présentait pas moins un aspect passablement paradoxal.

Le tableau des forces de Carthage en 218 ne serait pas complet si on oubliait l'essentiel : Hannibal.

L'homme Hannibal

Hannibal, en effet, valait plusieurs légions à lui tout seul.

Le personnage est, bien entendu, controversé [2]. Les auteurs anciens dont nous disposons appartenaient tous au camp romain. Ils sont cependant moins manichéens que ne l'ont écrit certains historiens actuels, et ils ont su lui trouver des qualités. Le célèbre portrait qu'a tracé Tite-Live (XXI, 4, repris en XXVIII, 12) énumère aussi bien les « grandes vertus » que les « vices non moins grands ». Et, s'il commence par les défauts (I, 56-69), le poète Silius Italicus se rattrape par la suite, en faisant le compte des qualités (I, 242-270). Quant à Polybe (relisons donc IX, 7, 24-26), contrairement à ce qui a été dit, notons-le une fois de plus, il accumule les traits défavorables, nous peignant un Hannibal cruel (ô combien !), cupide et impie. Tout au plus envisage-t-il une mauvaise influence de son entourage et un malheureux concours de circonstances pour atténuer ses critiques. Il ne lui

---

1. J. M. Libourel, article cité.
2. Voir bibliographie générale à la fin de cet ouvrage ; en dernier lieu : J. Seibert, *Hannibal*, 1993 (Darmstadt), p. 530-544.

a

b

c

d

e

21. Soldats de l'armée de Carthage
pendant la deuxième guerre punique.
a. Infanterie lourde libyenne.
G. Brizzi, ouvrage cité, fig. n° 9.
b. Cavalerie légère numide et cavalerie lourde libyenne.
G. Brizzi, ouvrage cité, fig. n° 10.
c. Éléphant de combat.
G. Brizzi, ouvrage cité, fig. n° 11.
d. Infanterie lourde celtibérique.
G. Brizzi, ouvrage cité, fig. n° 12.
e. Infanterie celtique.
G. Brizzi, ouvrage cité, fig. n° 16.

reconnaît que d'indéniables talents militaires et politiques (XI, 4, 19 ; XV, 1, 15-16 ; XVIII, 1, et XXIII, 5, 13). Dion Cassius, enfin, brosse lui aussi un tableau très élogieux du personnage (Fragm. 169). Les modernes, eux, ont parfois obéi à leur envie d'exprimer leur sympathie ou leur antipathie ; ils ont le plus souvent, par bonheur, ouvert d'intéressants débats historiques, discutant telle ou telle caractéristique du personnage.

Hannibal, dont le nom signifie « Favori du [dieu] Ba'al [1] », est né en 247, ce qui fait qu'en 218 il avait vingt-neuf ans. À propos de sa vie privée, on sait seulement qu'il aurait épousé une habitante du sud de l'Espagne, appelée Imilikè, qui lui aurait donné un fils [2]. Derrière la forme hellénisée du nom de cette femme, on a voulu, à raison, retrouver une racine sémitique, Himilkat : elle aurait donc été une indigène punicisée, ce qui n'a rien de surprenant. D'autres aspects ont retenu l'attention dans le domaine psychologique. Les Romains ont bien entendu attribué à Hannibal de nombreux défauts. L'accusation de luxure, que n'étayait qu'un seul texte, paraît devoir être rejetée ; d'ailleurs, elle s'inscrit dans le cadre normal du « repos du guerrier [3] ». Ils lui ont également reproché sa cruauté, mais tout le monde devrait savoir que la guerre ne se fait pas avec des fleurs. Il en va de même pour la cupidité ; là encore, il faut se rappeler que la récolte du butin constituait un des objectifs réguliers de ce genre d'entreprise. Hannibal a dû, par nécessité ou par tempérament, se montrer inflexible pour lui-même et pour les autres, en particulier pour ses soldats, ce qui était bien logique [4]. On a relevé qu'il était rusé, et il fallait l'être pour faire ce qu'il a fait.

En ce domaine, c'est dans le recours aux astuces qu'il a mis tout son talent. Les historiens n'ont d'ailleurs pas remarqué que, dans le recueil des *Stratagèmes* compilé par Frontin, Hannibal

---

1. L'hébreu Iohannan, qui a donné Jean en français, traduit la même expression, « Yahvé a favorisé ».
2. Silius Italicus, III, 97, et IV, 775 (mais cet auteur invente souvent des personnages).
3. Lucien, *Dialogues des morts*, XII, 6, défendu par B. Baldwin, « Alexander, Hannibal and Scipio in Lucian », *Emerita*, LVIII, 1990, p. 51-60.
4. Frontin, *Stratagèmes*, IV, 3, 7.

l'emporte largement sur tous ses rivaux avec quarante-cinq mentions. Ses biographies fourmillent d'anecdotes sur ce chapitre. Pour mieux surveiller ses hommes, il s'était fait confectionner une collection de perruques et se promenait déguisé dans le camp [1] ; nous rapporterons plus loin d'autres récits analogues. C'est d'ailleurs ce recours aux stratagèmes qui a, en partie au moins, fondé le thème de la mauvaise foi, de la « perfidie plus que punique [2] », une science en fait grecque, apprise auprès de son maître, Sosylos. Il est bien évident que les Romains se sont fait piéger à plus d'une reprise, qu'ils n'ont guère apprécié cette habileté, et ont excusé par cette injure leur propre maladresse. Le portrait psychologique, on le voit, révèle surtout l'âme d'un militaire. Peut-on aller plus loin, et dire qu'Hannibal entrait dans cette catégorie d'hommes qui ne vivent que pour les batailles, et qu'on appelle pour cette raison des « fous de guerre » ? On l'a écrit. Pour répondre à cette question, il faut replacer le personnage dans son contexte historique : il avait assurément le goût du pouvoir et, pour satisfaire cette ambition, il lui fallait des succès militaires, comme il en fallait d'ailleurs à ses adversaires romains.

La psychologie d'Hannibal apparaît donc surtout comme celle d'un soldat. Dans le portrait intellectuel, cet aspect s'estompe. Était-il intelligent ? Nous le pensons, et le lecteur se fera son idée en pensant à sa culture, à ses choix politiques à la fois clairs et précis, à son habileté de tacticien et à sa réflexion en matière de stratégie. Mais cette qualité a été récemment niée [3] : sa conception du monde aurait manqué d'ampleur, et il n'aurait pas été à la hauteur de son projet. Il y a là des reproches qu'on ne saurait tout à fait négliger : Hannibal aurait été un grand esprit, mais pas un très grand esprit.

Ce grand esprit avait appris le grec, notamment, auprès de son précepteur et ami, Sosylos, et il s'était fait accompagner dans ses

---

1. Polybe, III, 3, 78 ; Tite-Live, XXII, 1 ; Appien, VII, 2, 6.
2. Tite-Live, XXII, 6 ; bel exemple en XXII, 23.
3. B. D. Hoyos, « Hannibal. What Kind of Genius ? », *Greece and Rome*, XXX, 1983, p. 171-180, et « Hannibal's War. Illusions and Ironies », *Anc. Hist. (North Ryde Macq. A.H.A.)*, XIX, 1989, p. 87-93.

campagnes par l'historien Silénos, un autre Grec, qui a écrit des *Exploits d'Hannibal*, hélas perdus. Peut-être ne parlait-il pas parfaitement leur langue : dans ses *Dialogues des morts*, en XII, Lucien lui fait dire que c'est aux Enfers, après son trépas, qu'il s'y est perfectionné. Et, pour s'entretenir avec Scipion (nous le verrons plus loin), il lui fallait un interprète.

De là est parti un vif débat entre historiens : Hannibal était-il hellénisé ? À cette question, G.-Ch. Picard a répondu oui ; il était un prince hellénistique, un *hégémôn*. D'autres ont répondu non [1]. G.-Ch. Picard a très bien posé le problème en écrivant qu'Hannibal était « né dans une Carthage profondément hellénisée [2] ». Le problème qu'il faut aborder en effet est celui de l'hellénisation, non pas du seul Hannibal, mais de toute sa patrie. Or, les influences grecques s'y font sentir dans de nombreux domaines, arrivées par la Sicile ou directement de l'Orient. Elles ont été constatées dans le domaine de la religion (cultes siciliens de Déméter et Korè, traitement des stèles funéraires), de l'architecture et sur les objets manufacturés [3]. On a même pu relever un cas étonnant : des timbres d'amphores puniques ont été écrits en caractères grecs [4]. Et la numismatique confirme cette interprétation : il suffit de consulter n'importe quel catalogue de monnaies

---

1. G.-Ch. Picard, « Hannibal *hegemon* hellénistique », *Riv. Stor. Ant.*, XIII-XIV, 1983-1984, p. 75-81, et « La Religion d'Hannibal », *Rev. Hist. Rel.*, 163, 1963, p. 123-124 ; E. J. Bickerman, « An Oath of Hannibal », *Trans. Proc. Americ. Phil. Assoc.*, LXXV, 1944, p. 187 et suiv., et « Hannibal's Covenant », *Americ. Journal Phil.*, LXXIII, 1952, p. 1 et suiv. ; R. Dussaud et J.-G. Février, « À propos du serment d'Hannibal », *Cahiers de Byrsa*, VI, 1956, p. 13-23.

2. G.-Ch. Picard, *Vie et mort de Carthage*, 1970 (Paris), p. 228. Voir Diodore, XIV, 77, 4-5, et Justin, XX, 5, 13.

3. C. Picard, « Thèmes hellénistiques sur les stèles de Carthage », *Ant. Afr.*, I, 1967, p. 9-30, et « Les Représentations du cycle dionysiaque à Carthage », *Ibidem*, XIV, 1979, p. 83-113 ; I. Hahn, « Die Hellenisierung Karthagos und die punisch-griechischen Beziehungen im 4. Jh. v. u. Z. », *Hellenische Poleis*, II, 1974 (Berlin), p. 841-854 ; A. M. Bisi, « Influenze italiote e siceliote nell'arte punica del Nordafrica in età ellenistica », *Interscambi culturali*, I, 1986, p. 153-180.

4. J.-P. Thuillier, « Timbres amphoriques puniques écrits en caractères grecs », *CEDAC*, Dossier 1, 1982, p. 15-20.

carthaginoises pour s'en convaincre ; l'iconographie y est grecque, même quand les légendes ne le sont pas [1]. Ce phénomène n'a rien d'original. Il s'explique par la large diffusion d'une culture, d'une religion et de modèles intellectuels et esthétiques qui se sont répandus dans tout le bassin méditerranéen, également d'ailleurs en Italie et à Rome où ils ont été bien étudiés [2]. Cette influence a même été si forte qu'elle aurait empêché, selon certains savants, la naissance d'une littérature punique de création [3]. Cet autre problème est lié au précédent. Après la destruction de Carthage, le général romain vainqueur, Scipion, a donné tous les livres qu'il a trouvés dans la ville aux princes numides alliés ; ces ouvrages ont hélas fini par disparaître. Certains d'entre eux, qui présentaient un caractère technique, sont au moins connus par leurs titres. Les autres, qui auraient appartenu à une littérature de création, étaient-ils originaux, ou traduisaient-ils des auteurs grecs ? On ne le saura jamais.

Des chercheurs ont cependant nié l'importance de ce phénomène d'acquisition d'une culture extérieure [4]. Ils ont insisté sur le maintien de la tradition sémitique dans l'architecture et, surtout, dans la religion : quand Polybe parle des dieux d'Hannibal,

---

1. E. Acquaro, « Sui "ritratti barcidi" delle monete puniche », *Riv. Stor. Ant.*, XIII-XIV, 1983-1984, p. 83-86, pense que les monnaies au type d'Héraklès frappées en Sicile au IVe siècle ont une origine tyrienne ; on peut aussi penser à un syncrétisme.

2. G. Dumézil, *La Religion romaine archaïque*, 1974 (Paris), p. 458, met en valeur l'hellénisation de la religion romaine ; P. Grimal, *Le Siècle des Scipions*, 1975 (Paris) ; J.-L. Ferrary, *Philhellénisme et impérialisme*, 1988 (Paris).

3. K. Jongeling, « De verloren vetenschap van Phoeniciers en Carthagers », *Phoenix ex Oriente lux*, XXXV, 1989, p. 649-668, critiqué par Cl. Baurain, « La Place des littératures grecque et punique dans les bibliothèques de Carthage », *L'Ant. Class.*, LXI, 1992, p. 158-177. Voir M. Sznycer, « La Littérature punique », *Archéologie vivante*, I, 2, 1969, p. 141-148, et V. Krings, « Les Lettres grecques à Carthage », *Phoinikeia*, 1991 (Namur), p. 649-668.

4. A. Lézine, « Résistance à l'hellénisme de l'architecture religieuse de Carthage », *Cah. Tun.*, XXVI-XXVII, 1959, p. 247-261 ; G. C. Wagner, « Critical Remarks concerning a supposed Hellenization of Carthage », *Reppal*, II, 1986, p. 357-375.

il leur donne des noms grecs, certes. Mais il suit une mode bien connue et très générale dans l'Antiquité : chaque homme donnait aux dieux étrangers des noms tirés de sa propre langue (l'historien Tacite, des siècles plus tard, a appelé ce phénomène l'*interpretatio romana*). De la sorte, les recherches les plus récentes, auxquelles il faut sans doute se rallier, adoptent une position moyenne : Hannibal n'était ni tout à fait un Sémite ni tout à fait un Grec, avec peut-être un peu plus de Sémite que de Grec [1]. L'âme d'Hannibal était en quelque sorte sémitique au fond, hellénistique en surface ; tout dépend de la profondeur du fond.

Pour sonder le personnage, recourons à l'examen des croyances. Les anciens ont parfois accusé Hannibal d'impiété, reproche dont les modernes ont fait justice [2]. L'étude du serment qu'il a prêté à Philippe V (nous verrons plus loin dans quelles circonstances) montre que les dieux qu'il invoquait étaient en réalité Ba'al Shamim, Tanit, Ba'al Hammon, Eshmun et Melqart ; c'est là l'élite du panthéon de Carthage, un panthéon qui a bien entendu subi des influences grecques, mais qui est resté sémitique [3]. Dans cette liste, Melqart a particulièrement obtenu les faveurs d'Hannibal : comme l'a bien montré G.-Ch. Picard, il est ici assimilé au protecteur des Barcides, Héraklès ou Hercule, dont les travaux et le voyage à travers l'Espagne et la Gaule sont bien connus, et qui était en outre un dieu secourable, bon pour les humains, pour les humbles et les faibles. Ces traits servaient assurément les projets politiques du chef punique ; nous y reviendrons.

On retrouve la même dualité de culture dans le domaine des doctrines militaires. Hannibal suivait des modèles, Pyrrhus, Alexandre le Grand, comme tout le monde serait-on tenté de

---

1. G. Brizzi, *Annibale*, 1984 (Spolète), chap. II-IV, et surtout « Hannibal : Punier und Hellenist », *Altertum*, XXXVII, 1991, p. 201-210.

2. W. Huss, « Hannibal und die Religio », *Studia Phoenicia*, IV, 1986, p. 223-238.

3. P. Xella, « A proposito di un giuramento annibalico », *Oriens antiquus,* X, 1971, p. 189-193 ; M. J. Barré, *The God-List in the Treaty between Hannibal and Philip V of Macedonia*, 1983 (Baltimore) ; F. M. Heichelheim, W. Huss et G.-Ch. Picard, articles cités (« Hannibal *hegemon* » et « La Religion d'Hannibal »).

dire, et aussi Hamilcar et Hasdrubal[1]. Dans le domaine de la tactique, il pensait qu'il valait mieux disposer d'une armée peu nombreuse mais efficace ; il accordait la primauté à la mobilité, et donc à la cavalerie, ce qui était passablement original par rapport aux Grecs et aux Romains de son temps, qui privilégiaient respectivement la phalange et la légion[2], donc l'infanterie lourde. Il appliquait des principes qui sont maintenant bien connus, procédant en deux temps : il enveloppait d'abord l'adversaire, pour le détruire ensuite. À l'instar des grands capitaines de l'époque hellénistique, il inventait sans cesse des stratagèmes, on l'a dit. Il a certainement atteint un niveau d'excellence dans cette discipline. Nous en verrons des exemples. Il semble en outre que sa stratégie ait bien existé, et qu'elle ait visé à provoquer un « effet boule de neige » : Carthage dominant l'Afrique et le sud de la péninsule ibérique, il espérait entraîner dans sa marche les peuples gaulois, de Transalpine et de Cisalpine, puis les Italiens, pour enfin écraser Rome sous le poids de cette énorme coalition[3].

Le soulèvement attendu en Italie n'était pas celui de tous les Italiens, mais seulement des éléments populaires opposés à l'aristocratie que soutenait Rome. Cette situation est bien connue, notamment à Capoue et à Tarente. Hannibal n'envisageait cependant pas d'apporter l'indépendance à ces cités. La liberté dont il a parlé, c'était l'autonomie interne assortie d'une indépendance à l'égard de Rome, mais pas forcément de Carthage. Il ne faudrait donc pas faire d'Hannibal un démocrate de je ne sais quel style, ou un militant de la lutte anticolonialiste modèle 1960, le Che Guevara de l'Antiquité. Il n'a pas mené une « guerre de libération de l'Italie[4] », projet qui eût été parfaitement anachronique. En réalité, Hannibal avait élaboré un programme vaste, structuré et

---

1. J. Seibert, ouvrage cité, p. 541 et suiv. ; Appien, VII, 2, 13, ne doute pas du génie militaire d'Hannibal.

2. Alexandre le Grand avait beaucoup utilisé la cavalerie ; ses leçons avaient été oubliées : G. Brizzi, « *Magnesia* », dans *Carcopino*, 1989, p. 152 et suiv.

3. Projet mentionné par Tite-Live, XXI, 35. Voir R. Urban, « Die Kelten in Gallien und Italien bei Polybios », *Hellenistische Studien, Gedenkschr. H. Bengtson*, édit. J. Seibert, 1991 (Munich), p. 135-157.

4. J.-P. Brisson, *Carthage ou Rome ?* 1977, a écrit là-dessus des pages bien amusantes (202, 204 et 234).

cohérent, mais de son temps. À Carthage même, avons-nous dit, existait un « parti barcide » ; ce n'était pas un parti au sens où nous entendons ce mot en notre fin de XXe siècle, mais une coalition de personnes opposées aux principes aristocratiques défendus par Hannon le Grand et favorables à la plèbe, à laquelle elle suggérait de se choisir un chef [1]. Hannibal s'appuyait sur ce mouvement, et sur les mouvements analogues existant en Italie. Par cet engagement, il se comportait en chef de la « révolution barcide » (l'expression est de G.-Ch. Picard). Mais ni roi de Macédoine, ni capitaine de grande compagnie, il était un général au service de Carthage. Certes, plusieurs facteurs lui ont permis d'acquérir une large autonomie qui, insensiblement, a fini par ressembler à une dérive monarchique : l'appui du peuple, une personnalité exceptionnelle, la distance qui le séparait de Carthage, et enfin l'état de guerre, ont fait évoluer son autorité dans ce sens. Mais toujours, et Lucien l'a noté (*Dialogues des morts*, XII), il a obéi aux ordres venus de sa métropole.

À ce premier point, il faut en ajouter un autre. Il plaçait la patrie au premier rang de ses préoccupations, sans pour autant donner dans un « nationalisme » tout aussi anachronique [2]. Ses projets, notons-le, n'étaient pas sans exemples dans le monde hellénistique. L'amour pour Carthage entraînait la haine pour Rome. Nous avons déjà mentionné le serment qu'Hamilcar aurait fait prêter à Hannibal de toujours haïr la cité rivale, de toujours lui nuire [3]. L'anecdote a peut-être été inventée. Elle traduit

---

1. H. R. Baldus, « Eine "hannibalische" Tanit ? », *Chiron*, XVIII, 1988, p. 1-14, met en rapport une monnaie de Carthage au type de Tanit avec l'idéologie de ce mouvement ; G.-Ch. Picard, article cité (« Hannibal *hegemon* ») a mis en valeur les tendances monarchistes du personnage ; même point de vue, mais à propos de mesures prises en 196, dans T. Kotula, « Les Prétendues Réformes démocratiques d'Hannibal à Carthage [en pol., résumé en lat.] », *Eos*, LVII, 1967-1968, p. 272-281, et « Hannibal-Sufet und seine vermeintlich demokratische Reforme in Karthago », *Riv. Stor. Ant.*, XIII-XIV, 1983-1984, p. 87-101.

2. P. Xella, article cité (« Giuramento ») ; G. Brizzi, *Carcopino*, 1989, p. 35 et 49. La numismatique appuie cette thèse : G. K. Jenkins, « Some Coins of Hannibal's Time », *Studi L. Breglia*, I, 1987, p. 215-234.

3. Tite-Live, XXI, 1 ; Cornelius Nepos, *Hann.*, II ; Silius Italicus, I, 114-119.

cependant bien la réalité. Hannibal avait donc élaboré un projet complexe et cohérent, où les politiques intérieure et extérieure se complétaient : pour Carthage, avec le peuple, et contre Rome.

Si la personnalité et les idées d'Hannibal ont permis à la critique de se diviser, son portrait physique n'a pas non plus fait l'unanimité. G.-Ch. Picard pense que le personnage est représenté d'une part sur des monnaies frappées dans la péninsule ibérique en 221-219 qui le montrent avec les attributs d'Hercule, d'autre part par trois bustes conservés à Madrid, Copenhague et Rabat [1]. L'intérêt de ce dernier, trouvé à Volubilis, est qu'il porte un diadème de roi hellénistique. On voit tout ce que cette identification apporterait pour comprendre les idées politiques du chef punique. Toutefois, un vent de critique s'est levé [2] : le portrait de Volubilis représenterait un roi de Maurétanie bien postérieur, Juba II, mort en 23 après J.-C., ou son fils et successeur Ptolémée. Quant aux monnaies, elles reprendraient un type bien antérieur aux Barcides, et porteraient simplement le visage de Melqart. Un des derniers commentateurs, G. Hafner, admet cependant l'attribution à Hannibal du buste de Madrid.

3. *L'odyssée punique*

Le personnage aurait sans aucun doute mérité de plus amples développements ; il se révèle également, et peut-être davantage,

---

1. A. Beltrán, « Los Bustos de Anibal en las monedas púnicas », *Actas del I Congr. Arq. del Levante, Acuñaciones punicas de Cartagena, Congr. Arq. del Sudeste español*, 1948 (Carthagène), p. 224-238 ; E. S. G. Robinson, dans *Essays on Roman Coinage presented to H. Mattingly,* 1956 (Oxford), p. 34-53 ; G.-Ch. Picard, « Le Problème du portrait d'Hannibal », *Karthago*, XII, 1963-1964, p. 31-41, « Le Portrait d'Hannibal », *Studi Annibalici*, 1964 (Crotone), p. 195-207 (voir F. Cassola, « Il Diadema di Annibale », *Ibidem*, p. 191-194), et *Vie et mort de Carthage*, 1970, p. 227.

2. G. Hafner, « Das Bildnis des Masinissa », *Archäol. Anzeiger*, 1970, 3, p. 412-421, et « Das Bildnis Hannibals », *Madrider Mitteilungen*, XIV, 1973, p. 143-150, pl. 17-20 ; E. Acquaro, article cité (« ritratti barcidi »).

22. Bustes attribués à Hannibal.
a. Musée archéologique de Rabat.
b. Musée du Prado, Madrid.

à travers ses actes. Et ses premières entreprises firent à Rome l'effet d'un coup de tonnerre dans un ciel serein : on lui doit, pour commencer, un modèle de guerre éclair, de « guerra lampo » pour reprendre l'expression de G. Brizzi [1]. En cinq mois, il parcourut mille cinq cents kilomètres. « Quand on examine bien, écrivit Montesquieu, cette foule d'obstacles qui se présentèrent devant Annibal et que cet homme extraordinaire surmonta tous, on a le plus beau spectacle que nous ait fourni l'Antiquité. » Et le décor fut aussi superbe.

Le Blitzkrieg d'Hannibal

Après la chute de Sagonte, et surtout après l'accueil réservé par le Sénat de Carthage aux ambassadeurs de Rome, il était devenu évident qu'il fallait préparer la guerre. Il est trop facile, a poste-

---

1. G. Brizzi, *Annibale*, 1984, p. 14.

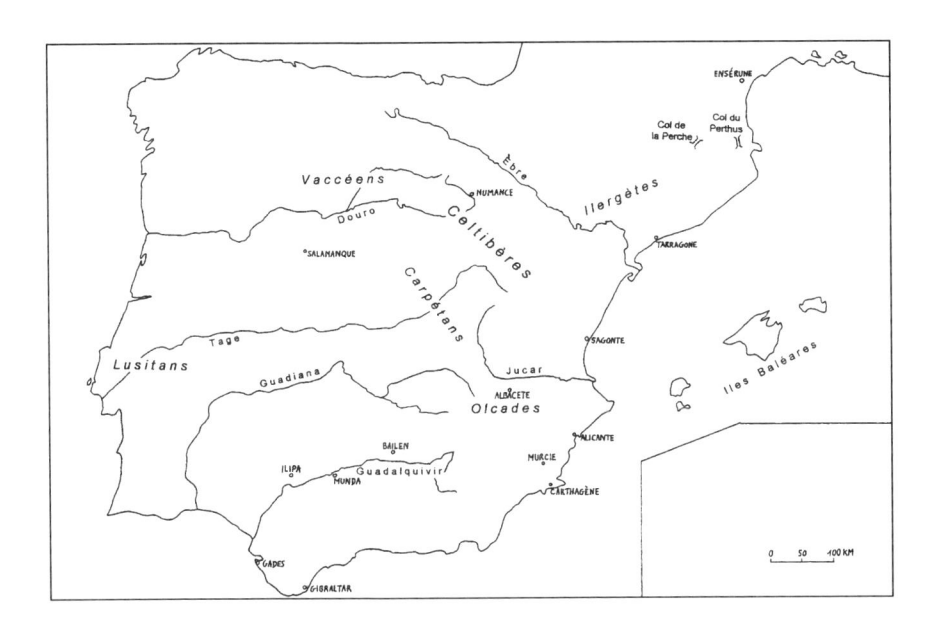

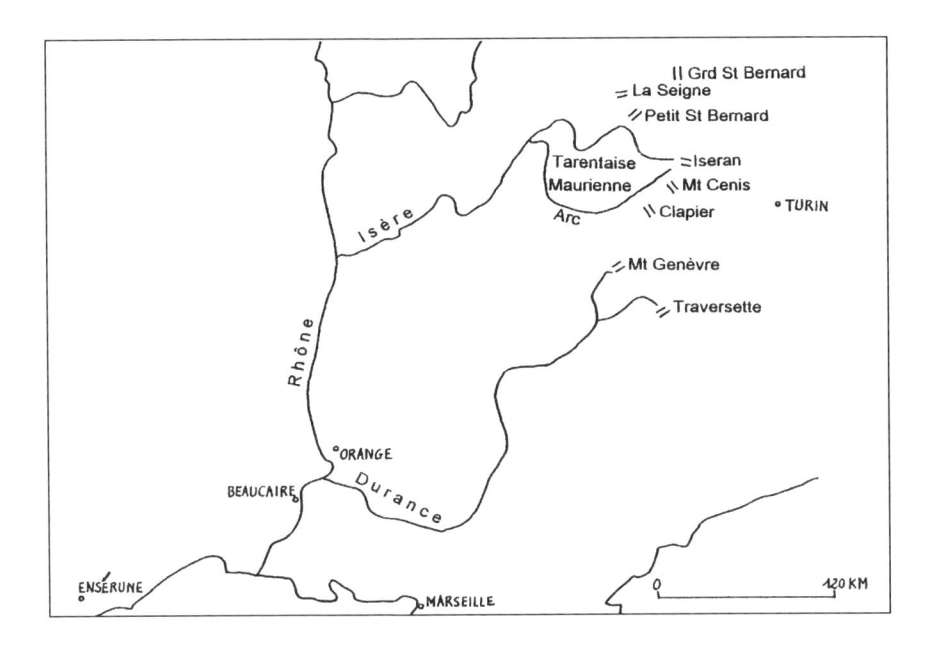

23. L'odyssée d'Hannibal, de Carthagène à Turin.
Cartes de l'auteur.

riori, de formuler des critiques. Les consuls, Tibérius Sempronius Longus et Publius Cornelius Scipion, le père du futur Africain, firent leur devoir. Ils élaborèrent un plan qui valait mieux qu'on n'a dit. On pouvait en effet penser, logiquement, qu'Hannibal attaquerait l'Italie et garderait la péninsule ibérique comme réservoir d'hommes et de richesses. Il était en outre bien clair que Carthage le soutenait. Le choix se porta sur deux opérations simultanées et combinées mer-terre. Scipion, avec deux légions, devait partir de Pise pour les Espagnes et couper Hannibal de ses sources d'approvisionnement. Sempronius fut envoyé en Sicile ; il devait reprendre, avec plus de succès, on l'espérait, la stratégie d'Agathocle et de Régulus : débarquer en Afrique pour y mener la guerre contre le cœur même du dispositif ennemi, contre Carthage. Ce n'était point sot ; l'affaire s'engagea fort bien, avec la prise de Malte. Mais l'ennemi s'appelait Hannibal [1].

Hannibal, lui, était donc revenu à Carthagène. De là, il se rendit à Gadès où se trouvait un grand sanctuaire de Melqart [2], son dieu de prédilection pour les raisons déjà dites. Puis il fit ses adieux à Imilikè, préférant faire la guerre que l'amour, comme le dit à peu près Silius Italicus (III, 158-159).

À Carthagène donc, il avait rassemblé 102 000 soldats, soit 90 000 fantassins et 12 000 cavaliers, qu'accompagnaient 37 éléphants [3]. Il laissa 20 000 hommes à son frère Hasdrubal, avec mission de gouverner la partie méridionale de la Péninsule, c'est-à-dire l'ancien domaine des Barcides, et il partit au mois de mai. En franchissant l'Èbre, il rompait le traité [4] ; nul ne peut dire le contraire. Les historiens se sont parfois étonnés qu'il ait fait choix de la voie terrestre et non maritime. Les raisons ne manquaient pourtant pas. C'était d'abord une décision politique : il partait par la route d'Héraklès, si on en croit Cornelius Nepos (*Hann.*, III), traversant l'Espagne et la Gaule [5]. Nous verrons

---

1. T. Schmitt, *Hannibals Siegeszug, Quellen und Fors. zur Ant. Welt,* X, 1991 (Munich), compare Tite-Live et Polybe.
2. D'après le poète Silius Italicus, III, 1-15.
3. Polybe, III, 2, 35.
4. Tite-Live, XXI, 23 ; Appien, VII, 1.
5. J. Blánquez Pérez, « La Vía Heraklea y el camino de Anibal », *Simposio sobre la red viaria en la Hispania romana*, 1990 (Saragosse), p. 65-76,

qu'il s'en est parfois éloigné : le parallèle a ses limites. Cependant, par là, il s'inscrivait surtout dans la tradition d'Alexandre, premier modèle du général explorateur par son voyage aux Indes. Des raisons militaires intervenaient également. Son infériorité navale ne lui permettait pas un autre choix, et en outre il évitait Scipion ; une rencontre en Gaule eût été prématurée. Bien sûr, c'était toujours la même situation paradoxale qui se poursuivait. Hannibal traversa avec son armée, semble-t-il, les provinces de Murcie, d'Alicante et d'Albacete. Il dut guerroyer à nouveau contre les indigènes et, pour assurer la sécurité de ses communications, il laissa à Hannon une deuxième armée, de 10 000 fantassins et 1 000 cavaliers pour surveiller cette région.

Arrivé au pied des Pyrénées, il ne lui restait plus, outre les 37 pachydermes, que 60 000 fantassins et 11 000 cavaliers. Les historiens, une fois de plus, se partagent sur un point de géographie : où a-t-il franchi la montagne ? La plupart pensent qu'il évita le littoral [1] et font confiance à Polybe qui indique que l'armée punique dut franchir un col, soit le col de la Perche soit le Perthus [2] : sur ce lieu également l'accord ne se fait pas, et les sources ne donnent pas assez de précisions pour qu'il soit possible de trancher. On remarquera, de toute façon, qu'il s'éloignait de la voie d'Héraklès, qui est plus proche du littoral. Le voyage en Languedoc se fit sans trop de difficultés. L'hypothèse qu'Hannibal y aurait laissé des garnisons, en particulier à Ensérune, a pour elle la logique [3] : il aurait agi ici comme dans les Espagnes. Cette présence n'est cependant pas prouvée par les trouvailles de monnaies puniques qui ont été faites dans cette

---

et R. Dion, « La Voie héracléenne et l'itinéraire transalpin d'Hannibal », *Homm. A. Grenier, Coll. Latomus*, LVIII, 1962 (voir *Annuaire du Coll. de France*, 1959, p. 487).

1. D. Proctor, *Hannibal's march in History*, 1971 (Oxford), le croit.
2. Polybe, III, 2, 40 (voir III, 2, 35) ; Silius Italicus, III, 415-416 ; P. Bosch Gimpera, *Rev. Ét. Lat.*, XXXIX, 1961, p. 33-34 (Perthus) ; J. Martínez Gázquez, « Sobre Aníbal y su paso por los Pireneos », *Faventia*, III, 1981, p. 223-226 (Perche). Voir en dernier lieu, N. Santos Yanguas, « El Paso de Aníbal por los Pireneos », *Memorias de Historia Antigua*, X, 1989, p. 125-140.
3. G.-Ch. Picard, *Hannibal*, 1967 (Paris), p. 165.

région ; ces pièces peuvent avoir été apportées plus tard, notamment par des soldats de l'armée romaine qui avaient participé à des opérations en Afrique [1]. L'armée punique atteignit le Rhône en août, plutôt vers Orange qu'à Beaucaire : Polybe dit qu'elle avait parcouru en moyenne quinze kilomètres par jour, et qu'elle arriva au fleuve à quatre jours de marche de la mer (III, 2, 42). En outre, elle n'avait pas intérêt à s'engager dans le delta du Rhône. C'est là que les premières difficultés se présentèrent. Il n'était pas facile de faire traverser un cours d'eau pareil à une multitude pareille [2]. Les officiers trouvèrent des barques pour les hommes, et les chevaux suivraient à la nage. Pour les éléphants, circule une histoire curieuse : ils auraient eu peur de traverser, et Hannibal, à qui personne ne ménage le génie, aurait fait construire des radeaux couverts de terre et d'herbe. Pourtant, ces animaux savent nager, et on le vit bien quand plusieurs d'entre eux tombèrent à l'eau. Ils s'en sortirent sans peine, abordèrent [3] et, « Dressant sur le ciel rouge un triple rang de trompes, / Les éléphants / saluèrent les Alpes d'un furieux barrit » (Hérédia). Ceux qui se noyèrent, ce furent des cornacs.

Un autre obstacle que la largeur du cours d'eau s'opposait à la marche de l'armée punique, et Hannibal manifesta de nouveau un peu de son savoir-faire [4]. Un parti de Gaulois avait pris position sur la rive gauche et montrait son intention de s'opposer au franchissement du fleuve. Un détachement punique alla discrètement vers le nord, avec ordre de traverser à un endroit plus paisible, de revenir vers le sud, et d'attaquer l'ennemi au moment où les premières barques seraient près d'aborder. La manœuvre combinée fut parfaitement exécutée ; les Gaulois, assaillis à la fois par l'est et par le nord, refluèrent en subissant de lourdes pertes.

Les Celtes ne furent pas les seuls à pouvoir apprécier les talents du général carthaginois. Le consul Scipion, qui était parti

---

1. J.-B. Colbert de Beaulieu, « L'Expansion punique après la destruction de Carthage », *Cahiers Numism.*, XXXVI, 1973, p. 39-42.

2. Polybe, III, 2, 42-45 ; Tite-Live, XXI, 26-28.

3. Polybe, III, 2, 46 ; S. O'Bryhim, « Hannibal's Elephants and the Crossing of the Rhône », *Class. Quart.*, XLI, 1991, p. 121-125.

4. Tite-Live, XXI, 28.

pour le combattre en Espagne, apprit en arrivant à hauteur de Marseille que son adversaire se préparait à traverser le Rhône. Il partit à marche forcée vers le nord, et son avant-garde bouscula une troupe de 500 cavaliers numides. Il s'imagina qu'il venait de remporter un succès, et qu'il avait fait fuir son ennemi. Double erreur. Hannibal pensait à deux moyens pour frapper davantage les esprits. Traverser la montagne, un milieu hostile, n'était pas sans mérite, et il avait choisi son champ de bataille : l'Italie.

La traversée des Alpes par Hannibal [1] a été souvent comparée à celle de Bonaparte. Il existe une différence : nous ignorons par où passa l'armée de Carthage. Il faut prévenir le lecteur, et le rassurer : si un été, en vacances dans les Alpes, il croise un homme et un éléphant, qu'il ne s'imagine pas avoir la berlue. Il aura sans doute croisé quelque Anglais original parti à la recherche de cette route [2]. Ce genre d'expérience se produit de temps à autre, et ne présente au demeurant aucun intérêt scientifique. Les textes, eux non plus, ne sont d'aucun secours en raison de leur imprécision en matière de topographie : les auteurs anciens savaient que leur public, ignorant la géographie des Alpes, se souciait peu de savoir quel col avait été emprunté. Il n'en reste pas moins que les modernes ont élaboré plusieurs théories mal étayées par une effarante quantité de publications : plus de trois cent cinquante titres pour si peu de résultats !

Commençons par le commencement. Après la traversée du Rhône, Hannibal avait le choix entre la voie de la Durance, qui le mettait à portée de Scipion, et la route de l'Isère, mentionnée par plusieurs auteurs (Polybe, pour une fois, sème la confusion en parlant d'un fleuve, Skaras ou Skoras, non identifié). Engagé

---

1. C. Jullian, *Histoire de la Gaule*, I, 1908 (Paris), p. 40, n. 7 (sensé). Voir Silius Italicus, III, 512-515 ; A. Bourgery, « Tite-Live et le passage des Alpes par Hannibal », *Rev. Phil.*, XII, 1938, p. 120-132 ; E. Meyer, « Hannibals Alpenübergang », *Mus. Helvet.*, XV, 1958, p. 227-241 ; J. Prieur, « L'Épopée d'Hannibal à travers les Alpes », *Archeologia*, 121, 1978, p. 59-63 ; J. Seibert, « Die Alpenüberquerung Hannibals », *Antike Welt,* XVII, 4, 1986, p. 44-54, et « Der Alpenübergang Hannibals », *Gymnasium*, XCV, 1988, p. 21-73 (problème insoluble).
2. G. De Beer, *Alps and elephants*, 1955 (Londres) ; W. Zeuner, « Elephant over the Alps », *Illustrated London News*, 269, 11, 1981, p. 59-61.

dans cet itinéraire septentrional, il avait de nouveau le choix, entre la Tarentaise, le cours supérieur de l'Isère, et la Maurienne, la vallée de l'Arc. Parmi les cols qui ont excité l'imagination des curieux, et qui sont plus ou moins dignes de considération pour notre propos, il faut peut-être éliminer la Seigne, le Grand et le Petit-Saint-Bernard, trop septentrionaux. La Durance, option peu probable à notre avis, mène au col du mont Genèvre et, par la vallée du Guil, au col de la Traversette. À partir de la Tarentaise, on atteint l'Iseran. La Maurienne donne accès au Clapier, au Mont-Cenis et au petit Mont-Cenis, qui a le plus de faveur auprès des érudits actuels [1].

Quoi qu'il en soit, à la fin octobre, Hannibal campait sur les hauteurs. Il avait, comme dit Silius Italicus, « installé la Libye au sommet des Alpes » (III, 563). Ce fut au prix de réelles difficultés : il fallait lutter à la fois contre les indigènes, contre la neige et contre les amas de rochers. Tite-Live (XXI, 37), Appien (VII, 1) et Juvénal (X, 153) disent que, pour franchir des éboulis, Hannibal avait fait verser du vinaigre sur des roches préalablement calcinées. Silius Italicus (III, 638-644) et Orose (IV, 14, 4), pour leur part, confirment bien la combustion mais passent sous silence la dissolution. Des historiens du dimanche ont essayé de renouveler l'expérience. Sans résultats. Des chimistes, consultés, nous ont dit que le procédé pouvait réussir à deux conditions : qu'on utilise beaucoup de vinaigre, et que ce soit sur du calcaire ou, mieux, sur de la craie. On ne voit cependant pas pourquoi l'armée punique aurait emporté de grandes quantités de ce liquide. On peut supposer que, si cette anecdote est vraie, les soldats ont seulement provoqué un éboulement en s'attaquant à la base d'un amoncellement. Les historiens actuels pensent d'ailleurs que les difficultés ont été amplifiées par des auteurs en mal de sensationnel : ils remarquent qu'avant son départ, Hannibal

---

1. E. Meyer, cité (Clapier) ; F. W. Walbank, « Some Reflections on Hannibal's Pass », *Journal of Rom. St.,* XLVI, 1956, p. 37-45 (Mont-Cenis) ; M.-A. de Lavis-Trafford, *Le Col alpin franchi par Hannibal*, 1958 (Saint-Jean-de-Maurienne) : petit Mont-Cenis ; F. Benoît, *Actes du VIIe Congr. G. Budé*, 1964, p. 380 (Mont Genèvre) ; F. Landucci Gattinoni, « Annibale sulle Alpi », *Aevum*, LVIII, 1984, p. 38-44 (La Seigne).

avait pris des informations, reçu des Gaulois et envoyé des ambassadeurs. Il avait aussi contracté des alliances. En un mot, il savait ce qu'il faisait : il avait planifié son voyage et organisé sa logistique [1].

La descente vers Turin se fit au déboulé. Quand la population de Rome apprit la nouvelle, dit Polybe (III, 2, 61), elle fut partagée entre l'admiration et la stupeur, une stupeur qui confinait à la crainte. Une seule nouvelle paraissait quelque peu rassurante : les effectifs d'Hannibal avaient fondu au point d'être devenus squelettiques. Il ne disposait plus que de 26 000 hommes, soit 6 000 cavaliers et 20 000 fantassins, Africains (12 000) et Ibères (8 000), auxquels il convenait d'ajouter 21 éléphants. Ces pertes s'expliquent sans doute par des accidents de montagne, par des combats contre des indigènes, et surtout par l'abandon de garnisons en cours de route. Un spectacle fut offert aux survivants, un combat à mort entre des prisonniers gaulois. Des vêtements splendides et des chevaux étaient promis au vainqueur, la mort au vaincu. Ce spectacle avait un but pédagogique, montrer aux soldats ce qui les attendait : s'enrichir ou mourir [2].

Les Romains eussent été moins tranquilles s'ils avaient su que certaines des espérances d'Hannibal étaient en train de se concrétiser. L'évolution de la situation en Italie, par exemple, pouvait lui donner des raisons de se réjouir. Capoue, « la cité opulente entre toutes [3] », s'opposait de plus en plus à Rome. Dans le domaine économique, la concurrence entre les deux capitales se faisait chaque jour plus âpre. Du point de vue politique, une nouvelle situation se créait, qui ne saurait être négligée. Rome restait un bastion de l'aristocratie et le rempart de tous les pouvoirs oligarchiques dans la péninsule (fait exceptionnel dans l'histoire de la Méditerranée hellénistique, cette cité n'a jamais connu la démocratie, dont elle n'a ressenti au plus que

---

1. G. Brizzi, *Annibale*, 1984, p. 24 ; J. Seibert, « Zur Logistik des Hannibal-Feldzuges : Nachschub über die Alpen », *Punic Wars,* 1989, p. 213-221.
2. Polybe, III, 2, 62-63 ; Tite-Live, XXI, 42 ; J.-P. Brisson, ouvrage cité, p. 170.
3. Polybe, III, 3, 91.

la tentation, et elle est passée à la monarchie, sans transition, en 31 avant J.-C.). Or, dans certaines villes d'Italie, un mouvement populaire, et donc antiromain, prenait son essor. À Capoue, précisément, il était animé par Pacuvius Calavius et Virrius, deux notables aisés, ce qui ne doit pas surprendre : ce n'est pas la première fois, dans l'histoire de l'humanité, que des riches se posent en défenseurs des pauvres. Depuis, d'autres exemples se sont présentés ; de nos jours, on appelle cette attitude du « populisme ». Du côté des Gaulois, la situation ne paraissait pas moins favorable. Irrités par l'installation de colonies à Crémone et Plaisance, ennemis des Romains de toute éternité, Boïens et Insubres s'étaient mis sur le pied de guerre dès qu'Hannibal avait entrepris sa marche. Ils attaquèrent les deux cités honnies, et refoulèrent leurs habitants dans Modène [1]. Une incertitude subsistait cependant : Hannibal ignorait quelle proportion de Celtes et d'Italiens le suivrait.

La stratégie de Rome : un échec ?

De nombreux historiens, comme André Piganiol, ont écrit que le raid d'Hannibal, de Carthagène à Turin, avait mis en échec la stratégie de Rome. Ils ont à moitié tort. Ou à moitié raison.

Sempronius avait donc été envoyé en Sicile pour, de là, frapper Carthage [2]. Il avait concentré des troupes et 160 quinquérèmes à Lilybée. À la nouvelle de l'irruption d'Hannibal, il fut rappelé ; il licencia ses hommes et leur donna rendez-vous à Rimini. Il passait de l'offensive à la défensive.

Mais le projet visant la péninsule ibérique fut maintenu, preuve d'une belle confiance en soi. Publius Scipion prit donc la mer. Arrivé à Marseille [3], il entendit des bruits alarmants sur l'attitude des Volques qui occupaient l'actuel Languedoc, où, apprit-il, se trouvait Hannibal, comme nous l'avons dit. Après une vaine tentative à sa poursuite, il rentra en Italie, où avait

---

1. Polybe, III, 2, 40 ; Tite-Live, XXI, 25.
2. Polybe, III, 2, 61 ; Tite-Live, XXI, 17.
3. Polybe, III, 2, 41.

éclaté une révolte des Gaulois ; il reçut deux nouvelles légions pour la réprimer [1]. Fait exceptionnel dans l'histoire de Rome, en 218, six légions à la fois se trouvaient sur pied. À l'automne, Cneius Scipion, frère de Publius, prit le chemin de la péninsule ibérique pour se mettre à la tête des deux légions que Publius aurait dû y conduire [2]. Dès 218, il battit Hannon et Indibilis, roi des Ilergètes, un peuple indigène qui, du coup, passa dans le camp de Rome. Il prit Tarragone pour capitale, et c'est sans doute lui qui en fit construire le rempart [3]. En 217, Publius, qui avait croisé le fer avec Hannibal (nous y reviendrons), accompagna de nouvelles troupes pour le renforcer. Avant même leur arrivée, Cneius avait remporté une victoire navale aux bouches de l'Èbre. Un papyrus, qui par bonheur porte un texte de l'historien procarthaginois Sosylos, attribue le mérite de ce succès à une habile manœuvre de marins marseillais, alliés de Rome (l'historien allemand U. Wilcken, il est vrai, pensait que l'épisode décrit par ce document s'était sans doute déroulé plus tard, en 208 ou 207 [4]). L'armée romaine vint camper à neuf kilomètres au nord de Sagonte [5]. À la fin de 217, tout le pays situé au nord de l'Èbre était passé sous le contrôle de Rome. Pour Hannibal, la route de l'Andalousie était coupée.

4. *Les quatre glorieuses d'Hannibal*

Entre la fin de 218 et le milieu de 216, Hannibal remporta quatre victoires qui le couvrirent de gloire, dans un crescendo de

---

1. Polybe, III, 2, 61.
2. Appien, VI, 3 ; C. H. V. Sutherland, *The Romans in Spain*, 1939 (Londres).
3. J. Serra Vilaró, « La Muralla de Tarragona », *Archivo Esp. de Arq.*, 1949, p. 221-236 (Pline l'Ancien, III, 21 : « Tarragone, œuvre des Scipions ») ; N. Lamboglia, *Rev. d'Ét. Lig.*, 1958, p. 154.
4. Références : bibliographie à la fin de cet ouvrage.
5. A. Schulten, « Ein römisches Lager aus dem Zweiten Punischen Kriege », *Philol. Wochenschr.*, XLVIII, 1928, p. 221 et suiv.

génie ou au moins de talent. Le dernier de ces succès est resté pendant longtemps un morceau d'anthologie dans les écoles de guerre, à l'instar d'Austerlitz.

L'Italie de 218

L'Italie, limitée par 6 000 km de côtes, n'a pas de frontières naturelles au nord en 218 [1]. Allongée sur 600 km, pour une largeur de 150 à 200 km, elle possède une ossature formée par une montagne jeune, les Apennins, surtout calcaires, avec des pics élevés (Gran Sasso : 2 921 m), des volcans et des reliefs ravinés. Ils dessinent un bourrelet en arc de cercle, qui prend sa racine près de Gênes, au nord, et aboutit près de Reggio de Calabre au sud. Ils enserrent trois bassins, l'Étrurie, le Latium et la Campanie, où se sont développées les trois aires de civilisation de l'Italie. Le reste du pays est occupé par des plaines littorales ou des plateaux calcaires. La population, assurément mélangée, l'était peut-être moins qu'il n'y paraît. Au nord, vivaient des Gaulois, derniers venus, et les Étrusques, peuple de vieille culture, dont l'origine reste encore discutée (il s'agit sans doute d'indigènes qui ont subi de fortes influences orientales). Au sud, dans les ports qui vont de Tarente à Naples, on trouvait des Grecs (c'était la Grande-Grèce). Au centre, formant la majorité, les peuples italiques étaient divisés en Picentins, Ombriens, Sabins, Latins, Samnites, Campaniens, Lucaniens, Apuliens et Bruttiens, pour l'essentiel. Les Romains, comme on sait, appartenaient au peuple des Latins, qui occupait le Latium.

C'est dans ce cadre somptueux que se sont déroulées quatre des plus grandes batailles de l'histoire.

---

1. A. J. Toynbee, *Hannibal's Legacy*, I, 1965, p. 281 ; G. Brizzi, « L'Appenino e le due Italie », *Cispadana e letteratura antica,* 1987 (Bologne), p. 27-72.

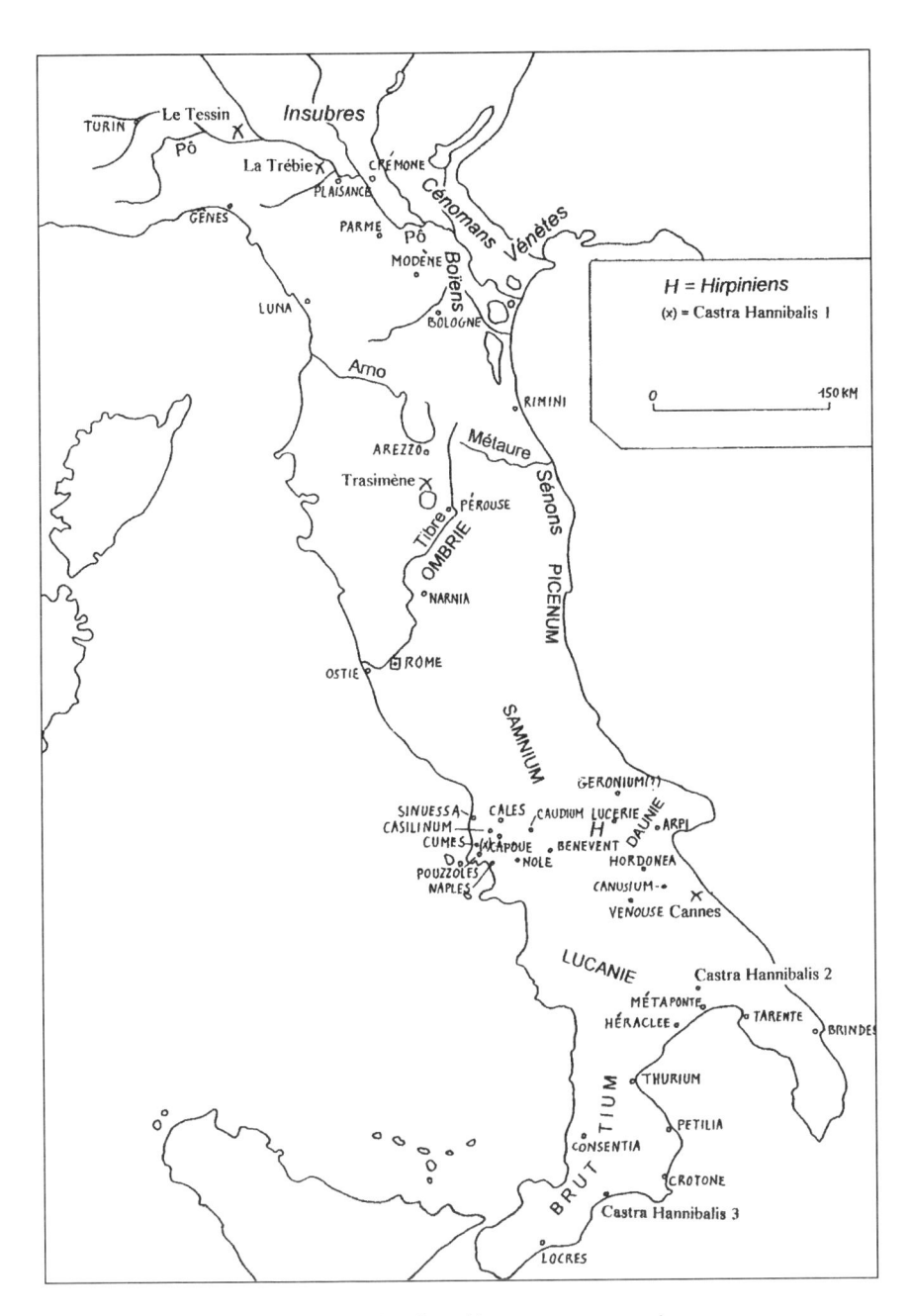

24. L'Italie de la deuxième guerre punique.
Carte de l'auteur.

Le Tessin

À vrai dire, l'importance de la première rencontre, au Tessin [1], a été discutée. Hannibal, selon Polybe (XV, 1, 11), ne la comptait pas au nombre de ses grandes victoires, et certains historiens en font une simple escarmouche. En fait, elle fut plus que cela ; elle fut, pour Rome, une vraie défaite [2].

Contrairement aux usages, Hannibal partit pour la guerre à l'approche de l'hiver, et il se dirigea vers le sud. Il avait, dans des proportions importantes, renforcé son armée de Gaulois. Scipion, qui venait de Plaisance, traversa le Pô, puis le Tessin. Il était accompagné de son fils homonyme, qui s'est illustré dans la suite des événements, et des deux légions qui avaient été préposées à la surveillance des Boïens et des Insubres. La rencontre eut lieu non loin de l'actuel Lomello [3], et ne saurait être réduite au combat de deux avant-gardes, comme on l'a fait, même si la totalité des effectifs disponibles de chaque côté ne fut pas engagée.

En effet, dès qu'elles se trouvèrent face à face, les avant-gardes s'affrontèrent sans attendre l'arrivée des troupes qui suivaient. L'infanterie légère de Scipion marchait en tête de l'armée. Bousculée par les troupes d'Hannibal, elle se replia ; dans le même temps, la cavalerie numide, aux deux ailes, effectuait un mouvement enveloppant. Se voyant pris au piège, les Romains reculèrent. Ce qui pouvait n'être qu'une retraite se transforma en désastre par l'addition de deux facteurs : le pont de bateaux qui se trouvait sur la Trébie fut emporté par le gonflement inattendu des eaux, et Scipion reçut une sérieuse blessure.

Parmi les conséquences de cette victoire, Hannibal attendait un renforcement du parti philocarthaginois en Cisalpine. De fait, les Sénons se joignirent à la révolte, et les *socii* gaulois

---

1. Polybe, III, 2, 65-67 ; Tite-Live, XXI, 46-48 ; Cornelius Nepos, *Hann.*, IV ; Silius Italicus, IV, 88-479 ; Appien, VII, 2-5.
2. Silius Italicus, curieusement, compte tantôt trois victoires d'Hannibal, sans le Tessin, tantôt quatre. Dans le même sens : Polybe, III, 3, 90. Ce fut « un peu plus qu'une simple escarmouche » pour G. Brizzi, *Annibale*, 1984, p. 142.
3. G. Brizzi, passage cité.

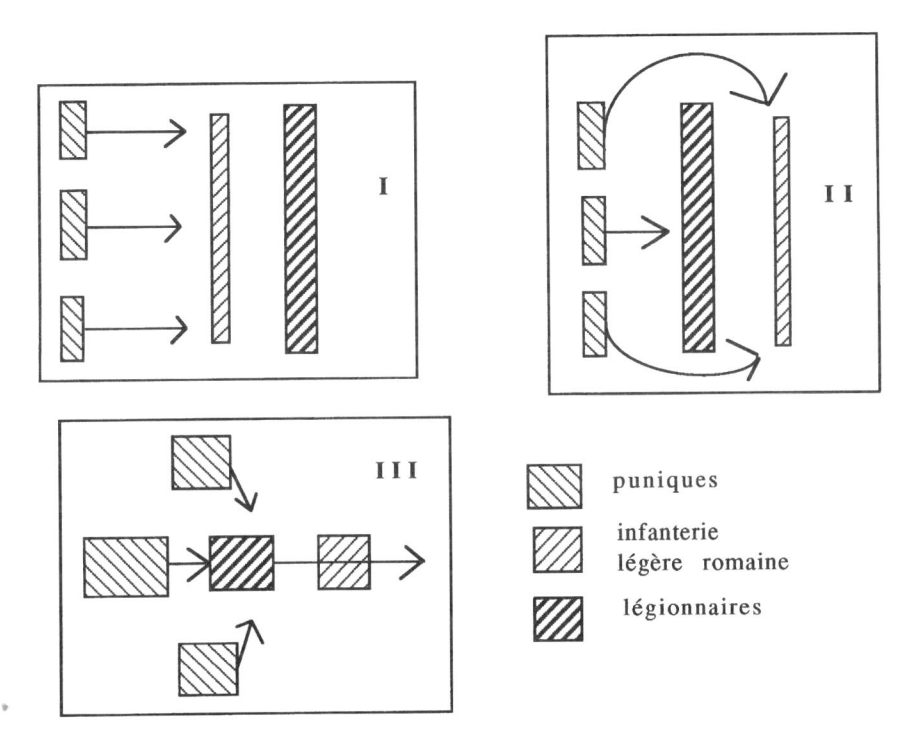

25. Schéma de la bataille du Tessin.
I. Les forces puniques attaquent l'infanterie légère des Romains.
II. Les forces puniques bousculent l'infanterie légionnaire et tentent un mouvement d'encerclement par les ailes.
III. Les Romains sont en déroute.

de Scipion, 2 000 fantassins et 200 cavaliers, tuèrent autant de légionnaires qu'ils le purent, leur coupèrent la tête, et passèrent à l'ennemi avec leurs trophées sanglants. Pourtant, les Vénètes et les Cénomans, deux des peuples les plus importants de la région, restèrent dans l'alliance de Rome. Hannibal ne l'avait pas prévu. Leur attitude s'explique sans doute par deux raisons : la crainte des représailles et la traditionnelle hostilité entre peuples voisins. Il ne faut pas sous-estimer les conséquences de cette situation du point de vue stratégique : menaçant, au moins virtuellement, le territoire des Boïens et des Insubres, les Vénètes et les Cénomans allégeaient considérablement la pression qui pesait sur Rome, et anéantissaient une partie des espoirs d'Hannibal.

En quelque sorte, et cette conclusion ne peut pas ne pas surprendre, ce sont des Gaulois qui ont sauvé Rome !

Des espoirs, cependant, Hannibal en plaçait dans une autre partie du monde. En Sicile, les cités de tradition punique n'attendaient qu'un signe de lui pour se soulever ; partout, les partis populaires, pleins de haine pour l'aristocratique Rome, étaient tout disposés à se ranger dans le camp de Carthage. Syracuse même n'était pas épargnée par ces tentations, qui restaient cependant des tentations. Le roi Hiéron, alors très âgé, respectait ses engagements, et Rome conservait la maîtrise de la mer, comme le montrèrent quelques escarmouches autour de l'île [1]. Ces rencontres, peu importantes sur le plan stratégique, apportent des enseignements très intéressants dans le domaine de la tactique. Les sources indiquent clairement que les officiers puniques s'efforçaient de ne recourir qu'à l'éperonnage, parce qu'ils disposaient de marins nombreux et expérimentés, et de peu de soldats ; du côté romain, le commandement privilégiait l'abordage pour des raisons strictement opposées, on l'aura deviné.

La Trébie

Alors que Rome l'emporte sur mer, domaine où Carthage n'ose même plus l'affronter, c'est sur terre que doit se faire la décision ; Hannibal a compris qu'il lui fallait imposer ce choix. Scipion, qui se remet lentement de ses blessures, a commis une faute en cédant à la précipitation, et a joué de malchance avec le climat.

Les soldats de l'armée de Sicile rallièrent Rimini en quarante jours [2]. Sempronius et Scipion regroupèrent leurs forces sans doute à Plaisance, où ils rassemblèrent 16 000 légionnaires et 20 000 alliés. Hannibal s'empara de *Clastidium* sans combat : le commandant de la place, un certain Dasius, originaire de Brindes, la lui livra, peut-être pour quatre cents pièces d'or, peut-être par

---

1. Tite-Live, XXI, 49-50.
2. Polybe, III, 2, 68.

conviction [1]. Cette trahison prouvait au Carthaginois que des Italiens étaient prêts à abandonner Rome, ce qui faisait bien augurer de l'avenir, et elle lui livrait les grandes quantités de blé qui avaient été entreposées dans cette ville, ce qui n'était pas sans intérêt dans l'immédiat. Hannibal aurait ravagé le pays des Gaulois, pourtant ses alliés, parce qu'il avait peu confiance en eux. Sempronius entreprit donc de les protéger ; et, dans une escarmouche, heureux présage [2], ses hommes l'emportèrent.

La bataille de la Trébie [3] eut lieu à la fin décembre 218, au sud du Pô, à hauteur de Plaisance, sur la rive gauche de la Trébie, entre Sarturano, Casaliggio et Tura. De nouveau, les adversaires agirent avec précipitation. Sempronius était pressé de se couvrir de gloire. Hannibal pensait qu'il fallait profiter de la blessure de Scipion, et se hâter d'utiliser les Gaulois avant qu'ils ne trahissent. Cette rencontre, qui est bien connue, fournit le modèle d'une tactique appelée à disparaître dans la suite du conflit ; d'où son intérêt.

Sempronius fait lever ses hommes avant l'aube. Il leur fait traverser les eaux glacées du fleuve, et les installe dos à la Trébie, suivant le dispositif initial classique, les manipules en quinconce et la cavalerie sur les flancs. Quand l'ennemi se présente, ils souffrent déjà de la faim et du froid. « Et là-bas, sous le pont, adossé contre une arche, / Hannibal écoutait, pensif et triomphant, / Le piétinement sourd des légions en marche » (Hérédia). Le général carthaginois fait adopter à ses hommes un dispositif en phalange, Polybe le dit clairement : il met son infanterie lourde « sur une ligne droite continue » (III, 2, 72) ; les Gaulois, flanqués de part et d'autre par des Africains, sont précédés par l'infanterie légère des Baléares. La cavalerie et les éléphants sont

---
1. Polybe, III, 2, 69 ; Tite-Live, XXI, 48.
2. Tite-Live, XXI, 52.
3. Polybe, III, 2, 71-75 ; Tite-Live, XXI, 54-56 ; Silius Italicus, IV, 480-699 ; Appien, VII, 2, 7 ; T. Frank, « Placentia and the Battle of the Trebia », *Journal of Rom. St.*, IX, 1919, p. 202-207 ; G. Marchetti et P. L. Dall'Aglio, « La Battaglia del Trebbia », *Atti dell'Istituto Geol. dell'Univ. di Pavia*, XXX, 1982, p. 142-160 ; G. C. Susini, « In margine alla battaglia della Trebbia », *Riv. Stor. Ant.*, XIII-XIV, 1983-1984, p. 69-74 ; G. Brizzi, *Annibale*, 1984, p. 142.

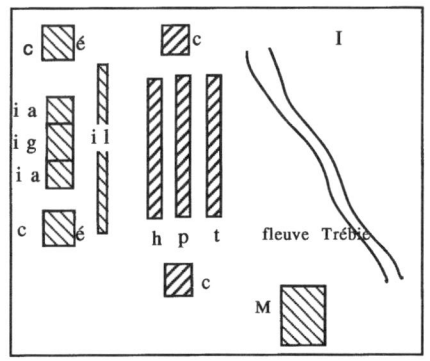

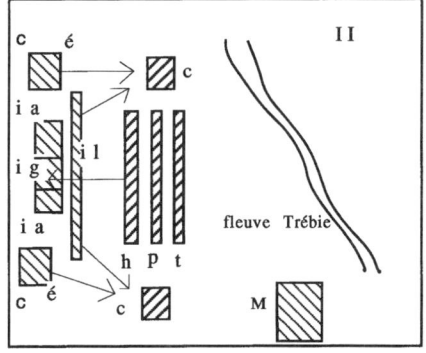

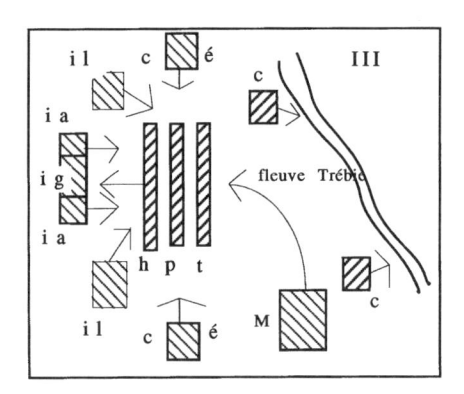

⌧ *forces puniques*
c : cavalerie, **e :** éléphants, **i a :** infanterie africaine, **i g :** infanterie gauloise, **i l :** infanterie légère, **M :** Magon.

⌧ *forces romaines*
c : cavalerie, **h :** hastati, **p :** principes, **t :** triarii.

26. Schéma de la bataille de La Trébie.
I. Le dispositif initial d'Hannibal traduit la complexité du recrutement de son armée.
II. Les forces puniques tentent un double mouvement d'enveloppement par les ailes.
III. La cavalerie romaine est en déroute. La cavalerie punique attaque par les flancs ; Magon, qui était en embuscade, surgit sur les arrières des Romains.

disposés sur les flancs. En outre, un parti de 1 000 fantassins et 1 000 cavaliers, aux ordres de Magon, est caché dans un repli du terrain, à l'arrière des Romains (il n'existe pas de raison sérieuse de douter qu'Hannibal ait eu recours à ce stratagème). L'infanterie romaine se lance à l'attaque ; elle enfonce le centre adverse. Mais, aux ailes, la situation s'inverse : les éléphants et la cavalerie africaine l'emportent. Polybe montre comment procèdent les Numides : « Divisés en petits groupes, ils se retirent tout à leur aise, puis reviennent ensemble à la charge, avec une audace extrême » (III, 2, 72). Ils bénéficient en outre de la supériorité numérique. La cavalerie romaine prend donc la fuite, ce qui permet à la cavalerie africaine de revenir pour se retourner contre les flancs des légions, que les hommes de Magon attaquent à revers. Il ne reste plus aux soldats de Rome qu'à essayer de se glisser entre les mailles du filet pour faire retraite. Arrivés au fleuve, les survivants constatent qu'il est en crue. Les dieux transforment la défaite en désastre.

Sempronius se replia sur Lucques avec 10 000 rescapés. Scipion essaya de se maintenir dans Plaisance, mais il dut se retirer non sans y avoir laissé une garnison, ainsi qu'à Crémone. Si la tactique n'avait pas subi de changement, la stratégie, elle, était modifiée[1]. D'un côté, Hannibal était devenu maître de la Cisalpine, malgré l'hostilité des Vénètes et des Cénomans. Il passa alors à une nouvelle phase de sa politique : aux Italiens, il annonça qu'il leur apportait la « liberté » et, pour prouver ce qu'il disait, il les renvoya sans rançons[2]. Nous l'avons déjà dit, il ne faut pas commettre d'anachronisme : cette « liberté », c'était l'autonomie interne et surtout l'indépendance par rapport à Rome. Sur ce dernier point, au moins, les intérêts de Carthage et des Italiens pouvaient se rencontrer. Hannibal reporta sans doute sur les Italiens les espoirs qu'il avait d'abord fondés sur les Gaulois, dont il se méfiait chaque jour davantage.

D'autre part, et toujours en ce qui concerne la stratégie, Rome ne resta pas plongée dans la stupeur et l'inaction. Pour protéger

---

1. L. Banti, *Via Placentia-Lucam, Atene e Roma*, 1932, p. 98 et suiv. ; G. Brizzi, ouvrage cité, p. 30.
2. Polybe, III, 3, 77.

la péninsule, des garnisons furent installées à Tarente, en Sicile et en Sardaigne, sur des points stratégiques, avec 60 quinquérèmes [1]. Dans les Espagnes, Hannon compensait une petite défaite par un petit succès [2] ; mais la Catalogne restait aux mains des Scipions. Sans doute Hannibal reçut-il quelques renforts gaulois. Il passa l'hiver probablement non loin de Bologne où tous ses éléphants moururent de froid, sauf un [3].

Trasimène

Sans attendre la fin de l'hiver, Hannibal s'ébranla. Il franchit l'Apennin, et aborda les marécages de l'Arno. La difficulté de cette traversée lui fit craindre des désertions. Aussi organisa-t-il un ordre de marche qui, du point de vue tactique, mérite attention par son habileté [4]. Il fit alterner des unités d'Ibères et d'Africains, dans lesquels il avait confiance, avec des corps de Gaulois, auxquels il se fiait moins ; il plaça à l'arrière la cavalerie, pour qu'elle ramasse les traînards. Ce passage se révéla difficile malgré tout, même pour Hannibal qui, atteint d'une ophtalmie, perdit un œil. Dès lors s'imposa une image qu'Hérédia a empruntée à Juvénal (X, 158), celle du « chef borgne monté sur l'éléphant gétule ». Se dirigeant vers Pérouse, il ravageait le pays pour attirer l'armée romaine en Ombrie. Deux nouveaux consuls venaient d'entrer en charge. Cneius Servilius Geminus avait pris ses quartiers à Rimini. Laissons-le. Caius Flaminius, pour sa part, s'était établi à Arezzo (*Arretium*). Le portrait de ce dernier a été très noirci par les auteurs de l'Antiquité, qui n'ont pas pu

---

1. Polybe, III, 2, 75.
2. Polybe, III, 2, 76 ; Tite-Live, XXI, 60.
3. P. Tabaroni, *La Tradizione annibalica fra Trebbia e Trasimeno*, 1977 (Crotone), *non uidi*, et F. Miltner, « Zwischen Trebia und Trasimene », *Hermes*, LXXVIII, 1943, p. 2 et suiv. ; B. Diana, « Annibale e il passaggio degli Appenini », *Aevum*, LXI, 1987, p. 108-112 ; E. Moss, *Hannibal's Last Elephant*, 1979 (Harrow). Orose, IV, 14, 8, fait mourir les éléphants dans l'Apennin.
4. Polybe, III, 3, 79 (et 77-79, pour l'ensemble du trajet) ; Tite-Live, XXII, 2 et XXI, 58.

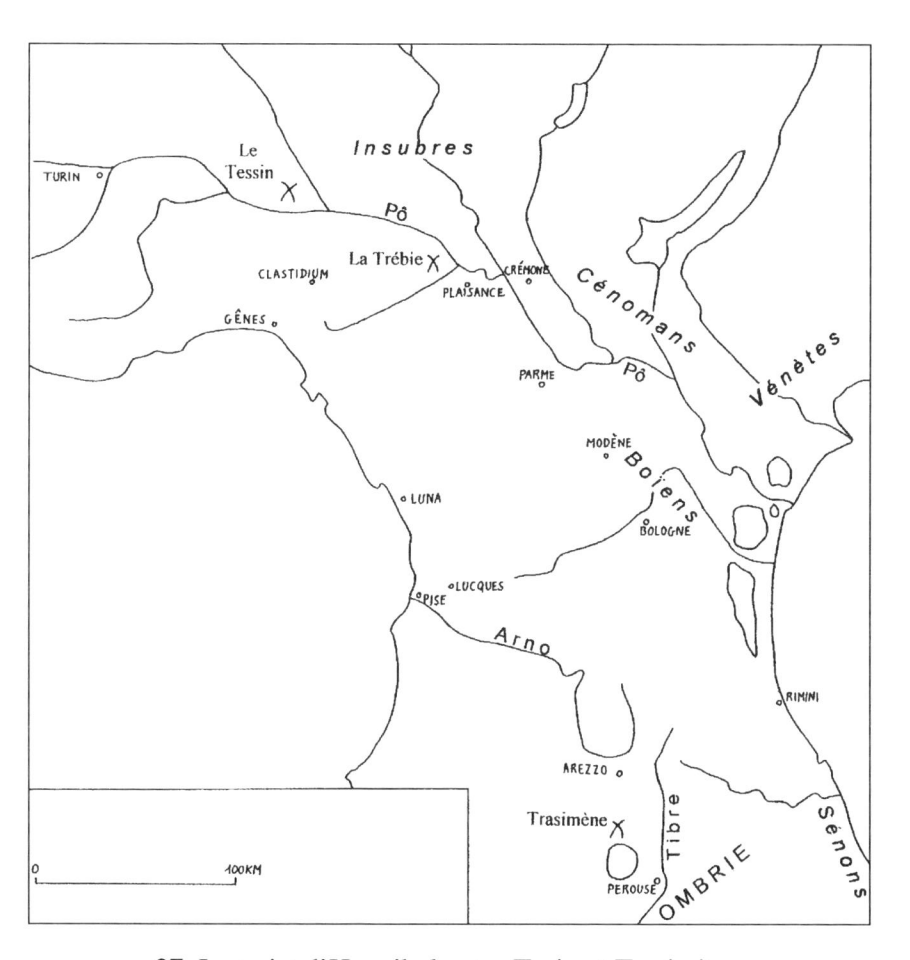

27. Le trajet d'Hannibal entre Turin et Trasimène.
Carte de l'auteur.

ne pas reconnaître son courage, mais lui ont reproché sa présomption et surtout son impiété, faute grave à cette époque. On verra en particulier Tite-Live (XXII, 1 et 3) et Silius Italicus (V, notamment 107-129). S'il a été critiqué, c'est d'abord en raison de son engagement politique aux côtés des plébéiens, hommes libres et pauvres, et ensuite en raison de ce qui s'est passé sur les bords du lac Trasimène.

Flaminius, qui commandait à deux légions et aux alliés qui les accompagnaient, se montra effectivement peu attentif aux avis des dieux. Or, le IIIe siècle avant notre ère n'est pas le XXe siècle après J.-C. : les anciens en général et les Romains en particulier étaient pieux ; l'athéisme n'existait pas, et la religion formait l'ossature des mentalités collectives. L'historien peut d'autant moins la négliger qu'elle a joué un grand rôle dans la deuxième guerre punique ; on doit d'ailleurs au grand Georges Dumézil des pages partielles mais lumineuses sur cette question [1]. À partir de 218, l'attitude des Romains a évolué, nous le verrons, mais en suivant une trilogie à répétition : présages-désastre-expiation. Les présages survenus avant la bataille, et auxquels les hommes sont accusés de n'avoir pas prêté attention, sont de quatre types : des phénomènes naturels (la foudre), ou d'autres phénomènes naturels mal compris (la chute de météorites passe pour une pluie de pierres), ou des hallucinations d'un type bien connu (fantômes), ou enfin quelques cas relevant de l'impossibilité (un enfant de six mois se met à parler, un loup arrache l'épée d'une sentinelle).

Flaminius aurait donc dû manifester davantage de prudence. La « bataille » du lac Trasimène [2] n'entre pas dans la catégorie des batailles rangées. Ce fut une embuscade, où l'utilisation du terrain et du climat compta beaucoup plus que le talent manœu-

---

1. G. Dumézil, *La Religion romaine archaïque*, 1974 (Paris), p. 457-487. Tite-Live, XXI, 62, et XXII, 1 ; Silius Italicus, V, 59-74 ; Florus, I, 22, 14 ; Plutarque, *Fabius Maximus*, II, 2, et III, 1 ; Orose, IV, 15, 1. À noter que les listes de prodiges varient d'un auteur à l'autre, et qu'Orose est chrétien.

2. Polybe, III, 3, 80-85 ; Tite-Live, XXII, 4-7 ; Silius Italicus, V ; Frontin, *Strategemata*, II, 5, 24 ; Plutarque, *Fab.*, 2-3 ; G. C. Susini, *Ricerche sulla battaglia del Trasimeno, Annuario dell'Accad. Etr. di Cortona*, XI, 1959-1960 ; G. Brizzi, *Annibale*, 1984, p. 31.

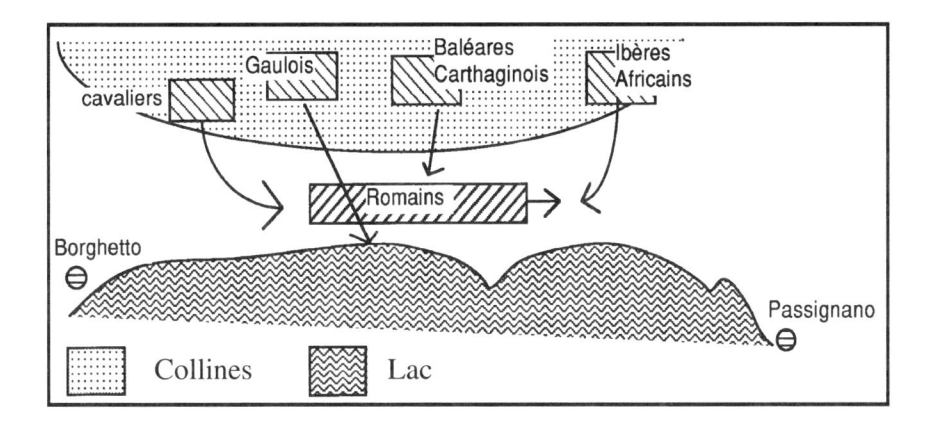

28. Schéma de la bataille de Trasimène.
Les Romains se sont avancés entre les collines et la berge du lac. Les soldats de Carthage dévalent des pentes ; ils bloquent leurs ennemis par l'avant et par l'arrière, et les isolent en petits groupes pour mieux les détruire.

vrier. Il ne faut pas pour autant mépriser le stratagème utilisé : il montre une autre facette des qualités d'Hannibal comme tacticien. On discute, ici aussi, pour savoir la date exacte et le lieu précis de l'événement. Ovide le fixe au 22 juin 217, mais un chercheur l'a récemment avancé au mois d'avril, pour expliquer les précautions prises par le chef punique en matière de ravitaillement en blé [1]. On admet par ailleurs que la rencontre eut lieu sur la rive nord du lac Trasimène, quelque part entre Borghetto et Passignano ; seuls des fours pour la crémation des corps ont été retrouvés à Tuoro [2].

Hannibal avait disposé ses troupes sur les hauteurs, en quatre corps, de l'ouest vers l'est cavaliers, puis Gaulois, puis Baléares et Carthaginois, enfin Ibères et Africains. L'obscurité et le brouillard les rendaient invisibles. Flaminius engagea ses troupes en contrebas, le long de la rive, dans un étroit couloir, et en ordre

---
1. Ovide, *Fasti*, VI, 765-770 ; P. Desy, « Il grano dell'Apulia e la data della battaglia del Trasimeno », *Parola del Passato*, XLIV, 1989, p. 102-115.
2. G. C. Susini, article cité.

de marche. Les Romains virent les Carthaginois avant de les entendre ; ils surent d'emblée qu'il était trop tard pour se mettre en ordre de bataille, et qu'en outre l'ennemi avait l'avantage de la position. Ils ne résistèrent que peu de temps, et bientôt se lancèrent dans un sauve-qui-peut général. Quelques-uns se jetèrent à l'eau dans l'espoir vain d'échapper aux coups. Malgré sa brièveté, la violence du combat fut telle, dit-on, que les soldats n'auraient pas ressenti un tremblement de terre qui secouait la région [1]. Les Carthaginois perdirent entre 1 500 et 2 500 hommes, surtout des Gaulois ; il ne faut pas croire qu'Hannibal voulait s'en débarrasser, mais ils étaient moins disciplinés et moins indispensables au succès [2]. Du côté romain, on compta sans doute moins de 15 000 morts, dont le consul. Il ne fut pas possible d'identifier Flaminius, dont la tête avait disparu. G. Brizzi vient, si on peut dire, de la retrouver, en expliquant qu'un auxiliaire gaulois l'avait coupée pour s'en faire un trophée [3].

Suites de Trasimène : la tactique et le reste

La campagne d'Hannibal en Italie entraîna des transformations tactiques paradoxalement plus importantes chez les vainqueurs que chez les vaincus, et la rencontre du lac Trasimène a marqué une date importante en ce domaine.

Avant de le voir, il faut revenir au soir de cette bataille. Hannibal fit massacrer une bonne partie des Romains survivants. Quant aux Italiens, poursuivant à leur égard la politique commencée à La Trébie, il les renvoya sans rançons, rappelant qu'il leur apportait la « liberté [4] ». À Rome, il fallut faire savoir l'incroyable : « Nous avons été vaincus, annonça le préteur, dans une grande bataille. » La réaction fut au moins de stupeur, selon Polybe (III, 3, 86), et pire selon Silius Italicus : « La peur se déchaîna et la panique aggrava la tourmente » (VI, 557). Il y

---

1. Silius Italicus, V, 611 et suiv. ; Orose, IV, 15, 6.
2. G. Brizzi, *Carcopino*, 1989, p. 38.
3. G. Brizzi, *Studi*, 1984, p. 33 et suiv., et *Carcopino*, 1989, p. 107 et suiv.
4. Polybe, III, 3, 85 ; voir aussi Silius Italicus, V, 563-564.

avait de quoi. Peu après la défaite, le consul Cneius Seruilius avait envoyé vers les Carthaginois un détachement de 4 000 hommes aux ordres de Centénius ; il rencontra un groupe d'ennemis commandé par l'excellent Maharbal. La bataille des marais de *Plestia* tourna de nouveau au désastre pour Rome [1]. Cette situation présentait de multiples dangers. À Rome, dans le quartier du Champ de Mars, une conjuration d'esclaves, peut-être des prisonniers carthaginois, fut dénoncée [2]. Vingt-cinq inculpés furent crucifiés (les Romains prenaient aux Carthaginois ce qu'ils avaient de bon, ici une forme de supplice), et le dénonciateur, lui-même esclave, reçut la liberté et 20 000 pièces de bronze (l'or et l'argent étaient encore rares).

Pendant ce temps, Hannibal traversait l'Ombrie [3]. Il mit le siège devant Spolète, mais dut y renoncer en raison de la solidité des remparts. Il passa dans le Picénum puis, peut-être par l'Apennin (les sources divergent sur ce point), gagna la Daunie, dans le sud-est de la péninsule. Il hiverna à *Geronium*, non loin du Gargano. Le chemin parcouru depuis Carthagène et les victoires remportées faisaient de lui un nouvel Alexandre. Cette comparaison n'avait pas échappé au roi de Macédoine, Philippe V, qui envisagea de s'allier aux Puniques ; il prit une décision : faire la paix en Grèce pour faire la guerre en Italie [4].

Hannibal avait pourtant un point faible. Sur le moment, le chef carthaginois n'y prêta sans doute que peu d'attention. À la longue, ces faiblesses devaient se révéler pour lui lourdes de conséquences. Ainsi la Cisalpine, qui devait supporter à la fois les assauts des légions et les exigences des Puniques, finit par se lasser et par se retourner contre ces derniers [5]. De même la Méditerranée, qui était devenu un lac romain, le restait.

---

1. Polybe, III, 3, 87 ; Appien, VII, 2, 11. N. Alfieri, « La Battaglia del lago Plestino », *Picus*, VI, 1986, p. 7-22, pense qu'il faut ici préférer Appien.
2. Tite-Live, XXII, 33, et Zonaras, IX, 1, 1. Sur l'esclavage à cette époque : M. Capozza, *Movimenti servili nel mondo romano in età repubblicana,* I, 1966 (Rome).
3. Polybe, III, 3, 86-92, pour ce trajet ; Tite-Live, XXII, 9.
4. Polybe, III, 3, 101.
5. Tite-Live, XXII, 1.

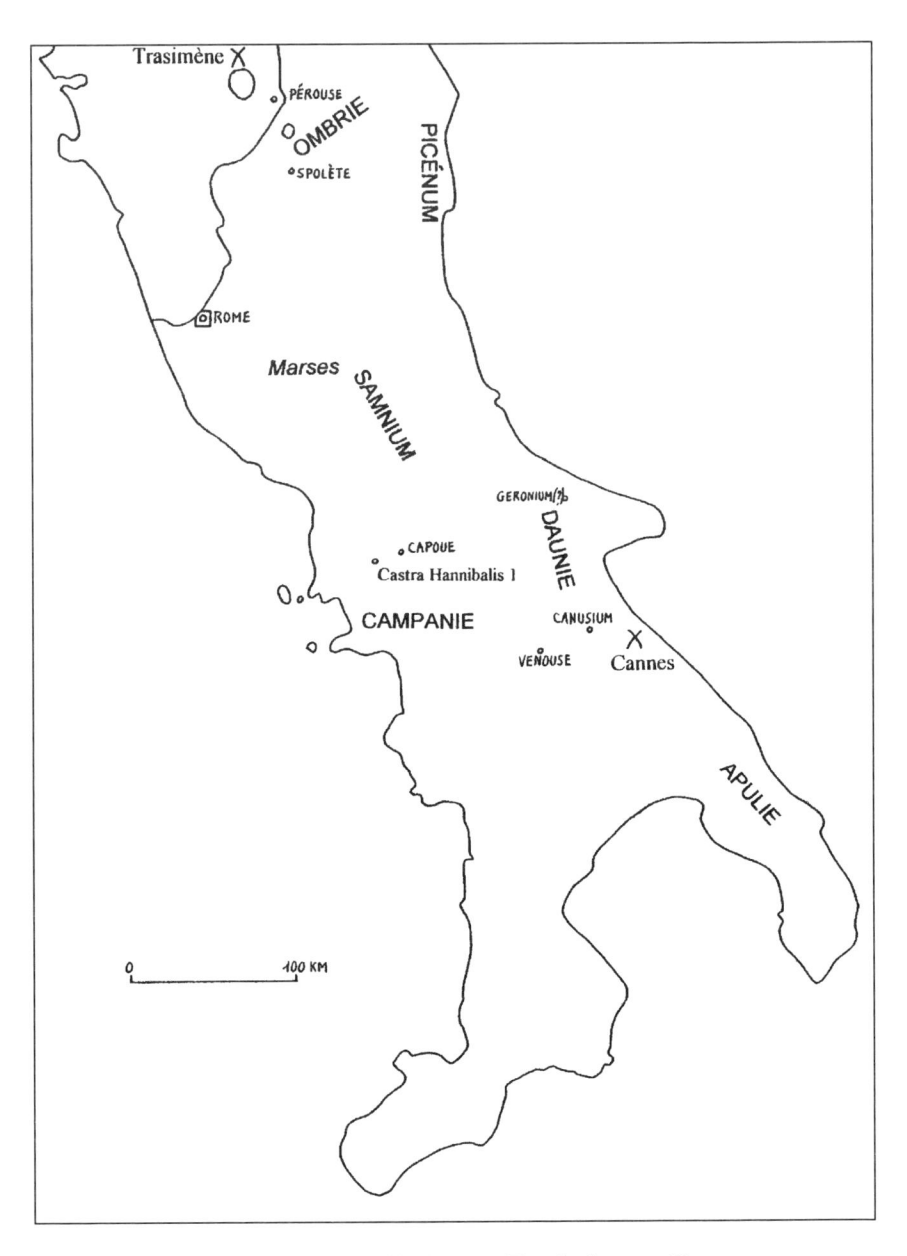

29. Le trajet d'Hannibal entre Trasimène et Cannes.
Carte de l'auteur.

Carthage, qui avait envisagé un débarquement en Sardaigne, n'osa même pas tenter l'aventure. Le préteur, qui y avait été envoyé comme gouverneur, disposait de *socii* fidèles, et d'assez de troupes et de navires pour y maintenir l'ordre. Quant aux habitants de Rome, assurément effrayés, ils n'en étaient pas pour autant désorientés, et ils réagirent comme d'habitude, en s'appuyant sur ce qu'il y avait de plus solide chez eux : les institutions. En l'absence des consuls, dont l'un était mort et l'autre aux armées, le Sénat confia à l'assemblée populaire le soin de décider. Début juillet, les comices nommèrent un dictateur, ou plus exactement un prodictateur, puisque, en bonne règle, la désignation ne leur appartenait pas [1]. Le titre de dictateur, à cette époque, représentait un grand honneur ; il conférait à son titulaire les pleins pouvoirs, mais pour six mois seulement.

Le choix se porta sur Quintus Fabius Maximus Verrucosus, plus communément appelé Fabius [2]. Ce Fabius était un conservateur. Personnage calme et homme de caractère, il avait été l'adversaire de Flaminius, et il restait hostile à la politique d'expansion des Aemilii et des Cornelii. Il s'était opposé au partage de l'*ager gallicus* voulu par Flaminius et, à la veille de Trasimène, il avait conseillé d'éviter la bataille ; cette attitude expliquait sa désignation, tout comme son passé (il avait été deux fois consul, une fois censeur, et avait triomphé des Ligures). Sur ses qualités de stratège, les anciens, déjà, étaient divisés. On ne peut pas en demander moins aux modernes, qui hésitent : était-il un militaire habile ou maladroit ? À notre avis, suivant Silius Italicus sur ce point (VII, 1-376), et la suite des événements devrait le démontrer, Fabius était un bon général. Deux arguments vont dans ce sens. D'abord, il avait compris qu'Hannibal lui était supérieur comme tacticien ; d'où la ferme volonté d'éviter la bataille en rase campagne. Il ne restait dans ces conditions qu'une issue : laisser l'armée punique s'épuiser, loin de ses bases, en marches, contremarches et escarmouches. Ensuite, il se voulait économe du sang de ses hommes. C'est un choix que

---

1. Tite-Live, XXII, 31 ; Appien, VII, 2, 11 ; Plutarque, *Fab.*, III.
2. Vie de Fabius par Plutarque, mise en parallèle avec celle de Périclès ; Polybe, III, 3, 87, et Silius Italicus, VI, 619 et suiv.

font parfois des généraux, qui ne sont pas nécessairement au nombre des pires. Les comices lui désignèrent comme adjoint (on disait : « maître de cavalerie ») Marcus Minucius Rufus.

André Piganiol a crédité Fabius d'une « piété archaïque » ; le caractère archaïque de cette piété, et son attribution au seul dictateur, ne paraissent pas assurés. L'ensemble des mesures qui furent prises après Trasimène répondait à un profond désarroi psychologique et reprenait des pratiques habituelles, en y ajoutant des mesures spécifiques [1]. L'État procéda à une véritable « mobilisation religieuse », suivant l'expression de R. Schilling. Rome s'adressa d'abord aux dieux principaux, à la triade du Capitole, Jupiter, Junon et Minerve, ici divinités poliades, c'est-à-dire protectrices particulières de la cité. Des jeux furent célébrés en l'honneur de Jupiter, à qui on sacrifia trois cents bœufs. Mars, qui veille sur les armes, reçut l'extraordinaire promesse de la « consécration d'un printemps », un *uer sacrum* : en une année donnée (ce fut concrétisé en 195), tous les fruits de la terre lui seraient offerts, et tous les jeunes gens seraient chassés de la Ville pour partir à l'aventure [2]. Saturne, dieu qui avait donné la félicité à Rome en des temps mythiques, fut également remis à l'honneur : les fidèles lui demandaient de ramener ce bonheur passé, qu'ils opposaient aux malheurs du temps présent causés par Hannibal [3]. Apollon, dieu commun aux Romains et aux Grecs, qui symbolisait leur alliance, ne fut pas oublié lui non plus.

Pour mettre un terme aux catastrophes, les fidèles s'adressèrent d'une part à des divinités en quelque sorte spécialisées, d'autre part aux dieux de l'ennemi, suivant une tradition ancienne. C'est ainsi que furent promis deux temples, l'un à

---

1. Tite-Live, XII, 9, 7-11 ; Plutarque, *Fab.*, IV, 4-7 ; I. Müller-Seidel, « Q. Fabius Maximus Cunctator und die Konsulwahlen der J. 214 v. Chr., Ein Beitrag zur religiösen Situation Roms im zweiten punischen Kriege », *Rhein. Mus.*, LXVI, 1956, p. 241 et suiv. ; G. Dumézil, *La Religion romaine archaïque,* 1974, p. 464.

2. Tite-Live, XXII, 10 ; J. Heurgon, « Le *uer sacrum* de 217 », *Latomus*, XV, 1956, p. 137-158.

3. Tite-Live, XXII, 1 ; G. Martorana, « Tempo di Annibale e tempo di Saturno », *Seia*, I, 1984, p. 187-189.

Vénus, l'autre à *Mens*, « l'Intelligence »[1]. Cette Vénus n'était pas la spécialiste de la bagatelle, comme le lecteur le croit peut-être, mais la déesse qui donne la victoire ; elle était aussi pour les Romains l'habitante du mont Eryx, en Sicile, la mère d'Énée, le héros troyen qui avait aimé et délaissé la Carthaginoise Didon. *Mens* était l'intelligence d'Énée, qui était invoquée contre Hannibal. En ce qui concerne, enfin, les dieux de Carthage, Silius Italicus dit explicitement que la Junon des Romains était leur Tanit (VII, 74-89), et on peut se demander si Saturne n'était pas aussi Ba'al Hammon, autre assimilation bien attestée à l'époque impériale. On devrait également s'interroger sur une inscription trouvée dans les environs de Rome pour savoir si l'Hercule qui y est mentionné n'est pas en réalité Melqart, si cher à Hannibal : « Consécration à Hercule. Marcus Minucius, fils de Caius, dictateur, a fait vœu [d'offrir cet autel][2]. » Il n'est pas impossible que ce Minucius soit le maître de cavalerie de Fabius, promu peu après son égal par décision des comices.

La religion ne fut pas le seul domaine bouleversé à la suite de cette bataille. La situation se modifia également du point de vue militaire, surtout chez les Puniques[3]. Hannibal apporta à l'organisation tactique de son armée des transformations profondes qui sont en rapport avec la victoire de Trasimène, sans en être une conséquence directe et obligée. Il « rééquipa les Africains à la romaine », dit Polybe (III, 3, 87), c'est-à-dire qu'il fit ramasser les armes des morts et les donna à ses hommes. Ces derniers, dorénavant, combattirent de préférence à l'épée, pratique normale partout en Occident. De ce moment date un nouveau type de soldat carthaginois. Ce changement dans l'armement était logiquement en relation avec une modification de la tactique. De

---

1. L. Bitto, « Venus Erycina e Mens. Un momento della propaganda politica durante la seconda guerra punica », *Archivio Stor. Messinese*, XXVIII, 1977, p. 121-133 ; A. W. Hollemann, « Q. Fabius' Vow to Venus Erycina (217 B. C.) », *Punic Wars*, 1989, p. 223-228 ; G. Brizzi, « Il Culto di Mens e la seconda guerra punica », *Mél. M. Le Glay, Coll. Latomus*, 1994, p. 512-522.

2. H. Dessau, *Inscriptiones latinae selectae*, n° 11.

3. G. Brizzi, « Gli studi annibalici », *II Congr. Intern. di Studi Fen. e Pun.*, I, 1991, p. 59-65.

fait, Appien (VII, 4, 22) et Polybe (III, 114) montrent les soldats d'Hannibal, par la suite, disposés sur le champ de bataille en *speirai*, c'est-à-dire en petites unités. La tradition des Espagnols allait dans ce sens, et le modèle romain également : les usages des vaincus n'étaient pas tous mauvais. Hannibal préparait la disparition de la phalange. Lui succéderait une tactique proche de la tactique manipulaire. Il faut cependant bien voir que rien, dans l'embuscade de Trasimène, n'explique cette transformation que le général carthaginois avait sans doute envisagée antérieurement, peut-être au lendemain de La Trébie.

Les Romains, dans l'immédiat, prirent surtout des mesures d'urgence. La situation était grave, en raison des importantes pertes en hommes qui venaient d'être subies, et aussi en raison de la désorganisation de la stratégie qui en découlait ; la situation ne restait satisfaisante que dans la péninsule ibérique. Plusieurs remèdes furent apportés aux maux du jour. La durée du service s'allongea, et le cens fut régulièrement abaissé (le lecteur se rappelle que les recrues devaient avoir un niveau de fortune minimum, le cens). De la sorte, l'armée de conscription fit peu à peu place à une armée de métier, fondée sur le volontariat a-t-on dit, ce qui n'est pas assuré pour cette époque, car le recrutement se faisait avec difficulté. Le soldat devenait un professionnel [1]. En puisant dans le « stock démographique italien », les autorités purent augmenter le nombre de légions en activité ; elles dépassèrent largement le maximum de quatre, encore en usage pendant la première guerre punique. Si les chiffres précis restent discutés, on peut les estimer entre 11 et 17 pour ces années : 11 en 217, de 17 à 13 en 216, et 14 en 215 [2]. Pour assurer la continuité du commandement, donc de la stratégie, les magistrats furent de plus en plus souvent et de plus en plus longuement prorogés.

Mais on allait vers Cannes.

---

1. A. J. Toynbee, *Hannibal's Legacy*, 1965, p. 512.
2. A. J. Toynbee, *Hannibal's Legacy*, 1965, p. 647.

Vers Cannes

Hannibal pilla l'Apulie, le Samnium, la Campanie (en août), notamment Falerne, et emprunta la voie Appienne, vers le pays des Marses. Se préparait-il à attaquer Rome ? On ne sait. Fabius et son « maître de cavalerie » le suivaient pas à pas, sans engager la bataille. Ils attendaient, temporisaient : Fabius y gagna le surnom de *Cunctator*, « Temporisateur »[1]. Son adversaire, qui ne manquait pas d'astuce, ordonna à ses fourrageurs d'épargner un domaine appartenant au dictateur, pour compromettre ce dernier. Pris dans un défilé, le chef punique attendit la nuit pour lancer à l'assaut de l'ennemi un commando de 2 000 bœufs, des luminaires attachés aux cornes ; il profita ensuite de la panique créée par cette insolite attaque pour s'enfuir[2]. Il finit par revenir à *Geronium* où il hiverna. Il demanda de l'aide à Carthage, en hommes et en argent, et essuya un refus[3] ; ce ne fut pas toujours le cas, on le verra.

Rome, de nouveau, possédait une stratégie, en Italie et dans les Espagnes[4]. Et elle remporta un nouveau succès sur ce deuxième théâtre d'opérations. Les sources habituelles et quarante fragments de papyrus qui livrent un autre texte de Sosylos font connaître cet événement[5]. Cneius Scipion lança une opération combinée terre-mer, avec la collaboration de son frère Publius. S'opposaient à eux l'excellent Hasdrubal pour les armées de terre, et Himilcon pour la flotte. Les Puniques avaient aligné 40 navires « cataphractes », c'est-à-dire cuirassés, et ils furent vaincus par les 35 vaisseaux de Cneius. Les Romains, maîtres de presque toute la Péninsule, ravagèrent le pays au sud de l'Èbre, forçant Hasdrubal à se retirer

---

1. Polybe, III, 3, 89 ; Tite-Live, XXII, 12 ; Plutarque, *Fab.*, V-VI ; Appien, VII, 12.
2. Anecdote très souvent citée : Polybe, III, 3, 93-94 ; Tite-Live, XXII, 17 ; Appien, VII, 2, 14-15 ; Frontin, *Strat.*, I, 5, 28 ; Silius Italicus, VII, 311 et suiv. ; Plutarque, *Fab.*, VI-VII ; G. Brizzi, *Carcopino*, 1989, p. 27-28.
3. Appien, VII, 3, 16.
4. Polybe, III, 3, 97, le dit clairement.
5. Polybe, III, 3, 95-105 ; Tite-Live, XXII, 19-22 ; Diodore, XXVI, 24 (sur Hasdrubal). Pour le papyrus, voir U. Wilcken, dans « Sources et bibliographie », à la fin de cet ouvrage.

en Lusitanie (le Portugal actuel), mais sans pouvoir prendre Carthagène ni Sagonte. Ils conservaient cependant le contrôle de la Méditerranée. Une escadre punique de 70 vaisseaux partit vers Pise ; elle rencontra une flotte de 120 bateaux aux ordres de Servilius ; la fuite ne s'arrêta que dans le port de Carthage.

En Italie, Minucius remporta un petit succès. Les comices enthousiastes lui conférèrent un pouvoir égal à celui de Fabius. Peu après, grâce à ce même Fabius, il échappa de peu à un désastre, et il se remit de lui-même au rang qu'il n'aurait pas dû quitter, de son propre aveu [1]. Fabius racheta des prisonniers, « à ses frais », précise Tite-Live (XXII, 23). Après que le dictateur eut remis ses pouvoirs, les deux consuls qui lui succédèrent, en novembre ou décembre, adoptèrent la même tactique de temporisation [2]. Les consuls suivants entrèrent en charge en mars 216. Lucius Aemilius Paulus, que la tradition a malencontreusement baptisé « Paul Émile », proposait de poursuivre cette stratégie, tout en la modifiant sur quelques points de détail : il demandait des diversions en Cisalpine et dans les Espagnes, et il multiplia les petits engagements à titre d'exercice [3]. Son collègue, Caius Terentius Varro, Varron pour nous, a laissé la réputation d'un démagogue ; traduisons en disant qu'il voulait gouverner avec et pour la plèbe. Le parti aristocratique détestait ce personnage « non pas d'humble origine, mais de la plus vile extraction ». Il représentait pourtant un bel exemple de promotion sociale, si ce qui en fut dit est vrai : « Fils d'un boucher qui vendait lui-même sa marchandise, il avait secondé son père dans cette occupation servile [4]. » Lui, il préférait un abandon de la temporisation au profit d'une grande bataille : la plèbe se lassait. En 216, grâce à des levées exceptionnelles, Rome put aligner huit légions, « effectifs encore jamais atteints », note Polybe (III, 3, 107). Avec les alliés, les consuls disposaient de 80 000 hommes.

---

1. Polybe, III, 3, 102 et 104-105 ; Tite-Live, XXII, 24 et 28-30 ; Silius Italicus, VII, 494-750 ; Plutarque, *Fab.*, VIII-XIII.

2. Tite-Live, XXII, 32.

3. Il a élaboré un programme tactique et stratégique : Polybe, III, 3, 106. Certains auteurs pensent que son projet ne différait guère de celui de son collègue : G. De Sanctis, *Storia di Roma*, 2ᵉ éd., III, 2, 1968 (Florence), p. 55.

4. Tite-Live, XXII, 25 (et 26) ; Silius Italicus, VIII, 244-277.

La stratégie de Rome n'avait pas changé : détruire les sources d'approvisionnement d'Hannibal en Andalousie, porter la guerre sous les murs de Carthage. Une tentative de débarquement en Afrique eut même lieu, mais elle échoua [1]. La situation paraissait comporter quelques lueurs d'espoir : les Cisalpins, divisés, s'annihilaient les uns les autres, et les Italiens restaient fidèles à leur alliance [2]. On peut dire qu'au lendemain de Trasimène, ce furent les Gaulois et les Italiens qui sauvèrent Rome, constat pour le moins surprenant. Carthage ne changeait pas non plus de stratégie, mais semblait avoir fait son deuil de la péninsule ibérique : si Hasdrubal reçut un renfort de 4 000 fantassins et 1 000 cavaliers, ce fut pour porter la guerre en Italie. Comparés à ceux des Romains, ces effectifs paraissent bien modestes : ils s'expliquent par la parcimonie du Sénat de Carthage, par les difficultés du recrutement en Afrique et par la médiocrité des possibilités démographiques de cette région. En Italie, cependant, Hannibal poursuivait ses ravages dans le sud-est. Il réussit même un beau coup en s'emparant des magasins où Rome avait entreposé le blé de l'Apulie, un blé destiné aux armées. Ces magasins se trouvaient à Cannes.

Cannes

Les armées des consuls se dirigèrent donc vers Cannes, « lieu que le destin avait choisi pour l'illustrer par un désastre romain », comme le dit Tite-Live (XXII, 43) [3]. Elles y installèrent deux camps, tout en conservant leurs bases à Canosa et

---

1. Tite-Live, XXII, 31.
2. Tite-Live, XXII, 22 et 32 (Naples).
3. Polybe, III, 3, 113-116 ; Tite-Live, XXII, 44-49 ; Appien, VII, 4 ; Silius Italicus, IX-X ; Plutarque, *Fab.*, XIV et suiv. Outre les ouvrages généraux, on verra S. Castellano, « Della topografia della battaglia di Canne », *Rendic. Accad. Lincei*, XXI, 1922, p. 149-157 ; K. Lehmann, « Das Cannä-Rätsel », *Klio*, VI, 1931, p. 70-99 ; F. Cornelius, *Cannae, Klio Beih.*, XVI, 1932 ; H. H. Scullard, « Cannae, Battle-Field and Burial Ground », *Historia*, IV, 1955, p. 474 et suiv. ; D. Ludovico, *La Battaglia di Canne*, 1959 (Rome), a pris un charnier médiéval pour la nécropole de 216 ; N. Degrassi, « La Zona

Venouse. Cette rencontre, qui fut sans doute « la plus grande bataille de toute l'Antiquité [1] », se présenta pour Rome sous de sinistres auspices : des présages, une fois de plus, auraient dû attirer l'attention [2] (mais, le lecteur le sait maintenant, « ceux que Jupiter veut perdre, il leur ôte la raison ») ; et les deux consuls divergeaient sur la marche à suivre. Aemilius considérait qu'il était trop tôt, et surtout conseillait d'éviter le terrain plat où la terrible cavalerie numide serait grandement avantagée. Varron s'opposait à lui sur ces deux points.

La rencontre eut lieu le 2 août 216, au sud de l'Aufide, actuel Ofanto, sur la rive droite du fleuve (le lieu a été discuté ; cette situation paraît la plus probable [3]). Le soleil frappait de côté, mais un fort vent chargé de poussière avantageait les soldats de Carthage [4]. Le dispositif initial adopté par Hannibal manifeste incontestablement son génie tactique, et sa volonté de mener une bataille d'encerclement et d'anéantissement. Il plaça ses hommes (de 40 000 à 50 000, dont 10 000 cavaliers) face à la mer. Il avait mis au centre les fantassins ibériques et surtout gaulois, flanqués de part et d'autre par l'infanterie lourde africaine, son élite, sous ses ordres directs (Magon l'assistait). Aux ailes, Ibères et Gaulois étaient commandés par Hasdrubal à gauche, cependant que la cavalerie numide était confiée à Hannon à droite. Une ligne de Baléares, des frondeurs, précédait l'armée. Du côté romain, Varron avait pris l'aile gauche avec la cavalerie des alliés, confiant la droite à Aemilius, qui avait dû suivre contre son gré (chacun des deux consuls prenait le commandement un jour sur deux), et qui disposait de la cavalerie légionnaire. Aucune innovation dans l'ordre de l'infanterie : les vélites précédaient, suivant l'ordre habituel, les hastats, les *principes* et

---

archeologica di Canne della Battaglia », *Studi Annibalici*, 1964, p. 83-91 ; J. Keresztes, « Die Schlacht bei Cannae », *Wiss. Beiträge der Martin Luther Univ. Halle*, 1980, p. 29-43 ; M. Samuels, « The Reality of Cannae », *Militärgesch. Mitteil.*, XLVII, 1, 1990, p. 7-29 ; H. Nolte, *Vom Cannae-Mythos*, 1991 (Göttingen).

1. F. Decret, *Carthage*, 1977, p. 190.
2. Polybe, III, 3, 112 ; Silius Italicus, VIII, 624.
3. N. Degrassi, article cité ; G. Brizzi, *Annibale*, 1984, p. 42.
4. Frontin, *Strat.*, II, 2, 7.

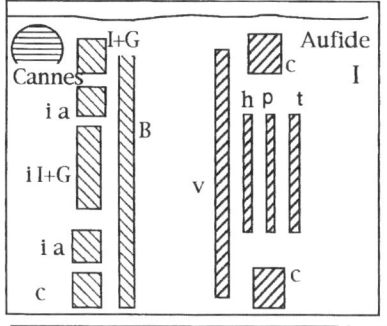

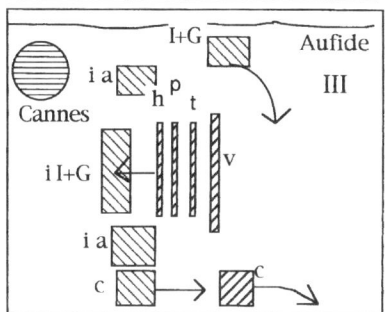

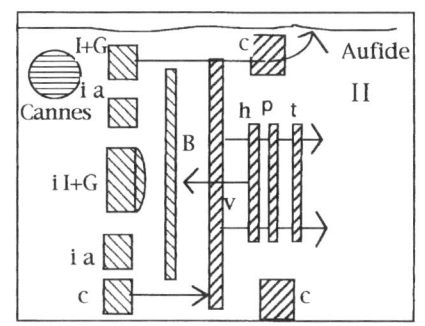

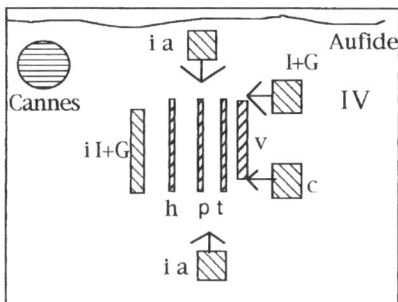

30. Schéma de la bataille de Cannes.
I. Le dispositif initial ne présente aucune originalité apparente ; les mercenaires ibères et gaulois sont placés au centre.
II. Les mercenaires ibères et gaulois s'avancent ; la cavalerie légionnaire est mise en déroute.
III. La cavalerie des alliés est mise en déroute. Les légionnaires avancent dans le centre ibéro-gaulois.
IV. L'infanterie lourde africaine s'est déplacée sur les flancs des légionnaires ; les mercenaires ibéro-gaulois résistent. La cavalerie africaine revient sur les arrières du dispositif romain. Le piège fonctionne.

Armée punique : **I + G :** Ibères et Gaulois (Hasdrubal),
i a : infanterie lourde africaine (Hannibal et Magon),
i I + G : infanterie ibérique et gauloise,
c : cavalerie numide (Hannon),
B : Baléares, « piquiers »
Armée romaine : Aemilius Paulus à droite, Varron à gauche,
v : vélites, **h :** hastati, **p :** principes,
t : triarii, **c :** cavalerie légionnaire, **c :** alliés, infanterie et cavalerie.

les triaires, disposés en quinconce. Le jeune Scipion était présent dans cette armée qui comptait donc 80 000 hommes, mais avec seulement 6 000 cavaliers.

Après les discours d'usage, adressés par chaque général à ses troupes, la bataille s'engagea. Dès l'Antiquité, elle prit des teintes épiques chez les différents auteurs, tous favorables à Rome, bien sûr. Silius Italicus y vit le choc de deux mondes, un conflit entre l'Europe et l'Afrique : « Issus de deux continents opposés, ces guerriers se dressèrent face à face » (IX, 434). L'impérialisme de Carthage, qui utilisait des soldats européens, et l'impérialisme de Rome, qui par la suite a utilisé des soldats africains, s'affrontaient. La grande astuce d'Hannibal, ce fut de faire avancer son centre (les Gaulois), de telle sorte qu'il dessine une convexité face aux Romains. Ces derniers se précipitent contre ce ventre qui s'offre, qui résiste un peu, qu'ils repoussent ensuite. Pendant ce temps, aux deux ailes, les combats de cavalerie tournent vite à l'avantage des forces puniques. Hasdrubal détruit les unités romaines qui lui avaient été opposées, pendant qu'Hannon repousse les Italiens ; quand le premier a terminé, il vient renforcer le second, et l'armée romaine a perdu toutes ses troupes montées. C'est alors que fonctionne un piège mortel : enfoncés, Gaulois et Ibères du centre résistent cependant. Les Romains sont alors bloqués dans leur avance. Ils se retrouvent encerclés : ils ont, en face d'eux, les Gaulois et les Ibères, à droite et à gauche l'infanterie africaine qui a fait une conversion d'un quart de tour après avoir glissé en avant, et ils sont pris à revers par les cavaliers qui, débarrassés de leurs vis-à-vis, sont revenus. C'est le désastre, le massacre. On relèvera, au passage, une fois de plus, le rôle déterminant joué par la cavalerie [1]. Hannibal a perdu 5 700 hommes, surtout mais pas exclusivement des Gaulois. Du côté romain, on compta par la suite 45 000 morts, dont le consul Aemilius, et 20 000 prisonniers. Seuls 15 000 hommes purent échapper ; parmi eux, 10 000 accompagnèrent le consul Varron à Venouse, les autres se réfugièrent à Canusium.

Hannibal venait d'atteindre l'apogée de sa carrière.

---

1. Polybe, III, 3, 117.

Au bilan

Cette première partie de la deuxième guerre punique a permis d'étudier une grande diversité d'actes tactiques, liés à deux vraies stratégies. Hannibal a su mener un raid parfait de Carthagène à Turin. Au Tessin, il a remporté la victoire dans la hâte. À La Trébie, il a mené une bataille très classique. À Trasimène, il a tendu une embuscade couronnée de succès, et à Cannes il a gagné une bataille d'encerclement et d'anéantissement qui a manifesté son grand talent de tacticien, qui a causé à l'ennemi des pertes énormes, et qui est devenue un modèle pour les écoles de guerre. La fin de la guerre semblait approcher. Carthage pouvait espérer qu'une ultime victoire, en Italie, mettrait Rome à sa merci. Encore fallait-il que l'ennemi, qui attendait son salut, lui, de succès remportés dans la péninsule ibérique, et en Afrique plus encore, reconnût le caractère décisif de cette victoire, admît sa défaite.

Au soir du 2 août 216, Rome avait perdu quatre batailles, mais Rome n'avait pas perdu la guerre.

APPENDICE
L'ARMEMENT DES SOLDATS DE LA DEUXIÈME GUERRE PUNIQUE

Armée de Rome

Armes	Unités	Armement offensif	Armement défensif
Infanterie légère	Légionnaires, vélites	Épée courte, javelot court (*ueruta*)	Casque en cuir ou en bronze, petit bouclier rond
Infanterie lourde	Légionnaires, *principes*, hastats	Épée courte javelots (*pila*)	Casque de métal, cuirasse « protège-cœur » ou cotte de mailles, grand bouclier ovale, jambières
Infanterie lourde	Légionnaires, triaires	Glaive, lance (*hasta*)	*Idem*
Cavalerie, romaine et italienne [1]		Glaive, lance	Casque de métal, cotte de mailles, petit bouclier rond (*parma*)

---

1. Modèle grec.

Armée de Carthage

Armes	Unités	Armement offensif	Armement défensif
Infanterie légère	Ibères	Glaive court, droit ou légèrement recourbé (*falcata*), ou lance	*facultatifs :* casque métallique, cuirasse à écailles, petit bouclier rond (*caetra*)
Infanterie	Gaulois	Épée longue ; *facultative :* lance	Long bouclier ovale ; *facultatifs :* casque, cotte de mailles
Infanterie lourde [1]	Libyens	Lance, épée longue	Casque métallique, cotte de mailles ou cuirasse à écailles, bouclier ovale moyen, jambières
Infanterie lourde	Celtibères	Épée longue, lance	Casque métallique, cotte de mailles ou cuirasse à écailles, grand bouclier ovale
Cavalerie légère	Numides	Javelots	Petit bouclier rond
Cavalerie	Ibères	Glaive court, droit ou légèrement recourbé (*falcata*), ou lance	*Facultatifs :* casque métallique, petit bouclier rond (*caetra*) cuirasse à écailles
Cavalerie	Gaulois	Épée longue, lance	Casque métallique, cotte de mailles, bouclier moyen
Cavalerie lourde	Libyens	Épée longue, lance	Casque métallique, cuirasse à écailles
Éléphants [2]			

1. Au début de la deuxième guerre punique, ces soldats ont l'armement d'hoplites grecs ; ils changent totalement au cours du conflit, après Trasimène.
2. Ils sont guidés par un cornac, et portent un soldat.

V

L'INFANTERIE DE ROME

LA DEUXIÈME GUERRE PUNIQUE
2. 216-201 avant J.-C.

Nous sommes aux Enfers. Hannibal et Alexandre le Grand se disputent pour savoir lequel des deux restera comme le plus grand capitaine de tous les temps. Ils en appellent au juge suprême, Minos, quand surgit Scipion, le fils homonyme du vaincu du Tessin. Lui aussi veut participer au concours. Minos classe le Macédonien en premier, et le Romain en second, avant son rival carthaginois [1]. Scipion, ce grand général méconnu, cet élève d'Hannibal qui a dépassé son maître, mérite d'être arraché à un certain oubli [2]. Son génie militaire a profondément marqué cette deuxième phase de la guerre. Il n'aurait cependant rien pu faire s'il n'avait obtenu l'appui de l'arrière, de sa patrie. C'est l'aspect politique. Le conflit qui se poursuivait opposait toujours deux continents, deux empires ; il ne peut pas être réduit à un duel entre Hannibal et Scipion. « Cette lutte des deux cités les plus riches du monde, rappelle Tite-Live, tenait en suspens tous les rois et tous les peuples » (XXIII, 33). C'est l'aspect écono-

---

1. Lucien, *Dial. des morts*, XII.
2. Il n'existe qu'une monographie, au demeurant discutée, sur ce personnage : H. H. Scullard, *Scipio Africanus*, 1970 (Londres), qui juxtapose deux livres de 1930 et 1951. G. Brizzi (voir plus loin à propos de Zama) place cependant Hannibal au-dessus de Scipion.

mique. Et, petit à petit, les vaincus d'hier se transformaient en vainqueurs. À la guerre éclair succéda la guerre d'usure [1] : dans ce cas, l'économie et la démographie l'emportent sur la stratégie et la tactique. Cette fois, ce furent les légions qui prirent le dessus. Il fallut à l'infanterie de Rome quinze ans pour défaire ce qu'Hannibal avait fait en deux ans.

1. *L'après séisme*

L'annonce à Rome du désastre de Cannes fit l'effet d'un tremblement de terre [2]. Passé le premier moment de stupeur et d'effroi, vint la réaction [3]. Et cette réaction fut à la hauteur du danger. Rome ne reconnut pas sa défaite, et prit des mesures politiques et militaires.

À Rome : le choc politique et militaire

Le Sénat se comporta avec énergie et grandeur. Seuls des esprits petits ont essayé de ramener à un geste de solidarité sociale l'accueil qu'il fit à Varron, remercié pour ne pas avoir désespéré de la république. Il ne faut pas oublier que le vaincu de Cannes faisait partie de la minorité de l'assemblée, qu'il avait été soutenu par cette plèbe que Silius Italicus appelle « scélérate », précisément pour lui reprocher cette désignation (IX, 636). Ce geste annonçait l'instauration d'une union sacrée entre le Sénat et les comices, les patriciens et les plébéiens, les riches et les pauvres, les conservateurs et les partisans du changement. Sans doute quelques aristocrates affolés envisagèrent-ils de quit-

---

1. P. Huvelin, *Une guerre d'usure, la deuxième guerre punique*, 1917 (Paris). Cet ouvrage traduit les préoccupations du moment dans la France en guerre.
2. Tite-Live, XXIII, 14 ; Silius Italicus, X, 578-591 ; Orose, IV, 16-19.
3. Orose, IV, 16, 8.

ter l'Italie, croyant que tout était perdu ; le jeune Scipion, le glaive à la main, sut les en dissuader [1]. Il parut opportun de recourir une nouvelle fois à la dictature. Deux traits, en politique, marquèrent les années 216-201 : le rôle éminent du Sénat, l'accord de ce dernier avec la plèbe. On pourrait en donner mille exemples. En 211, la haute assemblée demanda aux tribuns de la plèbe de faire désigner par les comices le commandant de l'armée d'Espagne. Même procédure en 210, mais pour choisir un dictateur, et encore en 202, pour constituer une ambassade.

Rome dut aussi s'assurer de la fidélité de ses alliés qui étaient, pour le moins, partagés [2]. Le Latium, l'Étrurie [3], l'Ombrie et les cités grecques du sud [4] vivaient en symbiose, militaire, politique et surtout économique, avec la capitale, ce qui n'empêchait pas de petites trahisons. Les soldats alliés bénéficiaient de privilèges à l'armée : blé gratuit, butin, honneurs (c'était dans leurs rangs que le commandant choisissait sa garde, les *extraordinarii*). Il ne faut cependant pas se faire d'illusions. La crainte, surtout, constituait un ciment solide : toujours imprévisible, le châtiment pouvait atteindre une grande dureté [5]. Les autres Italiens supportaient mal le mépris des officiers, et ne voyaient aucun intérêt économique dans leur participation à l'empire naissant, qui prélevait des impôts et aggravait la concurrence. Des aspirations à l'indépendance existaient dans le Samnium [6], en Apulie, en Lucanie et dans le Bruttium, et laisseraient peu de place à l'hésitation pour le cas où Hannibal apporterait son appui. De plus, comme le note bien Tite-Live (XXIX, 36), un clivage majeur

---

1. Tite-Live, XXII, 53 ; Orose, IV, 16, 6.
2. D. A. Kukofka, *Suditalien im Zweiten Punischen Krieg*, 1990 (Berne).
3. A. J. Pfiffig, « Die Haltung Etruriens im 2. punischen Krieg », *Historia*, XV, 1966, p. 193-210, relève quelques faiblesses dans le soutien à Rome. En revanche, B. Diana, « L'Atteggiamento degli Etruschi nella guerra annibalica », *Riv. Stor. Ant.*, XIX, 1989, p. 93-106, insiste sur la fidélité de ces mêmes Étrusques, exception faite de quelques cas isolés.
4. Polybe, III, 3, 118 (Tarente).
5. Explication de E. T. Salmon, *The Making of Roman Italy*, 1982 (Londres).
6. A. Piganiol, « Hannibal chez les Péligniens », *Rev. Ét. Anc.*, XXII, 1920, p. 1-17.

opposait les partisans de l'aristocratie, partout favorables à Rome, à des hommes qui aspiraient sinon à plus de démocratie, du moins à plus de liberté, et ces derniers regardaient tous du côté de Carthage.

Ce qui donna à réfléchir, sans doute, ce fut la rapidité de la réorganisation militaire. Le dictateur Decimus Junius leva six nouvelles légions, et il constitua une autre légion avec des marins [1] : ces soldats, réputés médiocres, étaient élevés à la hauteur des meilleurs, parce qu'il n'y en avait pas d'autres qui fussent disponibles, il est vrai, et aussi pour les encourager à se montrer dignes de l'honneur qui leur était fait. Événement inouï, le dictateur enrôla des esclaves, peut-être après les avoir affranchis : on ne recourait jamais à ce type de recrutement, parce qu'on pensait que de tels hommes étaient incapables et indignes de servir comme combattants. Il fit prendre les armes qui avaient été déposées en ex-voto dans les temples, imposa les riches [2].

Ici se plaça un épisode important et à tort souvent négligé. Hannibal décida de vendre ses prisonniers. Il rassembla quelques captifs, leur fit prêter serment de revenir dans le camp et les envoya négocier leur rachat. Le recours à cette procédure, jadis appliquée à Régulus, n'a pas été suspecté par la critique dans le cas présent ; cette anecdote prouve qu'elle était bien dans les mœurs. Un des ambassadeurs, à peine parti, revint dans le camp punique pour y prendre, dit-il, un objet qu'il y avait oublié ; en réalité, il estimait que, par ce retour, il avait déjà tenu son serment et s'en trouvait délié pour l'avenir. Mais le Sénat se montra intraitable, après une séance dramatique : « Les prisonniers ne seront pas rachetés. » Il ne voulait pas accroître le trésor de guerre de l'ennemi, et il estimait sans valeur des hommes qui n'avaient pas su mourir. « Nulle part, note Tite-Live, on n'a moins de considération pour les prisonniers de guerre qu'à Rome » (XXII, 59). On sait bien, d'ailleurs, que le droit romain prive de sa qualité de citoyen un prisonnier, qui peut cependant recouvrer ce qu'il a perdu à son retour ; c'est ce qu'on appelle le

---

1. A. J. Toynbee, *Hannibal's Legacy*, II, 1965, p. 546 : ces hommes furent vite renvoyés à leurs navires.
2. Orose, IV, 16, 7-8.

postliminium. Quant au petit malin qui se croyait délivré de la parole donnée, il fut livré avec les autres, ne valant pas plus qu'eux. La sévérité s'abattit également sur les fuyards : ils furent condamnés à combattre en Sicile aussi longtemps qu'il plairait au Sénat. Rome n'avait que faire de lâches [1]. Hannibal organisa alors entre ses captifs quelques combats de gladiateurs [2], pour effrayer leurs familles, pour montrer à d'autres éventuels acheteurs l'usage qui pourrait être fait de ces hommes, et aussi pour distraire ses soldats.

Faute de tacticien du niveau d'Hannibal, le Sénat accorda la priorité à la stratégie. Les deux Scipions furent invités à poursuivre leur action dans les Espagnes : le personnel ne manquait pas, ni la volonté de vaincre. Fabius le Temporisateur et Claudius Marcellus, dont nous reparlerons, réorganisèrent l'armée d'Italie. Les hommes d'affaires furent requis pour financer un accroissement de la flotte qui devait conserver sa domination. Dans ces circonstances, note Montesquieu dans ses *Considérations*, « Rome fut un prodige de constance » (I).

À Rome : le choc économique et psychologique

La situation, du point de vue matériel et psychologique, était cependant plus complexe qu'il n'y paraît. Rome devint la première ville d'Italie par sa population, en raison de l'afflux des réfugiés et de la main-d'œuvre devenue indispensable. Elle en devint aussi, pour satisfaire aux besoins de la guerre, le premier centre industriel et commercial. Trois sociétés de dix-neuf personnes chacune furent chargées d'assurer les importations vitales, et d'accorder à l'État un crédit à long terme [3]. En échange, leurs membres étaient dispensés de toute obligation militaire, et obtenaient la promesse du remboursement des

---

1. Plutarque, *Marcellus*, XIII.
2. Polybe, VI, 8, 58 ; Tite-Live, XXII, 58 et 61 ; Diodore, XXVI, 14 ; Appien, VII, 5, 28 ; G. Brizzi, *Studi annibalici*, 1984, p. 47-55.
3. R. Scalais, « Le Déficit de la production agricole pendant la deuxième guerre punique », *Musée Belge*, XXX, 1927, p. 186 et suiv.

pertes, tant de ce qui serait pris par l'ennemi que de ce qui serait détruit par la tempête. Le conflit développa une nouvelle race d'hommes d'affaires, qui prenaient à ferme les recettes et les dépenses de l'État (*publica*, d'où leur nom de publicains), investissaient dans les mines et le commerce, s'alliaient aux Grecs du sud, partaient pour Délos ou le Levant. Paradoxalement, Hannibal favorisa en Italie l'essor d'une économie très moderne. Le « legs d'Hannibal », c'est aussi ce développement extraordinaire [1] et qui n'a pas toujours été bien vu par les historiens.

Curieusement, les mentalités collectives ne réagirent qu'avec une certaine réserve, contrairement à ce qui a été parfois écrit. Dans le domaine religieux, Apollon occupa une plus grande place : comme il porte le même nom en latin et en grec, il symbolisait l'union souhaitée entre Romains et Hellènes contre les Puniques. L'historien Fabius Pictor fut donc prié d'aller le visiter dans son sanctuaire de Delphes. Sur le Marché aux Bœufs, on renouvela le cruel sacrifice de deux couples de Grecs et de Gaulois, qui y furent enterrés vivants [2]. Cette modération relative pour les anciens s'explique peut-être en partie par le contexte intellectuel. Chez les élites, une véritable révolution se déroulait dans ce domaine, comme dans celui de l'économie. P. Grimal [3] a parlé, à propos de cette époque, de « miracle romain » : à son avis, Rome parcourut alors en trois générations le même chemin que la Grèce en quatre siècles, en adaptant, il est vrai, des modèles grecs. Livius Andronicus, « fondateur de la littérature latine » selon H. Zehnacker et J.-C. Fredouille [4], compose des tragédies et traduit l'*Odyssée* ; Fabius Pictor rédige en grec *Les Exploits des Romains*. Naevius commence par donner des tragédies, vers 215-210, puis passe à une authentique épopée,

---

1. Polybe, VI, 16, 1 ; Tite-Live, XXIII, 21, et XXV, 1 ; A. J. Toynbee, ouvrage cité, II, p. 335 ; G.-Ch. Picard, *Vie et mort de Carthage*, 1970, p. 257.
2. Tite-Live, XXII, 57, et XXIII, 11 ; Plutarque, *Fab.*, XVIII ; Appien, VII, 5, 27 ; G. Dumézil, *La Religion romaine archaïque*, 1974, p. 477-478.
3. P. Grimal, *Le Siècle des Scipions*, 2ᵉ éd., 1975 (Paris), p. 12 ; J.-L. Ferrary, *Philhellénisme et impérialisme*, B.E.F.A.R., 271, 1988 (Paris-Rome).
4. H. Zehnacker et J.-C. Fredouille, *Littérature latine*, 1993 (Paris), p. 18.

La Guerre punique. Ennius écrit des tragédies en grec, et Plaute des comédies en latin, après 212.

Un mystère

Revenons au lendemain de Cannes, et repassons dans le camp punique. Une question s'est posée dès l'Antiquité : pourquoi, après sa victoire, Hannibal n'a-t-il pas tenté d'exploiter son succès en marchant sur Rome ? Certains de ses officiers l'y poussaient. Maharbal ou Hannon, le commandant de sa cavalerie, défendait ce projet avec vigueur : « Dans quatre jours, nous dînerons au Capitole. » Or le général carthaginois non seulement refusa cette proposition, mais il tenta même de négocier, au grand désespoir de son second qui le lui reprocha vivement dans une phrase devenue célèbre : « Tu sais vaincre, Hannibal, mais tu ne sais pas exploiter ta victoire [1]. » Deux explications ont été avancées, qui d'ailleurs se complètent. D'une part, la Ville était bien défendue : la vieille muraille appelée servienne représentait un obstacle redoutable [2]. D'autre part, l'armée punique, habituée au mouvement, à la mobilité, n'était pas une armée de siège [3]. Elle aurait cependant pu s'initier à cette tactique, et son général avait sûrement acquis les connaissances nécessaires auprès de son maître Sosylos. Une remarque de Tite-Live incite d'ailleurs à penser qu'Hannibal fit bien alors un choix raisonné : en effet, au moment de quitter l'Italie, en 203, il exprima le regret de ne pas avoir marché sur Rome au lendemain de la victoire de Cannes (XXX, 20). Alors, qu'y avait-il derrière ce choix ?

---

1. Tite-Live, XXII, 51.
2. L. Laurenzi, « Perche Annibale non assedio Roma, Considerazioni archeologiche », *Studi annibalici*, 1964, p. 141-151.
3. G. Brizzi, *Annibale*, 1984, p. 146.

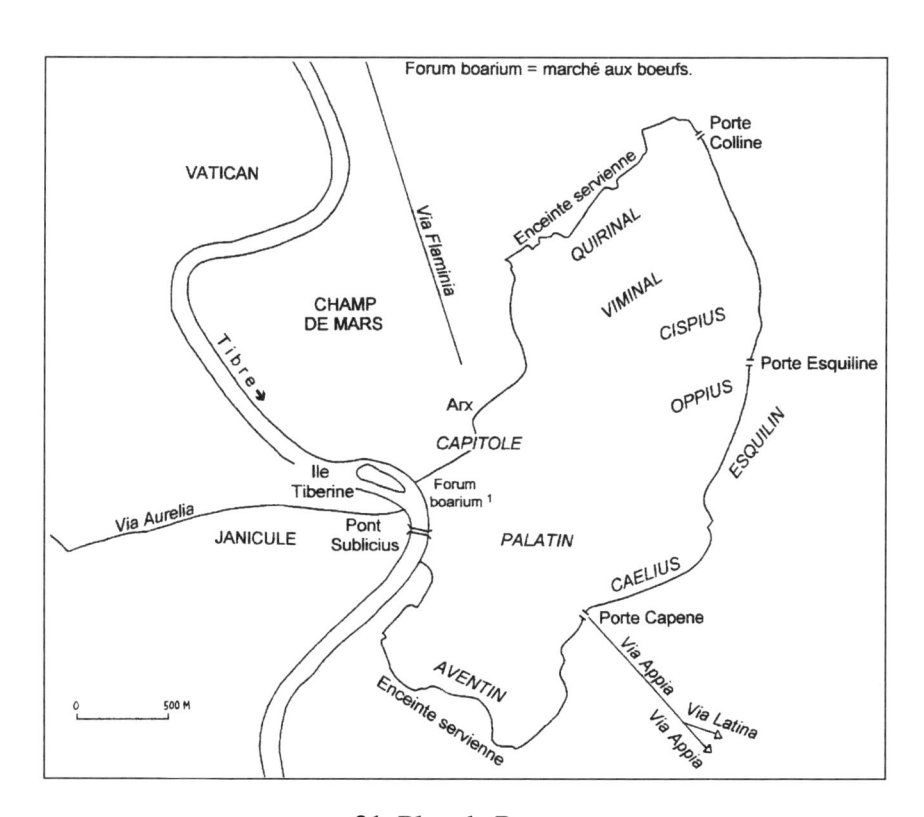

31. Plan de Rome.
Dessin de l'auteur.

La stratégie de Carthage

Il ne nous semble pas vraisemblable que, dans la deuxième moitié de l'année 216, malgré la grande défaite de Cannes, Rome ait été sur le point de tomber. D'où la nécessité pour son ennemi de l'affaiblir davantage. Dans ce but, les généraux puniques, et Hannibal au premier chef n'en doutons pas, élaborèrent une nouvelle stratégie. Ils conçurent un plan d'encerclement, d'étouffement de la capitale ennemie, qui devait être attaquée par l'ouest, l'est, le nord et le sud.

Magon, le frère d'Hannibal, se rendit à Carthage pour y annoncer la victoire de Cannes et demander des renforts ; cette démarche prouve que Rome n'avait pas perdu la guerre. Il reçut 12 000 fantassins, 1 500 cavaliers, 20 éléphants et 1 000 talents d'argent, soit près de 30 000 kg de métal, avec la mission de gagner la péninsule ibérique, et ensuite de fondre sur l'Italie en passant par la Gaule, par le nord-ouest [1]. De ce côté-là, l'appui des Gaulois de Cisalpine n'était plus guère attendu que comme appoint. Pour l'ouest, il faudrait menacer Rome en occupant la Sardaigne, et en dressant contre elle les États qui se partageaient la Sicile ; des flottes furent envoyées vers Syracuse et Lilybée [2]. Pour le nord-est et l'est, Carthage espérait en une alliance avec la Macédoine ; des tractations furent engagées avec son roi, Philippe V. Enfin, en ce qui concerne le sud, c'était Hannibal en personne qui devait s'en occuper ; bien entendu, il jouait le rôle principal de cette pièce, mais, remarquons-le, il n'en était pas le seul acteur. Que cette stratégie d'encerclement ait été voulue, consciente, nous en avons la preuve, fournie par la numismatique [3]. Les archéologues ont retrouvé dans le sud de l'Italie des monnaies puniques datant de cette guerre, en particulier quatorze tré-

---

1. Silius Italicus, XI, 483-611.
2. Tite-Live, XXII, 56.
3. F. Panvini Rosati, « La Monetazione annibalica », *Studi annibalici*, 1964, p. 167-180 (élimine des faux) ; P. Visonà, *Punic Bronze Coinage, Dissert. Abstracts*, XLVI, 1986, 3393A ; G. K. Jenkins, « Some Coins of Hannibal's Time », *Boll. di Num.* = *Studi L. Breglia*, I, 1987, p. 215-234 ; P. Serafin Petrillo, « L'Elettro annibalico : un problema di lega ? », *II Congr. Stud. Fen. e Pun.*, 1991.

sors. Les unes avaient été frappées à Carthage, ce qui montre que la cité africaine soutenait son général qui, en retour, lui obéissait. D'autres avaient été émises dans le Bruttium et en Lucanie, notamment à Consentia, et en Sicile, à Morgantina, et elles reprenaient des types antérieurs, Hermès ou Artémis avec un éléphant au revers, ce qui manifeste une fidélité au moins spirituelle de la part d'Hannibal à l'égard de sa patrie. Ce dernier utilisait aussi naturellement les espèces circulant dans les villes conquises ou alliées.

Cette stratégie reçut vite un début d'application, et ce fut un heureux début pour Carthage. An nord, les Boïens remportèrent une victoire ; ils anéantirent deux légions, et mirent à mort le consul suffect (remplaçant) Lucius Postumius Albinus ; ils lui coupèrent la tête et la consacrèrent dans un de leurs temples. Seule bonne nouvelle pour Rome, Hasdrubal, battu, ne put franchir l'Èbre. Ce n'était là qu'une maigre consolation.

Après des batailles qui avaient été autant d'écrasantes victoires, Carthage élaborait donc à présent une nouvelle stratégie d'encerclement, aussi coûteuse en argent qu'en hommes ; les Carthaginois auraient-ils la volonté de vaincre, auraient-ils des moyens financiers et démographiques à la hauteur de leurs ambitions ?

Les Romains, menacés de toutes parts, avaient subi des désastres et des pertes humaines considérables. Ils conservaient pourtant un moral de fer, et refusaient de s'avouer vaincus. Il est vrai qu'ils se trouvaient dans une phase extraordinairement dynamique, marquée par un étonnant essor de leur économie, par une floraison intellectuelle sans exemple. Et les légions s'accrochaient à la Catalogne. Rome pouvait tenir : elle avait les moyens psychologiques, financiers et démographiques de sa politique.

2. *Un nouvel État barcide*

Hannibal, qui ne comptait plus sur un soulèvement général des Celtes, espérait toujours, en revanche, susciter un mouvement de ce genre chez les Italiens. Il entreprit alors de se constituer un nouvel État dans le sud de la péninsule, sur le modèle de ce qu'y avait tenté Pyrrhus, de ce qu'avait fait Hamilcar dans le sud des Espagnes. Cette région, qui se trouvait géographiquement la plus proche de sa patrie, en était aussi la plus proche politiquement. Opportunément, des mouvements populaires, donc procarthaginois et antiromains, l'agitaient.

Les amères délices

Après la bataille de Cannes, un certain nombre d'alliés de Rome passèrent dans le camp d'Hannibal [1], en particulier dans le Samnium et dans tout le Sud de l'Italie. Le général carthaginois s'empara de la Daunie, et gagna la Campanie où il fut bien accueilli, spécialement à Capoue. Il promit aux habitants de cette cité qu'elle égalerait Rome en puissance, et il leur assura qu'il respecterait leur autonomie. Leur atelier monétaire commença à frapper des pièces de 3,10 g, alignées sur un étalon punique, a-t-on dit. Sauf un certain Decius, tous se réjouirent de ces promesses, en particulier un aristocrate chef du parti populaire (le cas se rencontrait déjà), Pacuvius Calavius [2]. Les soldats purent alors prendre quelque repos.

L'expression « délices de Capoue » est devenue proverbiale. Des auteurs, partisans d'une morale austère, ont opposé les premiers succès d'Hannibal, qu'ils expliquaient par la vie frugale de ses soldats, aux échecs qui ont suivi, causés selon eux par l'abus des plaisirs [3]. Il ne faut pas fantasmer sur les descriptions poétiques de Silius Italicus (XI, 28-54 et 426-438), sur celles de Diodore de Sicile, qui rêve de « luxure permanente, [de] lits moelleux, [de] parfums et [de] nourritures variées » (XXVI, 11), ni sur celles de Tite-Live qui additionne « le sommeil, le vin, les

---

1. Tite-Live, XXII, 61 (important) ; Silius Italicus, XI, 1-27 ; A. D. Fitton Brown, « After *Cannae* », *Historia*, VIII, 1959, p. 365-371, et « La Stratégie romaine 218-216 B. C. », *Studi annibalici*, 1964, p. 181-189 (pas indispensable).

2. Tite-Live, XXIII, 2-4.

3. Florus, I, 22, 21 : « Capoue fut la Cannes d'Hannibal » (voir Tite-Live, XXIII, 45).

festins, les courtisanes, les bains et l'inaction » (XXIII, 18). Par tradition, l'hiver, les mercenaires s'entraînaient le jour ; ils occupaient leurs loisirs, le soir, dans les tavernes, et en famille s'ils étaient mariés, ou dans les lupanars s'ils étaient célibataires. Assurément, à Capoue, le vin était le meilleur d'Italie (les crus de Campanie ont atteint la célébrité) ; peut-être aussi les filles y étaient-elles plus jolies qu'ailleurs. Qui sait ?

Les roses du Sud n'étaient pourtant pas sans épines. En Daunie, Lucérie refusa de se soumettre au Carthaginois. D'autres cités l'imitèrent, comme Naples [1], Nole, Petilia [2], Casilinum (l'actuelle Capua), Locres et Crotone. Hannibal assiégea et prit plusieurs d'entre elles, mais il échoua devant Cumes, et Rome installa une base navale à Dicéarchie, bientôt appelée Puteoli (aujourd'hui Pouzzoles), qui devint son port principal pour plusieurs siècles [3]. En Campanie, les villes de l'intérieur étaient passées à Carthage ; les ports restaient dans le camp romain, pour des raisons économiques (l'alliance avec Rome avait favorisé leur commerce, au détriment de la concurrence punique, comme le prouvent les trouvailles de céramique), aussi pour des motifs politiques (les cités marchandes étaient gouvernées par des aristocraties), et enfin pour des raisons militaires (Rome dominait la mer). Bien plus, Claudius Marcellus bouscula Hannibal devant Nole et l'empêcha de prendre la ville : cet échec du Punique fut considéré à Rome comme un premier et grand succès [4].

En 215, Hannibal, qui avait reçu un renfort de 4 000 Numides, des éléphants et de l'argent, déplaça son quartier général : on le vit au mont Tifata, qui domine Capoue, à Arpi, à Crotone, près du temple de Junon Lacinia, et enfin à Locres [5]. Il étendait sa domination sur l'Italie du sud, et Carthage, malgré quelques

---

1. Tite-Live, XXIII, 15 et suiv.
2. Tite-Live, cité ; Appien, VII, 5, 29 ; M. Caltabiano, « Una Città del Sud tra Roma e Annibale », *Kleio*, II, 1977, 88 p., 6 pl.
3. G. Marasco, « La Guerra annibalica e il sviluppo economico di Pozzuoli », *Contributi dell'Ist. di Storia Ant.* (Milan), XIV, 1988, p. 205-216.
4. Tite-Live, XXIII, 16, et 45-46 ; Silius Italicus, XII, 158-294 ; Plutarque, *Marc.*, XI ; Orose, IV, 16, 12.
5. Tite-Live, XXIV, 3.

ratés, appliquait sa stratégie. Une première bonne nouvelle fut la conclusion d'un accord avec la Macédoine [1]. Ce traité, que la tradition et Tite-Live placent en 215, a été remonté dans le temps, entre Trasimène et Cannes, dans une étude récente [2]. Quoi qu'il en soit, Philippe V avait, lui aussi, une politique claire et cohérente. Il devait compter avec une Grèce très divisée qui, outre son royaume, comptait des ligues (Étoliens, Achéens…), et des cités (Athènes, Sparte…). Par tradition et nécessité géographique, il s'efforçait d'étendre son autorité sur les Balkans et surveillait l'Illyrie. C'est dans ce secteur, on l'a vu plus haut, qu'il était entré en contact avec Rome dont il redoutait l'impérialisme. De plus, il pouvait souhaiter s'accrocher au char du vainqueur [3]. On possède de lui deux lettres adressées à la ville de Larissa, pour lui conseiller de se montrer généreuse de son droit de cité ; comme Rome, elle en obtiendrait un accroissement de population [4]. En 217, il avait fait la paix avec les turbulents Étoliens, et en 216 avait envoyé une flottille dans l'Adriatique. L'accord [5] fut conclu en présence d'Hannibal, de trois officiers et de sénateurs carthaginois (sa patrie était donc bien impliquée dans l'affaire) ; Philippe V s'était fait représenter par un Athénien. Tous prêtèrent serment en invoquant une série de dieux [6] de Carthage d'un côté (des Barcides pour G.-Ch. Picard [7]), de la Macédoine de l'autre. Les deux parties s'engageaient à se porter aide et assistance, ce qui est vague, et à avoir mêmes amis et

---

1. Tite-Live, XXIII, 33 et suiv.
2. L. Longaretti, « L'Alleanza tra Annibale e Filippo V di Macedonia », *Rendic. dell'Ist. Lombardo*, 123, 1989, p. 183-192.
3. G. Brizzi, *Carcopino*, 1989, p. 39.
4. *Sylloge*, II, 3ᵉ éd., 533.
5. Polybe, VI, 3, 9, préféré à Tite-Live, XXIII, 33 ; E. J. Bickerman, « An Oath of Hannibal », *Trans. Proc. Amer. Assoc. of Philol.*, LXXV, 1944, p. 187, et « Hannibal's Covenant », *Ibidem*, LXXIII, 1952, p. 1. Voir notes suivantes.
6. P. Xella, « A proposito del giuramento annibalico », *Oriens Antiquus*, X, 1971, p. 189-193 ; M. J. Barré, *The God-List in the Treaty between Hannibal and Philip V of Macedonia*, 1983 (Baltimore) ; voir note suivante.
7. G.-Ch. Picard, « La Religion d'Hannibal », *Rev. Hist. Rel.*, 163, 1963, p. 123-124.

mêmes ennemis, ce qui a paru plus concret à la critique, laquelle a même imaginé que ce texte partageait la Méditerranée en deux, ce qui va peut-être bien loin. Philippe V se serait certainement contenté de dominer l'Adriatique, et même les seuls rivages orientaux de cette mer. Comme les Romains contrôlaient toutes les voies maritimes, ils capturèrent le représentant de Philippe V, et furent très vite informés de cet accord.

La mort de Hiéron, à Syracuse, constitua une mauvaise nouvelle pour eux [1]. Le vieux roi s'était appuyé, dans sa ville et au-dehors, sur le parti aristocratique. Mais son fils Gélon, mort en 216, et son petit-fils Hiéronyme, en tenaient pour le peuple, et donc pour Carthage. Le jeune prince, malgré deux ambassades venues de Rome pour le mettre en garde, envoya des représentants à Alexandrie, à Carthage, et auprès d'Hannibal. Il obtint des Puniques la promesse que la Sicile tout entière lui reviendrait. Il se rendit alors à Léontini où se trouvait son armée. Pour Rome, un nouvel ennemi risquait de se déclarer, et des routes du blé étaient coupées.

Ces succès diplomatiques, sans effets pratiques immédiats, étaient diminués par des échecs sur des terrains éloignés de l'Italie, ce qui atténuait leur impact psychologique. Dans les Espagnes, l'Èbre restait infranchissable aux forces de Carthage. Ces dernières subirent en outre un désastre en Sardaigne [2]. La population de cette grande île était composée d'indigènes, « un peuple obstiné, dit Florus, qui faisait peu de cas de la mort » (I, 22, 35), et d'Africains immigrés plus ou moins métissés. Les notables de Cornus, peut-être ceux d'autres cités sardo-puniques et les chefs des tribus indigènes, furent fédérés par un certain Ampsicora, et la révolte contre Rome éclata. Carthage annonça alors l'envoi d'une flotte. Mais une tempête détourna les navires

---

1. Polybe, VII, 2, 2-8 ; Tite-Live, XXIV, 4-6 ; Silius Italicus, XIV, 79 et suiv. ; P. Marchetti, « La Deuxième Guerre punique en Sicile », *Bull. de l'Inst. Belge de Rome*, 1972, p. 5-26 ; B. Marino, *La Sicilia dal 241 al 210 a. C., Test. Sic. Ant.*, I, 12 = *Kokalos*, suppl., VII, 1988 (Rome).

2. Tite-Live, XXIII, 32 et 40-41 ; Silius Italicus, XII, 342-419 ; G. Brizzi, *Carcopino*, 1989, p. 87 et suiv. ; P. Meloni, *La Sardegna romana*, 2ᵉ éd., 1990, p. 54-61.

vers les Baléares, et le gouverneur romain, Titus Manlius Torquatus, sut prendre les mesures nécessaires pour écraser les rebelles et les troupes qui finirent par débarquer. Le chef des renforts carthaginois, Hasdrubal le Chauve, fut capturé, tout comme Ampsicora et son fils Ostus (ou Hiostus) ; ces deux derniers furent exécutés. Le poète Ennius avait participé aux combats.

En Italie même, Hannibal paraissait imbattable. Pourtant l'Apollon de Delphes envoyait au peuple romain, par le truchement de Fabius Pictor, un message très encourageant [1] (on en ignore le texte ; de toute façon, on sait que les dieux en général et Apollon en particulier s'exprimaient toujours en des termes très ambigus). Et les forces puniques étaient en permanence surveillées par trois armées romaines : Claudius Marcellus, dans le Samnium, près de Caudium, contrôlait la route de Brindes ; en Campanie même, Sempronius Gracchus se tenait près de Sinuessa, d'où il put massacrer un parti de Capouans, et Fabius Maximus campait aux environs de Cales. C'était ce dernier qui inspirait stratégie et tactique : les Romains temporisaient.

Les échecs de la stratégie carthaginoise

Rome disposait d'argent et d'hommes, et aussi de généraux obstinés, compétents et... heureux parce qu'ils étaient devenus prudents. En face, Carthage ne pouvait compter que sur Hannibal, au moins en Italie (ses frères, en Espagne, ne pouvaient être négligés), et les succès qu'il remportait camouflaient à peine les échecs subis par ses compatriotes.

La stratégie d'encerclement de l'Italie échouait en effet. Le carcan se desserrait peu à peu, et d'abord à l'est. Valerius Laevinus menait une flotte dans l'Adriatique, et débarquait près d'Apollonia qu'assiégeait Philippe V. C'était le vrai début du conflit que les anciens ont appelé « la première guerre de Macédoine » (215-205). Laevinus choisit lui aussi une stratégie d'encerclement, mais en recourant à la diplomatie : Grecs contre Grecs. Une vaste coalition se forma, tantôt de fait tantôt de droit.

---

1. Silius Italicus, XII, 295-341.

La Macédoine fut donc menacée à l'ouest par Rome, au nord par les Dardaniens et les Thraces, au sud par les Achéens, menés par leur chef Aratos, et par les Étoliens qui conclurent une alliance avec Rome en 212 [1] : le butin serait partagé en deux parts égales, les villes resteraient aux Étoliens ; ces derniers furent rejoints par les Éléens, les Messéniens et Sparte (le traité ne fut ratifié par les comices qu'en 209). Enfin, menaçant la Macédoine par l'est, le roi de Pergame, Attale, entra à son tour dans l'alliance de Rome en 213.

Dans la péninsule ibérique, les deux Scipions, les aînés, remportaient des victoires à Castrum Album et Munda en 214 ; ils reprenaient Sagonte, mais n'obtenaient aucun succès décisif. Et, en Sicile, l'abcès fut crevé. Après treize mois de règne, le parti aristocratique organisa l'assassinat de Hiéronyme [2] ; il en profita pour éliminer toute la famille royale et proclama la république, puis il fit appel à Rome, qui répondit en envoyant Claudius Marcellus. Mais il y avait un malentendu : le général avait été chargé principalement de contrôler toute la Sicile, l'aide aux notables de Syracuse ne venant qu'en second lieu. De plus, cet homme en général habile se conduisit cette fois sinon avec maladresse du moins avec brutalité. Il détruisit les troupes rassemblées à Léontini, « cette armée de femmes, dit Silius Italicus, qui [avait] osé affronter des hommes » (XIV, 129). Il laissa commettre un massacre à Henna, et fit une tentative malheureuse contre Syracuse. Toute la Sicile se dressa contre lui ; Mégara Hyblaea s'entoura alors d'un rempart qui fut détruit peu après sur son ordre [3]. Carthage, qui envoya un Himilcon à Héraclea Minoa avec 25 000 fantassins, 3 000 cavaliers et 12 éléphants, jugea donc que cette situation était encourageante ; Himilcon put s'emparer d'Agrigente. Ce fut peut-être alors, suivant une thèse

---

1. Traité connu par l'inscription de Thyrrheion : R. G. Hopital, « Le Traité romano-étolien de 212 av. J.-C. », *Rev. Hist. Droit*, 1964, p. 18-48, et 204-240.

2. Tite-Live, XXIV, 7, 21-33 ; Silius Italicus, XIV, 165 et suiv. ; Plutarque, *Marc.*, XIV et suiv. ; Appien, V, 4-5.

3. F. Villard et G. Vallet, dans *Mél. École Fr. de Rome*, LXX, 1958, p. 39-59.

récemment exposée, que furent frappées des monnaies à la légende *Libyôn*, pour payer ces soldats [1] ; mais cette forme grammaticale, un génitif pluriel, signifie plutôt « [monnaie] des Libyens » que « [monnaie] pour les Libyens ». Marcellus, comme il disposait de forces suffisantes, en utilisa une petite partie pour contenir l'armée punique et, à la fin de l'année 213, mit le siège devant Syracuse. Ce changement de stratégie se révéla finalement efficace : les forces d'Himilcon n'avançaient plus ; une flotte de 55 navires, aux ordres de Bomilcar, vint mouiller dans les eaux de Syracuse, vit les 130 navires de Marcellus, et repartit sur-le-champ. Le blocus de Syracuse fut une des rares opérations navales de cette période. Rome, on le constate, conservait la maîtrise de la mer, et cette guerre restait une guerre terrestre.

Le demi-succès punique de Sicile qu'était l'alliance de Hiéronyme ne fut pas compensé par un demi-échec subi en Afrique même. Le Maghreb, dont le littoral était parsemé d'échelles puniques, était divisé en quatre ensembles : à l'est, la *chôra* de Carthage, à l'ouest, le pays des Maures, et, entre les deux, le domaine des Numides, divisés en Masaesyles ou Occidentaux (Cirta, Siga, avec une branche attestée au Maroc actuel) et Massyles ou Orientaux (Zama, Dougga). Le roi des Masaesyles, Syphax [2], fit alliance avec les Scipions et attaqua Carthage qui dut rappeler Hasdrubal de la péninsule ibérique et rechercher l'alliance de Gaia, roi des Massyles. Les Scipions fournirent à leur allié des centurions comme instructeurs : la guerre était devenue un métier qui s'apprenait. Ils passèrent des accords, dans le même temps, avec des chefs de peuples celtibériques qui fournirent des mercenaires pour le théâtre d'opérations italien : cela aussi, c'était une nouveauté. Tout le nord de la péninsule ibérique était passé sous le contrôle de Rome.

---

1. G. Manganaro, « Per la cronologia delle emissioni a leggenda Λιβύων », *Numismatique et histoire économique phénicienne et punique*, Stud. Phoen., IX, *Publ. Univ. Louvain*, LVIII, 1992, p. 93-106, et pl. XXV-XXVII.

2. H. R. Baldus, « Die Münzen der Numiderkönige Syphax und Vermina », *Fest. M. R. Alföldi*, édit. H. C. Noeske et H. Schubert, 1991 (Francfort), p. 26-34.

Finalement, Syphax fut vaincu par Gaia, et dut traiter. Mais Carthage avait subi des pertes en Afrique, et sa situation dans les Espagnes avait empiré.

La création du denier

Il semble bien alors que la stratégie de Carthage ait échoué peu à peu. Elle a échoué parce que, dans cette guerre d'usure qui devenait une guerre totale, son ennemie possédait l'avantage dans les domaines de l'économie et de la démographie. De 214 à 206, Rome put aligner en permanence de 20 à 25 légions [1]. Quant à sa force économique, on peut en trouver une preuve dans la révolution monétaire qui eut lieu à un moment donné entre 213 et 211, avec la création du denier : cette espèce était appelée à durer presque autant que Rome, et à lui survivre jusqu'à l'heure présente dans le dinar de l'ex-Yougoslavie et de plusieurs pays musulmans. Le moment de cette naissance a été longuement discuté ; nous nous rallions à une thèse qui semble regrouper la majorité des suffrages [2].

Le système établi reposait sur le bimétallisme : l'État frappait l'or et l'argent, ce dernier étant cependant plus utilisé, plus caractéristique. Pour l'or, il émit des pièces de 1, 2 et 3 scrupules (pour les Romains, le scrupule pesait peu : 1,137 g). Pour l'argent, il proposa le victoriat, qui tirait son nom de la représentation de la déesse Victoire qui y figurait [3], et le denier de 4 scrupules, avec ses subdivisions (1/2 et 1/4). Sur le denier, les déesses Rome, Bellone (la Guerre), Minerve, et le cycle des origines troyennes de la Ville fournirent les premières effigies. Ces monnaies, dites « réelles » parce qu'elles étaient frappées dans

---

1. A. J. Toynbee, ouvrage cité, II, p. 647.
2. P. Marchetti, « La Datation du denier romain et les fouilles de Morgantina », *Rev. Belge de Num.*, 1971, p. 81-114 ; M. H. Crawford, « War and Finance », *Journ. of Roman St.*, LIV, 1964, p. 29-32, et *Roman Republican Coinage*, 1974 (Cambridge), 2 vol. ; H. Zehnacker, *Moneta*, I, 1973 (Paris), en particulier p. 324 et 327.
3. À partir de 213 pour M. H. Crawford (note précédente).

des métaux ayant en eux-mêmes de la valeur, furent complétées par l'as de bronze, de 5,45 g.

On remarque que l'histoire de la monnaie à Rome suit les rythmes de la guerre, et pas ceux de l'économie. Les premières émissions ont fait leur apparition au cours du conflit contre Pyrrhus, et ont eu une prolongation en raison de la première guerre contre Carthage. Le système du denier fut, lui aussi, un « legs d'Hannibal ». C'est que la guerre développait le commerce : elle brisait le cercle de l'autarcie. Il fallait du blé pour Rome et pour les armées, des soldes pour les combattants, du bois et du fer pour les navires et pour les armes. Ajoutons une autre remarque : l'importance du théâtre d'opérations ibérique pour Rome n'était peut-être pas seulement militaire ; les Scipions fixaient sans doute un œil sur les mines de l'Andalousie, en particulier sur ses mines d'argent.

L'œuvre d'Hannibal en Italie

Chaque année apportait encore son lot de présages, fidèlement énumérés par Tite-Live. Fait exceptionnel, le trouble de la plèbe devint assez manifeste pour qu'on en parle : la superstition l'emportait sur la religion ; devins et sacrificateurs privés se multipliaient. Le Sénat intervint avec énergie : il décida de confisquer les écrits et d'interdire les rites non officiels [1].

Pendant ce temps, Hannibal construisait son œuvre, non sans difficultés : la tactique et la stratégie de ses adversaires le gênaient considérablement. Les auteurs anciens ont utilisé, pour les décrire, une image qui a fait fortune : Fabius, sur la défensive, était le bouclier de l'empire, et Marcellus, à l'offensive, son glaive [2]. Le Samnium fut très vite repris [3], ainsi que la ville de Casilinum, en Campanie [4]. Près de Bénévent, les esclaves mobilisés sous les ordres de Sempronius Gracchus, les *uolones*, batti-

---
1. Tite-Live, XXIV, 10 (prodiges), et XXV, 1 (superstition).
2. Florus, I, 22, 27 ; Plutarque, *Fab.*, XIX, et *Marc.*, IX, 7.
3. Plutarque, *Marc.*, XXIV.
4. Tite-Live, XXIV, 19.

rent les Puniques[1]. Les forces de Rome glissaient vers le sud[2] : Sempronius avançait vers la Lucanie, Fabius le jeune vers l'Apulie. Arpi était prise.

Hannibal ne restait pourtant pas inactif, et achevait de constituer son État et de réorganiser son armée. Il passa chez les Salentins pour y refaire sa cavalerie. Son plus grand succès fut la prise de Tarente[3]. La population de cette cité, très mélangée, comprenait des Romains, civils et militaires, et des Grecs, favorables ou hostiles à ces mêmes Romains. Des conjurés, ennemis de l'aristocratie, et donc procarthaginois, livrèrent la ville à Hannibal au milieu d'un grand massacre de tous leurs adversaires. Mais ils ne purent pas s'emparer de la citadelle, malgré les travaux de poliorcétique effectués sur ordre d'Hannibal : son armée mobile s'adaptait mal aux sièges. Une petite garnison sut s'y maintenir fort longtemps ; depuis l'acropole, elle empêchait les navires d'entrer et de sortir, ce qui était fort dommageable pour Hannibal toujours à la recherche d'un port, comme le dit Silius Italicus (XII, 29-30). Il eut l'idée, fort admirée à l'époque, de faire passer les navires depuis la rade jusqu'à la pleine mer sur des chariots[4]. Dans la foulée de ce succès, ou de ce demi-succès, comme on voudra, il s'empara de Métaponte, de Thurium et d'Héraklée[5].

Il y eut mieux. Bien que le consul Fulvius ait pris le camp d'Hannon près de Bénévent[6], Sempronius Gracchus, toujours à la tête de ses *uolones*, tomba dans un piège, fut vaincu et tué. Le vainqueur lui fit des funérailles solennelles, envoya ses cendres à Rome[7]. Et, sur le territoire de Capoue, les consuls furent de nouveau sévèrement vaincus. Tite-Live décrit un combat individuel

---

1. Tite-Live, XXIV, 10, et 15-16. C'est peut-être seulement alors qu'ils obtinrent la liberté.
2. Tite-Live, XXIV, 44 et suiv.
3. Polybe, VIII, 5, 24-34 ; Tite-Live, XXV, 8-11 ; Silius Italicus, XII, 420-448 ; Appien, VII, 6, 32 et suiv. ; Frontin, *Strat.,* III, 3, 6.
4. E. de Saint-Denis, « À Tarente en 212 avant J.-C. », *Latomus*, XIII, 1954, p. 25-32.
5. Tite-Live, XXV, 15 ; Appien, VII, 6.
6. Tite-Live, XXV, 13-15.
7. Tite-Live, XXV, 15-17 ; Diodore, XXVI, 16 ; Appien, VII, 6, 35.

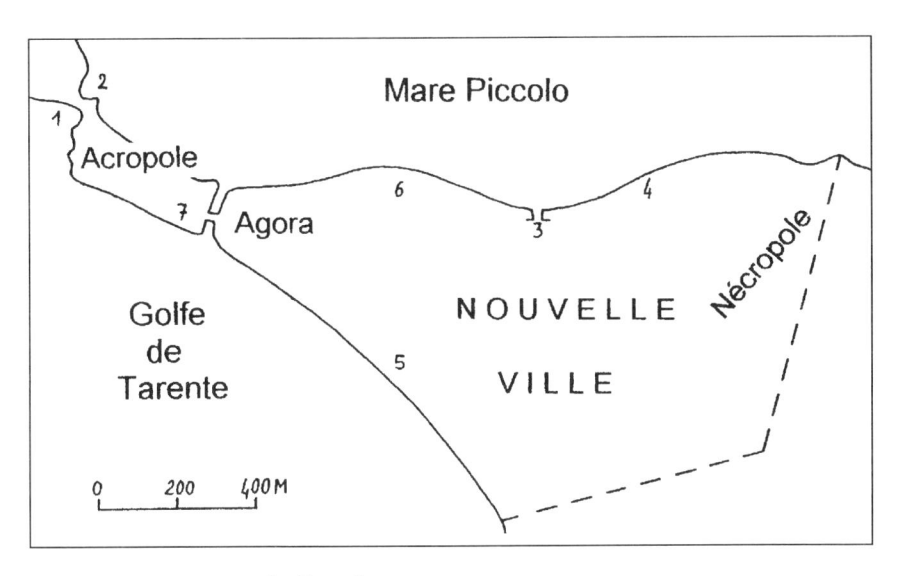

1. Port de commerce
2. Port militaire
3. Porte de la mer
4. Temple de Proserpine
5. Temple d'Apollon
6. Temple de Dionysos chthonien
7. Temple de Poseidon

32. Plan de Tarente.
Dessin de l'auteur.

qui eut lieu entre deux héros à la face des armées (XXV, 18) ; cette anecdote est significative, car elle montre que l'esprit aristocratique ancien perdurait dans cette tradition alors totalement dépassée, en quelque sorte homérique.

Au printemps de l'année 212, Hannibal avait reconstitué à son profit l'État de Pyrrhus. Peut-être aurait-il dû marcher sur Rome dès 216 ; nous ne saurons jamais s'il a eu tort ou non de ne pas l'avoir fait. Pour le reste, il avait su exploiter sa victoire de Cannes. Le domaine d'Hannibal atteignait son apogée.

3. *Les premiers succès de Rome*

L'instauration des jeux apolliniens en 212, qui répondait à une nouvelle vague de présages, n'explique pas tout [1]. Rome renoua avec le succès pour un faisceau de raisons : sa force démographique et économique finissait par s'imposer ; les généraux avaient renoncé à se battre en rase campagne. De fait, les deux premières bonnes fortunes que connurent les légions résultèrent de sièges. Ce type d'action réussissait particulièrement bien aux légionnaires, plus habiles encore avec la pioche qu'avec l'épée.

La prise de Syracuse [2] incombait, comme on l'a dit, à Marcellus. Ce personnage, injustement méconnu, a pourtant eu les honneurs d'une biographie de Plutarque. Beau et vigoureux [3], habile et intelligent, il possédait de multiples qualités auxquelles il faut ajouter le sens de l'humour [4] et un goût prononcé pour la culture, grecque il va de soi, ce qui lui avait permis de perfectionner ses connaissances en poliorcétique et dans l'art des stratagèmes. Il avait sous ses ordres des soldats qui ne passaient pas pour les meilleurs, mais qui compensaient cette faiblesse par une

---

1. Tite-Live, XXV, 7 et 12.
2. Polybe, VIII, 2, 3-7 et 6, 37 ; Tite-Live, XXIV, 34 et suiv., XXV, 23-31 ; Diodore, XXVI, 18-20 ; Plutarque, *Marc.*, XIV-XIX.
3. Plutarque, *Marc.*, XXX.
4. Jeu de mots : Polybe, VIII, 2, 6.

grande motivation au combat. C'étaient les rescapés de Cannes ; ils devaient se racheter en Sicile pour gagner le droit de revenir en Italie. Il disposait d'un solide équipement, de navires et de machines. Il s'opposait à Archimède, dont on a fait le prototype du savant distrait qui, malgré ses soixante-quinze ans, avait su trouver des applications concrètes à ses recherches théoriques, ce qui n'était pas banal dans l'Antiquité. La tradition rapporte des choses étonnantes. Archimède aurait amélioré catapultes et balistes ; il aurait inventé une grue qui soulevait certains des navires romains pour les laisser tomber avec brutalité, et on l'a crédité de jeux de miroirs qui auraient incendié les autres bateaux [1], ce qui paraît peu vraisemblable aux scientifiques actuels. Le conflit était pourtant inégal. Une flotte punique de 155 navires, aux ordres de Bomilcar, vint faire une apparition et repartit immédiatement : un mal mystérieux, une épidémie venait d'éclater, et les hommes de Marcellus paraissaient inexpugnables. Silius Italicus, qui a sans doute apporté quelque exagération en décrivant une grande bataille navale, donne une intéressante indication : des navires à six rangs de rames existaient bien (XIV, 487-488, et 574). Il est dommage qu'il n'explique pas comment ils étaient construits.

Marcellus s'empara d'abord du quartier des Épipoles. Un de ses officiers avait mesuré mentalement la hauteur du mur pour faire fabriquer des échelles, et il avait mis à profit la nuit qui suivait la fête d'Artémis. Les Syracusains, d'autant plus ivres qu'ils étaient à jeun, n'avaient rien entendu. Les défenseurs de l'Euryale se rendirent, l'île d'Ortygie fut prise, et enfin la garnison de l'Achradine capitula. La ville fut livrée au pillage. Marcellus avait demandé à ses hommes d'épargner Archimède. Mais, sans ménagements, l'illustre savant pria un soldat romain qui lui demandait avec courtoisie son nom de ne pas déranger les figures de géométrie qu'il traçait dans le sable ; le soldat frappa le savant. C'est ainsi que mourut Archimède, protomartyr des mathématiques.

La prise de Syracuse entraîna d'importantes conséquences dans le domaine de la culture. « Aucune ville au monde, en ce

---

1. Tite-Live, XXIV, 34 ; Diodore, XXVI, 18.

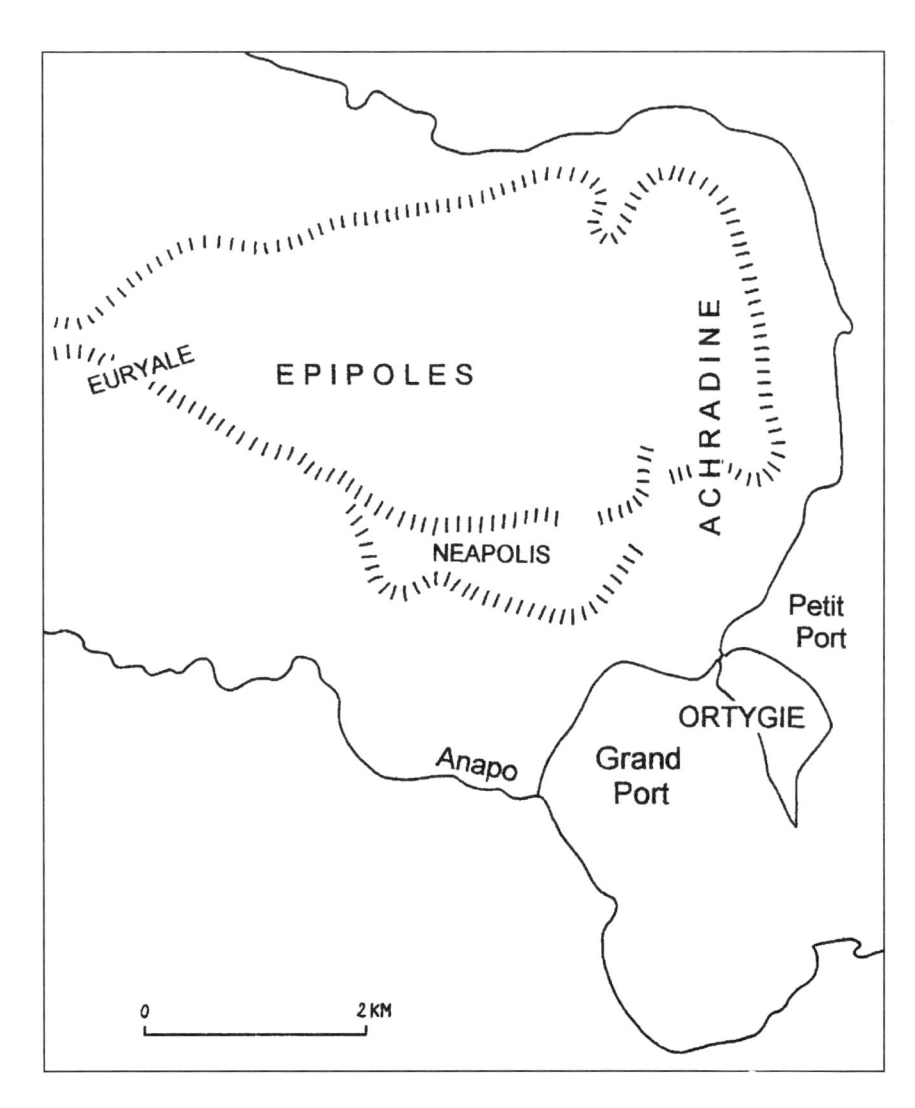

33. Plan de Syracuse.
Dessin de l'auteur.

temps-là, note Silius Italicus, ne pouvait être comparée à Syracuse » (XIV, 671-672), ce que confirme Tite-Live quand il la décrit comme « la ville la plus belle, peut-être, de son époque » (XXV, 24). En homme cultivé, Marcellus constitua sa part de butin avec des œuvres d'art, tableaux et sculptures, qu'il ramena chez lui, et qui excitèrent l'intérêt des habitants de la Ville. « Les Romains, dit-il plus tard, ne savaient pas apprécier et admirer les beautés de la Grèce ; c'est moi qui le leur ai appris [1]. » Ajoutons qu'il versa une pension à la veuve d'Archimède. Les habitants furent vendus comme esclaves, et Marcellus obtint l'honneur de l'ovation, un petit triomphe [2].

Cette victoire ne mettait pas un terme à la reconquête de la Sicile : Hannon avait organisé un grand camp à Agrigente. Le chef numide Mutina, injustement traité, livra la ville aux Romains, ce qui entraîna l'évacuation de toute l'île [3]. Valerius Laevinus, qui succéda à Marcellus en 210 et resta en Sicile jusqu'en 205, y fit une œuvre considérable. Il nettoya les côtes des navires puniques, construisit une route à laquelle il a donné son nom, la via Valeria, de Messine à Lilybée, et réorganisa l'économie céréalière de la Sicile [4]. Un débarquement punique en Sardaigne resta sans suite.

Pendant que se déroulait le siège de Syracuse, les consuls Fulvius Flaccus et Claudius Pulcher investissaient Capoue [5]. Ils firent entourer la ville par un double fossé et par une double palissade. Des garnisons furent installées dans la région, à Casilinum, Pouzzoles et aux bouches du Vulturne [6].

Dans l'espoir de détourner les légions de Capoue, une ville qui avait valeur de symbole, Hannibal décida de marcher sur Rome. La route qu'il prit n'est pas identifiée avec certitude [7]. Ce

---

1. Plutarque, *Marc.*, XXI.
2. G. Brizzi, Liv., XXIV 46-47, e XXVI 29-32, *Carcopino*, 1989, p. 119-142.
3. Tite-Live, XXV, 40-41.
4. Tite-Live, XXVI, 26, et XXVII, 8.
5. Polybe, IX, 2, 3-4 ; Tite-Live, XXV, 20-22 ; Appien, VII, 6, 36.
6. Tite-Live, XXV, 19-20.
7. Polybe, IX, 2, 4-7 ; Tite-Live, XXVI, 8 ; Appien, VII, 6-7 ; Orose, IV, 17, 2. E. W. Davies, « Hannibal's Roman Campaign of 211 B. C. », *Phoenix*, XIII, 1959, p. 113-120 ; G. Brizzi, *Studi annibalici*, 1984, p. 59 et suiv. ; J. Seibert, *Hannibal*, 1993, p. 301 et suiv.

qui est sûr, c'est qu'il se présenta avec 2 000 cavaliers à la porte Colline, provoquant le cri célèbre : « *Hannibal ad portas !* » (« aux portes » : le peuple le voyait partout [1]). Le consul Flaccus fut rappelé. Mais le Sénat restait impavide, et il mit aux enchères le champ où Hannibal avait installé son camp : les prix montèrent assez haut. Hannibal mit aux enchères les boutiques de Rome : il ne trouva pas d'acheteurs. Par hasard, deux légions traversaient la Ville. Selon Tite-Live, elles sortirent à deux reprises, et se rangèrent en ordre de bataille. Les deux fois éclata un orage aussi soudain qu'inattendu. Hannibal et ses adversaires tombèrent d'accord sur un point : les dieux ne voulaient pas de cette bataille (XXVI, 11).

Le blocus de Capoue fut maintenu malgré deux défaites : Paenula, un primipile (premier centurion de sa légion), fut vaincu en Lucanie, et Flaccus mourut avec onze tribuns près d'Hordonea, en Apulie [2]. C'est peut-être au siège de Capoue que se plaça une nouvelle réforme de l'infanterie légère des Romains : des cavaliers portèrent les vélites sur les lieux du combat, et il fut décidé que ces fantassins accompagneraient dorénavant systématiquement les légions, ce qui ne semble donc pas avoir été le cas jusqu'alors [3].

Hannibal venait d'apprendre deux choses : il ne pourrait jamais prendre Rome ; les Italiens ne se soulèveraient jamais à son appel. En signe de rupture avec eux, il saccagea leur sanctuaire du *Lucus Feroniae* [4], puis il battit en retraite vers la Daunie. Capoue capitula peu après [5]. Les déserteurs romains eurent les mains coupées. Les Puniques furent envoyés en captivité à Rome s'ils étaient nobles, réduits en esclavage dans le cas contraire. Les chefs de la sédition furent mis à mort, leurs concitoyens étant expulsés. Le butin comprenait, outre les esclaves,

---

1. Appien, VII, 6, 38-40 ; Silius Italicus, XII, 449-730 ; L. Halkin, « *Hannibal ad portas !* » *Les Études Classiques,* 1934, p. 417-457.

2. Tite-Live, XXVII, 1, et Appien, VII, 8, 48.

3. Tite-Live, XXVI, 4 ; A. Toynbee, ouvrage cité, p. 517.

4. Tite-Live, XXVI, 11. G. Brizzi, *Studi annibalici,* 1984, p. 57 et suiv.

5. Tite-Live, XXVI, 14, et Appien, VII, 7, 43 ; Silius Italicus, XIII, 94-380 ; J. Seibert, ouvrage cité, p. 311 et suiv.

2 000 livres d'or et 31 000 livres d'argent. Le Sénat se rassembla ensuite pour savoir ce qu'il fallait faire des Capouans qui restaient, et il publia un sénatus-consulte ¹. Les sénateurs les plus coupables furent réduits en esclavage ; les autres perdirent leurs biens qui vinrent grossir le domaine public du peuple romain, l'*ager publicus*. La ville fut privée de ses institutions, donc de son autonomie, et fut assimilée à un marché rural.

Cet exemple ne suffit pas : l'Italie était épuisée. Deux légions furent envoyées en Étrurie pour y maintenir l'ordre. À Rome, la plèbe était affamée, et on ne trouvait plus de volontaires pour servir dans la flotte comme rameurs. Cependant, dans le domaine militaire, l'amélioration se poursuivait. Bomilcar, après avoir fui Syracuse, avait gagné Tarente ; il échoua devant la citadelle ². Ses soldats ne le crucifièrent pas, malgré sa nullité ; les habitudes de la première guerre punique s'étaient perdues.

Les légions reprirent la Daunie. Ce succès ne compensait pas des difficultés inattendues, rencontrées dans les Espagnes ³ : les deux Scipions avaient été tués, leurs armées vaincues ⁴. À la fin de 211, un nouveau général, Claudius Nero, arriva à Tarragone, sans connaître davantage de succès. Fils et neveu des deux précédents chefs romains, le jeune Scipion, se présenta devant les comices et, malgré son âge (il n'avait que vingt-quatre ans), demanda le commandement de l'armée des Espagnes et l'obtint (on appelait cette autorité un *imperium* proconsulaire). Le grand spécialiste d'histoire militaire B. Liddell Hart, qui lui a consacré une monographie, estimait que Scipion fut « plus grand que Napoléon ». Scipion arriva à Tarragone avec quatre légions, un conseiller expérimenté, Marcus Junius Silanus, et un ami fidèle, Laelius. Il avait en face de lui trois armées puniques : deux étaient commandées par des frères d'Hannibal, Magon et

---

1. Tite-Live, XXVI, 34 ; G. Piccaluga, *Vrbs trunca, Riv. Stor. dell'Ant.*, XIII-XIV, 1983-1984, p. 103-125.

2. Polybe, IX, 2, 8-9.

3. Polybe, X, 2, 6-9 ; Tite-Live, XXV, 32-39, et XXVI, 17 ; Appien, VI, 3, 16 ; Silius Italicus, XV, 181 et suiv. ; Orose, IV, 18, 1.

4. G. K. Tipps, « The *Rogum Scipionis* and Gnaeus Scipio's last Stand », *Class. World*, LXXXV, 1991-1992, p. 81-90.

Hasdrubal, la troisième était aux ordres d'un autre Hasdrubal, le fils de Giscon.

Par ailleurs, tout allait bien pour Rome. Tite-Live indique qu'Otacilius avait mené un raid sur Utique (XXV, 31). Dans l'Égée[1], Sulpicius Galba, allié aux Étoliens, bousculait Philippe V, saccageait Égine. Le Sénat comptait dans son alliance Attale de Pergame, qui lui vendait Égine, ou plutôt ce qu'il en restait, et Ptolémée d'Égypte, qui reçut un siège curule (siège de magistrat), une toge et un sceptre d'ivoire, en signe d'investiture.

L'important se trouvait ailleurs. Scipion ouvrait une nouvelle phase de la guerre.

4. *Scipion et la victoire*

Cette période se caractérise par un net retour du succès pour les armes romaines, même si Hannibal restait intouchable, et en particulier par les premières victoires remportées en rase campagne face à des forces puniques dont il ne faut pas sous-estimer la valeur, mais qui avaient Scipion en face d'elles.

L'homme Scipion

Publius Cornelius Scipion est connu dans l'histoire par un surnom acquis ultérieurement, « l'Africain » ou « le premier Africain[2] ». Il naquit en 236 ou 235 dans une famille patricienne, donc d'ancienne noblesse. La première partie de sa carrière, celle qui nous intéresse le plus, se plaça sous le signe des armes. Au Tessin, il assista son père blessé[3]. Il participa à la

---

1. Polybe, IX, 9, 41-42.
2. Polybe, X, 2, 2-5 ; Dion Cassius, 202, qui s'inspire du portrait d'Hannibal ; P. Grimal, *Le Siècle des Scipions*, 1975 (Paris), p. 137-141 ; H. H. Scullard, *Scipio Africanus*, 1970 (Londres) ; P. Pinna Parpaglia, « La Carriera di Scipione nella guerra annibalica », *Labeo*, XXVI, 1980, p. 339-354.
3. Polybe, X, 3, contre Tite-Live, XXI, 46, et Macrobe, *Saturnales*, I, 11, 26.

bataille de La Trébie, et servait comme tribun militaire à Cannes ; à l'issue de l'engagement, il prit la tête d'un groupe de rescapés. Le plus important, c'est qu'il sut analyser les faiblesses de Rome, la force d'Hannibal. Cette formation militaire lui permit de faire ensuite une brillante carrière politique. Aristocrate par essence, « il fut peut-être, dit Eutrope, le premier des Romains de son siècle et des siècles suivants » (III, 15).

En 213, il obtint l'édilité, avant l'âge précise Tite-Live (XXV, 2), et sa candidature au commandement de l'armée des Espagnes ne rencontra aucun obstacle. Scipion s'imposait, et il plaisait, par un mélange de traits qui ne séduisent pas tous l'homme du XXe siècle, mais qui caractérisaient son milieu social, dont il savait respecter les valeurs : il se montrait humain et généreux à l'égard de tous, courageux et dur pour lui-même, amateur de jolies femmes mais maître de ses pulsions [1]. En reprenant la charge perdue par son père et son oncle, il suivait la tradition familiale et se mettait au service de l'État, il se posait en vengeur de sa famille et de sa patrie [2]. Calculateur à la tête froide, il pouvait aussi être homme de passions. Ses ambitions, qui devaient finalement profiter à la cité, ne suscitaient que quelques jalousies ou quelques craintes. Il ne cherchait pas à les apaiser. À Fabius qui exprimait ces sentiments, il répondit : « Je veux non seulement égaler ta gloire mais la dépasser si c'est possible [3]. »

L'ambition n'était qu'un des éléments d'un programme politique [4] à base philosophique. Scipion s'était hellénisé, mais sans doute pas parfaitement en ce qui concerne la langue [5]. Certaines de ses attitudes montrent une influence du stoïcisme (ou une appartenance à cette école ?). Ainsi, quand ses soldats lui offrent une belle captive, il la refuse : l'heure est à la guerre, et il veut rester maître de lui-même. Sa générosité s'apparente à la

---

1. Polybe, X, 2, 19 ; Tite-Live, XXVI, 50, et XXX, 14.
2. Silius Italicus, XV, 593 : *ultor patriaeque domusque.*
3. Tite-Live, XXVIII, 43.
4. Ce programme peut être analysé à partir de Tite-Live, XXVIII, 19, 43, 45, et XXXVIII, 50-52.
5. Tite-Live, XXX, 30 : comme son adversaire, il a besoin d'un interprète.

clementia recommandée par cette philosophie ; il l'affiche par exemple en libérant la femme d'un noble Espagnol, Mandonius [1], imitant Hannibal qui lui-même avait imité Alexandre le Grand (on sait que ce dernier avait respecté la femme et les filles de Darius). Mais la *clementia* appartient aussi à la tradition romaine. C'est par cette ambivalence helléno-italienne qu'on peut le mieux définir Scipion, qui fut un « honnête homme » de son temps, ce qu'on appelait *uir bonus* en latin, *kalos kagathos* en grec.

La culture et la tradition sont les bases qui ont permis à Scipion d'élaborer un programme politique très moderne pour son temps, qui a été repris par de nombreux imitateurs, qui a inspiré Auguste et tous les empereurs qui lui ont succédé. Scipion voulait être reconnu par les citoyens et les soldats comme leur chef en raison de ses succès électoraux et militaires. Il pouvait ainsi gérer des charges, les *honores*, et obtenir le titre d'*imperator*. Pour s'imposer, il lui fallait manifester quatre qualités, la *clementia*, déjà mentionnée, la *uirtus*, qui est service de l'État, et en particulier service aux armées, donc courage [2], la *iustitia* et la *pietas*. La *iustitia*, respect du droit, du *ius*, il la pratiqua en Espagne quand les indigènes lui proposèrent le titre de roi, qu'il refusa ; c'était habile parce que, tout en respectant la loi, il montrait que la charge qu'il remplissait était supérieure au titre proposé. La *pietas*, respect des dieux, il la pratiquait en permanence [3]. Il en usait et en abusait, car il offrait de nombreux sacrifices, laissait entendre qu'il était protégé par la Fortune, qu'il avait été conçu par sa mère naturelle et par un père qui n'était autre que Jupiter transformé en serpent pour pouvoir s'unir à cette mortelle ; il s'entretenait en secret avec les dieux [4]. Toutes ces qualités le plaçaient au-dessus des simples humains. Comme pour Hannibal, on peut parler, pour Scipion, de dérive vers la monarchie.

Excellent tacticien et stratège, peut-être même génie en ces domaines, il l'emportait aussi sur tous par ses talents militaires. Il

---

1. Polybe, X, 2, 18.
2. Silius Italicus, XV, 1 et suiv.
3. Tite-Live, XXVI, 19.
4. Eutrope, III, 20.

plaisait à ses soldats, parce qu'il avait confiance en lui et en eux, et parce qu'il leur apportait la victoire. Il avait étudié l'art d'Hannibal pour le vaincre ensuite en utilisant ses propres inventions et ses stratagèmes [1]. Mais cet élève a dépassé son maître [2]. Il a su innover [3]. Contre les Espagnols, il a utilisé la cohorte, groupe de trois manipules (le mot et la chose existaient depuis longtemps, mais personne n'en avait fait le même usage, au combat) [4]. Surtout, il a organisé, sinon créé, l'exercice [5], un des principaux facteurs du succès de Rome. Il a entraîné les marins aux mouvements d'escadre et à la rame. Il a donné aux fantassins un emploi du temps pour cette activité, faisant suivre, au fil des jours, la course, l'entretien des armes, l'escrime, les manœuvres et le repos.

Premiers succès de Scipion dans les Espagnes

Quand Scipion arriva à Tarragone, il était informé de la situation. C'était la trahison de Celtibères qui avait causé la mort de son père et de son oncle. Lucius Marcius, l'officier survivant le plus élevé en grade, avait pu sauver les restes de leurs troupes, et même bousculer les forces puniques. Ces dernières s'étaient regroupées. Hasdrubal, fils de Giscon, qui se trouvait à l'embouchure du Tage, avait rejoint en Andalousie Magon, appuyé par le prince numide Massinissa. L'autre Hasdrubal avait quitté la Vieille Castille, également pour les rejoindre. Leur grande base, Carthagène, où se trouvaient des ateliers, des arsenaux, des otages, avait été dégarnie : la surveillance des mines et des indigènes avait reçu la priorité.

Scipion monta une opération combinée terre-mer pour s'emparer de Carthagène [6]. Laelius commanderait la flotte réservée

---

1. Frontin, *Strat.*, II, 1, 1.
2. Ce n'est pas le point de vue de G. Brizzi.
3. G. Brizzi, « I *Manliana imperia* e la riforma manipolare », *Sileno*, XVI, 1-2, 1990, p. 199 (*Campi Magni*).
4. G. Brizzi, article cité, p. 200-203.
5. Polybe, X, 2, 20 ; Tite-Live, XXVI, 51.
6. Polybe, X, 2, 9-15 ; Tite-Live, XXVI, 41 et suiv. ; Appien, VI, 4, 19-23 ; A. et M. Lillo, « On Polybius X 10-12 and the Capture of New Carthage », *Historia*, XXXVII, 1988, p. 477-480.

34. Portraits attribués à Scipion le premier Africain.
Photographies d'après H. H. Scullard, *Scipio Africanus*,
1970 (Oxford).

aux bagages, assurant la logistique, lui-même irait vers son objectif par le chemin le plus court. Il disposait de 25 000 fantassins et de 2 500 cavaliers (il semble difficile d'admettre qu'une telle masse humaine ait parcouru ce trajet en sept jours, comme on l'a écrit). Le chef romain procéda avec méthode et ruse à la fois, recourant à un stratagème. Pour désorienter l'adversaire [1], il

---

[1]. Le commandant de la place, Magon, n'était pas le frère d'Hannibal, comme l'a cru par erreur Orose, IV, 18, 1, suivi par Eutrope.

LAGUNE

Citadelle
Agora (?)

camp de Scipion

0 300M

MER (BAIE)

⊥⊥⊥⊥ Rempart urbain
∧∧∧ Défense linéaire romaine
────▷ Attaque de la flotte romaine
═══▷ Attaque de l'infanterie romaine

(schéma d'après H. H. Scullard)

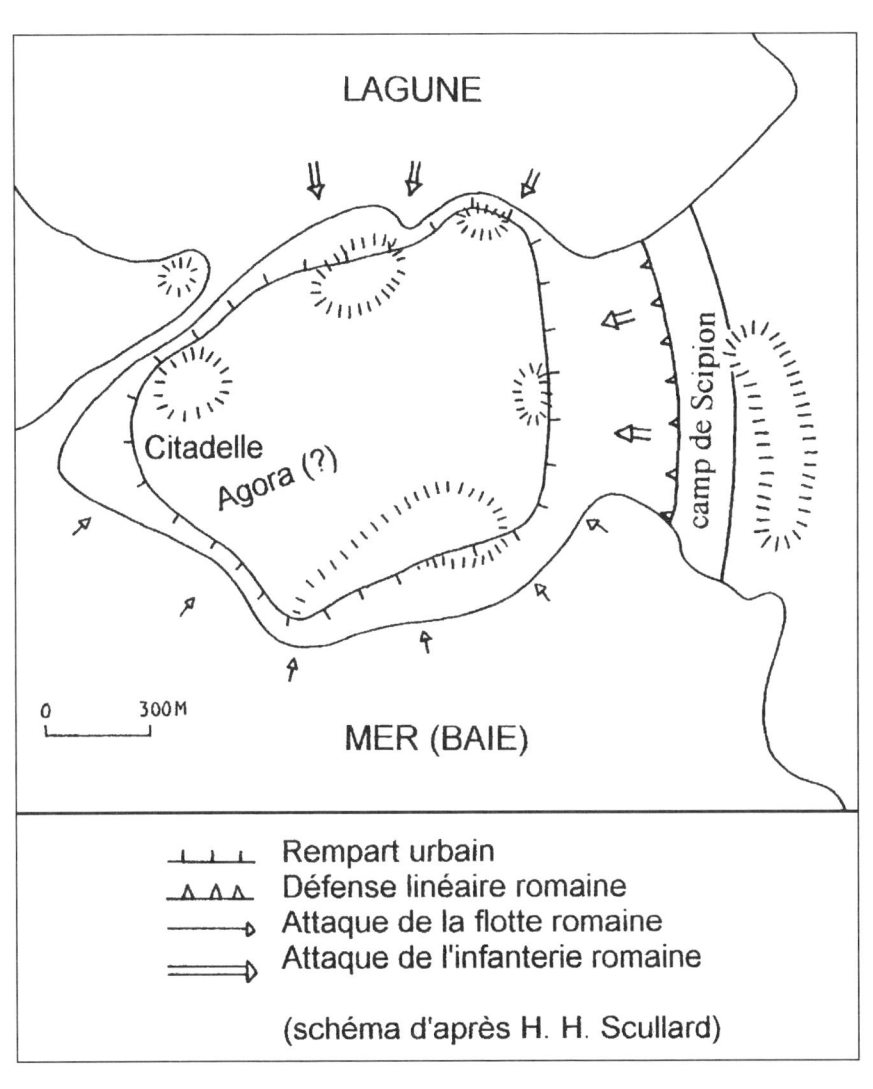

35. Plan de Carthagène.
Dessin de l'auteur.

fit attaquer la ville sur trois points à la fois, et d'abord par la flotte. Pour l'égarer, il détacha quelques unités à l'est, là où il était normal que portât l'essentiel de l'effort. Une fois la majorité des défenseurs dispersée et fixée sur des points secondaires, il lança l'assaut principal au nord, là où on ne l'attendait pas, car il fallait traverser une lagune. Les dieux aidant, et particulièrement Neptune comme le lecteur l'aura deviné, le succès fut complet. Après avoir franchi le rempart, les soldats procédèrent en deux temps. Ils commencèrent par tout massacrer, même les chiens qui furent coupés en deux. Puis ils pillèrent : ils trouvèrent du blé, des armes, et de l'argent. Les otages ibères, au nombre de 300, furent libérés, acte de *clementia*, et 2 000 ouvriers spécialisés changèrent d'employeur. C'était la première grande victoire de Rome dans cette guerre (209).

Scipion revint passer l'hiver à Tarragone. L'Andalousie restait cependant son objectif principal [1]. L'année suivante, il reçut la soumission de deux chefs celtibères, Mandonius, qui lui était reconnaissant d'avoir libéré son épouse, et Indibilis.

Scipion revint vers le sud. Ce fut pour rencontrer l'armée d'Hasdrubal près de *Baecula* (Bailen). Le chef punique avait installé son camp en avant de la cité, sur une terrasse. Le dispositif initial, du côté des Romains, était tout à fait classique, et Scipion attaqua bien qu'il ait été en situation d'infériorité ; seulement, il le fit avant que les Puniques aient pu se mettre en place. Il lança d'abord deux offensives de vélites, vers le centre, suivies d'un assaut en tenaille par l'infanterie lourde. Hasdrubal préféra la fuite : il perdait la position, mais sauvait son armée. Un trésor monétaire de cette époque a été trouvé à Tanger ; un historien [2] a supposé qu'il avait appartenu à un riche fuyard, qui a sans doute eu très peur pour être allé si loin. La prise de Carthagène avait constitué la première victoire de Rome, mais elle avait été acquise à l'issue d'un siège. La bataille de *Baecula* représentait la première victoire de Rome, mais cette fois en rase campagne. Scipion, à qui les indigènes proposè-

---

1. Polybe, X, 6, 34-40 ; Tite-Live, XXVII, 17-19 ; Silius Italicus, XV, 387 et suiv.

2. L. Villaronga, « The Tangier Hoard », *Numism. Chron.*, 149, 1989, p. 149-162.

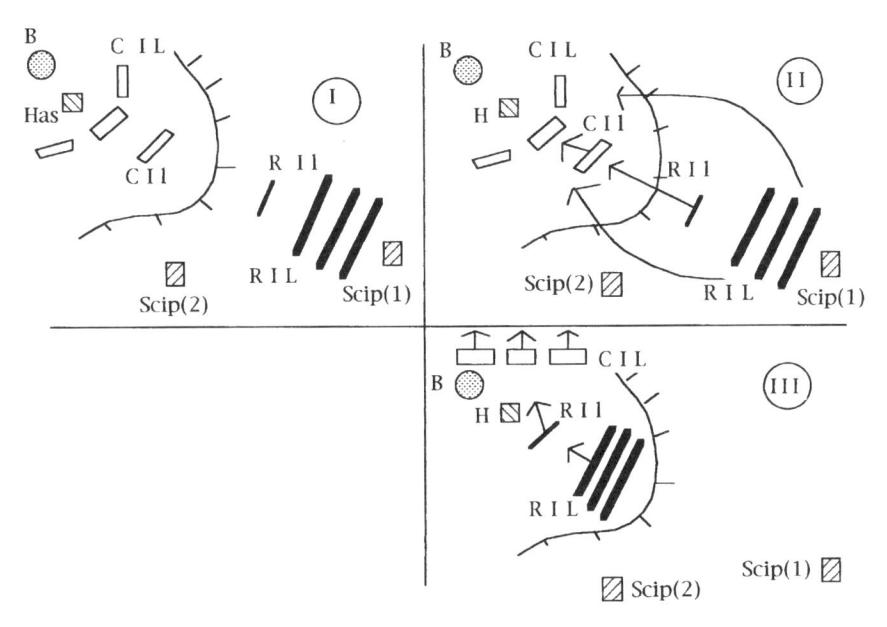

36. Schéma de la bataille de *Baecula*.
I. Hasdrubal possède l'avantage de la position.
II. Les hommes de Scipion escaladent les pentes.
III. Hasdrubal préfère la fuite.
B : Baecula, **Has** : camp d'Hasdrubal, **C I L** : infanterie lourde
d'Hasdrubal, **C I I** : infanterie légère d'Hasdrubal,
R I I : infanterie légère de Scipion,
R I L : infanterie lourde de Scipion,
Scip (1) : camp de Scipion (Scullard),
Scip (2) : camp de Scipion (Veith).

rent le titre de roi selon Polybe (X, 6, 40), le refusa, mais leur permit de le lui attribuer dans leur cœur : on ne peut pas être plus respectueux des traditions. Il renvoya sans rançons les mercenaires ibériques, suivant en cela les leçons d'Hannibal et, en acte de piété, fit ériger un trophée[1] : ce monument, offrande à Mars, était constitué par un mannequin de bois sur lequel avait été déposée une panoplie et qui dominait un monceau d'armes prises à l'ennemi.

---

1. Silius Italicus, XV, 492 ; sur ce type de monument : G.-Ch. Picard, *Les Trophées romains*, 1957 (Paris).

231

Les difficultés d'Hannibal en Italie

On nous pardonnera de ne plus mentionner les présages qui, avec régularité, rappelaient la rupture de la « paix des dieux ». Ces derniers paraissaient pourtant revenir vers de meilleurs sentiments à l'égard de Rome. Ils permirent ainsi à l'armée de Sicile de débarquer à Brindes. Marcellus, alternant demi-succès et demi-échecs, bousculait son adversaire [1]. Il lui enlevait l'appui des Hirpiniens, des Lucaniens, des Vulcentes ; seuls les Bruttiens semblaient encore hésitants. Fabius, pour sa part, reprenait le pays des Salentins et faisait tomber dans un piège le général carthaginois. Il ravagea le Bruttium pour y attirer l'armée punique, puis il revint sur Tarente et, au prix d'ailleurs d'une laide petite trahison, s'en empara. En la quittant, il emportait 30 000 esclaves, laissait de nombreux morts et toutes les œuvres d'art : vieux Romain, plus attaché à la tradition qu'à la beauté, il ne se conduisait pas comme un Marcellus [2], et préférait laisser à ces Grecs « leurs dieux irrités ». Ce succès fit des envieux. Le commandant de la garnison délivrée se plaignit à Fabius de ce qu'il s'attribuait tout le mérite de la reprise de Tarente. « C'est vrai, lui concéda Fabius, si tu ne l'avais pas perdue je n'aurais pas eu le plaisir de la reprendre [3]. »

Le Carthaginois, dit-on, l'aurait reconnu : « Rome aussi a son Hannibal. »

L'Italie supportait toujours mal le poids de la guerre. Douze colonies refusèrent de fournir des recrues, par mauvaise volonté selon le Sénat ; selon leurs magistrats, elles étaient simplement épuisées [4]. Un nouveau très grand malheur frappa Rome dans le sud : Hannibal tendit une embuscade à Marcellus, près de Venouse, en Apulie. Le Romain fut vaincu et tué au combat [5]. Dans le nord,

---

1. Plutarque, *Marc.*, XXIV.
2. Tite-Live, XXVII, 15-16 ; Silius Italicus, XV, 309-322 ; Plutarque, *Fab.*, XXI.
3. Plutarque, *Fab.*, XXIII, 4.
4. Tite-Live, XXVII, 9 et 22 (Arezzo notamment).
5. Polybe, X, 5, 32 ; Tite-Live, XXVII, 26-27 ; Plutarque, *Marc.*, XXIX ; Silius Italicus, XV, 323-386.

une autre menace surgit, inattendue et formidable. L'autre fils d'Hamilcar, Hasdrubal, qui avait échappé à Scipion, et qui était un excellent général [1], aux dires de ses ennemis mêmes, renouvela l'odyssée de son frère, franchit les Pyrénées, les Alpes, et arriva en Cisalpine au début du printemps de l'année 207. Il alignait, d'après Appien, 48 000 fantassins, 8 000 cavaliers et 15 éléphants (VII, 8, 52). Il ne réussit pourtant pas à prendre Plaisance : son armée, très mobile, était sans doute mieux préparée au mouvement qu'au siège. La panique qui éclata à Rome s'accrut quand le Carthaginois s'engagea dans le Picénum. Sollicités cette fois, Cérès et Jupiter entendirent les prières qui leur étaient adressées. Ils permirent l'interception d'un message envoyé par Hasdrubal à son frère, où il lui donnait rendez-vous en Ombrie. Hannibal ne fut jamais informé de ce projet ; Hasdrubal crut qu'il l'était [2].

Les deux consuls, Marcus Livius, futur Salinator (nous verrons pourquoi), et Claudius Nero, disposaient de six légions, avec mission de détruire l'armée d'Hasdrubal pour le premier et de retenir Hannibal pour le second. Il fallait en outre surveiller les Gaulois de Cisalpine, les Étrusques et les Ligures. Néron, qui

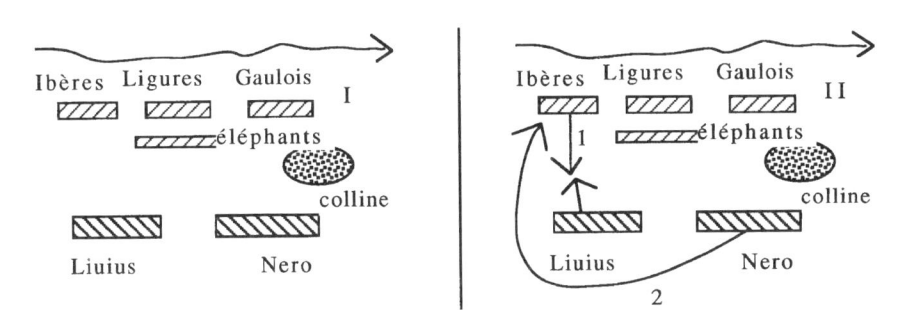

37. Schéma de la bataille du Métaure.
I. Les généraux, pour le dispositif initial, ne semblent pas avoir pris en compte une colline qui sépare Nero des Gaulois.
II. Ne pouvant pas intervenir, Nero tente un contournement des positions alliées ; il prend par le flanc l'ennemi qui ne l'attend pas et s'enfuit.

---

1. Polybe, XI, 2, 2 ; Diodore, XXVI, 24.
2. Tite-Live, XXVII, 36 et suiv.

avait reçu les meilleures troupes, choisit de ne pas obéir aux ordres. Laissant un rideau d'hommes devant Hannibal, il partit renforcer son collègue. Ce fut au sud du fleuve Métaure que les Romains rejoignirent Hasdrubal [1]. Il attendait Hannibal ; ce fut Néron. Au matin, une double sonnerie de trompettes lui apprit que les deux consuls avaient fait leur jonction ; il crut alors que son frère avait été vaincu et tué. Le site de la bataille l'avantageait pourtant : une colline protégeait ses mercenaires gaulois, à l'aile gauche, contre les troupes de Néron. Il avait placé ses éléphants en avant, les Ligures au centre, les Ibères à droite [2]. Ceux-ci entrèrent très vite en contact avec les hommes de Livius. Néron, qui enrageait d'être bloqué par le monticule qu'il avait en face de lui, conçut pour la seconde fois un projet fou : abandonnant sa position à quelques hommes, il fit un grand crochet dans le dos de Livius, et tomba par surprise sur le flanc droit d'Hasdrubal, provoquant la débandade dans les rangs puniques. La bataille du Métaure avait coûté 2 000 hommes aux Romains, 10 000 à leurs ennemis. Hasdrubal « tomba d'une façon digne de son père, Hamilcar, et de son frère, Hannibal, les armes à la main [3] » : encore un bon général carthaginois. C'est un Romain, Tite-Live, qui le dit. Néron retrouva son corps, le fit décapiter, et envoya la tête à Hannibal qui apprit ainsi son double malheur, public et privé. D'après Tite-Live, les vainqueurs firent un butin considérable (XXVIII, 9).

Ajoutons qu'en Orient une vaste coalition se mettait en place contre Philippe V [4]. Pleuratos de Thrace la rejoignait, et les Étoliens acceptaient qu'Attale, roi de Pergame, prît le titre de « stra-

---

1. Polybe, XI, 2, 1 ; Tite-Live, XXVII, 48-49 ; Appien, VII, 8, 52-53 ; N. Alfieri, « La Battaglia del Metauro », *Rend. Inst. Marchegiano Sc. Lett. Arti*, 1939-1940, p. 91-135, et *Picus*, VIII, 1988, p. 7-35 (localise la bataille vers Monte Sdrovaldo). Travail de seconde main : J. F. C. Fuller, *A Military History of the Western World*, 1954 (New York), p. 122 et suiv. (trad. fr., 1980, Paris).

2. D'après Orose, IV, 18, 10-11, la réorganisation des vélites est liée à cette bataille ; c'est sans doute une confusion.

3. Tite-Live, XXVIII, 49. Voir Eutrope, III, 18.

4. Polybe, X, 2, 16 ; Tite-Live, XXVII, 29 et suiv. ; Silius Italicus, XV, 275 et suiv.

tège suprême ». La flotte paraissait devant Lemnos, devant l'Eubée. Athènes et Rhodes observaient une prudente neutralité. Le roi de Macédoine réussit pourtant un beau coup en s'emparant des Thermopyles et de Thermos, capitale des Étoliens [1].

Dans l'hiver 207-206, le changement était perceptible. Hannibal avait perdu son domaine, qui était réduit à un petit territoire dans le Bruttium, autour de Crotone. À Rome, au contraire, tout allait bien : les finances s'équilibraient, et le commerce reprenait. C'était la fin de la crise économique, la fin aussi de la crise morale et militaire : de 206 à 201, le nombre de légions en service pouvait être abaissé de 20 à 15 [2].

Ilipa

Si Hannibal paraissait frappé de stupeur, son autre frère, Magon, montrait beaucoup d'acharnement. Il demandait à Carthage des renforts, rassemblait tous les hommes disponibles, recrutait des troupes aux Baléares. Il augmenta ses forces en y ajoutant les soldats d'Hasdrubal, fils de Giscon, et ceux d'un Hannon. Scipion non plus ne restait pas inactif, et la rencontre eut lieu à *Ilipa* [3]. Cette bataille présente un grand intérêt pour l'histoire de la tactique, et d'abord parce que Scipion recourut à un stratagème : il laissa les Puniques offrir le combat plusieurs jours de suite à une heure tardive, comme à leur habitude ; à chaque fois, il fit semblant d'accepter, mais avec encore plus de retard. Et quand il attaqua, ce fut au jour choisi par lui, tôt dans la journée évidemment ; d'où un effet de surprise. De plus, il innova : ce fut là qu'à l'instar des Espagnols il regroupa ses hommes en cohortes, rassemblements de six centuries ou de trois manipules ; il disposait ainsi de petites unités plus puissantes que

---

1. Polybe, XI, 3, 7.
2. A. J. Toynbee, ouvrage cité, II, p. 647. Orose, IV, 18, 16, mentionne une épidémie qui immobilisait les adversaires.
3. Appien, VI, 5, 25, dit seulement que les forces puniques avaient été concentrées à *Carmo*, mais pas que la bataille s'y déroula. Plusieurs auteurs appellent donc cette rencontre « bataille de *Carmo* », à tort semble-t-il.

par le passé [1]. Cette organisation inédite était destinée à se généraliser et à durer. Désormais, le type du légionnaire était fixé pour longtemps, avec la trilogie *pilum-gladius-scutum*. Enfin, Scipion manœuvra avec un talent exceptionnel, ce qui n'était devenu possible que pour une raison : ses hommes étaient parfaitement entraînés.

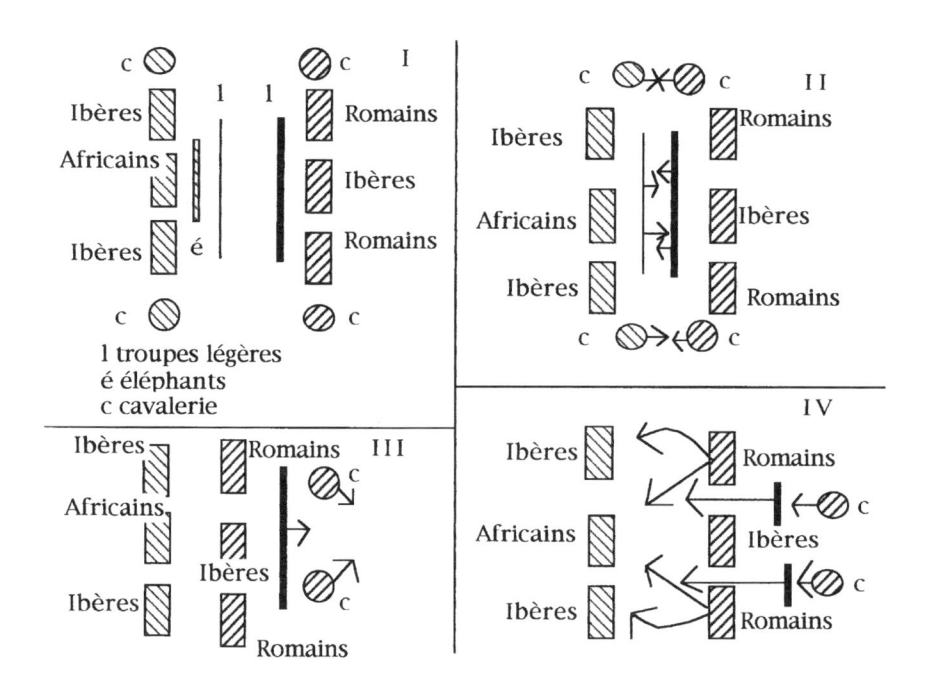

38. Schéma de la bataille d'*Ilipa*.
I. Le dispositif initial montre que les généraux n'avaient pas voulu opposer des Ibères à d'autres Ibères. L'armée romaine avait été renforcée sur ses ailes.
II. Le premier engagement oppose les infanteries légères et les cavaliers. Il tourne à l'avantage de Rome.
III. Vélites et cavaliers se replient derrière les légionnaires.
IV. Les vélites, les cavaliers et les ailes des Romains passent à l'offensive.

---

1. Polybe, VI, 5, 23. G. Brizzi, *Sileno*, XVI, 1-2, 1990, p. 200-202.

À *Ilipa*, en 206 [1], l'armée punique possédait un centre fort (des Africains), des ailes moins solides (des Ibères). Scipion, lui, resservit à ses adversaires la manœuvre inventée par Hannibal à Cannes : il avait placé ses Ibères au centre, les Romains aux ailes. C'est là un autre centre d'intérêt qu'offre cette bataille pour l'histoire de la tactique. Dans les deux camps, l'infanterie légère se trouvait en première ligne, la cavalerie sur les flancs. Sitôt le combat engagé, vélites et cavaliers romains se replièrent tout à l'arrière. Ce fut alors que Scipion prit une décision tout à fait astucieuse : il fit avancer ses légionnaires plus vite que ses mercenaires. L'infanterie africaine, l'élite de Magon, ne pouvait pas bouger, dans l'attente de ses vis-à-vis qui ne se pressaient pas ; pendant ce temps, les troupes placées sur les ailes se faisaient massacrer. Sa première tâche achevée, l'infanterie romaine put enfin prendre les Africains en tenaille : c'était, inversée, la situation de Cannes. Sur 50 000 à 70 000 fantassins et 4 000 à 5 000 cavaliers engagés, suivant les sources, Carthage perdit 15 000 hommes et Rome 800. Un orage, expression de la volonté des dieux, avait permis de limiter les dégâts chez les vaincus. L'Andalousie appartenait à Scipion. Il en contrôlait les mines ; l'argent qu'elles produisaient contribuait à consolider le système du denier. Il y fondait la colonie d'*Italica* pour ses blessés [2]. Gadès, dont Magon avait vidé le trésor et pillé les temples, passait dans la *fides* de Rome.

Hannibal pouvait s'enorgueillir du Tessin, de La Trébie, de Trasimène, de Cannes. Scipion, pour sa part, pouvait se glorifier de Carthagène, de *Baecula*, et d'*Ilipa*. Pendant qu'Hannibal perdait peu à peu l'État qu'il avait constitué dans le sud de la péninsule italienne, Scipion se donnait un nouveau domaine, pris à Carthage, dans le Sud de la péninsule ibérique. Il pouvait passer à une nouvelle phase de la guerre.

---

1. Tite-Live, XXVIII, 14-15 ; Appien, VI, 5, 25-27 ; J. Millán Léon, « La batalla de *Ilipa* », *Habis*, XVII, 1986, p. 283-303.
2. Appien, VI, 7, 38. *Italica*, plus tard, donna deux empereurs à Rome, Trajan et Hadrien.

5. *La guerre en Afrique*

L'encerclement de Rome était brisé, ou en voie de l'être : la Sicile et la Sardaigne étaient restées sous son contrôle, le Sud de l'Espagne était passé sous sa domination, l'État d'Hannibal était réduit à une peau de chagrin ; il restait à régler le problème macédonien. L'étape suivante consisterait à organiser l'offensive contre Carthage, en Afrique même.

Scipion et la Numidie

La Numidie était habitée par un peuple qui avait su développer une civilisation plus brillante qu'on ne l'a dit. Si une partie des habitants pratiquait le semi-nomadisme, les autres s'étaient sédentarisés, connaissaient l'agriculture depuis longtemps et, tout en conservant leur originalité, avaient subi des influences culturelles multiples, en particulier puniques et grecques [1]. Leur puissance explique l'intérêt que leur portaient et Rome et Carthage. À la mort du roi des Massyles Gaia, un philocarthaginois, le Masaesyle Syphax annexa son royaume, écartant l'héritier légitime, Massinissa [2]. Ce dernier, qui était appelé à jouer un grand rôle dans la suite des événements, était né en 238. Il avait passé de longues années sous les armes, contre Syphax en 213, contre les Romains en Espagne de 212 à 206. Il possédait l'énergie, le courage militaire et l'intelligence politique. Mais, pour l'instant, il n'était qu'un sabreur, un sabreur remarquable certes, mais sans plus.

Scipion avait vite compris l'importance de la Numidie dans un futur conflit en terre d'Afrique. Il envoya Laelius chez

---

1. *Die Numider*, édit. H. G. Horn et C. B. Rüger, 1979 (Bonn). Voir note suivante.

2. G. Camps, *Aux origines de la Berbérie. Massinissa ou les débuts de l'histoire, Libyca*, VIII, 1, 1960 ; P. G. Walsh, « Massinissa », *Journ. of Rom. St.*, LV, 1965, p. 149-160. Portrait : G. Hafner, « Das Bildnis des Masinissa », *Arch. Anz.*, 1970, 3, p. 412-421.

39. Portraits de Massinissa, roi des Massyles de Numidie.
J. Mazard, *Corpus nummorum Numidiae Mauretaniaeque*,
1955 (Paris), p. 30 et 36.

40. Portraits de Syphax en buste et en cavalier numide.
Légende (d'après J. Mazard) :
« Chef de l'État, possesseur du royaume. »
J. Mazard, ouvrage cité, p. 18 et 19.

41. Cheval de Numidie.
Monnaie de l'époque de Massinissa.
J. Mazard, ouvrage cité, p. 36.

42. Éléphant africain avec son « indien » (cornac).
Monnaie de l'époque de Massinissa.
J. Mazard, ouvrage cité, p. 23.

Syphax, s'y rendit lui-même à l'été 206, et y rencontra... Hasdrubal, fils de Giscon. On dit que, pour obliger leur hôte, ils partagèrent le même lit de repas [1] (à cette époque, les repas se prenaient non pas assis mais couchés). Cette anecdote prouve que le roi, courtisé par les deux partis, hésitait.

L'effondrement de la stratégie carthaginoise

Pendant ce temps, les derniers espoirs de Carthage en Europe s'effondraient. Philippe V s'imposait pourtant en Grèce [2], au moins provisoirement. Il avait remporté des succès, avait construit une flotte, ce qui lui avait procuré des alliés, notamment l'Achéen Philopoemen, et il avait amené les Étoliens à traiter, d'autant plus aisément qu'Attale de Pergame était occupé par un conflit avec le roi de Bithynie, Prusias. Il accepta pourtant les offres du Sénat, et conclut la paix de Phoenice (205) ; elle ne lui laissait qu'une partie de l'Illyrie, celle qu'il contrôlait déjà, l'Atintanie. C'était donc le statu quo. Aucun mystère dans cette décision du roi : il avait compris qu'Hannibal avait perdu la partie.

De fait, les efforts de Carthage se révélaient inefficaces. Magon, qui ne pouvait plus tenir dans la péninsule ibérique,

---

1. Tite-Live, XXVIII, 17-18 ; Appien, VI, 6, 29-30 ; L. A. Thompson, « Carthage and the Massylian "coup d'État" of 206 B. C », *Historia*, XXX, 1981, p. 120-126.
2. Tite-Live, XXVIII, 5-8, et XXIX, 12.

reçut l'ordre de partir pour l'Italie. Après avoir crucifié les notables de Gadès, après avoir recruté des hommes aux Baléares, il débarqua à Savone avec 12 000 fantassins et 2 000 cavaliers. Il y reçut, de Carthage, encore 6 000 fantassins et quelques centaines de cavaliers, avec 7 éléphants, beaucoup d'argent, et l'ordre de rejoindre Hannibal. Après avoir levé de nouveaux mercenaires, ligures et gaulois ceux-ci, il se trouva à la tête d'une armée imposante. Il commença par détruire Gênes, qui s'était alliée à Rome[1]. Pourtant, les légions surent l'empêcher d'avancer. Dans le même temps, le Bruttium quittait petit à petit le camp d'Hannibal qui, en 203, ne contrôlait plus que Thurium et Crotone.

Déclin en Italie, échec en Grèce, plus rien ne réussissait à Carthage. Et, dans la péninsule Ibérique, Scipion arrivait à l'épilogue : la destruction d'*Iliturgi* et le siège d'*Astapa* étaient suivis par une mutinerie vite réprimée et par une révolte d'Indibilis le Celtibère, elle aussi vite réprimée. Dans le premier cas, trente-cinq meneurs avaient été frappés de verges puis exécutés à la hache. Massinissa vint à Gadès pour y rencontrer le général romain victorieux ; il l'assura qu'il se ferait un plaisir d'entrer dans son alliance si cet accord devait lui permettre d'éliminer Syphax. Le premier préteur (gouverneur) devait arriver en Espagne en 205. Scipion pouvait partir, ce qu'il fit après avoir offert une hécatombe, sacrifice de cent têtes de bétail, à Jupiter ; il emportait un butin considérable : plus de 14 000 livres d'argent en lingots, et beaucoup d'espèces. Une partie de ces richesses fut envoyée à l'Apollon de Delphes[2].

La mise en place de la stratégie de Scipion

Rentré à Rome, Scipion annonça sa candidature pour le consulat de 205. Il exposa son programme : porter la guerre en Afrique contraindrait Carthage à rappeler Hannibal en un premier temps, permettrait de vaincre l'ennemi définitivement, sur

---

1. Tite-Live, XXVIII, 36-37 et 46.
2. Polybe, V, 25, 11 ; Tite-Live, XXVIII, 19-30, 35, 38, 45, XXIX, 1-3 ; Appien, VI, 6-7, 32-36.

son propre sol, en un deuxième temps [1]. La plèbe manifesta plus d'enthousiasme que le Sénat, mené par Fabius ; ce dernier estimait préférable de procéder autrement, et de commencer par chasser Hannibal d'Italie. À ce motif stratégique, il ajoutait un argument d'ordre religieux : les dieux ne donneraient pas toujours le succès à un même homme [2]. Indifférents à ces considérations, les comices offrirent un triomphe électoral à Scipion.

La religion, pourtant, préoccupait toujours les citoyens. À la fin de 205, une ambassade se rendit auprès du roi Attale pour lui demander l'autorisation de transporter à Rome la Pierre Noire qui se trouvait sur ses terres, et qui représentait la déesse Cybèle. Cet appel à un culte exotique a été jugé de manières différentes par les historiens. Pour les uns, il s'agit d'un phénomène « isolé, aberrant [3] » ; pour les autres, au contraire, il s'inscrit dans un mouvement plus général [4]. De fait, cette période est encore remplie de présages, et voit se développer toutes sortes de superstitions. Il faut, avec F. Altheim, distinguer la religion publique, très traditionnelle, du sentiment privé, plus sensible aux nouveautés [5]. Les religions orientales offraient précisément cet avantage ; elles permettaient aussi aux exclus (esclaves, étrangers,...) de participer à un culte commun et promettaient le salut, la survie dans l'au-delà. Mais un point doit être bien explicité, car beaucoup, même parmi les historiens de profession, ne l'ont pas vu : en aucun cas ces adhésions n'exigeaient l'exclusivité ; les personnes qui y adhéraient continuaient à pratiquer les rites officiels et traditionnels. Attale accepta et l'objet divin fut introduit dans la Ville au milieu d'une extraordinaire ferveur [6]. La situa-

---

1. Tite-Live, XXVIII, 40 ; Appien, VI, 6, 32 et suiv., et VIII, 2, 8-3, 18 ; Silius Italicus, XVII, 44 et suiv. ; Ph. Smith, *Scipio Africanus and Rome's invasion of Africa*, Mc Gill Univ. Monogr., XIII, 1993 (Amsterdam).
2. Plutarque, *Fab.*, XXVI, 3.
3. J. Bayet, *Histoire politique et psychologique de la religion romaine*, 2ᵉ éd., 1969 (Paris), p. 152 ; voir A. Grenier, *Le Génie romain*, 2ᵉ éd., 1969 (Paris), p. 175-177.
4. M. Le Glay, *La Religion romaine*, 2ᵉ éd., 1991 (Paris), p. 32-33.
5. F. Altheim, *La Religion romaine antique*, trad. fr., 1955 (Paris), p. 209-210.
6. Tite-Live, XXIX, 10-11 (voir 14) ; Ovide, *Fastes*, IV, 297-328 ; Appien, VII, 9, 56 ; Silius Italicus, XVII, 1-43. J. Scheid, *Religion et piété à*

tion s'améliorait[1] : le Latium se reconstruisait ; le Sénat réduisait le nombre des légions, des navires (280 en 208, 100 en 105). Également, il mit à profit ce calme pour tirer vengeance des douze colonies qui n'avaient pas voulu ou pas pu aider à l'effort de guerre. Pour financer cette nouvelle étape de la guerre, le censeur Livius eut une idée appelée à un long succès : il inventa la gabelle, un impôt sur le sel, ce qui lui valut le surnom de Salinator, « Saunier ».

Élu consul, Scipion partit pour la Sicile[2]. Il ne disposait que de deux légions, formées avec les rescapés de Cannes, auxquels il faisait confiance ; ils avaient acquis l'expérience de tous les types de combat, notamment du siège. Avec les alliés, il avait en tout environ 20 000 hommes. Pendant qu'il achevait de les entraîner à Lilybée, son légat, Pléminius, laissa ses hommes semer le désordre dans Locres où, notamment, ils pillèrent le temple de Proserpine. Les adversaires du consul au Sénat profitèrent d'une plainte des victimes pour envoyer une commission d'enquête. Le plus ardent de ses opposants, Fabius, mourut vers cette époque. Les citoyens défilèrent pour donner chacun une pièce de monnaie ; c'est ainsi qu'ils offrirent des funérailles à celui qu'ils appelaient avec respect le « Père du peuple[3] ».

Sophonisbe, 1

Ici se place le début d'une histoire d'amour, à laquelle viennent se mêler l'intérêt et la politique. Hasdrubal, fils de Giscon, avait une fille très belle appelée Sophonisbe (Çafonba'al, « Celle que Ba'al a protégée »). Or, remarque Tite-Live, « de tous les barbares, les Numides sont les plus ardents » (XXIX, 23) ; et, bien sûr, Massinissa et Syphax étaient amoureux de la jeune

---

Rome, 1985 (Paris), p. 102-103 ; Th. Köves, « Zum Empfang der Magna Mater in Rom », *Historia*, XII, 1963, p. 321-347 ; P. Romanelli, « Magna Mater e Attis sul Palatino », *In Africa e a Roma*, 1981 (Rome), p. 737-746.

1. Tite-Live, XXVIII, 11, XXIX, 15 et 37, et XXX, 2.
2. Tite-Live, XXIX et XXX ; Appien, VII, 9, et VIII, 3, 13 ; Diodore, XXVII ; Silius Italicus, XVI ; P. Smith, ouvrage cité.
3. Plutarque, *Fab.*, XXVII, 3.

fille. Vers la fin de l'année 205, pour attacher à Carthage la Numidie, objet de toutes les convoitises, Hasdrubal donna Sophonisbe à Syphax [1], et Scipion envoya Laelius à Hippone pour en informer Massinissa. Ce dernier commença à ravager le territoire de Carthage, semant la panique jusque dans la ville. Mais, bousculé, il dut se réfugier dans les déserts du sud, ne comptant plus que sur l'arrivée des Romains.

Avant la tempête

Après une prière et un sacrifice destinés à manifester sa *pietas,* Scipion s'embarqua à Lilybée. Il atteignit l'Afrique au Cap Bon [2]. Puis il se rendit près d'Utique où il installa le « camp de Cornelius (Scipion) », les *castra Cornelia*. Massinissa, rival de Syphax en amour et en politique, vint rejoindre l'armée romaine [3]. Syphax, qui commençait à s'inquiéter de cette intervention, se rendit aussi à Utique, et engagea des pourparlers. Il proposait une solution qui lui paraissait équitable, et qui l'était sans doute : les Romains évacueraient l'Afrique, les Carthaginois évacueraient l'Italie. Pour donner plus de poids à ses arguments, il se fit menaçant : en cas de guerre, « il serait obligé de combattre pour l'Afrique, son pays natal [4] ». On peut raisonnablement penser que ce panafricanisme, cette première formulation d'une théorie appelée, elle aussi, à un certain succès, lui avait été inspiré par Sophonisbe [5]. Dans l'immédiat, et à tout hasard, malgré la trêve, il rassemblait une armée considérable de 50 000 fantassins et 10 000 cavaliers ; Hasdrubal arrivait lui aussi à Utique avec 30 000 fantassins et 3 000 cavaliers ; les arsenaux de Carthage fabriquaient des navires littéralement à la chaîne. Scipion en fit autant.

---

1. Appien, VI, 7, 37 ; Diodore, XXVII, 7.
2. J. Desanges, *Karthago*, XXII, 1988-1989, p. 29.
3. T. A. Dorey, « Massinissa, Syphax and Sophonisbe », *Proc. Afric. Class. Assoc.* (Salisbury), IV, 1961, p. 1-2.
4. Tite-Live, XXIX, 23.
5. W. Huss, « Der "panafrikanische" Gedanke im zweiten römischen [*sic*] Krieg », *Punic Wars,* 1989, p. 185-191.

Premier succès de Scipion

Scipion profita des palabres pour étudier les installations des ennemis, tout en feignant de poursuivre le siège d'Utique [1]. Une nuit, en accord avec Massinissa, il passa à l'action après avoir offert des sacrifices à Tolmès et Phobos, le Courage et la Peur. Les Romains se postèrent près du camp d'Hasdrubal, les Numides près du camp de Syphax. À un signal donné, les soldats de Massinissa jetèrent des torches enflammées sur les huttes en roseaux qui abritaient leurs compatriotes et ennemis. L'incendie éclata immédiatement avec violence, chassant les dormeurs qui se faisaient massacrer dès qu'ils mettaient le nez dehors. Les flammes et le bruit parvinrent jusqu'au camp d'Hasdrubal ; réveillés, intrigués, les Puniques voulurent voir ce qui se passait, et tombèrent à leur tour sous les coups cette fois des légionnaires. L'affaire aurait fait, selon les sources, de 30 à 40 000 morts, et de 5 à 25 000 prisonniers. Toujours pieux, Scipion jeta les dépouilles dans les flammes, en offrande à Vulcain, dieu du feu, qui les avait bien méritées. Un engagement naval indécis ne compensa pas les pertes de ce désastre. Carthage envoya 4 000 Celtibères à Syphax. Mais Scipion se préparait à faire mieux.

La bataille des Grandes Plaines

La rencontre eut lieu à la mi avril 203, à cinq jours de marche d'Utique, dans les Grandes Plaines, *Campi Magni* en latin, aujourd'hui La Dakla, vers Béja ou Souk el-Arba [2].

Le dispositif initial ne présentait guère d'originalité. Du côté punique, les Celtibères, qui n'avaient plus rien à perdre en tant que traîtres, furent mis en première ligne, devant l'infanterie libyenne, la cavalerie étant sur les flancs, avec les Numides de Syphax à gauche et les Carthaginois à droite. Scipion avait placé ses trois lignes de légionnaires suivant la tradition, encadrées par

---
1. Tite-Live, XXX, 4-6 ; Appien, VIII, 4, 21-23.
2. Polybe, XIV, 2, 8 ; Tite-Live, XXX, 8 ; G. Brizzi, *Sileno*, XVI, 1-2, 1990, p. 199.

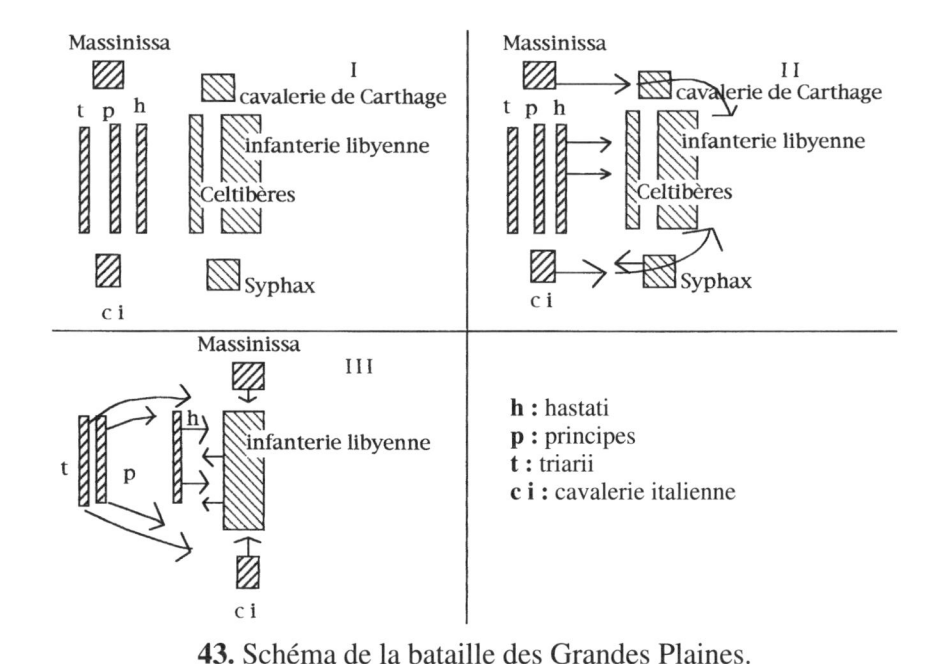

43. Schéma de la bataille des Grandes Plaines.
I. Le dispositif initial ne manifeste aucune originalité.
II. Les cavaliers au service de Rome réussissent à bousculer leurs vis-à-vis.
III. L'infanterie de Carthage est assaillie à la fois de face et sur ses flancs : c'est la défaite.

h : hastati
p : principes
t : triarii
c i : cavalerie italienne

les cavaliers de Massinissa à gauche et les Romains à droite. L'innovation vint une fois de plus de ce que Scipion modifia la tactique habituelle : il mit sur le même plan les hastats d'une part, les *principes* et les triaires d'autre part. La phalange, ou du moins ce qu'il en restait, avait vécu. Il lança les hastats de front, pendant qu'aux ailes les cavaliers attaquaient. Et cette fois, ils balayèrent leurs vis-à-vis, comme le firent les hastats. Puis les *principes* et les triaires s'ébranlèrent à leur tour, mais en attaquant sur les flancs. Scipion avait remporté une nouvelle grande victoire.

Sophonisbe, 2

Massinissa et Laelius engagèrent la poursuite à la recherche de Syphax. Ils le rattrapèrent et le capturèrent près de Constantine. Massinissa prit Sophonisbe pour part de butin. Toujours amoureux, il l'épousa. Laelius, qui craignait les conséquences politiques de la passion du Numide, ne lui laissa qu'un choix difficile : la lui livrer, ou la garder, mais les armes à la main dans ce cas. Sophonisbe demanda à son mari de ne pas la donner vivante au Romain. Massinissa se retira dans sa tente ; en guise de présent nuptial, il fit remettre à la jeune femme une coupe de poison qu'elle but sans hésiter. Scipion remit les insignes royaux à Massinissa, au nom du Sénat. C'était en juin 203 [1].

Négociations

Exploitant son avantage, Scipion prit plusieurs villes puis abandonna le siège d'Utique et installa son camp à Tunis, en vue de Carthage, où la panique se répandit, où le Sénat se divisa [2]. Un parti de la guerre voulait construire des navires, renforcer les fortifications et rappeler en Afrique Hannibal et Magon. Il fut écouté. Les partisans de la paix proposaient des négociations. Nous en connaissons le détail grâce à un papyrus qui fait connaître le texte d'un auteur favorable à Carthage [3]. Ce clan fut aussi écouté : simple prudence, ce n'était même pas de la duplicité. Une ambassade partit à Rome : Carthage renonçait à la péninsule ibérique (qu'elle avait d'ailleurs perdue), rendrait prisonniers et transfuges, paierait 5 000 talents, livrerait du blé et de l'orge, et ne garderait que vingt navires de guerre. Des représentants de Rome vinrent à Carthage.

Le « parti de la guerre » sut faire échouer les négociations en rompant la trêve. Il comptait sur 500 navires, total fabuleux, et sur deux généraux prestigieux. Le chiffre de 500, qui paraît invraisemblable, prouve que les Carthaginois disposaient encore de moyens financiers considérables, que leur économie se portait relativement bien, et que le seul problème relevait de la psycho-

---

1. Tite-Live, XXX, 14-15 ; Appien, VIII, 5.
2. Polybe, XV, 1, 1-19 ; Tite-Live, XXX, 16-19 ; Appien, VIII, 6.
3. Voir A. Körte et M. Gigante cités dans « Sources et bibliographie », à la fin de cet ouvrage.

logie : voulaient-ils gagner la guerre, en avaient-ils la volonté ? Les deux stratèges attendus obéirent aux ordres. Mais Magon, qui venait d'être mis en difficulté, embarqua et mourut en haute mer de ses blessures.

Hannibal, qui restait fidèle à sa patrie, obéit également aux ordres, mais à regret [1]. C'était, disait-il, le Sénat de Carthage qui l'avait vaincu, sans que le peuple romain y fût pour rien, ce qui était quelque peu excessif. Avant de partir, il fit graver dans le temple de Junon Lacinia une inscription bilingue, en grec et en punique, qui racontait ses exploits ; quelques décennies plus tard, Polybe put lire ce texte. Hannibal ordonna de construire une flotte avec les bois du Sila, et fit tuer ceux de ses alliés italiens qui ne voulaient pas le suivre, pour qu'ils ne puissent pas, par la suite, se mettre au service de Rome [2]. Un auteur moderne, inspiré par un humanisme que ne partageait pas Hannibal, a mis en doute la réalité de ce massacre [3]. À la fin de l'été, le Carthaginois débarqua près de Sousse, où se trouvaient ses biens patrimoniaux, et où il installa sa base principale. À quelque trente kilomètres de là, à Ksour Es Saf, a été trouvée une sépulture intéressante. Le corps avait été mis dans un sarcophage en bois, comme faisaient les Puniques. Contre lui, avaient été déposés un ceinturon et une cuirasse qui constitue le plus bel ornement d'une salle située dans le musée du Bardo, près de Tunis. De type *kardiophylax*, « protège-cœur », elle aurait été fabriquée en Campanie, et utilisée par un mercenaire au service d'Hannibal et, peut-être, récupérée par un Punique.

Le « parti de la guerre », donc, fit en sorte que les ambassadeurs romains soient attaqués [4] ; il y eut des morts dans leurs rangs. Scipion, qui eut la chance de recueillir des ambassadeurs carthaginois, les remit en liberté, ce qui était sans importance ; Hannibal étant rentré, une nouvelle bataille était devenue inévitable. Scipion était allié à Massinissa, Hannibal à Vermina, fils et successeur de Syphax ; ne se sentant pas prêts, ces derniers sou-

---

1. Tite-Live, XXX, 20 ; Diodore, XXVII, 10 ; Appien, VII, 9, 59.
2. Orose, IV, 19, 1.
3. J.-P. Brisson, *Carthage ou Rome ?* 1973, p. 292-293.
4. Appien, VIII, 7, 39.

44. La cuirasse de Ksour es-Saf.
Cette cuirasse porte une tête de Minerve surmontée de deux
boucliers. Elle est en cuivre, et a sans doute été fabriquée en
Campanie. On l'a attribuée à un mercenaire au service
d'Hannibal, mais sa chronologie reste hypothétique.
(Musée du Bardo.)

haitaient temporiser. Mais le Sénat de Carthage les pressait. Hannibal conçut une nouvelle stratégie : reconquérir le royaume de Syphax pour prendre Scipion en tenaille, entre la Numidie à l'ouest et Carthage à l'est. Le Romain voulut l'en empêcher. La rencontre eut lieu à Zama, en 202, sans doute le 29 octobre.

Zama

Après de nombreuses discussions sur l'emplacement de Zama, les historiens ont fini par se mettre d'accord pour l'identifier à l'actuelle Jama, dans la région du Kef [1]. L'enjeu était considé-

---

[1]. Th. Mommsen, *Ges. Schriften*, IV, 1903, p. 36-48 ; L. Poinssot, « Zama », *Rev. Afr.*, 1928, p. 1-15 ; Ch. Saumagne, « Zama », *Comptes rendus de l'Acad. des Inscr.*, 1941, p. 445-452 ; L. Déroche, « Les Fouilles de Ksar Toual Zammel et la question de Zama », *Mél. École fr. de Rome*, LX, 1948, p. 55 et suiv. ; A. Garcia y Bellido, « Les Mercenaires espagnols dans

45. Portrait de Vermina, roi des Masaesyles de Numidie.
Le traitement de l'œuvre est beaucoup plus gréco-romain que celui des portraits de Massinissa et Syphax présentés plus haut.
J. Mazard, ouvrage cité, p. 21.

rable : pour Carthage, le succès signifiait le maintien de son autorité sur l'Afrique et, plus dramatiquement, la survie ; Rome en attendait, suivant l'expression de Polybe, « la domination du monde et l'empire universel » (XV, 1, 9). Les deux adversaires, « les deux plus grands généraux de tous les temps [1] », étaient conscients du risque et hésitaient. Hannibal envoya dans le camp ennemi trois espions qui furent capturés ; Scipion leur fit visiter ses installations, puis les renvoya. Les deux héros voulurent ensuite se rencontrer ; ils se firent accompagner chacun par un interprète. Le Carthaginois acceptait la perte de la péninsule ibérique, ce qui lui coûtait peu, refusait le paiement d'un tribut, et souhaitait faire reconnaître que la guerre avait été causée par un double impérialisme, de Rome et de Carthage, ce qui témoignait d'un grand bon sens mais pas d'un grand sens de la diplomatie. Aussi l'entrevue ne donna-t-elle aucun résultat.

Hannibal [2] avait 50 000 hommes, avec peu de cavaliers, pour l'essentiel ceux de Vermina [3], mais avec le plus grand nombre d'éléphants jamais aligné (80). Il les disposa en avant des troupes, pour une attaque frontale ; les mercenaires celtes, ligures et maures étaient placés en première ligne, les puniques

---

les armées carthaginoises au moment de la bataille de Zama », *Africa*, III-IV, 1969-1970, p. 111-120 ; F. H. Russell, « The Battlefield of Zama », *Archaeology*, 23, 2 (avril) 1970, p. 120-129 ; D. Nizza, « Note sul vero nome del luogo della battaglia di Zama », *Rend. Ist. Lomb.*, 114, 1980 [1982], p. 85-88 ; P. Fraccaro, *Opuscula*, II, 1957 (Pavie), p. 327-336, relève les erreurs de H. H. Scullard ; J. Seibert, ouvrage cité, p. 466 et suiv. ; Cl. Lepelley, *Mél. M. Le Glay, Coll. Latomus*, 226, 1994 (Bruxelles), p. 290.

1. Florus, I, 22, 58.
2. Polybe, XV, 1, 3-14 ; Tite-Live, XXX, 32 sv ; Appien, VIII, 7-8 ; Frontin, *Strat.*, II, 3, 16.
3. H. R. Baldus, *Die Münzen*, cité plus haut.

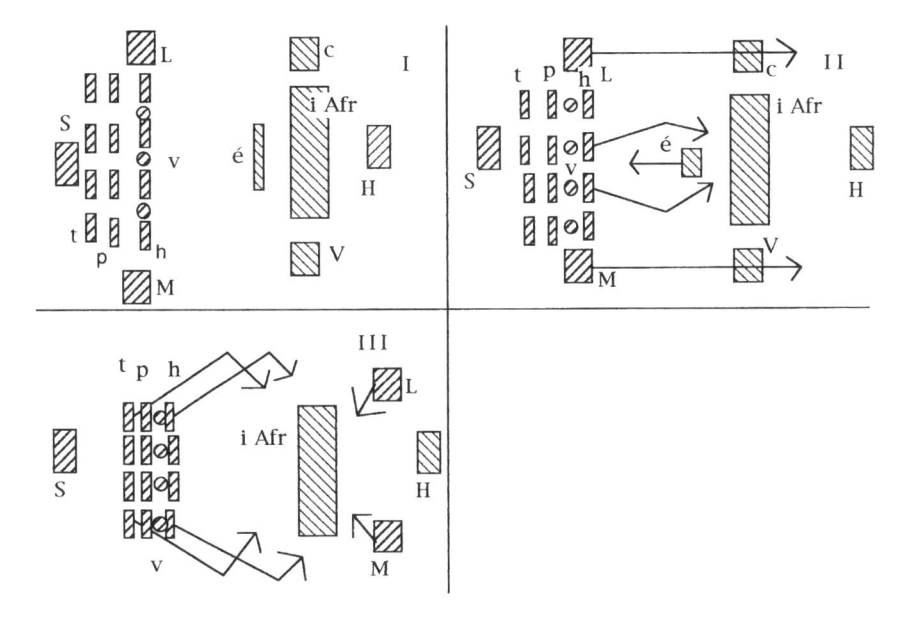

46. Schéma de la bataille de Zama.
I. Remarquer, dans le dispositif initial, la répartition des légionnaires (en colonnes) et des vélites (entre les files de légionnaires).
II. À l'échec des éléphants d'Hannibal répondent le succès des cavaliers romains et l'offensive des hastats.
III. L'infanterie d'Hannibal est prise au piège, encerclée par les fantassins adverses et par la cavalerie qui est revenue après avoir chassé les forces qui lui étaient opposées.

Romains : **S** : camp de Scipion, **L** : cavalerie de Laelius, **t** : *triarii*, **p** : *principes*, **h** : *hastati*, **M** : cavalerie de Massinissa, **v** : vélites

Puniques : **é** : éléphants, **c** : cavalerie carthaginoise, **i Afr** : infanterie de Carthage, **V** : cavalerie de Vermina, **H** : camp d'Hannibal

et les macédoniens en deuxième ligne et l'infanterie de Carthage, avec les vétérans et les Italiens, en troisième ligne. L'armée de Carthage était ainsi répartie sur trois rangs, divisée en une *triplex acies*. Hannibal comptait sur l'expérience de ses vieux soldats pour l'emporter. Scipion n'avait rassemblé que 25 000 hommes environ, mais avec une importante cavalerie numide fournie par Massinissa. Une fois de plus, il manifesta son génie inventif en décidant de leur répartition. Au lieu de mettre les manipules en quinconce, il les aligna les uns derrière les autres de façon à dégager des couloirs pour y laisser passer les éléphants ; et, pour que ce piège n'apparaisse pas, il fit occuper par les vélites les intervalles laissés vacants entre les hastats. Aussi une première offensive des éléphants tomba-t-elle dans le vide, les vélites s'étant retirés derrière les hastats. Puis, en même temps, comme aux Grandes Plaines, les hastats et la cavalerie marchèrent sur l'ennemi, avec succès : les escadrons puniques éclatèrent, pendant que la première ligne refluait sur la seconde qui la repoussait. On assista à un pugilat entre soldats de Carthage ! Avec ensemble, les autres légionnaires s'avancèrent alors en ligne. Hannibal plaça aux ailes les restes de son infanterie. Mais il était trop tard : la cavalerie romaine, qui revenait, achevait la manœuvre d'enveloppement. Hannibal perdit 25 000 morts et 8 500 prisonniers, Scipion 2 500 morts. Depuis Tite-Live, la critique a pris l'habitude d'encenser le vaincu, récemment comparé au Napoléon de Waterloo [1].

C'est donc bien sur terre que se régla le sort de « l'empire de la mer ».

La paix

Il ne restait plus qu'à négocier [2]. Hannibal lui-même ne voyait pas d'autre issue, au point qu'en plein Sénat de Carthage, il brutalisa un contradicteur. À Rome, également, la majorité souhaitait que la diplomatie prît le pas sur la guerre. Pourtant, certains nobles, déjà, pensaient qu'il fallait « détruire Carthage [3] ». Et les aristocrates se divisaient également dans leurs jugements sur le général victorieux, à la différence de la plèbe, qui l'aimait.

---

1. G. Brizzi, *Annibale*, 1984, p. 73, plaide en faveur du génie d'Hannibal.
2. Polybe, XV, 1, 17-19 ; Tite-Live, XXX, 36-37 et 43-44 ; Appien, VIII, 49-65.
3. Dion Cassius, frag. 220 ; F. Cassola, « Tendenze filopuniche e antipuniche in Roma », *I Congr. di Studi Fen. e Pun.*, I, 1983, p. 35-59.

Scipion, au camp de Tunis, posa ses conditions.

– Que Carthage livre tous ses vaisseaux de guerre, sauf dix, tous ses éléphants (on en voit ici l'importance), tous les prisonniers et tous les transfuges.

– Que Carthage paie une indemnité de 10 000 talents sur cinquante ans (12 500 selon Appien, VIII, 8, 54), et 1 000 talents dans l'immédiat pour obtenir une trêve de trois mois.

– Que Carthage évacue tous les territoires situés à l'ouest des « fosses puniques [1] », et rende à Massinissa tout ce qui avait appartenu à ce dernier ou à ses ancêtres (Polybe, XV, 1, 18).

– Que Carthage ne recrute de mercenaires ni en Gaule ni en Ligurie.

– Que Carthage ne s'engage dans aucune guerre sans l'accord de Rome.

– Que Carthage livre des otages [2] (100 ou 150 selon les sources).

Une ambassade de Carthage se rendit à Rome pour y ratifier le traité, au printemps de l'année 201. Le Sénat restait fidèle à un principe que Montesquieu formula des siècles plus tard dans ses *Considérations* : « Les Romains ne firent jamais la paix que vainqueurs. »

Le bilan en 201

Beaucoup d'auteurs placent en 201 la fin des guerres puniques. Nous verrons dans les chapitres suivants ce qu'il faut penser de cette interprétation des événements, de cette chronologie. Un historien a récemment soutenu la thèse que, malgré son apparente dureté, le traité de 201 n'avait rien que de très normal [3]. Certes, il laissait l'Afrique à Carthage, mais sans les moyens de la défendre.

---

1. Sans doute, donc, la ligne Tabarka-Mactar-Mahdia. Voir, au chap. I, la description de la *chôra* de Carthage.
2. A. Aymard, « Les Otages carthaginois à la fin de la deuxième guerre punique », *Pallas*, I, 1953, p. 44-63 = *Études d'histoire ancienne*, 1967 (Paris), p. 436 et suiv.
3. F. Gschnitzer, « Die Stellung Karthagos nach dem Frieden von 201 n. Chr. », *Wiener Studien*, LXXIX, 1966, p. 276-289.

Carthage rendit 4 000 prisonniers, dont un sénateur, livra les transfuges qui furent exécutés à la hache s'ils étaient latins, sur la croix s'ils étaient romains, et donna les 500 navires qui furent incendiés. Massinissa reçut un royaume agrandi, qu'il ne pensait qu'à agrandir. Scipion obtint les honneurs du triomphe et le surnom d'« Africain », *Africanus*. Après cette victoire, constata Florus, plus personne n'eut honte d'être vaincu par Rome (I, 23, 1).

VI

LE DEUXIÈME ENTRE-DEUX-GUERRES
201-149 avant J.-C.

Le traité de 201, que Carthage avait dû accepter, avait créé un nouvel équilibre qui lui était encore plus défavorable que n'avait été l'accord de 241. Son domaine africain était étroitement limité, avec le terrible Massinissa aux portes. Elle avait perdu l'État que les Barcides avaient su construire dans le Sud de la péninsule Ibérique, au profit de Rome. Son armée était réduite au rang d'une gendarmerie, et sa marine de guerre confinée dans des fonctions de garde-côtes. De plus, une indemnité considérable obérait les finances publiques. Pourtant, malgré ces importants prélèvements, l'économie de Carthage semble avoir opéré un extraordinaire redressement ; c'est du moins ce qu'affirment quelques archéologues [1]. Les mêmes, ou plutôt quelques-uns de leurs collègues, nous disent que l'Italie, dans le même temps, devait supporter le « legs d'Hannibal [2] ». Qu'en est-il exactement de cette évolution ? Les choses allaient-elles si mal à Rome et si bien à Carthage ? Dans quel sens le rapport de forces a-t-il évolué entre la deuxième et la troisième guerre punique ? L'écart de puissance entre les deux adversaires s'est-il réduit ?

---

1. Voir, sur ce débat, G.-Ch. Picard, S. Lancel, G. Marasco et J.-P. Morel, cités plus loin.
2. Titre de l'ouvrage célèbre d'A. J. Toynbee souvent cité au chapitre précédent.

1. *Deux vies parallèles d'hommes illustres*

Avant de répondre à ces questions, pour lesquelles des réponses existent, par bonheur, le destin des deux personnages qui ont conduit leurs patries respectives là où elles en sont arrivées mérite de retenir l'attention. On se demande d'ailleurs pourquoi Plutarque n'a pas écrit ces vies parallèles.

La fin d'Hannibal

Les auteurs anciens ne se sont pas accordés sur le destin immédiat d'Hannibal [1], au lendemain du traité de 201. C'est dire que les modernes se sont une fois de plus déchirés. Est-il resté à la tête des armées ? On l'ignore. De toute façon, s'il a bien exercé ce commandement, il ne l'a pas gardé longtemps, et s'est très vite retiré sur ses terres.

Après un moment de silence, il réapparut. Il fut élu par le peuple pour exercer les fonctions de sufète en 196. À peine arrivé au pouvoir, il commença par diligenter une enquête approfondie sur les finances de l'État, et fit éclater plusieurs « affaires » tout à fait semblables à celles que connaît la fin de notre XXe siècle, mettant en lumière diverses prévarications de riches notables [2]. Les historiens se sont partagés sur la signification de cette politique. À G.-Ch. Picard qui la qualifiait de démocratique et révolutionnaire [3], le Polonais T. Kotula a opposé une conviction différente : cet engagement lui paraît démagogique et non démocratique, monarchiste et non révolutionnaire [4]. En fait, Hannibal restait fidèle à lui-même et à ces modèles qui étaient

---

1. Tite-Live, XXXIII-XXXVI, *passim* ; Eutrope, IV, 5 et 10-12.
2. Tite-Live, XXXIII, 45-49.
3. G.-Ch. Picard, *Vie et mort de Carthage*, 1970 (Paris), p. 272.
4. T. Kotula, « Les Prétendues Réformes démocratiques d'Hannibal à Carthage [en pol., résumé en latin] », *Eos*, LVII, 1967-1968, p. 272-281, et « Hannibal-Sufet und seine vermeintlich demokratische Reforme in Karthago », *Riv. Stor. Ant.,* XIII-XIV, 1983-1984, p. 87-101.

répandus autour de la Méditerranée de son temps et que nous avons déjà évoqués : il voulait exercer un pouvoir justifié par la victoire que donnent les dieux, en s'appuyant sur les hommes pauvres et libres contre les riches. Hélas pour lui, la victoire avait fini par l'abandonner, et ses ennemis veillaient. Ils envoyèrent force lettres de dénonciation à Rome, où Scipion fut seul à trouver le procédé méprisable, et le Sénat décida d'envoyer une mission enquêter sur place.

Hannibal comprit le danger. À l'été 195, il s'enfuit discrètement, et gagna la métropole de Carthage, Tyr en Phénicie. Toujours pour rester fidèle à lui-même, à ses haines, et pour poursuivre son interminable duel avec Rome, il se mit au service d'Antiochos III, roi macédonien de Syrie, qui se préparait à intervenir dans les Balkans. Les relations entre les deux hommes furent changeantes[1]. Dans cette entreprise également, ses ennemis dénoncèrent Hannibal au Sénat de Rome. Mais il réussit sans peine à entraîner Antiochos III, qui la souhaitait, dans la guerre[2]. Le roi intervint (nous y reviendrons), fut vaincu et dut accepter la paix d'Apamée, en 188. Une des clauses du traité prévoyait la livraison à ses ennemis d'un Hannibal qui ne les avait pas attendus[3].

Pendant quelque cinq années, Hannibal erra de cour en cour, de roitelet en roitelet, toujours prêt à conseiller et servir qui voudrait combattre Rome. Finalement, il fut accueilli par le roi de Bithynie, Prusias, un personnage qui n'a pas suscité beaucoup de sympathie chez les historiens. Rome, en 183 ou 182, exigea qu'on le lui livrât. Cerné, Hannibal préféra le suicide[4].

---

1. Diodore, XXIX, 3 ; Tite-Live, XXXIV, 60-61, et XXXV, 19.
2. Tite-Live, XXXVI, 7.
3. Diodore, XXIX, 10.
4. Tite-Live, XXXIX, 51. Voir aussi Cornelius Nepos, *Hann.*, XII ; Justin, XXXII, 4, 8 ; Plutarque, *Flaminius*, XX ; Pausanias, VIII, 11, 11 ; Appien, *Syr.*, XI.

La fin de Scipion

Pour être moins dramatique, la fin de Scipion n'est pas sans évoquer celle d'Hannibal [1]. Cette similitude de destin s'explique peut-être par de fortes ressemblances dans les programmes politiques des deux hommes : le Romain se présentait également en général victorieux, en protégé des dieux, et il recherchait l'appui de la plèbe, quitte à s'opposer aux riches. Mais il appartenait au camp des vainqueurs ; bien plus, c'était à lui qu'avait été dû le succès, au moins en grande partie. Aussi fut-il d'abord couvert d'honneurs. En 199, il établit la liste des sénateurs et des citoyens en tant que censeur ; avec la dignité de prince du Sénat, il reçut le droit de parler le premier dans cette assemblée. En 194, il exerça un nouveau consulat. En 190, avec le simple titre de « légat », il servit de lieutenant à son frère, qui vainquit Antiochos III à la bataille de Magnésie-du-Sipyle. Mais il avait des ennemis, et ceux-ci lui intentèrent un procès en 184. Ils lui reprochaient des malversations pendant la guerre contre la Syrie, et des relations trop cordiales avec l'ennemi. Il ne fut pas condamné mais, écœuré, il choisit en 183 de s'exiler dans une petite ville de Campanie, Literne, où il mourut peu après [2] : « Ingrate patrie, tu n'auras pas mes os. »

Le destin de ces deux personnages d'exception ne doit pas faire oublier l'essentiel : le devenir de leurs patries.

2. « *Hannibal's Legacy* »

Depuis l'Antiquité, les historiens ont pris l'habitude de comptabiliser les dommages causés à l'Italie par la guerre d'Hannibal. Le célèbre historien anglais Arnold Toynbee a donné la forme la plus achevée à ce courant de pensée dans un livre célèbre, publié

---

1. Tite-Live, XXXVIII, 52 ; Orose, IV, 20, 29.
2. Tite-Live, XXXVIII, 52-53, et XXXIX, 52 ; comparer ce récit avec celui de la mort d'Hannibal (références plus haut).

en 1965 et souvent cité ici. C'est à lui qu'est emprunté le titre de ce paragraphe. Mais que vaut ce pessimisme ?

« Le legs d'Hannibal » : le passif

Florus, déjà, le remarquait : la deuxième guerre punique avait été « si dure que le peuple vainqueur ressemblait à un peuple vaincu » (I, 22, 1). A. Toynbee a donc recensé les dégâts [1]. Les pertes humaines avaient été considérables : les chiffres du *census*, qui ne concernent que les mâles adultes, passent de 270 000 en 234-233 à 214 000 pour 204-203 ; avec les femmes et les enfants, les morts dus à la guerre ont dû dépasser le chiffre de 100 000 [2] ; sans doute le XXe siècle a-t-il fait mieux mais, pour l'Antiquité, compte tenu des techniques et des mentalités de l'époque, c'était considérable, sans exemple. Les pertes matérielles n'étaient pas moins impressionnantes. Les armées en campagne, on le sait, se comportaient comme autant de nuages de sauterelles, et anéantissaient tout sur leur passage : elles prenaient ce qu'elles pouvaient prendre, et détruisaient le reste, incendiant les récoltes et les arbres, tuant le bétail. Dans une inscription, lue par Polybe, et qu'il avait fait graver près du temple d'Héra ou Junon Lacinia, Hannibal s'était vanté d'avoir détruit 400 places ; et les Romains n'ont pas fait moins, surtout en raison des procédés du Temporisateur qui s'était efforcé d'appliquer partout la tactique de la terre brûlée. La Grande-Grèce fut dévastée, et ne put pas se rétablir avant deux siècles, a-t-on dit. Pour rester dans le domaine économique, on constate un accroissement de la concurrence entre États, et un net déclin de la production céréalière italienne.

Ce fut pire dans le domaine social et politique, et le même A. Toynbee a pu parler à ce propos de la « vengeance posthume d'Hannibal [3] ». Les petits paysans se trouvèrent ruinés : la durée du service les avait arrachés trop longtemps à leurs terres, les

---

[1]. Pour ce paragraphe, nous renvoyons à son livre amplement cité.
[2]. G. Brizzi, *Annibale*, 1984, p. 148.
[3]. A. J. Toynbee, ouvrage cité, II, p. 486.

avait déracinés ; ils ne pouvaient pas supporter la concurrence des grands domaines, sur lesquels travaillaient de nombreux esclaves, et que vitalisaient d'abondants capitaux. Les Italiens, par ailleurs, souffraient de la dureté de Rome, qui avait puni les défaillances avec une extrême rigueur, qui se montrait moins généreuse dans le partage du butin et dans l'octroi de sa citoyenneté. D'où une série d'explosions, comme autant de bombes à retardement : le mécontentement des plébéiens, les hommes libres et pauvres, éclata à partir de 133, et se transforma en guerre civile ; la colère des Italiens aboutit à la Guerre Sociale (« guerre des alliés », *socii*) en 91-88 ; les souffrances des esclaves se manifestèrent dans de grandes révoltes, dont la plus connue a été animée par Spartacus entre 73 et 71.

« Le legs d'Hannibal » : l'actif

La réflexion d'A. Toynbee privilégie plus ou moins consciemment le politique, et se révèle finalement très moralisatrice. Il est pourtant un domaine qui demeure indifférent à ce genre de considérations, l'économie, qui ne connaît ni le bien ni le mal. Elle obéit à des lois différentes. Ainsi, après Cannes surtout, Rome devint le premier centre « industriel » de l'Italie (il fallait produire ce qu'on ne pouvait plus importer), et sa plus grande ville en raison de l'afflux des réfugiés et des ouvriers. Il ne faut pas non plus exagérer les destructions causées dans les campagnes par les armées en marche : elles n'affectaient que les zones de passage, et pour une seule année ; rien ne repousse mieux que la vigne et l'olivier, même après un incendie [1]. De même, les destructions peuvent avoir des effets heureux, si les victimes possèdent assez d'énergie pour reconstruire : elles relancent le bâtiment, permettent de remettre à neuf l'équipement et les infrastructures [2]. Il y a plus. On a vu au chapitre pré-

---

1. V. D. Hanson, *Le Modèle occidental de la guerre*, trad. A. Billault, 1990 (Paris).
2. A. J. Toynbee lui-même l'a senti et noté à plusieurs reprises, tout comme M. A. Levi, « L'Italia dopo Annibale », *Athenaeum*, XLI, 1965, p. 419-431, pour le domaine économique.

cédent que les besoins des armées avaient donné naissance à un type d'économie très moderne pour l'époque, appuyé sur la création du denier, et davantage fondé sur le commerce (importations de bois, de fer et de blé), avec un secteur en expansion, l'élevage. Car il est inutile de se lamenter : certes, la progression des grands domaines a nui à la culture ; mais elle a favorisé la pâture. C'est un point que les historiens ont trop souvent négligé. Et ce n'est pas tout. Dans le cas d'une guerre qui n'affecte qu'une partie du territoire à défendre, le Sud de l'Italie en l'occurrence, les zones épargnées profitent de la situation : la concurrence se fait moins âpre et la demande plus forte. C'est ainsi que le Nord-Ouest fut appelé à fournir du blé et d'autres biens. Les entrepreneurs, les commerçants, les éleveurs, les habitants de la Cisalpine et des régions voisines, qui n'appartenaient pas encore à Rome il est vrai, ont tiré profit de la guerre d'Hannibal.

L'État romain fut amené à intervenir ; il le fit de manière sélective, abandonnant l'Apulie et la Lucanie aux grands propriétaires. Il s'efforça en revanche d'assurer la remise en état de la Campanie et du Samnium, avec peu de résultats dans l'Italie centrale, il faut le reconnaître. La reprise se manifesta très vite dans le domaine de la démographie. Les chiffres du *census*, de 214 000 en 204-203, passent à 258 000 en 189-188, 324 000 en 154-153. L'industrie, si tant est qu'on puisse utiliser ce mot pour l'Antiquité, se développa elle aussi : vers 200, on assista à une véritable explosion de la production de céramique, en particulier de celle que les archéologues appellent « Campanienne A ». Un autre aspect de l'économie ne peut plus être négligé : il s'agit de ce que les spécialistes appellent la « conjoncture », la bonne ou mauvaise santé globale d'une région à un moment donné. Cet état peut être connu grâce à l'étude de l'évolution des monnaies, une évolution qui échappait largement à l'action d'un État peu au courant des lois monétaires. Certes, l'étude des trésors et de la composition des pièces montre que la première moitié du IIe siècle avant J.-C. a correspondu à une crise, une dépression, causée surtout par le manque de métal : le denier survécut seul et avec peine, les autres espèces disparaissant. Mais, à partir du milieu du IIe siècle, commença un nouveau cycle, une phase de reprise puis d'essor très importante.

Il convient donc sans doute de nuancer les jugements d'A. Toynbee, de les débarrasser de leur contenu moralisateur. Hannibal n'a pas seulement causé du tort à l'Italie ; sans le vouloir, il lui a aussi permis de se doter d'une économie mieux adaptée à son époque. Et d'ailleurs, même dans le domaine politique, la guerre d'Hannibal n'a pas eu que des conséquences malheureuses. Elle a provoqué, comme l'a noté Salluste, « la fin des discordes et des conflits entre patriciens et plébéiens ».

3. Renaissance de Carthage ?

Que la guerre ait eu des conséquences néfastes pour Carthage, tous les historiens l'ont bien vu. Pourtant, une thèse a été récemment soutenue [1] : après 201, l'archéologie laisse penser que cette cité a su se reprendre dans le domaine économique. Mais n'est-ce pas montrer trop d'optimisme ?

La reprise économique...

Les fouilles que des équipes internationales ont effectuées sur le site de Carthage ont mis en évidence l'apparition d'un nouvel urbanisme après 201. Sur les pentes sud et sud-ouest de la colline de Byrsa, une équipe dirigée par S. Lancel a retrouvé tout un quartier qui s'est construit alors, avec ses rues, ses maisons, ses boutiques [2]. Il y a mieux. À quelque sept cents mètres de là, le port de guerre, que des Britanniques viennent d'étudier [3], a été

---

1. G.-Ch. Picard, « Carthage après Zama », *Semitica*, XXXIII, 1983, p. 41-50 ; G. Marasco, « Aspetti dell'economia cartaginese fra la seconda e la terza guerra punica », *L'Africa romana*, V, 1988, p. 223-234 ; J.-P. Morel, « L'Aire punicisante », *Bull. du Comité des Trav. Hist.*, 1984-1985 [1989], p. 145-147 ; S. Lancel, *Carthage*, 1992, p. 423-429. Voir Tite-Live, XXXVI, 4, et XLIII, 3 ; Appien, *Lib.*, 67 et 96.

2. S. Lancel, *Byrsa*, Coll. École fr. de Rome, XLI, 1979 et 1982 (Paris-Rome), vol. I et II.

3. Fouilles de H. Hurst : références au chap. suiv.

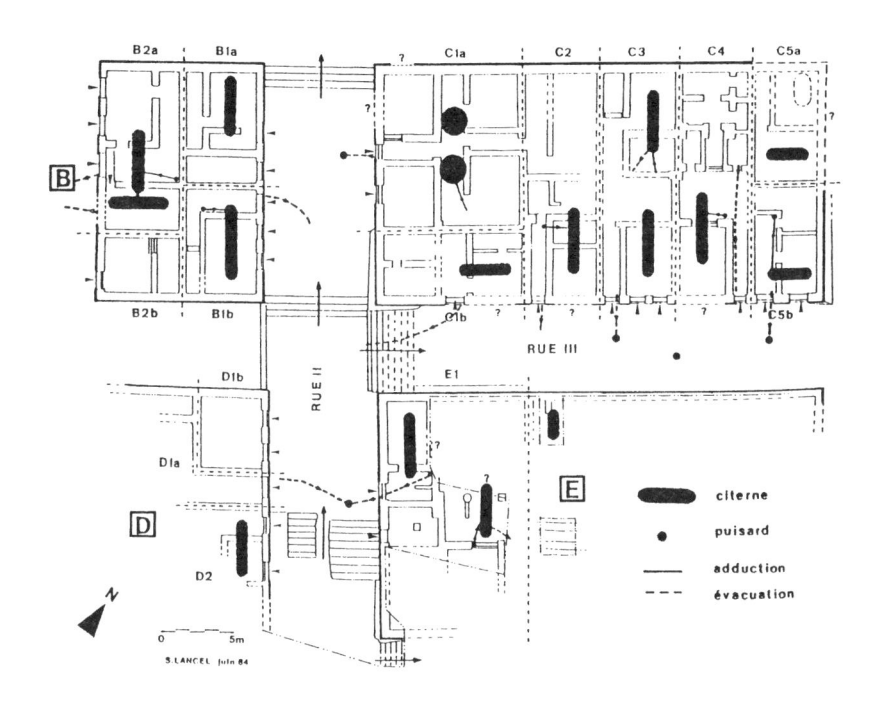

47. Les fouilles de S. Lancel à Byrsa.
S. Lancel, *Carthage*, 1992 (Paris), p. 188, fig. 90.

entièrement refait peu avant le milieu du IIe siècle, soit à la veille de la troisième guerre punique, et prévu pour abriter près de 200 navires, alors que le traité de 201 n'en autorisait que 10 à Carthage. Et un monnayage existait bel et bien (type XVIII de Jenkins) [1].

Les raisons de cette « renaissance » sont connues, et là encore c'est surtout l'archéologie qui fournit la clef du mystère ; il faut cependant admettre que certains textes littéraires prennent une autre signification si on les confronte à ces données. Après 201, les commerçants carthaginois ont manifesté un certain dynamisme, pour ne pas parler d'un dynamisme certain. On a retrouvé leurs traces, une célèbre céramique à vernis noir, que les spécialistes ont baptisée « punique tardive », principalement

---

1. Voir également J. Alexandropoulos, « Note sur une trouvaille monétaire punique », *Mél. M. Sznycer*, I, 1990, p. 9-13.

263

en Sicile et dans la péninsule ibérique, accessoirement dans le Sud de l'Italie, en Sardaigne, aux Baléares, dans la Gaule méridionale et tout au long du littoral du Maghreb ; dans le même temps, la métropole africaine put procéder à des importations massives de céramique dite « Campanienne A », preuve qu'elle en avait les moyens [1]. Les agents de ce commerce ont donné matière à une comédie de Plaute, « Le petit Punique », *Poenulus*, datée des environs de 190. Elle mettait en scène un de ces « guggas », nom que les Romains leur donnaient avec un affectueux mépris. Cette pièce prouve que les habitants de la Ville connaissaient bien ce type de personnage. Que vendaient-ils ? Nous ne possédons de certitude que pour la céramique et les animaux [2]. On a supposé qu'ils exportaient des tissus, des métaux (étain et argent), des salaisons et des produits agricoles divers.

... et ses limites

Faut-il croire, pour autant, que Carthage avait retrouvé son antique puissance ? Car, dans un conflit, c'est de force qu'il faut parler. Plusieurs indices concordants prouvent que dans certains domaines au moins l'économie de Carthage était en recul. Le faible titre des monnaies, comme à Rome il est vrai, à la suite d'une crise générale, en témoigne. Et il ne faut pas faire dire aux documents plus qu'ils n'en disent ; le quartier récemment fouillé par S. Lancel à Byrsa n'abritait pas de riches familles vivant dans de grandes villas. La médiocre qualité des stèles du tophet de Salammbô, la pauvreté des tombes fouillées dans la nécropole de l'odéon, où se répand la pratique du remploi, et la quasi-disparition des bijoux d'or appellent une même interprétation [3]. Ces divers signes de faiblesse ont sans doute leur explication dans le déclin de l'empire consécutif à la deuxième guerre punique. Le

---

1. J.-P. Morel, article cité.
2. F. Bertrandy, « Remarques sur le commerce des bêtes sauvages entre l'Afrique du Nord et l'Italie », *Mél. École fr. de Rome,* XCIX, 1, 1987, p. 211-241, pense que ce trafic a commencé au IIe siècle avant notre ère.
3. G.-Ch. Picard, *Vie et mort de Carthage,* 1970, p. 283-284.

domaine de Carthage s'était réduit à la *chôra*, qui correspondait au Nord de l'actuelle Tunisie. Et Massinissa, fort de l'appui de Rome, lorgnait sur ce territoire, attendant le premier signe de faiblesse pour procéder au dépècement. Cette diminution de superficie signifiait moins d'argent, moins d'hommes, moins de mercenaires. Comme, dans le même temps, Rome étendait son propre empire, le déséquilibre entre les deux États s'aggravait.

4. Le nouveau rôle de Rome

Pourtant, pendant un demi-siècle [1], Rome n'entreprit qu'une seule grande conquête, dans la péninsule balkanique. Le Sénat, s'il poursuivait une série de petites guerres toutes engagées avant 201, s'offrait surtout une débauche d'activités diplomatiques, sollicité il est vrai par toutes les puissances de l'époque, petites, moyennes et grandes. Pour la première fois, il s'occupait avec soin et « avec des idées simples de l'Orient compliqué ».

Le Sénat de Rome se transformait en cour de justice internationale, et le légionnaire en gendarme de la Méditerranée.

L'attitude de Rome

La situation du temps se caractérisait par davantage de complexité, par des contrastes, des contradictions. Ainsi, si le désir d'enrichissement perdurait, la crise monétaire freinait l'impérialisme économique. Même tiraillement dans le domaine militaire : la guerre d'Hannibal avait engendré une lassitude contre laquelle il fallait lutter, car d'autres ennemis se présentaient, réels ou imaginaires d'ailleurs. De nouveaux motifs d'action apparaissaient, en particulier politiques, avec l'ambition crois-

---

1. Orose, IV, 20 ; voir surtout Polybe et Tite-Live cités ci-après.

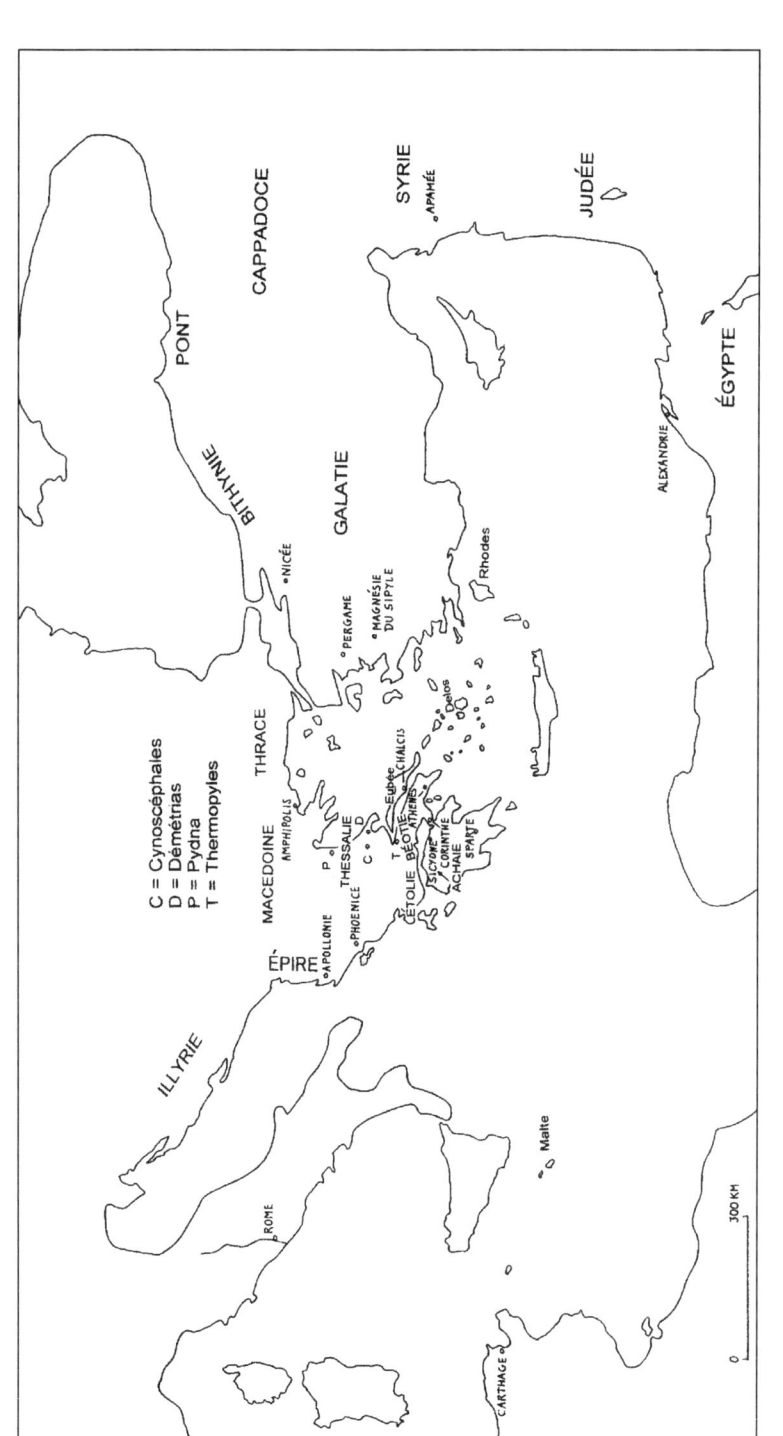

48. La politique de Rome en Méditerranée de 201 à 149. Carte de l'auteur.

sante des émules de Scipion, avec la volonté du Sénat de protéger les régimes aristocratiques [1], qui faisaient appel à lui de plus en plus souvent, et enfin avec la multiplication des demandes d'aide de la part d'États qui, se sentant menacés, croyaient pouvoir placer en lui leur confiance.

En Orient : « Guerre...

Rome ne tarda pourtant pas à engager les légions dans des conflits qui eurent pour théâtre la péninsule des Balkans. Après la paix de Phoenice, Philippe V s'était détourné de l'Adriatique [2], au moins pour un temps dans son esprit. Il n'en cherchait pas moins à se renforcer : « Philippe [V], dit Tite-Live, montra l'âme d'un roi » en pensant à l'avenir (XXXI, 16). Son erreur fut de sous-estimer ses adversaires, comme le laisse penser la remarque impatiente qu'il adressa à l'un d'eux, jugé trop impertinent : « Ta jeunesse, ta beauté et surtout ta qualité de Romain te rendent trop orgueilleux [3]. »

Des plaintes vinrent donc, d'abord des Étoliens, qui furent éconduits, puis de Pergame et de Rhodes qui obtint une alliance et l'envoi d'une flotte dans l'Adriatique. En 201, le Sénat proposa la guerre contre la Macédoine ; les comices refusèrent à la première requête, acceptèrent à la seconde. La deuxième guerre de Macédoine (200-196) [4] s'ouvrit par un double débarquement, à Apollonie et Chalcis d'Eubée. Les Étoliens puis les Épirotes voulurent participer à la curée. Un grand homme, un homme de culture, Titus Quinctius Flamininus, arriva en 198 et sut rassembler une vaste coalition : il obtint l'appui des Achéens, venus se joindre à Rhodes et Pergame, par la convention de Sicyone, puis celui des Béotiens et de Sparte.

Aux négociations de Nicée, Philippe V n'avait pas réussi à diviser ses adversaires [5] ; il dut se résoudre à la bataille. Le détail

---

1. Tite-Live, XXXVII, 9, et XLII, 30.
2. Polybe, XVI, 1, 7 ; Tite-Live, XXXI, 16 et 18.
3. Tite-Live, XXXI, 18.
4. Tite-Live, XXXI-XXXIII ; Florus, I, 23, 8-15.
5. Polybe, XVIII, 1, 1-10 ; Tite-Live, XXXII, 22-23.

des opérations n'intéresse pas notre propos. Il convient cependant d'en tirer trois leçons [1]. Les premiers engagements avaient montré la supériorité de la légion sur la phalange macédonienne, de l'armement des Romains sur celui des Grecs, et l'égalité entre eux dans le domaine de la construction des camps (c'est Philippe V qui aurait dit que des hommes capables d'exécuter de tels travaux ne pouvaient pas être tout à fait des barbares ; mais on a prêté ce mot à plusieurs rois hellénistiques). Le déséquilibre tourna au tragique pour les Macédoniens en juin 197, à Cynoscéphales, où ils laissèrent 8 000 morts, les survivants prenant la fuite [2]. Philippe V dut traiter. Il rendait les transfuges et les prisonniers, payait 1 000 talents et évacuait les villes grecques. Pour le reste, si on en croit une tradition contestable, il se trouva en quelque sorte réduit à licencier son armée, qui n'aurait dû compter que 5 000 hommes, avec six navires et plus un seul éléphant [3].

Même si la Macédoine sortait de l'aventure brisée et ruinée, Rome n'accroissait pas pour autant son empire. En 196, Flamininus proclamait la liberté de la Grèce, devant un auditoire ébahi puis enthousiaste [4] : il ne pouvait pas « traiter les Grecs comme les Espagnols », tant était grand le prestige de leur culture. Cette liberté se réduisait bien sûr à l'autonomie interne, mais une autonomie renforcée par la dissolution de la Ligue hellénique, instrument de contrôle jadis mis en place par la Macédoine. En 194, Flamininus faisait évacuer Démétrias, Chalcis et Corinthe, « les entraves de la Grèce [5] ». Il ne restait plus un seul soldat romain à l'est d'Apollonie.

Pas pour longtemps. Le roi de Syrie, le Macédonien Antiochos III, sentit l'attrait du vide ainsi créé dans la péninsule

---

1. Polybe, XVIII, 1, 28-32 (supériorité de la légion) ; Tite-Live, XXXI, 74 (qualité du camp, de l'armement).
2. Polybe, XVIII, 1, 21-27 ; Tite-Live, XXXIII, 7-10.
3. Polybe, XVIII, 4, 44 ; Tite-Live, XXXIII, 30.
4. Polybe, XVIII, 4, 46 ; Tite-Live, XXXIII, 32.
5. Polybe, XVIII, 4, 45.
6. Tite-Live, XXXV. Scipion rencontra peut-être Hannibal à Éphèse à ce moment. Cette entrevue serait une invention des auteurs anciens selon M. Holleaux, dans *Études*, V, 1957 (Paris), p. 184 et suiv., et selon H. H. Scullard, *Scipio Africanus*, 1970 (Londres), p. 198.

balkanique ⁶. Il était en outre poussé par Hannibal, arrivé à sa cour en 196, et appelé par les ennemis de Rome. Il négocia cependant, mais en vain, à Apamée puis à Éphèse. En 192, il s'attaqua aux « entraves » : il débarqua à Démétrias, puis passa à Chalcis où il fit massacrer une garnison romaine ¹.

Il annonçait un programme qui pourrait être qualifié de « nationaliste » : « Ce n'était pas, dit-il, pour apporter la guerre qu' [il] était passé en Europe, mais pour assurer à la Grèce la vraie liberté, dont Rome n'avait donné que l'ombre et la promesse ². » Les Étoliens s'engagèrent à ses côtés ³. Malgré leur aide, il subit une défaite aux Thermopyles, et dut regagner l'Asie ⁴. Rome envoya à sa poursuite Lucius Scipion, frère de l'Africain, qui vint aussi, comme simple légat en théorie, comme vrai conseiller en pratique. Après la victoire navale remportée par Rome et Rhodes à Myonnèse ⁵, la bataille de Magnésie-du-Sipyle, en 189, consomma la défaite d'Antiochos III ⁶. La même année, le consul Vulso mena une expédition de pillage contre les Galates, ces Celtes qui s'étaient installés dans la région de l'actuelle Ankara ⁷. Les légions étaient décidément invincibles, et le roi dut accepter la paix d'Apamée, en 188 ⁸ ; les Étoliens également avaient dû traiter ⁹.

La Macédoine existait pourtant toujours, et le successeur de Philippe V, Persée, essayait de rendre à ses États leur ancienne puissance ¹⁰. Il aurait dû, cependant, compter avec la méfiance de Rome et surtout avec la traditionnelle division qui régnait chez les Grecs. En l'occurrence, ce fut Eumène de Pergame qui se chargea de dénoncer ses ambitions au Sénat. La troisième guerre

---

1. Guerre : Polybe, XX-XXI ; Tite-Live, XXXV-XXXVI ; Florus, I, 24.
2. Tite-Live, XXXV, 46.
3. Tite-Live, XXXVII, 49-50, et XXXVIII, 1-11.
4. Polybe, XX, 1, 8 ; Tite-Live, XXXVI, 16-18, 22-24 (prise d'Héraklée aux Étoliens).
5. Tite-Live, XXXVII, 13-24 et 29-30.
6. Tite-Live, XXXVII, 38-44.
7. Polybe, XXI, 6, 36-40 ; Tite-Live, XXXVIII, 12-27 ; Florus, I, 27.
8. Polybe, XXI, 6, 43 ; Tite-Live, XXXVIII, 37-39.
9. Polybe, XXI, 5, 32a.
10. Polybe, XXII, 6, 18 ; Tite-Live, XXXIX, *passim*.

de Macédoine (171-168)[1] débuta par un premier succès romain, la conquête de la Thessalie et s'acheva le 22 juin 168, par la bataille de Pydna, remportée sans appel par Aemilius Paulus, un autre « Paul Émile », le fils du vaincu de Cannes. La paix d'Amphipolis, qui suivit, entérinait la disparition de la monarchie, divisait la Macédoine en districts, tout comme l'Illyrie, une partie de l'Épire étant abandonnée à la soldatesque (il s'agissait, pour l'essentiel, de la région des Molosses). La Grèce n'avait cependant pas tout à fait compris où se trouvait la force. Les Achéens, sous l'impulsion de leur chef, Philopoemen, s'emparèrent de Sparte. Les légions intervinrent à nouveau, remportèrent la victoire, et leur général exigea des otages. C'est alors que l'historien Polybe prit le chemin de Rome.

La guerre était également engagée au nord de la Macédoine, en Illyrie[2]. En 168, le roi Genthios était vaincu et capturé, et son royaume transformé en province. La paix romaine ne régna cependant pas immédiatement et totalement, et un vrai conflit s'étala sur les années 158 à 156.

... et paix »

Plus que le triomphe mérité d'Aemilius Paulus, ce qui doit retenir l'attention pour l'année 166, c'est la décision que prit le Sénat de faire de Délos un port franc. La petite île de l'Égée était destinée à devenir un des plus grands centres commerciaux du monde antique.

Pour le reste, le Sénat appliquait déjà sans le savoir un principe formulé bien plus tard : la guerre n'était pour lui que la poursuite de la diplomatie par d'autres moyens. Et, dans ce domaine, il s'agitait beaucoup : « Tous les petits rois d'Asie, a écrit A. Piganiol, se disputaient la faveur de Rome : Pergame, Bithynie, Cappadoce, Galatie, Pont[3]. » Mais Rome se méfiait

---

1. Polybe, XXVII-XXX ; Tite-Live, XLII-XLV ; Plutarque, *Paul-Émile*, 7-37 ; Florus, I, 28 et 30.
2. Polybe, XXX, 22, et XXXII, 9 et 13 ; Tite-Live, XL, 42, XLII, 26, XLIII, 1, 20-21, 44, et XLIV, 34 ; Florus, I, 29.
3. *La Conquête romaine*, 5e éd., 1967, p. 329.

d'Eumène, et proposait aux Galates un protectorat qui était accepté. Les Juifs, poussés par leur hostilité traditionnelle à l'égard de la Syrie, accueillaient avec faveur les ambassadeurs du Sénat, d'où le traité de 161 ; le temps de la haine n'est venu que par la suite [1]. Les deux grandes monarchies se divisaient dans des querelles de famille : deux branches rivales issues d'Antiochos III se disputaient la Syrie, et en Égypte, deux frères s'opposaient assez pour que l'un d'eux, Ptolémée VI Philomêtôr (« qui aime sa mère » !) fasse appel à Rome contre l'autre, Ptolémée Évergète II, dit Gyscon. Le Sénat entendit d'ailleurs cette requête, trancha en faveur de Philomêtôr et donna à Gyscon la Cyrénaïque comme lot de consolation.

Un discours de Vulso au Sénat proposait un programme politique, conforme dans son esprit à la nouvelle situation générale [2] : Rome devait faire régner la paix sur terre et aussi sur mer, dans tout l'Orient. C'était là une conception assez originale de l'impérialisme, sa justification.

L'Occident : guerre sans paix

En Méditerranée occidentale, l'horizon de Rome s'était bien élargi depuis le début des guerres puniques. Pendant qu'au moyen de légionnaires le Sénat essayait d'imposer son autorité morale sur la Méditerranée orientale, il ordonnait la poursuite de dures guerres à l'ouest, où il créait un « lac latin [3] ».

Au nord, pour reprendre le terrain perdu à la suite de l'intervention d'Hannibal, une série de campagnes s'étalait sur les années 200 à 191 [4]. Grâce à l'alliance des Vénètes, grâce à l'appui des deux colonies de Plaisance et de Crémone, le succès couronna ces efforts au détriment des ennemis héréditaires, les Insubres et les Boïens. Une colonie, Bologne, était installée en

---

1. M. Hadas-Lebel, *Jérusalem contre Rome*, 1990 (Paris), p. 17-30.
2. Tite-Live, XXXVIII, 47-49.
3. A. Piganiol, ouvrage cité, p. 355.
4. Tite-Live, XXXI, 2, 10, 21, XXXII, 29-31, XXXIII, 37, XXXIV, 22, 46-48, 56, XXXV, 3-5, 11, 40, et XXXVI, 38-40.

pays boïen en 189. Vers le nord-ouest, les Ligures demandaient aussi à être remis dans le droit chemin de l'obéissance. Ici, ce fut l'alliance de Gênes qui facilita l'entreprise. Une suite d'offensives marqua les années 189-172, 167, 160 et 159-158 ; et, à partir du milieu du IIe siècle, la pacification fit de grands progrès. Des mouvements analogues ont secoué la Sardaigne, où des révoltes à répétition éclatèrent encore à partir de 181, entre 178 et 173, et en 162-161 [1]. Il semble enfin qu'il faille voir une entreprise surtout de pillage dans la menace que firent peser sur Marseille des Ligures de l'ouest, les Salluviens ; un appel au secours fut adressé à Rome et une opération dégagea la cité (155-154) [2].

Les guerres les plus dures et les plus longues furent celles qui ravagèrent la péninsule ibérique [3]. Dès 197, une insurrection marqua sans doute un refus du tribut. Les troubles tendaient à devenir endémiques. En 195, le célèbre Caton, prototype du sénateur romain conservateur, fut envoyé contre les indigènes. En 189, Aemilius Paulus menait des opérations en Lusitanie. Ce ne fut qu'en 179 que Gracchus put établir une paix de vingt-cinq ans.

L'Afrique n'était pas épargnée non plus [4]. Ici, le coupable est facile à identifier, c'est Massinissa. Bien que la chronologie des événements ait été discutée, il nous semble qu'il est possible de reprendre, au moins à titre indicatif, les dernières dates qui ont été proposées. Dès 193, il commença à piller les villes des Syrtes. En 162-161, il s'emparait de la Petite Syrte et des *Emporia*, série de comptoirs dont l'identification a donné matière à débats, mais qu'on ne saurait étendre au nord de

---

1. P. Meloni, *La Sardegna romana*, 2e éd., 1990, p. 67-76.
2. Polybe, XXXIII, 1, 8-10.
3. Polybe, XXV ; Tite-Live, XXXIV, 8-21, XL, 30 et suiv., et XLI ; Plutarque, *Caton* ; A. Degrassi, *Inscriptiones latinae liberae reipublicae*, 1963 (Florence), n° 514.
4. Polybe, XXXI, 2, 21 ; Tite-Live, XXXIV, 62, XL, 17, XLII, 23-24, XLIII, 3 ; Diodore, XXXII, 1-3 ; Appien, VIII, 10, 67-73 ; G. Camps, *Massinissa, Libyca*, VIII, 1, 1960, p. 191-194 ; S. Rossetti, « La Numidia e Cartagine fra la II e la III guerra punica », *La Parola del Passato*, XV, 1960, p. 336-353.

l'actuelle ville de Sfax[1]. Dans toutes ses revendications, il obtenait l'appui de Rome ; son argumentation était claire et simple : les Puniques étaient des immigrés qui n'avaient aucun droit, qui avaient dépossédé les Numides de leurs biens ; par pure générosité, il acceptait à la rigueur de leur laisser un domaine qui n'excéderait pas les limites de la colline de Byrsa.

Le retour des orages

Peu avant le milieu du IIe siècle, alors qu'en apparence un certain ordre s'établissait autour de la Méditerranée, un réel déséquilibre s'était installé ; le feu couvait sous la cendre. Il éclata en 155 dans la péninsule ibérique[2]. Une insurrection regroupa Celtibères et Lusitans. Elle fut si dure que les nobles romains essayèrent de fuir leurs obligations ; l'un d'eux, pour les rappeler au sens du devoir, se porta volontaire : il se nommait Scipion Émilien, et ce personnage serait appelé à jouer un grand rôle dans les années suivantes. Vers 150, la révolte se donna un chef remarquable, Viriate, et la cité de Numance, qui fut assiégée à plusieurs reprises[3], devint son symbole.

L'incendie embrasa également la péninsule des Balkans. La Macédoine se rangea derrière un certain Andriskos[4]. Puis la révolte gagna le sud, et l'Achéen Critolaos, attaquant Sparte, déclarait la guerre à Rome par le fait même. Ici également, la répression fut féroce. En 148, la Macédoine était pacifiée, brisée, et réduite en cendres, c'est-à-dire en province. Les légionnaires ravagèrent l'Achaïe, s'emparèrent de Corinthe, qui fut livrée au pillage, en 146. Polybe, accouru à la nouvelle, eut la douleur de

---

1. Aux analyses de T. Kotula, « L'Affaire des *Emporia* », *Africana Bulletin*, XX, 1974, p. 47-61, qui fait remonter ces *Emporia* presque jusqu'à Sousse, on préférera sans doute celles de R. Rebuffat, « Où étaient les *Emporia ?* », *Mél. M. Sznycer*, II, 1990, p. 111-126.

2. Polybe, XXXV, 1-5.

3. La numismatique permet de dater entre 157 et 146 le « camp III de Renieblas » : H. J. Hildebrandt, « Die Römerlager von Numantia », *Mitt. d. Deutschen Arch. Instituts (Abt. Madrid)*, XX, 1979, p. 238-271.

4. Polybe, XXXVI, 5.

voir des soldats jouer aux dés sur des tableaux de maîtres jetés au sol. Mummius reçut pour mission de réorganiser ce qu'il restait de la Grèce [1].

Et, en Afrique, Massinissa se tenait toujours prêt, jusqu'à son dernier souffle, car il était fort avancé en âge ; mais il ne voulait pas laisser passer la moindre occasion de reprendre quelque chose aux Puniques.

L'année 149

Il ne semble pas que, vers le milieu du IIe siècle avant J.-C., la crise monétaire ait été terminée. On peut donc se demander quelle incidence elle eut sur la situation politique, sociale et militaire. On constate néanmoins un accroissement général des tensions, un rejet de Rome parfois pour des raisons patriotiques, et parfois pour des raisons politiques ; en plusieurs endroits le pouvoir passait à des mouvements populaires.

Carthage, dont la prospérité nous paraît moins éclatante qu'on ne l'a dit, ne contrôlait plus qu'un arrière-pays menacé. Elle avait perdu son empire, les îles, l'Andalousie ; ses comptoirs lui échappaient, comptoirs dont la fidélité restait à prouver. Et la monarchie numide était passée d'une vassalité plus ou moins avouée à une franche hostilité, à une agressivité ouverte. Dans le même temps, Rome avait étendu son domaine, et ne cessait de l'accroître. Loin d'être sur la défensive, elle poursuivait des offensives multiples. La guerre, pour elle, c'était la victoire ; elle lui rapportait toujours plus d'hommes et d'argent, plus de *socii* et de tribut. Et elle avait un allié, Massinissa.

---

1. Polybe, XXXVIII, 3, 9-18, et XXXIX, 1-6.

VII

ROME AU SIÈGE DE CARTHAGE

LA « TROISIÈME GUERRE PUNIQUE »
149-146 avant J.-C.

Certains historiens ne font pas, au conflit qui opposa Rome à Carthage de 149 à 146 avant J.-C., l'honneur de le considérer comme une vraie guerre. D'où de nécessaires guillemets. De fait, la supériorité de Rome, qui passait à l'offensive, était devenue écrasante, sur mer et en rase campagne. Il ne restait plus alors qu'une possibilité, le siège, de Carthage bien entendu, une Carthage contrainte à une difficile défensive. La « troisième guerre punique » se réduit en effet à l'étouffement lent de cette ville [1]. C'est d'ailleurs, du point de vue de l'histoire militaire, là que se trouve l'intérêt majeur de ces événements : les sources disponibles n'avaient guère donné de renseignements un peu précis sur ce type de tactique que pour l'affaire d'Agrigente, en 262. Nous pourrons mieux voir comment les légionnaires organisaient un siège et menaient une bataille de rues.

---
1. Polybe et Appien, cités plus loin ; Diodore, XXXII ; abréviateur de Tite-Live, *Sommaires,* XLIX-LI ; Florus, I, 31 ; Orose, IV, 22-23 ; Eutrope, IV, 5 et 10-12 ; Zonaras, IX, 26-30 ; aux manuels déjà cités, on ajoutera P. Romanelli, *Storia delle province romane dell'Africa*, 1959 (Rome), p. 29-57.

1. *Les causes*

En raison du déséquilibre des forces en présence, le problème posé par la « Kriegschuldfrage » présente ici des aspects originaux[1] : la responsabilité de Rome ne fait pas de doute ; elle est pleine et entière. L'historien doit alors faire face à d'autres interrogations. Pourquoi le Sénat s'est-il engagé dans ce conflit gagné d'avance ? Pourquoi, également, l'a-t-il poussé jusqu'à ses conséquences extrêmes, la destruction totale de l'adversaire, pratique qui, dans l'Antiquité, n'est attestée que de manière fort rare ? De multiples théories ont été élaborées. Sans prétendre proposer une solution définitive, nous pensons qu'à chacune de ces questions il faut apporter des réponses multiples, plusieurs facteurs entrant en jeu. Et en premier lieu, il faut tenir compte de la chronologie. Les différents mobiles que la critique a avancés paraissent cependant d'importance inégale.

La volonté de Rome

Ainsi en est-il d'une possible évolution de la conception qu'aurait eue Rome de ses intérêts administratifs[2] ; elle aurait voulu substituer l'impérialisme direct au protectorat. Mais cette thèse est mal établie. Rien ne prouve l'existence d'une rupture, d'un brusque changement dans les pratiques générales ; et l'Afrique, sitôt conquise, a été largement négligée par les gouverneurs que le Sénat y a envoyés[3]. Nous restons également plus

---

1. L. Zancan, « Le Cause della terza guerra punica », *Atti del R. Ist. Veneto*, XCV, 1936, p. 529 et suiv. ; E. Maróti, « On the Causes of Carthage Destruction », *Oikumene*, IV, 1983, p. 223-231.

2. W. Hoffmann, « Die röm. Politik des 2. Jh. und das Ende Karthagos », *Historia*, 1960, p. 309-364, critiqué par G.-Ch. Picard, *Vie et mort de Carthage*, 1970 (Paris), p. 284 ; U. Vogel-Weidemann, « *Carthago delenda est* : aitia and prophasis », *Acta Classica*, XXXII, 1989, p. 79-95.

3. J.-M. Lassère, *Ubique populus*, 1977 (Paris), p. 65-281, a bien montré, en revanche, l'importance d'un mouvement d'immigration précoce depuis l'Italie.

réservés sur la théorie du « crime gratuit » : Rome aurait détruit sans vrai motif, pour le plaisir de détruire, un peu par hasard [1]. Il faudrait prouver que les États, monstres d'un genre plutôt froid, cèdent aux emportements et peuvent faire passer leurs intérêts au second plan.

Nous accorderons un peu plus de prix aux motifs psychologiques qui ont été allégués. Tout le monde admet que, à tort ou à raison, ce sentiment étant fondé ou non, les Romains ressentaient la peur du Carthaginois [2], le *metus punicus*. Cependant, ils éprouvaient cette impression à l'égard de tout ennemi, tout comme le désir de vengeance [3]. On ne peut donc pas expliquer cette guerre uniquement par des passions qui, si elles ont assurément joué, n'ont constitué qu'un des ingrédients du cocktail. Ce qui est sûr, c'est que l'appétit de conquête n'a fait que croître, qu'assurément la politique d'expansion s'est poursuivie, avec toujours davantage d'ambition. Et il faut admettre l'accélération de ce processus. Il convient cependant, pour apporter des réponses complexes à des questions simples, de chercher dans d'autres directions, les directions habituelles, la politique, l'économie, la stratégie.

La concurrence économique ?

Ainsi, des partisans d'une explication économique se sont très tôt manifestés avec vigueur, en s'appuyant sur une anecdote bien connue. En 153, Caton s'était rendue à Carthage avec une commission d'enquête [4], et la prospérité de l'Afrique l'avait frappé. C'est sans doute à la suite de ce voyage qu'il se passionna pour

---

1. B. M. Warmington, approuvé par G.-Ch. Picard, ouvrage cité, p. 285.
2. K. W. Welwei, « Zum *metus punicus* in Rom um 150 v. Chr. », *Hermes*, CXVII, 1989, p. 314-320 ; H. Bellen, *Metus gallicus-metus punicus. Zum Furchtmotiv in der römischen Republik, Abhandlungen der Akademie der Wiss. in Mainz*, 1985, 3 (Stuttgart), 46 p. ; U. Vogel-Weidemann, article cité, fait passer au second plan le *metus punicus*.
3. L. Zancan, article cité.
4. Appien, VIII, 10, 69. Ce passage a inspiré deux grands maîtres, Th. Mommsen et M. Rostovtzeff.

la lecture d'un agronome punique, Magon, auquel il emprunta de nombreuses astuces et recettes pour son propre traité, *De l'agriculture*. C'est assurément en conséquence de cette mission qu'il devint la proie d'une idée fixe ; quand il parlait devant le Sénat, quel qu'ait été le sujet de son discours, il le terminait toujours par les mêmes mots [1] : « Ce qu'il faut faire de Carthage, c'est la détruire », « *delenda [est] Carthago* ». Pour montrer l'imminence du danger, il offrit un jour à ses collègues des figues qui avaient fait le voyage en trois jours, disait-il. Grâce à beaucoup d'astuce, un chercheur a éclairé d'un jour nouveau cet épisode [2]. Comme cet événement se passait en été, comme en cette saison il faut plus de six jours à un bateau pour relier Carthage à Rome, et comme les fruits en question se gâtent très vite, il faut admettre qu'il s'agissait de figues d'une espèce africaine cultivée en Italie. Caton aurait eu recours à ce subterfuge pour arriver à ses fins, sans que ses auditeurs aient été dupes, dans un accord tacite et général.

À vrai dire, la thèse économique, si elle ne doit pas être écartée, ne peut pas, à notre avis, recevoir une importance excessive. Les historiens, depuis quelques années, ont appris à ne pas lui accorder plus d'importance qu'elle n'en mérite. Nous renvoyons là-dessus à ce qui a été dit plus haut, par exemple à propos des causes de la guerre de 1914-1918 [3]. Si Caton a bien constaté la renaissance de l'économie punique en 153, il a aussi dû en mesurer les limites : la *chôra* de Carthage, grignotée par Massinissa, représentait un territoire bien inférieur à celui de l'Italie. Et puis, anéantir un concurrent qui est aussi un partenaire, un marché, un débouché, est-ce bien raisonnable ? Il ne faut pas oublier ce que l'archéologie révèle à ce propos : une vraie révolution économique a éclaté dès la fin du IIIe siècle, et la céramique campanienne, d'origine ou d'imitation, s'est répandue tout autour du bassin occidental de la Méditerranée, et

---

1. M. Dubuisson, « *Delenda est Carthago* : remise en cause d'un stéréotype », *Punic Wars,* 1989, p. 279-287 ; U. Vogel-Weidemann, article cité.

2. F. J. Meijer, « Cato's African Figs », *Mnemosyne*, XXXVII, 1984, p. 117-124.

3. P. Miquel, *La Grande Guerre,* 1983 (Paris), p. 79.

jusqu'à Carthage qui en a fait des importations massives [1]. En outre, il ne faut pas prêter aux mentalités de l'Antiquité des réactions et des conceptions qui sont les nôtres : H.E.C., l'École des Hautes Études Commerciales, n'existait pas, et les lois de l'économie étaient inconnues. Le butin préoccupait davantage les esprits que les parts de marchés ou la conjoncture internationale, et il les a préoccupés pendant longtemps. De plus, comme nous l'avons déjà dit, et contrairement à ce qu'affirmaient les partisans d'une idéologie aujourd'hui obsolète, la guerre ne représentait pas nécessairement une bonne solution pour les hommes d'affaires. Il nous semble enfin que l'anecdote des figues a été mal comprise. Il faut relire tout le texte, et on constate que Caton ne cherchait pas à attirer l'attention sur une concurrence économique qui serait devenue dramatique pour les producteurs italiens. Son propos est en réalité militaire, stratégique : Carthage qui représente une menace, dit-il, est toute proche de nous ; c'est une voisine. Une armée, une flotte ennemie, peuvent parcourir la distance en peu de jours, comme a fait ce fruit.

Si la thèse économique mérite quelque crédit, c'est pour d'autres raisons que celles qui ont été alléguées et d'abord, par exemple, le butin. Surtout, il existait un autre nouveau motif d'intervention pour Rome : Carthage avait fini de payer son indemnité de guerre, et il pouvait paraître attirant de la contraindre à poursuivre ces versements.

Des motifs militaires ?

Les conditions économiques n'ont donc joué, elles aussi, que pour une partie. La même constatation s'impose quand on s'intéresse aux motifs militaires, particulièrement importants pour Caton, avons-nous dit, et de plus fort complexes.

---

1. G.-Ch. Picard, *Hannibal,* 1967 (Paris), p. 9 et 68 ; J.-P. Morel, *Céramique campanienne,* 1981 (Paris), et travaux divers ; A. Tchernia, *Le Vin de l'Italie romaine,* 1986 (Paris).

En effet, Rome pouvait craindre deux dangers en ce domaine, Carthage et aussi la Numidie. S. Gsell avait justement fait remarquer que Massinissa, maître de la capitale punique, se serait trouvé à la tête d'une grande puissance. On a objecté qu'il était très âgé. Mais un de ses fils aurait pu le remplacer et reprendre sa politique. Le décès du roi, chaque jour plus proche, risquait d'entraîner deux situations également dangereuses pour Rome. Soit il recevait un successeur qui poursuivait sa stratégie, s'emparait de Carthage, constituait un vaste État. Soit ses héritiers se faisaient la guerre, s'affaiblissaient réciproquement, et alors Carthage se trouvait en mesure de reconstituer son empire en Afrique. C'était peut-être ce que redoutait Caton en racontant son histoire de figues, avec son obsession de détruire la ville rivale. Il faut replacer le problème dans son contexte antique, se conformer aux mentalités du temps, et on verra que cette crainte était d'autant plus fondée que Rome ne disposait plus d'otages pour faire pression sur la cité ennemie, et que cette dernière se réarmait avec efficacité et rapidité.

Ajoutons que la rigueur de Rome peut, en partie aussi, s'expliquer, à défaut de se justifier, par d'inutiles cruautés voulues par les extrémistes de Carthage ; nous y reviendrons.

Des raisons politiques ?

On trouve d'autres motifs à cette aggravation de la crise, en particulier dans la nouvelle situation politique qui s'était créée à Carthage, et que G.-Ch. Picard a mise en relation avec l'évolution générale observée alors en Méditerranée, idée excellente et féconde [1]. La défaite de 201 avait entraîné des conséquences également dans ce domaine. Le « parti conservateur », plutôt favorable à la paix avec Rome, et mené par un autre Hannon surnommé le Rab, connaissait un certain déclin. Cet affaiblissement s'expliquait par une dissidence qui s'était effectuée autour d'Hannibal l'Étourneau qui prônait, lui, une politique modérée en tout, et un rapprochement avec Massinissa. Existaient donc

---

1. G.-Ch. Picard, *Vie et mort de Carthage*, 1970, p. 285 et suiv.

un mouvement relativement proromain et un autre pronumide. Le parti que l'on appelle « démocratique », et qu'il vaudrait mieux qualifier de « révolutionnaire », était hostile à toute alliance avec l'une ou l'autre des deux puissances en question ; il se sentait même, quant à lui, tout à fait disposé à leur faire la guerre. Dirigé par un chef actif, Hamilcar le Samnite, que secondaient avec succès Hasdrubal le Boétharque (« Chef des auxiliaires ») et Carthalon, il avait assez progressé pour diriger la cité vers 155.

L'arrivée au pouvoir des « populaires », qui a eu lieu à Rome finalement en 133, et l'agitation suscitée par des personnages proches de cette sensibilité, correspondaient à un phénomène très largement répandu dans le bassin méditerranéen. En 152, un mouvement aux racines à la fois plébéiennes et nationales, qu'animait un certain Andriskos, embrasait la Macédoine. En 150, la Ligue Achéenne succombait au chant des mêmes sirènes ; Corinthe devenait le symbole de ce changement. Plus tard, en 146, des troubles sociaux secouèrent l'Égypte, puis, en 133, c'était Pergame qui, sous l'impulsion d'un personnage appelé Aristonikos, connaissait une évolution semblable, et Rome non plus n'était pas épargnée avec l'arrivée au tribunat de la plèbe de Tibérius Gracchus en cette même année 133. Donc un mouvement populaire général secouait les États riverains de la Méditerranée ; il se doublait d'une forte hostilité contre Rome, accusée à la fois de protéger les aristocraties et d'imposer sa domination. Mouvement national et social donc.

De là à penser que le Sénat de Rome aurait voulu frapper de terreur les partisans de ces changements, personnages qui s'agitaient beaucoup et partout, notamment en Italie, vers le milieu du IIe siècle avant J.-C., il n'y avait qu'un pas à franchir. Ce pas, G.-Ch. Picard l'a franchi, et il paraît tout à fait raisonnable de le suivre dans cette direction. Son interprétation semble bien conforme aux mentalités collectives de l'époque. Diodore, qui ajoutait le sac de Numance, bien qu'il leur soit postérieur, à ceux de Carthage et de Corinthe, soutenait déjà à peu près la même thèse (XXXII, 4, 4).

Il convient pourtant de ne pas caricaturer une réalité assurément fort complexe. Le Sénat de Rome lui-même connaissait en effet des divisions ; c'était en son sein que se trouvaient les futurs chefs des « populaires », et un clan favorable à la clémence à l'égard de Carthage, dirigé par Scipion Nasica [1], s'opposait aux partisans de la rigueur qui avaient Caton pour porte-parole [2]. Au désir sincère de sécurité et d'ordre s'ajoutaient des motifs plus égoïstes, qui affectaient l'un et l'autre camps : les ambitions des grandes familles, les *gentes*, et de quelques particuliers, existaient toujours, comme avant la première guerre punique, et menaçaient encore la paix.

La prise de pouvoir par les « révolutionnaires » à Carthage correspondait à la construction du port de guerre. Cette entreprise, réalisée peu avant le milieu du IIe siècle comme l'ont montré les fouilles les plus récentes [3], fut l'œuvre soit de ce parti « révolutionnaire », soit de ses prédécesseurs immédiats. Dans cette deuxième hypothèse, il faudrait admettre que les conservateurs eux-mêmes, par conviction ou pour donner des gages à leurs concurrents, avaient infléchi leurs orientations traditionnelles. Dans le même temps, et à l'instigation de ses nouveaux maîtres, Carthage se dotait d'un important arsenal militaire. En même temps, le parti populaire mena une offensive contre le parti pronumide. À la fin de l'année 151, ou en 150, selon une thèse récente [4],

---

1. M. Gelzer, « Nasicas Wiederspruch gegen die Zerstörung Karthagos », *Philologus*, 1931, p. 261-299.

2. B. D. Hoyos, « Cato's Punic Perfidies », *Anc. Hist. Bull.*, I, 1987, p. 112-121 ; M. Dubuisson et K. W. Welwei, articles cités.

3. P. Cintas, *Le Port de Carthage*, 1973 (Paris), peut rendre des services ; H. Hurst, « Excavations at Carthage 1974 », *The Antiquaries Journal*, LV, 1, 1975 p. 11-40, et pl. I-X, « A Metropolitan Landscape : the Late Punic Port of Carthage », *World Archaeology*, IX, 1978, p. 333-342 (en coll. avec L. Staeger), « Excavations at Carthage 1977-1978 », *The Antiquaries Journal*, LIX, 1, 1979, p. 19-49, « The War Harbour of Carthage », *I Congr. di Studi Fen. et Pun.*, II, 1983, p. 603-610, « Fouilles britanniques au port circulaire et quelques idées sur le développement de la Carthage romaine », *Cahiers des Ét. Anc.*, XVII, 1985, p. 143-156, « Excavations in the Southern Part of the Carthage Harbours », *Cedac*, XIII, juin, 1993, p. 10-19, et « Excavations at Carthage, The British Mission, The Circular Harbour, North Side », II, 1, 1994 (Oxford) ; M. G. Fulford et D. P. S. Peacock, même titre, II, 2, même date, même lieu. Utile synthèse : S. Lancel, « Les Ports puniques de Carthage. État des questions », *115e congrès des Soc. Sav.*, 1992, p. 297-315.

4. S. Rossetti, article cité plus loin.

les chefs de cette faction furent expulsés, ce qui prouve bien, par ailleurs, les limites du caractère « démocratique » de ce mouvement [1].

2. *Le déclenchement de la guerre*

Peut-être poussés par l'espoir d'une révolution plus générale, les bellicistes de Carthage souhaitaient donc la guerre, contre Rome et d'abord contre la Numidie qui les avait abreuvés d'humiliations [2]. Étaient-ils en état de vaincre ? C'est un autre problème.

Les forces en présence

Leur principal adversaire, celui dont ils ne pouvaient pas espérer la neutralité, Rome donc, n'avait cessé d'accroître son empire, comme on l'a vu : aux îles et à la péninsule italienne *stricto sensu* s'étaient ajoutées la partie orientale de l'Espagne. La plaine padane et une partie de la péninsule balkanique, la Grèce et l'Illyrie, étaient tombées sous son contrôle. Et surtout, ne l'oublions pas, il n'existait plus d'équilibre des forces sur mer, et la Méditerranée était devenue un lac romain. De plus, les chiffres du *census*, qui passent de 258 000 en 189-188 à 324 000 en 154-153, montrent que l'État disposait de légionnaires en nombre toujours plus grand. Quant au changement de conjoncture qui s'est manifesté vers le milieu du siècle, comme nous l'avons vu, il correspondait au passage d'une phase de dépression à une phase de reprise. Ce changement entraîne en général des conséquences contradictoires. D'une part, les historiens ont souvent constaté que les périodes de crise poussent les gouvernants à la guerre, et les périodes de reprise à la paix ; mais,

---

1. Appien, VIII, 10, 70.
2. J.-P. Brisson, *Carthage ou Rome ?* 1973, p. 362.

d'autre part, on comprend que le retour à la prospérité favorise l'achat d'équipements militaires. La situation économique, de toute façon, jouait en faveur de Rome qui pouvait en outre compter sur un allié dynamique, bien pourvu d'hommes et de richesses, et également très heureusement situé, le royaume de Numidie. Il est vrai que cette attente a été déçue ; nous verrons pourquoi plus loin. Et puisqu'on parle de conjoncture, remarquons que Rome se trouvait dans une période d'expansion stratégique, passait partout à l'offensive, alors que Carthage, sur la défensive, connaissait un moment de déclin à cet égard.

La capitale africaine possédait encore un domaine terrestre, mais réduit et menacé par les entreprises de Massinissa. C'est ce que veut dire Appien quand il met l'accent sur le rôle de la mer dans la prospérité de cette cité (VIII, 12, 84) ; encore faut-il bien voir que Carthage ne faisait plus la loi en Méditerranée depuis longtemps. Mais ce même auteur indique bien, ce qui a été trop souvent négligé, que les productions agricoles de la *chôra* ne suffisaient plus : Carthage ne possédait pas assez de provisions pour soutenir un siège. Et ces difficultés économiques sont liées à de graves faiblesses dans le domaine militaire : faute d'argent, l'État punique ne pouvait plus payer de mercenaires ; faute de puissance, il ne trouvait plus d'alliés (VIII, 11, 76).

Carthage avait pourtant de beaux atours, et pouvait encore faire illusion. Les auteurs ont diversement évalué la superficie de l'agglomération, de 250 à plus de 500 hectares [1]. Dans tous les cas, il faut assurément admettre la présence de vastes espaces libres à l'intérieur de l'enceinte, une enceinte extraordinaire appelée, selon l'expression de S. Lancel [2], à devenir « le véritable héros de ce long siège » qu'a été la troisième guerre punique. Appien (VIII, 14, 95 et 97) et Diodore (XXXII, 14) l'ont décrite, et l'archéologie en a retrouvé les traces [3].

---

1. Estimation minimum de S. Gsell, contestée par F. Reyniers, « Remarques sur la topographie de Carthage à l'époque de la troisième guerre punique », *Mél. A. Piganiol*, III, 1, 1966, p. 1281-1290.

2. S. Lancel, *Carthage*, 1992, p. 441.

3. Fouilles du général R. Duval, « Mise au jour de l'enceinte extérieure de la Carthage punique », *Comptes rendus de l'Acad. des Inscr.*, 1950, p. 53-59,

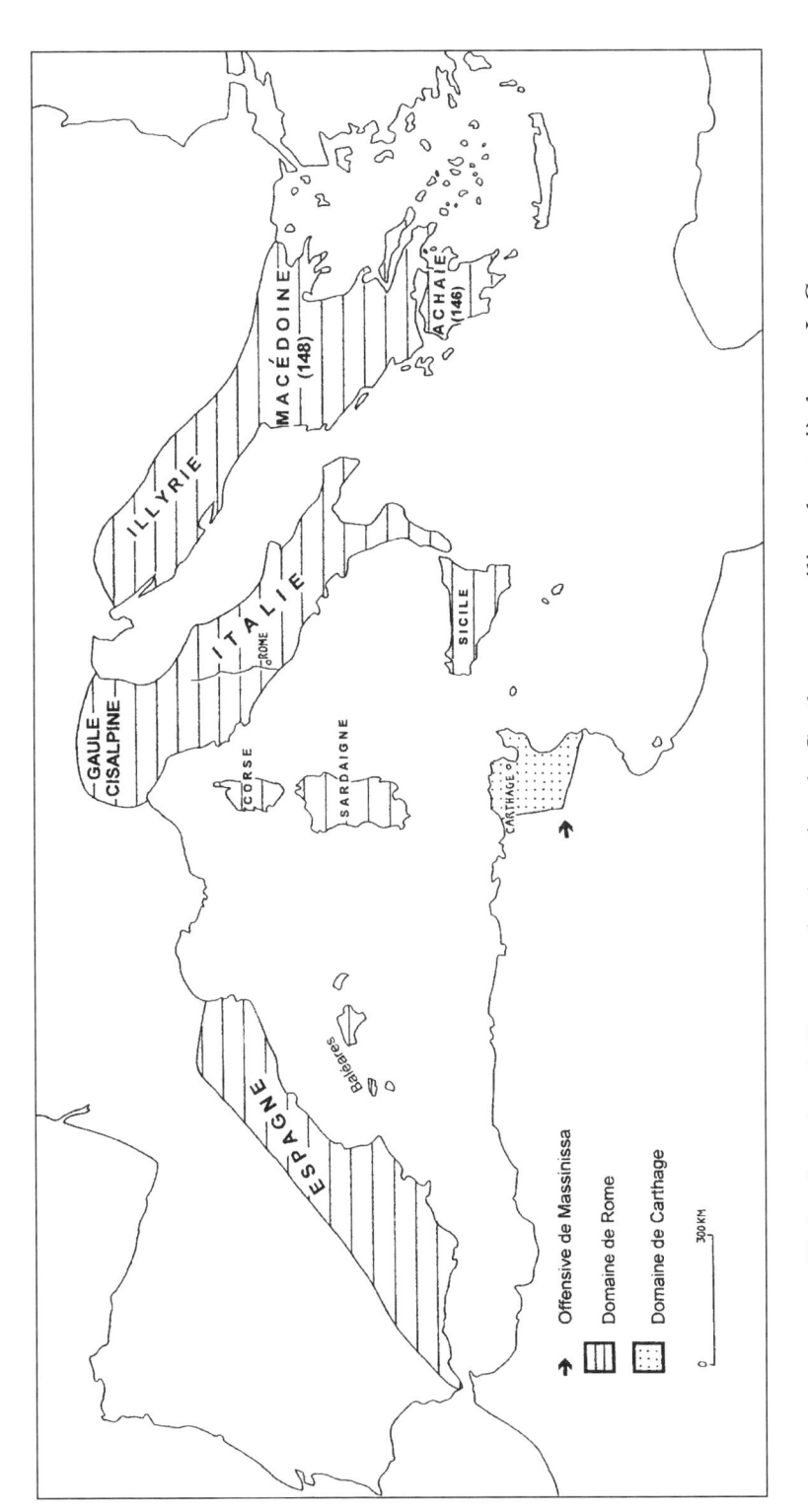

49. Le domaine de Rome et le domaine de Carthage au milieu du IIe siècle av. J.-C. Carte de l'auteur.

Elle n'était pas constituée par trois murs, comme on l'a longtemps cru à la lecture d'Appien, mais par trois défenses linéaires successives, un fossé, une palissade et un haut mur à tours, au moins pour barrer l'isthme qui est situé entre Tunis et Carthage. Pour le reste, on ne connaît qu'un mur simple au sud, en retour vers les ports. Intégrés au rempart, épais de 8,80 m [1], des écuries pour 300 éléphants et pour 4 000 chevaux, des greniers et des logements pour 24 000 soldats avaient été aménagés. Cet extraordinaire ensemble de bâtiments, probablement sans exemple autour de la Méditerranée, montre bien le génie des architectes puniques en matière de poliorcétique.

Leur talent s'exprima également dans un domaine où on l'attend, celui des affaires de la mer. Au milieu du IIe siècle avant J.-C., Carthage aurait possédé 500 navires de guerre, ce qui n'était d'ailleurs guère conforme au traité de 201. Pour abriter une partie au moins de cette flotte, les autorités avaient fait construire des bâtiments d'une ampleur impressionnante. Les touristes qui visitent Carthage ne peuvent manquer de remarquer deux lagunes, l'une allongée et l'autre, toute proche de la première, en forme d'anneau et comportant un îlot en son centre. Il s'agit des restes des ports construits peu avant la troisième guerre punique. Les bateaux entraient par le port de commerce, de forme rectangulaire puis, au besoin, passaient dans le port de guerre. Grâce à l'archéologie [2], grâce aussi à Appien (VIII, 14, 96) et à Diodore (XXXII, 13), on en connaît bien l'aspect et certains détails. Au centre se trouvait le pavillon du navarque, ou amiral, c'est-à-dire la capitainerie, avec une tour de vigie. Autour de ce local avaient été aménagées trente cales ; d'autres cales avaient été construites de l'autre côté de l'anneau marin, sur la terre ferme. Ces dernières pouvaient abriter, selon les fouilleurs britanniques, de 135 à 140 navires.

---

et de F. Reyniers, cité plus haut ; mise au point de S. Lancel, « L'Enceinte périurbaine de Carthage lors de la troisième guerre punique : réalités et hypothèses », *Punic Wars*, 1989, p. 251-278, et *Carthage*, 1992, p. 434 et suiv.

1. Communication encore inédite de R. Rebuffat au Comité des Travaux Historiques.
2. H. Hurst, cité plus haut.

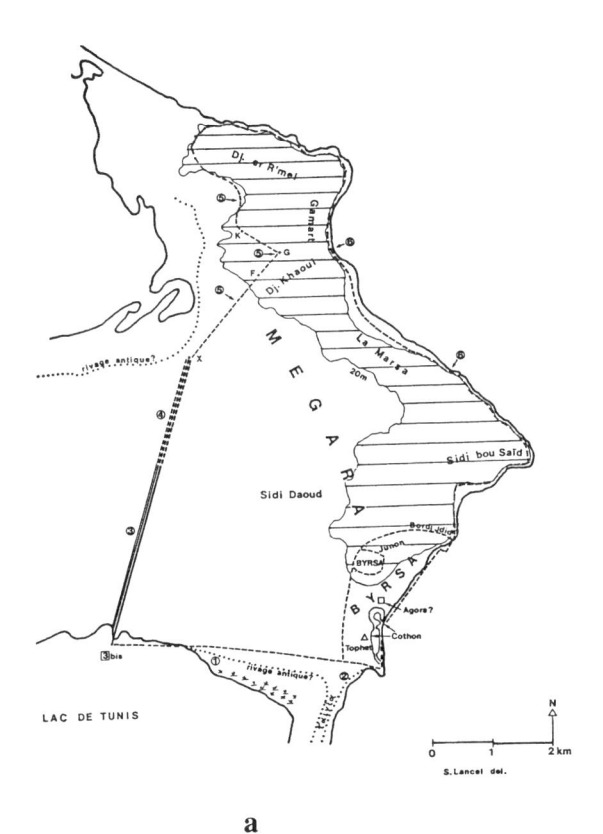

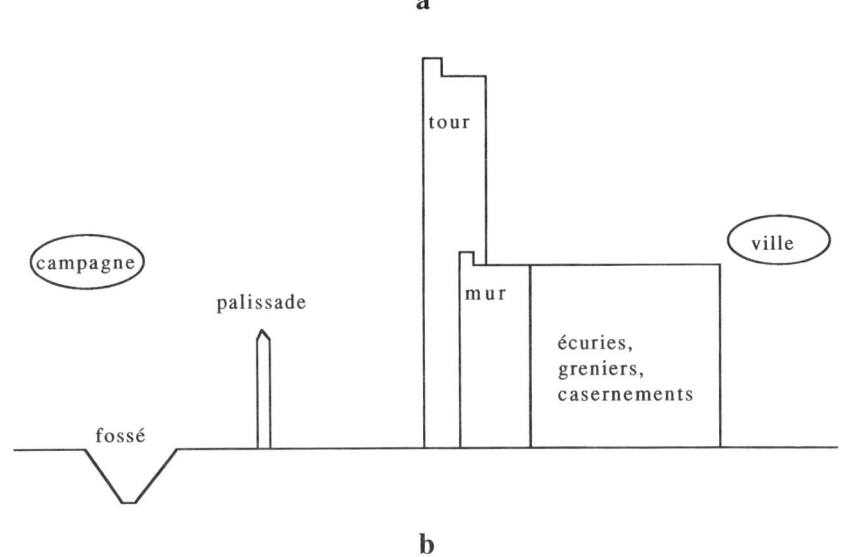

50. Le rempart de Carthage.
a. Schéma de S. Lancel, *Carthage*, 1992 (Paris), p. 435, fig. 242.
b. Coupe schématique d'après l'auteur.

a

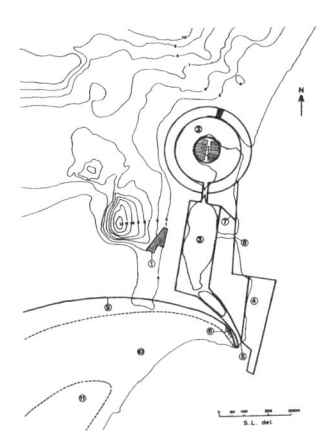

Fig. 100. – Les ports de Carthage dans la première moitié du IIᵉ siècle avant J.-C.
1 : le tophet ; 2 : le port de guerre ; 3 : le port de commerce ; 4 : le « quadrilatère de Falbe », terre-plein ; 5 : passe d'accès : 6 : « mur Pistor » ; 7 : mur séparant les deux bassins ; 8 : rempart maritime du IIᵉ siècle ; 9 : rempart sud de la ville ; 10 : chenal d'accès au lac de Tunis ; 11 : extrémité de la bande littorale (*taenia*).

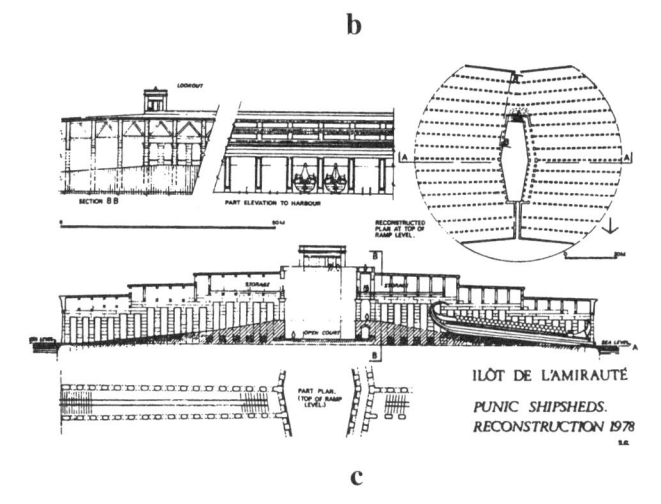

b

c

51. Les ports de Carthage.

a. (page précédente) Photographie de l'auteur d'après un cliché ancien. La vue du haut est prise depuis la citadelle de Byrsa : on remarque l'anneau circulaire du port de guerre et le rectangle allongé du port de commerce qui donne dans le golfe de Carthage avec, à l'arrière-plan, le Bou Kornine. Ce site ne peut plus être vu sous cet aspect de nos jours, en raison du développement de l'urbanisation de cette zone.
Photographie de l'auteur (au milieu), carte postale ancienne (en bas).
b. Plan des ports dans la première moitié du IIᵉ siècle avant J.-C.
S. Lancel, *Carthage*, 1992 (Paris), p. 200.
c. Plan et coupe du port de guerre dans la première moitié du IIᵉ siècle avant J.-C. Les navires peuvent être tirés au sec et remontés dans des stalles.
F. Rakob, *Karthago*, 1992 (Darmstadt), p. 63, fig. 11.

Ces points forts de la cité punique ne doivent pas cacher ses faiblesses et les terribles menaces qui planaient sur elle. Non seulement l'impérialisme romain prospérait toujours et encore, mais en outre les ambitions de la Numidie se développaient. Cet État était devenu très puissant, politiquement unifié et prospère. Il exportait du blé jusqu'à Délos [1]. Sa population, nombreuse, fournissait d'excellents soldats, en particulier ces fameux cavaliers que nous avons déjà rencontrés surtout lors de la deuxième guerre punique. Il ne fait aucun doute que cette position prédominante s'explique en grande partie par la personnalité de Massinissa ; mais les historiens, depuis la thèse de G. Camps, savent que ce dernier héritait d'un domaine qui avait évolué depuis des siècles, et n'était pas aussi fruste qu'on l'a cru pendant longtemps [2]. Ambitieux et dynamique, intelligent et attaché à sa terre, le roi a su en faire une puissance équivalente à celle de Carthage. On discute encore de l'aspect physique, du portrait, du personnage [3], mais on sait que, malgré son grand âge, il avait conservé une grande verdeur, physique et morale.

Le prétexte

Le souverain profitait systématiquement du mauvais état des relations entre Rome et Carthage pour agrandir son domaine, jurant bien, comme on l'a dit, qu'il ne faisait que reprendre ce que les Puniques avaient volé à ses ancêtres. Ainsi, il sut qu'une commission d'enquête venue de Rome avait manqué d'être massacrée par le peuple de Carthage en 154 ou 153. Il lui parut opportun de profiter de cette détérioration des relations entre les deux cités et, en 153, à quatre-vingt-cinq ans, il s'empara des Grandes Plaines ou *Campi Magni*, la moyenne vallée de la

---

1. M.-F. Baslez, « Un Monument de la famille royale de Numidie à Délos », *Rev. des Ét. Grecques,* XCIV, 1981, p. 160-165.
2. Polybe, XXXVI, 4, 16 et suiv. ; abréviateur de Tite-Live, *Sommaires*, L. Voir G. Camps, *Massinissa, Libyca*, VIII, 1, 1960.
3. K. Fittschen, « Die Bildnisse der mauretanischen Könige », *Madrider Mitteil.*, XV, 1974, p. 156-173, et pl. XV-XXXI.

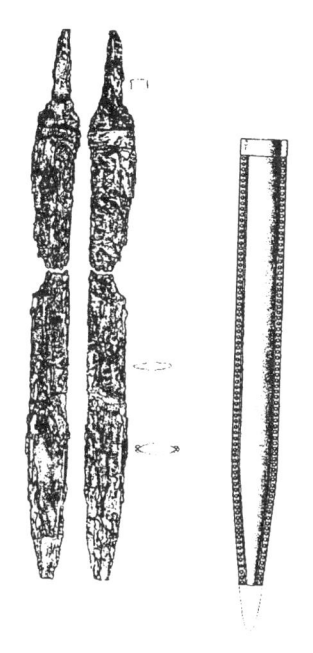

52. Une épée numide.
Sans doute du type espagnol, cette arme provient de la tombe
d'Es Soumâa, en Algérie, et elle est datée
des années 130-110 avant J.-C.
M. Feugère, *Les Armes des Romains*, 1993 (Paris), p. 98,
d'après G. Ulbert.

53. Le soldat punique de la
« chapelle Carton » à
Carthage.
Ce guerrier en terre cuite est
daté du IIe siècle avant J.-C.
Photographie de
M. Fantar.

Medjerda¹, et du territoire de *Tusca*, probablement situé dans la région de Mactar² : il approchait toujours davantage de la capitale honnie qui, cette fois, s'arma.

Cette nouvelle situation de crise inquiéta le Sénat. En 151, Caton fit remarquer que la mise sur pied d'une armée était contraire au traité de 201, et il proposa de déclarer la guerre. Scipion Nasica, gendre de l'Africain, conseilla d'attendre et de demander, pour commencer, la dissolution des unités déjà constituées, ce qui était peut-être plus conforme au droit et sûrement plus réaliste à un moment où la péninsule ibérique et les Balkans, en même temps, entraient en insurrection.

Les Carthaginois forcèrent la main à Massinissa en expulsant les chefs du parti pronumide à la fin de 151 ou en 150, comme on l'a dit³. Au printemps, le roi envoya ses fils, Micipsa et Gulussa, en ambassade à Carthage. Non seulement ils ne furent pas reçus mais, contrairement aux usages qui voulaient qu'on respecte les plénipotentiaires, Gulussa fut agressé. La guerre était devenue inévitable. Malgré son grand âge, Massinissa était encore un roi à cheval. Hasdrubal le Boétharque reçut le commandement de l'armée punique qui était forte de 25 000 ou 50 000 hommes. Elle s'avança jusqu'à un lieu non identifié, *Oroscopa*, où, sous les yeux d'un officier romain du nom de Scipion Émilien, les troupes numides remportèrent la victoire. Massinissa proposa de traiter : Carthage acceptait de renoncer aux *Emporia*, qu'elle ne possédait d'ailleurs plus, et s'engageait à payer 1 000 talents ; mais elle refusa de livrer les transfuges. Le conflit reprit, avec la même issue, défavorable aux forces puniques. Pour apaiser le roi de Numidie, les sénateurs de Carthage condamnèrent à mort Carthalon et Hasdrubal le Boétharque qui, sans attendre l'application de la sentence, prit le maquis, peut-être avec l'accord secret des dirigeants de sa cité⁴.

---

1. Diodore, XXXII, 16 ; Appien, VIII, 16, 106 ; G. Camps, ouvrage cité, p. 194-196.

2. J. Desanges, commentaire à son édition de Pline l'Ancien, *H.N.*, V, p. 205 et note.

3. Abréviateur de Tite-Live, *Sommaires,* XLVIII ; Appien, VIII, 10, 70 ; G. Camps, passage cité.

4. Appien, VIII, 10, 70-73 et 11, 74.

Mais il était tard, trop tard. À Rome, le parti de Caton, le parti de la guerre, venait de l'emporter sur celui de Nasica, sur celui de la paix. À ce moment, l'objectif était clair et relativement limité : détruire Carthage en tant qu'État, en tant que puissance [1] ; ce choix n'impliquait cependant pas obligatoirement la liquidation des personnes qu'attendaient au mieux la clémence du général vainqueur, au pire l'esclavage. Le Sénat s'engagea alors résolument dans le conflit. Il prit comme prétexte officiel la violation par Carthage du traité de 201 et, malgré l'arrivée d'une ambassade punique [2], il se prépara à déclarer la guerre. Les historiens actuels se divisent sur le fait de savoir si cette décision était conforme au droit. Ils sont en général très sévères pour Rome [3]. À Carthage, pourtant, personne ne devinait les véritables intentions de Rome, et le parti de la paix dominait toujours, toujours prêt à mille concessions.

3. *La guerre des consuls*

En un premier temps, les consuls se virent confier les affaires, militaires et diplomatiques, conformément à la tradition de la République. Et ils ne les firent progresser qu'avec une prudente lenteur.

D'une déclaration de guerre à l'autre

Ce fut la trahison d'Utique qui précipita le cours des événements [4]. Cette cité punique, qui se trouve à trente-trois kilo-

---

1. V. Krings, « La Destruction de Carthage », *Punic Wars*, 1989, p. 329-344.
2. Appien, VIII, 11, 74.
3. Ch. Saumagne, « Les Prétextes juridiques de la troisième guerre punique », *Rev. Hist.*, CLXVII, 1931, p. 225-253, et CLXVIII, 1931, p. 1-42, critiqué, mais pour la chronologie, par S. Rossetti, « La Numidia e Cartagine fra la II e la III guerra punica », *La Parola del Passato*, XV, 1960, p. 336-353 ; voir aussi U. Vogel-Weidemann, article cité.
4. Polybe, XXXVI, 1, 3 ; Appien, VIII, 11, 75.

mètres au nord de Carthage, se vantait de son glorieux passé, ce qui importait beaucoup pour les mentalités collectives, et même de son antériorité par rapport à Carthage, puisque la tradition fixait sa fondation à 1101. Elle souffrait surtout d'une forte rivalité avec Carthage, comme il arrivait souvent entre villes voisines ; dans le cas présent, l'hostilité reposait pour l'essentiel sur des griefs économiques, sur la concurrence commerciale, car Utique paraît avoir été, sinon le deuxième marché de l'Afrique, du moins un des tout premiers. De plus, les notables qui la dirigeaient avaient fait une analyse qui se révéla juste par la suite : les forces en présence n'étaient en aucune manière équilibrées ; Rome ne pouvait que l'emporter. Ses dirigeants firent ostensiblement savoir qu'ils se rangeaient dans le camp de Rome.

Rome déclara la guerre à Carthage. Ce fut, suivant l'expression de F. Decret, le début de la « solution finale [1] ». Au printemps de 149, les consuls Manius Manilius et Marcius Censorinus arrivèrent en Sicile, où ils rassemblèrent 80 000 hommes (leurs quatre légions, 4 000 cavaliers et des *socii*). Ils disposaient de 50 quinquérèmes.

À Carthage, ce fut la panique. Plus pondérés, les aristocrates reprirent le dessus. Le parti de la paix, de la paix à n'importe quel prix, l'emporta. Au début de l'année, une deuxième ambassade partit pour Rome, chargée d'annoncer une soumission totale [2] ; les Puniques acceptaient de se livrer à Rome, de *uenire in fidem*, comme on disait en latin, expression qui recèle une redoutable ambiguïté comme nous l'avons déjà dit, car le mot *fides* peut être interprété de façons différentes. À partir de ce moment, les Romains menèrent les Carthaginois par le bout du nez, d'espoir en espoir, sans rien leur promettre. Le Sénat commença par demander aux représentants de la cité rivale la livraison de 300 otages, pris parmi les fils de bonnes familles, et leur indiqua que les consuls leur communiqueraient la décision suivante. Ces derniers repoussèrent l'annonce de leur choix : la flotte était prête, on verrait à Utique. Les enfants otages furent

---

1. F. Decret, *Carthage*, 1977, p. 223 ; l'expression a été reprise par S. Lancel, *Carthage*, 1992, p. 432.
2. Polybe, XXXVI, 1, 4 ; Appien, VIII, 11, 76.

embarqués au milieu de scènes déchirantes [1] ; à Carthage aussi, les mères avaient un cœur.

L'armée romaine débarqua en Afrique [2] et s'installa à l'emplacement qu'avait choisi Scipion en 204, un lieu appelé depuis « le camp de Cornelius (Scipion) », les *castra Cornelia*. Une nouvelle ambassade carthaginoise se rendit directement auprès des deux consuls qui présentèrent une deuxième exigence : la livraison des armes. Carthage devrait leur remettre 200 000 armures, 2 000 catapultes et ses vaisseaux. Sur ce point également, ils obtinrent satisfaction, et une longue file de chariots relia Carthage à Utique [3].

Une fois Carthage désarmée, les consuls formulèrent une troisième demande. Dans un grand discours [4], Censorinus rappela d'abord les torts de Carthage, puis il donna une leçon de morale. Il développa un lieu commun bien connu de l'Antiquité, le thème de la supériorité de la terre sur la mer, de l'agriculture sur le commerce. En conséquence, il annonça une décision prise dans l'intérêt même de ses interlocuteurs, assurait-il : la ville, dont les habitants étaient déjà vaincus et désarmés, devait être abandonnée et reconstruite à l'intérieur des terres, à quinze kilomètres du littoral. Il leur promettait de respecter leurs tombeaux et leurs temples, et leur garantissait la liberté. Cette exigence, bien qu'elle eût été entourée de belles précautions oratoires, parut inacceptable. Un historien a écrit que la philosophie platonicienne imprégnait le discours de Censorinus ; le magistrat se serait inspiré d'un passage des *Lois* (705a) [5]. Il faut bien dire que, dans ce cas, la morale de Platon coïncidait très bien avec les intérêts de Rome.

Quand cette nouvelle arriva à Carthage, son annonce provoqua des scènes de violence dont furent victimes les sympathisants du parti de la paix [6]. Les plénipotentiaires, qui s'étaient fait duper, furent massacrés. Les partisans de la soumission et les Italiens

---

1. Appien, VIII, 11, 77.
2. Polybe, XXXVI, 1, 6 ; Appien, VIII, 11, 78-79.
3. Appien, VIII, 12, 80.
4. Appien, VIII, 12, 86-89.
5. G.-Ch. Picard, *Vie et mort de Carthage*, 1970, p. 290-291.
6. Appien, VIII, 13, 92.

présents subirent le même sort. Le Sénat de Carthage n'avait plus le choix : à son tour, il déclara la guerre à Rome. Il avait enfin compris, mais c'était trop tard : il avait eu le tort d'accepter un désarmement unilatéral.

À Carthage : le sursaut

Il fallait d'urgence, pour résister, réorganiser. Le parti de la guerre prit le pouvoir et des décisions [1]. Il confia le commandement militaire dans la ville à un Hasdrubal, petit-fils de Massinissa, et dans la campagne à un autre Hasdrubal, le Boétharque, immédiatement amnistié. Il décréta la mobilisation générale, de l'économie et des hommes ; il réquisitionna même les esclaves, preuve que la situation paraissait désespérée, car on ne les mobilisait jamais, comme on l'a dit. On les estimait le plus souvent indignes et incapables de porter les armes. Tous les ateliers se mirent au travail ; les particuliers fabriquèrent du matériel de guerre dans leurs demeures et, au cours de l'été 149, la production quotidienne battit des records : 140 boucliers, 300 épées, 500 lances et 1 000 traits de catapultes. Dans le même temps, les remparts furent remis en état.

Les chefs militaires élaborèrent une stratégie. Mais elle était défensive. Il n'était plus question, même en rêve, de porter la guerre sur la terre d'Italie ; c'étaient, au contraire, les Italiens qui étaient déjà arrivés sur le sol de l'Afrique. Ils avaient pris l'initiative, et c'était en fonction de leurs mouvements que les forces puniques réagiraient. Les consuls se déplacèrent sans hâte et vinrent mettre le siège devant Carthage [2]. Ils tentèrent ce qui était logique, un premier assaut, qui fut repoussé sans peine. Alors, ils s'installèrent comme si l'entreprise devait durer. Manilius fit construire son camp sur l'isthme qui sépare Carthage de Tunis, Censorinus sans doute vers l'ancien aéroport de Khérédine, puis près de la plage du même nom, sur le cordon littoral.

---

1. Appien, VIII, 13, 93.
2. Appien, VIII, 13, 94, et 14, 97-98.

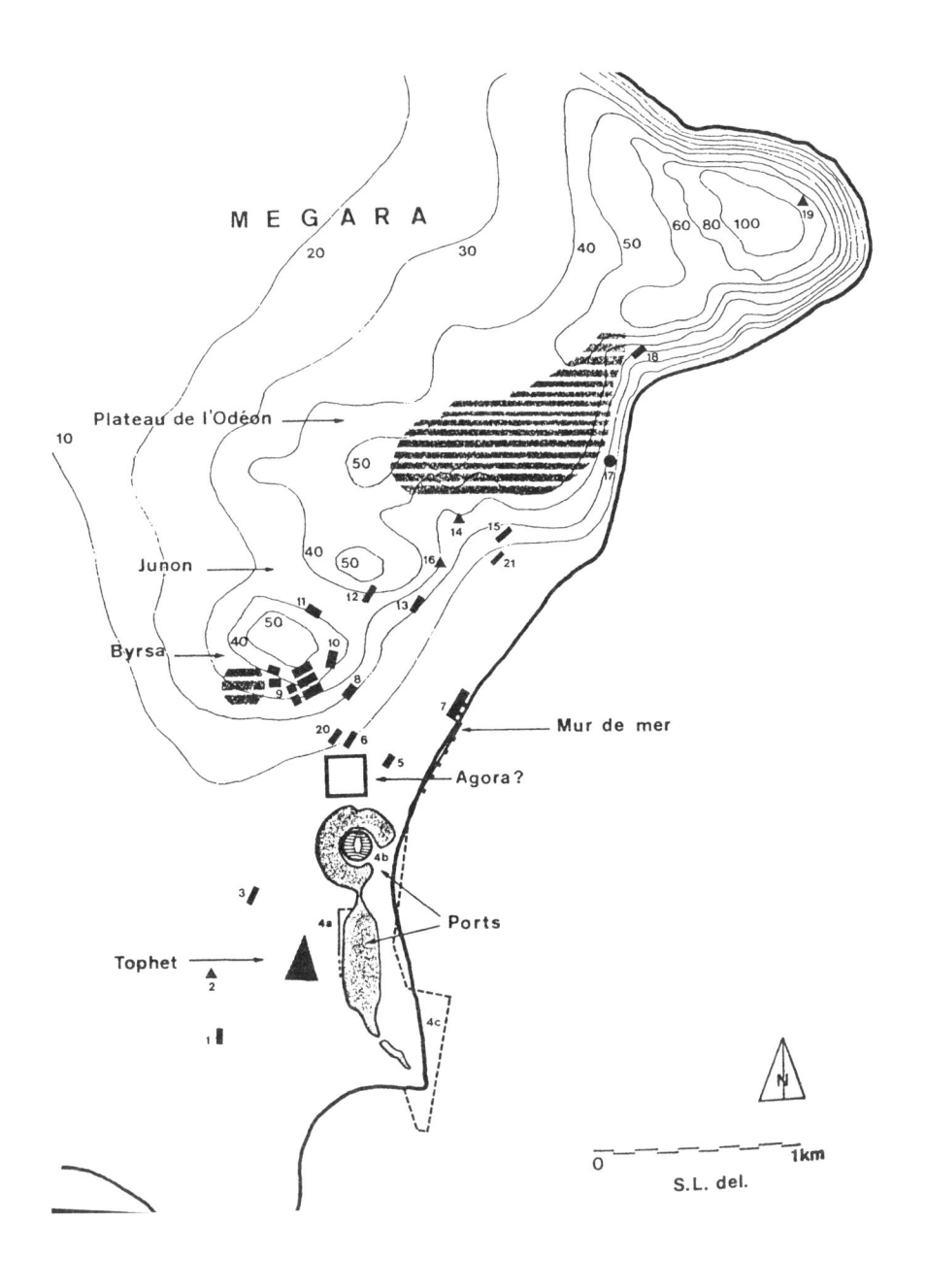

54. Plan de Carthage.
S. Lancel, *Carthage*, 1992 (Paris), p. 164, fig. 74.

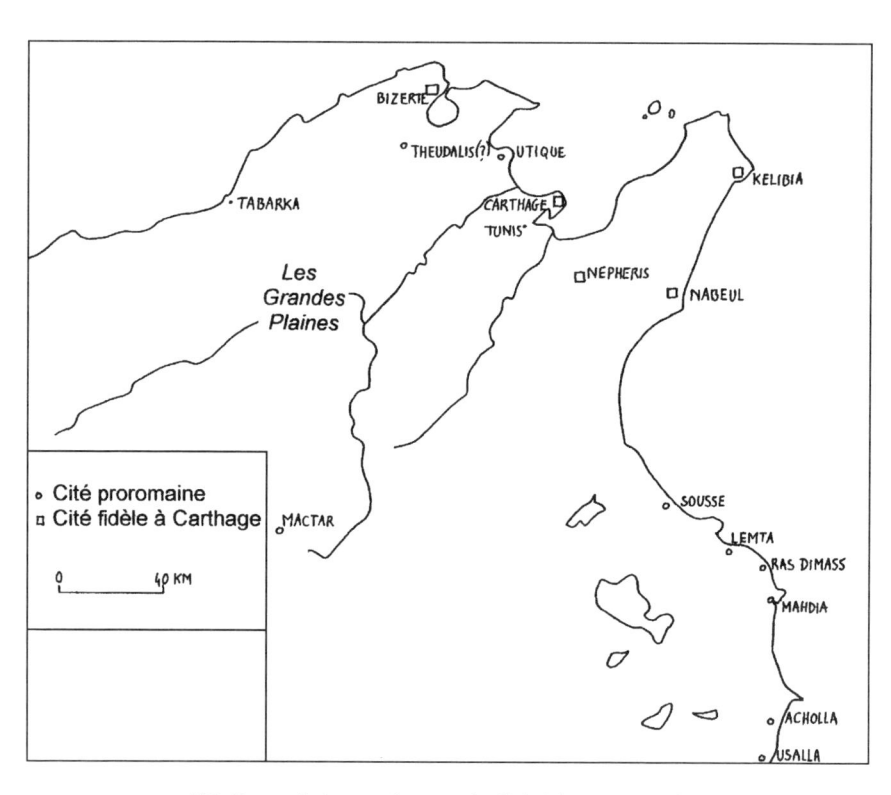

55. Les cités puniques de l'Afrique en 149.
Carte de l'auteur.

Pour leur faire pièce, le Boétharque avait pris position à *Nepheris* (Henchir Bou Baker), site qui se trouve à une trentaine de kilomètres au sud-est de Carthage. En outre, un excellent général de cavalerie, Hamilcar (ou Himilcon) Phaméas, reçut pour mission d'effectuer des sorties contre les assiégeants. On ne peut pourtant pas dire que les Romains aient été « pris entre deux feux ». La situation s'était terriblement compliquée, et même dégradée pour Carthage, à la suite d'un événement redoutable : une partie des cités puniques avait changé de camp [1]. Si *Hippo Diarrhytus* (Bizerte), *Aspis*, encore appelée *Clupea* (Kelibia), et *Neapolis* (Nabeul) étaient restées fidèles à Carthage, la protégeant par le nord-ouest et le sud-est, d'autres villes, et non des moindres, avaient suivi l'exemple d'Utique et, par crainte ou par intérêt, ou pour ces deux motifs à la fois, s'étaient rangées aux côtés des Romains. Ces nouveaux adversaires étaient les ports de la Byzacène, ce que l'on n'a pas remarqué : *Acholla* (Henchir Botria), *Thapsus* (Ras Dimasse), *Leptiminus* (Lemta) et Hadrumète (Sousse). On ne peut écarter, parmi les motifs qui ont pu inspirer cet engagement, le souvenir d'une dure concurrence économique, un désir d'affranchissement et aussi, bien sûr, une lucide appréciation de l'efficacité des légionnaires.

Face à un désastre apparemment inévitable, il ne restait aux Carthaginois qu'une lueur d'espoir : la Numidie ne bougeait pas. Il semble que le vieux roi Massinissa, comprenant que sa proie lui échappait, ait jugé inutile de chasser pour d'autres. Bien plus, le consul Manilius échappa de peu à un désastre : il avait entrepris de détruire la base de *Nepheris*, et c'est son armée qui faillit être détruite. Elle n'évita l'anéantissement que grâce au courage et à l'intelligence d'un tribun, appelé Scipion Émilien. Ce personnage se mettait en valeur à toutes les occasions : il savait repousser les assauts, en particulier les charges de cavalerie emmenées par Phaméas. Son prestige croissait à proportion de ses succès [2].

---

1. Appien, VIII, 13, 94.
2. Appien, VIII, 15, 102-103.

Le mieux de la mort

Une tradition populaire veut que les grands malades, avant de mourir, bénéficient d'un rétablissement passager. Pour Carthage, cette amélioration correspondit à l'année 148.

Du côté des peuples africains ne vinrent que de bonnes nouvelles. La mort de Massinissa, survenue au début de l'année, ne modifia pas sensiblement le rapport de forces ; ses héritiers choisirent de poursuivre sa politique de quasi-neutralité. À la lecture de ses dernières volontés, on apprit qu'il avait désigné comme exécuteur testamentaire un noble romain, alors officier dans l'armée d'Afrique. Le lecteur ne sera pas surpris si on lui dit qu'il s'agissait de Scipion Émilien [1]. Peut-être ce dernier était-il inspiré par des préoccupations philosophiques, par un désir de justice, ou agissait-il pour des motifs politiques (il souhaitait affaiblir la Numidie, ou éviter une guerre civile), ou encore était-il mû par ces deux séries de raisons à la fois ; toujours est-il qu'il partagea non pas le territoire mais l'État entre les trois fils du roi défunt, évitant ainsi de désigner un unique héritier. Il confia l'administration à Micipsa, la justice à Mastanabal et l'armée à Gulussa. La politique de la Numidie ne changea pourtant pas, ne dévia pas d'un pouce de la ligne tracée par Massinissa ; les nouveaux rois ont donc observé un prudent attentisme, sans aucun doute pour les mêmes raisons que celles qui avaient inspiré le défunt. La défection de cavaliers numides, qui vinrent se placer sous les ordres de Phaméas, accrut le soulagement ressenti à Carthage. Les Maures également envoyèrent des renforts. Après l'assassinat de l'Hasdrubal petit-fils de Massinissa, ce fut l'autre Hasdrubal, le Boétharque, qui vint dans Carthage assumer le commandement militaire suprême.

Non seulement la situation des assiégés s'améliorait, mais encore celle des Romains se détériorait [2]. Le consul Calpurnius Piso échouait devant Kelibia et devant Bizerte. En face de Carthage, les légionnaires ne réussirent pas à combler le fossé qui barrait l'isthme malgré leurs efforts et, toujours malgré leurs

---

1. J. A. Ilevbare, « Massinissa's Will », *Mus. Afr.*, VII, 1981, p. 72-91.
2. Appien, VIII, 16, 111.

efforts, ne purent s'emparer du rempart. L'optimisme régnait dans la capitale africaine ; Appien en est garant (VIII, 16, 111).

Les Carthaginois avaient tort de se réjouir. Scipion Émilien, encore lui, réussit à convaincre Phaméas de passer dans le camp des Romains, ce qu'il fit avec 2 200 cavaliers [1]. Le prestige de l'officier ne cessait de croître dans la troupe [2] ; sa réputation gagna Rome.

4. *La guerre de Scipion Émilien*

Au début de l'année 148, Scipion Émilien revint à Rome, accompagné de Phaméas. Il annonça qu'il briguait une magistrature relativement modeste, l'édilité ; à trente-huit ans, il ne pouvait pas poser sa candidature à une charge plus élevée. Mais ses exploits enthousiasmaient les citoyens. Malgré son âge, les comices le désignèrent pour le consulat ; et, malgré la loi, qui voulait que les provinces fussent tirées au sort, le peuple lui confia l'Afrique [3].

Le personnage

Le personnage [4] que nous connaissons sous les noms de Scipion Émilien était né en 185 ou 184 dans cette élite de l'aristocratie qu'on appelait le patriciat, auquel il appartenait des deux côtés, paternel et maternel. Fils du vainqueur de Pydna, Aemilius Paulus, plus connu comme « Paul Émile », il était entré dans la famille des Scipions à la suite d'une adoption, le fils de l'Africain n'ayant pas eu de garçon à qui transmettre ses

---

1. Appien, VIII, 16, 108.
2. Appien, VIII, 16, 105.
3. Appien, VIII, 17, 112.
4. Polybe, XXXI, 23-30, et XXXV, 4-5 ; Diodore, XXXI, 26 ; Appien, VIII, 15, 104, et 16, 105. A. E. Astin, *Scipio Aemilianus*, 1967 (Oxford).

biens et, ce qui n'était pas le moins important, le culte de ses ancêtres.

Scipion Émilien a suscité l'admiration des anciens jusqu'à provoquer l'agacement des modernes. Il possédait toutes les qualités. Il était d'abord un intellectuel de grande valeur, fin lettré, parfaitement hellénisé et cultivé, qui s'adonnait avec science et conscience à la philosophie. Il était également un politique, et ici aussi tout lui réussissait. Dans la tradition de l'Africain, il cherchait à séduire la plèbe, représentée en campagne par les soldats pour, au besoin, s'appuyer sur elle contre les nobles. Et son élection de 148 montre l'étendue de son succès dans ce domaine. Sincèrement pieux [1], il n'en utilisait pas moins la religion pour renforcer sa popularité. Il bénéficiait, disait-il, de la protection qu'avait accordée à son grand-père un dieu personnel, Jupiter. Ajoutez à ces qualités multiples le sérieux, la tempérance et une générosité immense, que facilitait une richesse considérable. Enfin, Scipion Émilien s'était acquis une solide réputation dans les affaires militaires : au courage physique, qu'il avait montré à la chasse et à la guerre, il ajoutait une grande habileté comme tacticien et comme stratège. Et, au siège de Carthage, c'était tout ce qui comptait.

Le renversement de conjoncture

Au printemps de l'année 147, Scipion Émilien revint sous les murs de la ville assiégée. Il était accompagné par son ami, Caius Laelius, et par un philosophe célèbre, Panaetius de Rhodes. Un autre de ses intimes, Polybe, vint l'y rejoindre. On sait, par l'*Histoire naturelle* de Pline l'Ancien (V, 9-10), que l'historien fit un voyage d'exploration, qui le mena au large des côtes du Maroc actuel. Il n'est pas certain que Panaetius l'ait accompagné : P. Pedech l'a cru [2], mais J. Desanges a expliqué de façon

---

[1]. N. Berti, article cité plus loin.
[2]. P. Pedech, « Un Texte discuté de Pline, Le voyage de Polybe en Afrique », *Rev. des Ét. Lat.*, XXXIII, 1956, p. 318-332 ; voir R. Thouvenot, *Ibidem*, XXXIV, 1957, p. 88.

convaincante que cette compagnie restait à prouver¹. Et si S. Gsell datait cette entreprise précisément de 147, le même J. Desanges a proposé de la placer après 146. De toute façon, les valeurs intellectuelles ne perdaient jamais leur droit.

J. Desanges a sans doute raison de repousser cette enquête, parce qu'en 147 Scipion Émilien se trouvait confronté à des urgences. L'inactivité, ou l'activité modérée de ses prédécesseurs, avait altéré la discipline et le moral des troupes ; le consul entreprit de remettre ses hommes dans le droit chemin : « Je ne suis pas venu pour voler, lui fait dire Appien, mais pour vaincre » (VIII, 17, 116). Faire du butin, ce n'était pas voler.

Il ne suffisait pas de parler aux soldats ; il fallait encore leur donner le goût de la victoire, ce qui n'allait pas de soi au début. Le légat Mancinus avait tenté un débarquement vers le nord de la ville assiégée, vers Sidi Bou Saïd ou vers La Marsa². L'entreprise faillit tourner au désastre, et la situation ne fut rétablie de justesse que grâce à l'intervention de Scipion Émilien. Ayant sauvé son légat, il tenta une manœuvre analogue à celle que ce dernier avait ratée. Il organisa un débarquement, sans doute au Djebel Khaoui, selon S. Lancel³, là où se trouve actuellement un cimetière militaire pour les soldats français morts en 1943, ce qui est loin du cœur de la ville. C'est peut-être à cette occasion que furent abandonnées 3 000 balles de frondes en terre cuite, qui ont été retrouvées dans une habitation, près de la Baie des Singes⁴. Les Romains, au nombre de 4 000, réussirent à percer les défenses puniques, mais ne se maintinrent pas à l'intérieur de la ville, soit qu'ils en aient été chassés, soit que leur général ait jugé la position difficile à tenir, ou encore qu'il ait seulement voulu tester les défenses ennemies et ses propres troupes. Il faut cependant remarquer qu'avec 4 000 hommes il ne pouvait envisager qu'un gros coup de main⁵.

---

1. J. Desanges, *Recherches sur l'activité des Méditerranéens aux confins de l'Afrique*, 1978 (Paris-Rome), p. 121-147.
2. Appien, VIII, 17, 114. S. Lancel, *Carthage*, 1992, p. 435.
3. S. Lancel, passage cité.
4. M. Fantar, « Récentes découvertes… », *Bull. du Comité des Trav. Hist.*, 1971, p. 241-264.
5. Appien, VIII, 18, 117.

En fait, Scipion Émilien connaissait bien l'art des sièges, la poliorcétique, science grandement développée par les souverains hellénistiques, les successeurs d'Alexandre le Grand. Il avait aussi appris le vieux précepte romain : une guerre se gagne davantage avec la pioche qu'avec l'épée. En bon militaire, il fit construire en vingt jours et vingt nuits des fortifications qui barraient le passage situé entre le lac de Tunis et la Sebkha de l'Ariana (appelée également Sebkha er Riana). Appien (VIII, 18, 119) en a laissé une description précise et admirative : « Maître de tout l'isthme, il [Scipion Émilien] fit creuser une tranchée d'un bord de mer à l'autre, séparée de l'ennemi par la distance d'un jet de javelot... sur un front de vingt-cinq stades [quatre kilomètres cinq cents]. Quand cette tranchée fut finie, il en fit creuser une autre de la même longueur, à courte distance de la première, regardant vers l'intérieur des terres. Il en fit alors faire deux autres, à angle droit avec les précédentes, de façon à ce que le fossé dans son ensemble dessine un rectangle, et il les fit tous équiper de pieux pointus. En plus des pieux, il fit aussi garnir les fossés de palissades, et le long de celui qui se trouvait face à Carthage, il fit construire un mur de vingt-cinq stades de long et de douze pieds de haut (trois mètres soixante), sans compter les merlons et les tours qui surmontaient le mur à intervalles réguliers. »

L'archéologie fait connaître des travaux analogues, effectués vers cette époque, mais en Espagne, au siège de Numance [1]. La ville avait été isolée par sept camps, cinq petits et deux grands (Castillejo et Peña Redonda) qui s'appuyaient sur une longue défense linéaire. Plus à l'est, à Renieblas, une enceinte dont le pourtour a été plusieurs fois modifié, renforçait le dispositif. Les légionnaires avaient effectué leurs travaux suivant le schéma traditionnel, fossé (*fossa*)-bourrelet de terre (*agger*)-palissade (*uallum*). Le bourrelet de terre, l'*agger*, qui faisait en général deux mètres quarante d'épaisseur, pouvait atteindre les quatre mètres. En hauteur, la moyenne était de trois mètres. La numis-

---

1. A. Schulten, *Numantia, Die Ergebnisse der Ausgrabungen 1905-1912*, 1914-1931 (Munich), 4 vol. ; H. J. Hildebrandt, « Die Römerlager von Numantia », *Mitteil. d. Deutsch Arch. Instituts (Madrid)*, XX, 1979, p. 238-271.

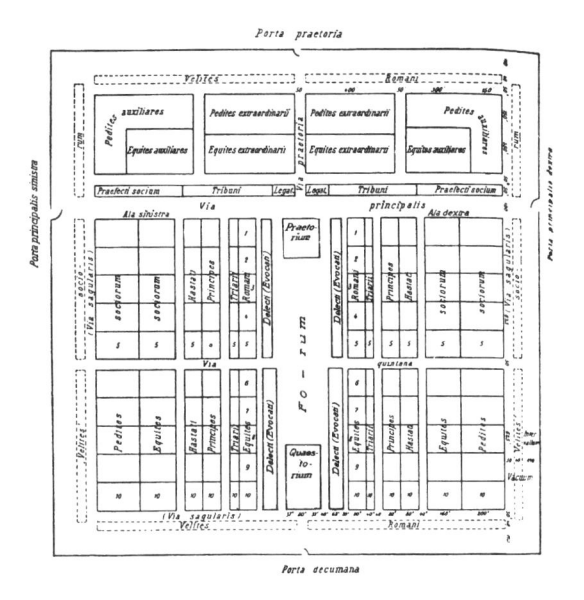

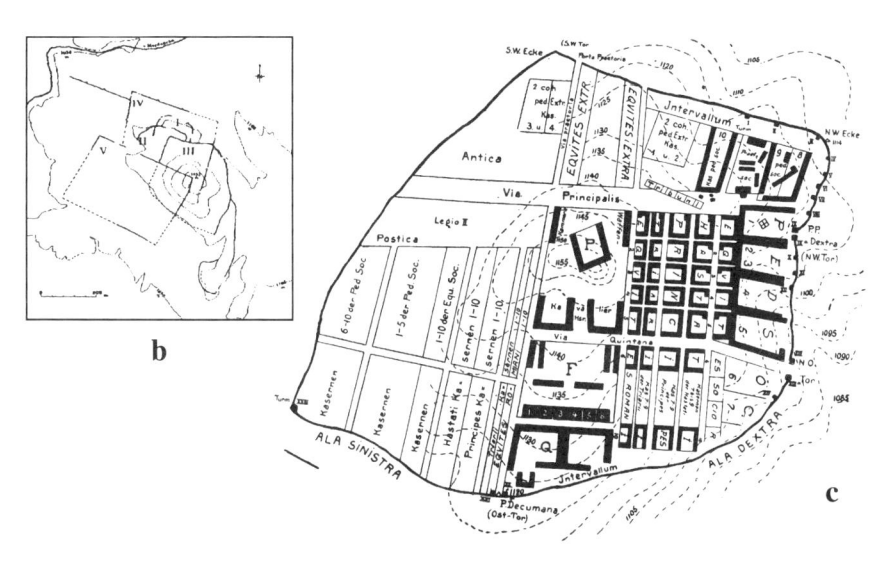

56. Camps romains.
a. Camp romain selon Polybe.
J. Kromayer et G. Veith, *Kriegführung*, dans *Handbuch*, de I. von Müller, IV, 5, 2, 1928 (Munich), pl. 42.
b. Les camps de Renieblas, à l'est de Numance, d'après A. Schulten : camps I et II, première moitié du IIe siècle ; camp III, sans doute 153/152 ; camps IV et V : peut-être vers 80. M. Feugère, *Les Armes des Romains*, 1993 (Paris), p. 79.
c. Le camp de Nobilior à Renieblas, à l'est de Numance.
J. Kromayer et G. Veith, ouvrage cité, pl. 43.

matique permet des datations. Le « camp III de Renieblas » peut être daté du milieu du IIe siècle (157-146 avant J.-C.) ; les camps dits « de Scipion (Émilien) » sont datés de 141-130.

Après avoir fermé la route terrestre, le général romain s'employa à obturer la voie maritime : une digue barra l'accès du port de Carthage [1].

La réaction des Carthaginois

Cette fois, la question des approvisionnements se posait de manière sérieuse pour la capitale africaine, où la famine fit son apparition, affectant surtout les civils, naturellement. Cette situation entraîna une conséquence politique grave, une radicalisation du pouvoir. Les démocrates extrémistes imposèrent leurs vues, et Hasdrubal le Boétharque, par conviction ou par lâcheté, pour leur plaire, les suivit. Il commit l'irréparable, en faisant supplicier les prisonniers romains au sommet du rempart, sous les yeux de leurs compatriotes impuissants. Appien, qui rapporte l'événement (VIII, 18, 118), a sans doute noirci le trait ; mais la cruauté accompagne, hélas, toutes les guerres. Hasdrubal, « avec des outils de fer, leur fait arracher les yeux, la langue, les tendons, les organes sexuels ; aux uns, il fait lacérer la plante des pieds, aux autres couper les doigts. Il les fait jeter encore vivants du haut des remparts ». Il convient de tenir compte de ce qu'étaient les mentalités collectives du temps, et surtout celles des soldats. On comprend alors un point : il ne faut peut-être pas chercher ailleurs que dans ces cruautés l'explication de l'acharnement mis par Scipion Émilien et ses hommes lors de la destruction de Carthage. Ces supplices inutiles changèrent le but de guerre qui leur avait été fixé : il ne s'agissait plus seulement de détruire Carthage en tant qu'État, en tant que puissance, mais d'anéantir physiquement la population de la ville. La clémence était devenue impossible. Décidément, les Puniques avaient parfois du talent pour rendre les guerres « inexpiables ». Les extrémistes carthaginois, qui ne l'ignoraient pas, avaient, ce jour-là, délibéré-

---

1. Appien, VIII, 18, 119-120.

57. Navires de guerre romains.
a. Navires romains sur des monnaies de la première moitié du
IIe siècle avant J.-C. Sur l'exemplaire de droite, on voit
nettement l'éperon à trois dents.
Coins of the Roman Republic in the British Museum,
édit. H. A. Grueber, I, 1970 (Oxford), p. 77 et 97.
b. Navires romains sur des monnaies des années 150-125 avant J.-C. environ. Sur trois de ces exemplaires, on voit bien l'éperon à trois dents.
H. A. Grueber, ouvrage cité, p. 121, 122, 129 et 131.

ment joué le sort de leur cité à quitte ou double. Mais cette fois, ils avaient en face d'eux des légionnaires.

Sur le plan militaire, les Carthaginois ne baissaient toujours pas les bras. Puisque la sortie normale des ports, qui se trouvait à l'extrémité du port de commerce, était fermée, ils firent percer une autre issue pour leur flotte, à l'est, menant directement du port militaire à la mer. Ils lancèrent leurs navires à l'assaut de l'ennemi. Après un premier combat indécis, une deuxième rencontre aboutit à une défaite, durant l'été de 147 [1]. Décidément, « l'empire de la mer » n'avait pas appris à vaincre en bataille navale ces paysans qui n'auraient même pas dû « oser se laver les mains » dans les eaux de la Méditerranée. Les Carthaginois, épuisés de famine et de fatigue, se battaient maintenant avec une nouvelle énergie, l'énergie du désespoir. Les Romains barrèrent l'entrée des ports, occupèrent le terre-plein situé près de leur entrée, en bordure de mer, et y installèrent des pièces d'artillerie. Par cet accès, ils réussirent à prendre pied dans la ville. Avec un courage qui dut forcer l'admiration des légionnaires, des soldats puniques, sorte de commandos suicide, réussirent à atteindre ces machines et à les incendier [2].

L'effondrement de Carthage

Mais c'était trop peu, et il était trop tard.

Scipion Émilien pouvait alors donner toute la mesure de son talent. Une série de succès stratégiques entraîna la défaite des points d'appui et des alliés de Carthage et, par conséquent, l'isolement complet de la ville assiégée. Coup sur coup, les renforts venus de Maurétanie subirent une défaite, les Romains purent enfin anéantir l'armée de *Nepheris* [3], et les Libyens firent leur soumission.

La détérioration de la situation atteignait un degré tel que des défections furent enregistrées au plus haut niveau de l'État. Les

---

1. Appien, VIII, 18, 121-123.
2. Appien, VIII, 18, 124-125.
3. Appien, VIII, 18, 126.

aristocrates, plus modérés que la plèbe, n'avaient pas de raison de se laisser emporter par sa folie, et les officiers appréciaient plus justement la situation militaire. Dans ces conditions, peut-on vraiment parler de « trahison » ? Après le départ de Phaméas, ce fut au tour d'Hasdrubal le Boétharque de chercher une échappatoire. Il voyait bien que la situation des siens empirait, et prenait une vilaine tournure. Il songea alors à traiter, mais seulement pour son compte personnel. Le personnage n'a pas compté que des admirateurs, et les auteurs anciens se sont déchaînés contre lui. Il était, dit Polybe, « un hâbleur vaniteux » (XXXVIII, 2, 7-8) ; Diodore en fait un bavard pompeux et un goinfre (XXXII, 122-23). Hasdrubal n'osa pas s'adresser directement à Scipion Émilien ; il le fit contacter par l'intermédiaire du prince numide Gulussa, qui accepta la mission. D'habitude, les généraux romains accueillaient avec faveur ce genre de requête : la défection d'un chef ennemi leur permettait de sauver de nombreuses vies dans leurs propres rangs. Mais l'issue du conflit ne faisait plus guère de doute pour les assiégeants : Scipion Émilien se borna à promettre la vie sauve et la libre disposition seulement d'une partie des biens. Hasdrubal le Boétharque renonça à son projet dans l'immédiat.

L'assaut final

C'était le printemps de 146. Pressés par la faim, par la fatigue, les Carthaginois résistaient de plus en plus mal.

Scipion Émilien pensa alors que le moment était venu de détruire toute résistance. Avant de commencer les opérations, et il se conduisait ainsi en Romain de son temps, il fit procéder à une cérémonie religieuse rarement célébrée mais bien connue, l'*euocatio* ou « appel »[1]. Il s'adressa solennellement à tous les dieux de Carthage, selon Macrobe (III, 9, 7), ou à la principale de leurs divinités, Tanit, appelée *Iuno* en latin (Junon), selon

---

[1]. C. Bonnet, « Les Connotations sacrées de la destruction de Carthage », *Punic Wars*, 1989, p. 289-305 ; N. Berti, « Scipione Emiliano, Caio Gracco e l'"*euocatio*" di "Giunone" da Cartagine », *Aevum*, LXIV, 1990, p. 69-75.

Appien (VIII, 12, 84). Il promettait un accueil chaleureux dans sa patrie, un temple, des sacrifices. Abandonnée par ses dieux, Carthage ne pourrait plus résister.

Au mois d'avril 146, l'armée romaine donne l'assaut final [1]. Malgré leur faiblesse physique, malgré la faim, les Carthaginois résistent avec un acharnement qui dément la légende de commerçants gras, lâches et paresseux. Les légionnaires progressent en quatre étapes, en partant du terre-plein qui se trouve à l'entrée du port de commerce. En un premier temps, ils élargissent leur domaine en s'emparant de la zone des ports, ce qui leur donne plus d'aisance, une base de départ plus vaste. Ensuite, de là, ils gagnent la principale place de la ville, l'agora. Au passage, ne perdant jamais de vue leurs intérêts, ils pillent le « temple d'Apollon » ; ils prennent les feuilles d'or qui l'ornaient à la pointe de l'épée.

La troisième étape présente un très grand intérêt du point de vue de l'histoire militaire : elle montre la progression d'une armée en milieu urbain, une bataille de rues ; les auteurs anciens ont rarement décrit ce type d'engagement. Cet épisode mène les légionnaires de l'agora jusqu'au pied de la colline de Byrsa. Trois larges avenues, bordées d'immeubles de six étages, s'ouvrent devant eux. Mais chaque demeure a été transformée en forteresse ; il faut les prendre l'une après l'autre, et la lutte au sol se double d'une lutte dans les airs, sur les terrasses où les combattants puniques et leurs familles trouvent un ultime refuge. Personne ne se rend. Devant tant d'acharnement, pour limiter leurs pertes, les Romains décident d'allumer un gigantesque incendie. Commence alors une succession de scènes d'horreur : les hommes, les femmes, les enfants, les vieillards, plus ou moins gravement brûlés, tombent avec les maisons qui s'effondrent, et sont écrasés sous les gravats ; des soldats utilisent des crocs pour débarrasser le chemin des corps qui gisent sur le sol, sans faire la différence entre les morts et les vivants, qui sont tous entassés dans des fosses, sans que leur état soit le moins du monde pris en considération ; là-dessus, la cavalerie se précipite, et les sabots des chevaux s'enfoncent dans les corps qui n'ont

---

1. Abréviateur de Tite-Live, *Sommaires*, LI ; Appien, VIII, 19, 127-131.

pas encore été enlevés. Des archéologues, comme le père Delattre, ont retrouvé des fosses communes et des cadavres qu'ils pensent avoir été enterrés sur place ; ils attribuent ces morts à l'épisode en question [1]. Quand les flammes ont détruit la ville basse, le génie trace une avenue unique à travers les décombres ; c'est alors que sont constatées les premières redditions, qui touchent peut-être 55 000 personnes.

La dernière étape, la prise de la citadelle de Byrsa, peut alors commencer. Un rempart entoure cette acropole [2]. D'après certaines sources, 50 000 personnes y auraient trouvé refuge. Ce chiffre nous paraît quelque peu exagéré : la superficie totale du sommet de la colline, qui était encombrée de monuments, ne dépasse pas les 100 000 m^2. Très vite, le plateau qui en forme le sommet est investi. Il ne reste qu'un point de résistance, le temple d'Eshmoun, qui constitue le cœur de ce cœur de Carthage. Là, les inévitables transfuges, qui savent qu'ils n'ont plus rien à espérer, sauf une mort choisie, par le suicide ou en combattant, ont trouvé un asile provisoire. Ils sont escortés par les irréductibles Carthaginois qui se sont mis sous les ordres du Boétharque ; ce dernier s'est fait accompagner par sa femme et par ses enfants.

C'est à ce moment que le général punique abandonne les siens [3]. Il passe aux Romains, sur la seule promesse d'avoir la vie sauve. Sa femme demande alors à parler. Elle s'adresse d'abord à Scipion Émilien, pour lui adresser des vœux de salut, car il ne fait qu'appliquer les lois de la guerre. Elle appelle ensuite la vengeance des dieux sur son mari, traître aux siens, à sa religion, à sa femme et à ses enfants [4]. Puis les transfuges font du temple d'Eshmoun un gigantesque brasier dans lequel ils se précipitent tous, accompagnés par la femme et les enfants du général carthaginois. À Carthage, toute résistance a cessé. La ville est prise.

---

1. S. Lancel, *Carthage*, 1992, p. 445.
2. G. G. Lapeyre, « L'Enceinte punique de Byrsa », *Rev. Afr.*, LXXV, 1934, p. 336 et suiv.
3. Polybe, XXXVIII, 4, 20.
4. Appien, VIII, 19, 131.

Nous savons par Polybe qu'Hasdrubal le Boétharque a fini ses jours en Italie, où il a vécu libre et peut-être heureux (XXXVIII, 4, 20).

La fin de la Carthage punique

Un messager apprit à Rome la nouvelle, qui fut célébrée par une grande fête.

L'incendie, qui avait été allumé pour faciliter la conquête, dura dix jours [1]. La thèse d'une destruction complète, systématique et organisée, a trouvé des supports dans les auteurs anciens [2]. L'archéologie a donné sur cet événement des renseignements divergents, mais qui en fait se complètent plus qu'ils ne s'opposent. Ainsi, des fouilles très récentes, effectuées par une équipe allemande entre l'actuelle avenue de la République et le lycée de Dermech [3], ont permis de dégager un grand sanctuaire qui a été totalement détruit par le feu au milieu du IIe siècle, sans doute en 146 avant J.-C. ; plus de 3 000 sceaux ont été retrouvés dans les déblais. Il semblerait que les archéologues aient mis au jour un des plus importants temples de Carthage, qui donnait sur l'agora. D'autres savants, en particulier S. Lancel, ont trouvé des murs encore relativement bien conservés, notamment sur le flanc de la colline de Byrsa. D'où une thèse quelque peu byzantine : Rome aurait voulu détruire l'État carthaginois, pas la ville de Carthage.

Certains auteurs, modernes il faut le préciser, rapportent que les Romains auraient voulu stériliser le sol de Carthage, en y répandant du sel et en y passant la charrue [4]. Mais les sources

---

1. Diodore, XXXII, 24.
2. Florus, I, 31 ; Appien, VIII, 12, 81 ; Orose, IV, 22, 1.
3. F. Rakob, « Fouilles à Carthage en 1990 », *Cedac*, XII, juin 1991, p. 7-12, et « Ein punisches Heiligtum in Karthago », *Mitteil. d. Deutsch Arch. Instituts (Röm.)*, XCVIII, 1991, p. 33-80 (rue Ibn Chabâat).
4. R. T. Ridley, « To be Taken with a Pinch of Salt : the Destruction of Carthage », *Class. Philol.*, LXXXI, 1986, p. 140-146 ; S. T. Stevens, « A Legend of the Destruction of Carthage », *Ibidem*, LXXXIII, 1988, p. 39-41 ; B. H. Warmington, « The Destruction of Carthage, A *retractatio* », *Ibidem*, p. 308-310 ; P. Visonà, « Passing the Salt. On the Destruction of Carthage again », *Ibidem*, p. 41-42.

anciennes ne mentionnent aucun de ces deux procédés. Bien plus, l'arrosage au sel n'appartient pas aux traditions de la religion romaine et a été inventé par l'historien byzantin Sozomène et par le pape Boniface VIII. Le rite de la charrue existait bien, lui, mais n'est pas attesté dans ce cas, et la hauteur des murs conservés en certains points de la ville empêche d'y apporter foi. Ce qui est clairement mentionné, en revanche, c'est la *deuotio* du sol de Carthage, c'est-à-dire sa consécration, son offrande, aux dieux du sol et du sous-sol, *Dis Pater*, le maître des Enfers, *Veiouis*, une divinité très proche de la précédente, les Mânes, âmes des morts, *Tellus*, la Terre, ainsi qu'à l'ouranien Jupiter, qui règne sur le ciel et l'orage [1].

Avant que le feu n'ait tout ou presque tout détruit, Scipion Émilien fit enlever les œuvres d'art que les Carthaginois avaient prises (ou achetées !), et les renvoya à leurs lieux d'origine ; elles furent donc dispersées vers Rome, l'Italie, la Sicile et le reste de l'Afrique. De même, les bibliothèques furent partagées entre les princes numides. Les soldats reçurent les récompenses qu'ils avaient méritées : après avoir pillé ce qui pouvait l'être, ils eurent leur part dans la distribution du butin [2]. Au chapitre des bénéfices de l'opération, il faut compter les survivants qui furent vendus.

On dit que, devant l'étendue de sa victoire, et des destructions, Scipion Émilien ressentit un sentiment d'angoisse, en remuant une sombre pensée : les empires de ce monde ne sont pas éternels [3].

Le sort de l'Afrique punique

Pour régler le destin du reste de l'Afrique punique, le Sénat désigna une commission de dix membres, pris en son sein, et la chargea de s'en occuper [4].

---

1. Macrobe, III, 9, 9-13. C. Bonnet, article cité.
2. Diodore, XXXII, 25 ; Appien, VIII, 20, 133.
3. Polybe, XXXVIII, 4, 21 ; Appien, VIII, 19, 132.
4. Appien, VIII, 20, 134-135.

Les villes puniques qui s'étaient rangées aux côtés des Romains reçurent la « liberté », et furent officiellement reconnues comme « cités libres », *ciuitates liberae* ; en réalité, comme on l'a dit, elles n'obtinrent que l'autonomie interne pour prix de leur trahison. Il s'agit d'Utique, d'Hadrumète ou Sousse, de *Lepti Minus* (Lemta), de *Thapsus* (Ras Dimasse), d'*Acholla* (Henchir Botria), de *Theudalis* (Henchir Aouan ?) et d'*Usalla* (Inchilla). Quant à Bizerte, ou *Hippo Diarrhytus*, elle fut détruite. Le reste du territoire qui avait constitué la *chôra* de Carthage, et qui recouvrait moins de 25 000 km^2, reçut le statut de province, et fut confié à un gouverneur ; il devint officiellement *ager publicus populi romani*, c'est-à-dire propriété collective du peuple romain, prise de guerre. Une partie fut réservée pour les besoins des vainqueurs, une autre partie fut vendue à des Romains qui durent acquitter un impôt léger ou *uectigal*, et le reste fut laissé à des paysans libyens contre un impôt plus lourd, le *stipendium*. La frontière entre la Numidie et la nouvelle acquisition de Rome était matérialisée par un obstacle continu, la *fossa regia*, qui allait approximativement de Tabarka à Mahdia en passant par Mactar [1]. On doit faire une remarque sur ce point : Rome avait précédé les rois de Numidie, s'était emparé d'un territoire que Massinissa avait convoité, et qui échappait ainsi à ses fils.

Perspectives

Dans l'immédiat, Rome ne tira pas grand bénéfice de l'entreprise : l'Afrique ne fut qu'une province de plus, une pierre qui s'ajoutait à un édifice encore en construction.

Scipion Émilien, après ce succès militaire, devint un personnage politique de premier plan à Rome [2]. Il reçut le surnom d'Africain, qu'avait déjà porté son grand-père par adoption ; les

---

1. Pour des références, voir au chap. I.
2. Appien, VIII, 14, 98. Voir une inscription d'époque impériale trouvée près du lac Fucin, à Maruvium des Marses, *Inscr. Lat. Sel.*, n° 67 : « *Cornelius | Scipio | Carthagine | capta* », « Cornelius Scipion ; prise de Carthage ».

historiens ont pris l'habitude de l'appeler le « deuxième Africain » pour le distinguer du premier. Sa carrière ne faisait que commencer.

En Afrique, tout n'était pas détruit. La langue de Carthage subsistait, et sa religion aussi : l'époque que les historiens appellent « néo-punique » commençait. Sur ces ruines germait une humble pousse destinée à devenir un grand arbre, la civilisation de l'Afrique romaine.

QUELQUES ÉLÉMENTS DE RÉPONSE...

Carthage a donc été détruite. Mais pourquoi ? Et comment en est-on arrivé là ? Ces questions nous ramènent aux interrogations formulées au début de cet ouvrage. Avant de répondre, ou du moins d'essayer de répondre, l'antiquisant se doit d'invoquer ses saintes protectrices, Prudence, Nuance et Chronologie. Cette dernière nous rappelle que les situations présentent toujours une originalité en fonction du temps, et aussi du lieu, ajouterait Géographie. À ces facteurs de diversité s'opposent cependant, pour notre propos, l'histoire militaire, deux éléments d'unité : de 264 à 146 avant J.-C., d'une manière générale, l'infanterie lourde a dominé les champs de bataille (mais Hannibal a su utiliser contre elle, non sans succès, la cavalerie). En outre, le lecteur a pu le constater, la marine a joué un rôle parfois discret, mais toujours important, et que les historiens ont souvent négligé.

Sans prétendre aboutir à des affirmations globales et définitives, sans prétendre donc élaborer un système, nous pensons pouvoir regrouper les principaux problèmes abordés sous trois rubriques avec des titres en forme de questions. Il n'est pas impossible que certaines remarques suscitent des doutes, ou même qu'elles soient considérées comme des provocations. Peut-être auront-elles été formulées d'une manière plus ou moins volontaire de façon à susciter des réactions. Après tout, c'est ainsi qu'avance et progresse la science historique.

Un premier point, donc, intéresse l'ensemble de la période.

Comment expliquer la victoire de Rome sur terre ?

On aurait pu formuler la question autrement : comment expliquer la défaite de Carthage ?

Les motifs d'explication se complètent, certes, et parfois aussi ils s'opposent. Il faut faire intervenir de multiples facteurs. Naturellement, les éléments techniques, proprement militaires, ont grandement joué.

Ainsi en est-il d'abord de la tactique. Rome a su doter ses hommes d'un armement excellent, qu'Hannibal leur a pris après sa victoire du lac Trasimène. Et ce n'est pas tout. Dans ce domaine, également, Rome semble en général avoir disposé de meilleurs atouts. Le jeu était à peu près également réparti pour la guerre de sièges, la poliorcétique, encore que la construction des camps ait provoqué l'admiration de rois grecs qui, pour cette seule raison, ont élevé les Romains au-dessus des barbares ordinaires. La construction quotidienne de ce type de protection qu'était le camp de marche, particularité importante, ne doit pas être négligée. On remarquera en outre que les légionnaires savaient déjà entourer une ville ennemie par un double rempart, le premier, plus court, pour empêcher les assiégés de sortir, et le second, plus long, pour résister à l'arrivée d'éventuels renforts, avec des camps destinés à accroître l'efficacité de ce système. Et, au combat, l'organisation manipulaire donnait aux légionnaires une grande souplesse, à condition que l'engagement se déroulât sur un terrain accidenté (Xanthippe avait donc, en bonne logique, préféré un sol bien uni pour éliminer cet avantage). L'invention de la cohorte, même si elle paraît avoir été réservée au théâtre d'opérations ibérique, paraissait de bon augure pour l'avenir. Et puis Scipion, le premier Africain, a eu l'excellente idée d'organiser, ou de réorganiser, l'entraînement, faisant de l'état de soldat un métier, qui s'enseigne et s'apprend. La pratique de l'escrime paraît avoir été beaucoup plus poussée chez les légionnaires. On ne dira jamais assez l'importance de l'exercice pour la qualité des soldats.

En ce qui concerne la stratégie, enfin, il ne semble pas que les conceptions aient grandement différé d'une cité à l'autre. Les buts de guerre étaient sensiblement les mêmes : chacun se battait pour faire du butin, pour dominer afin de ne pas être dominé, pour assurer sa sécurité. Mais c'était par la volonté d'aboutir que les adversaires différaient. La politique intervenait donc aussi. Ainsi, le Sénat de Rome a toujours refusé de traiter sans avoir assuré la victoire, alors que Carthage abandonnait quand le prix à payer paraissait trop élevé. Cet aspect psychologique, culturel et politique à la fois, explique en partie les événements de 146 : après Cannes, Rome a refusé de reconnaître sa défaite ; après Zama, Carthage a accepté d'admettre son échec. Cette rigidité d'esprit n'était pas absolue. Il faut au contraire constater que les Romains possédaient, dans le domaine militaire, une grande capacité d'adaptation et d'adoption ; ils pouvaient, après une bataille, modifier leur tactique, prendre de nouvelles armes, etc. En un temps où la tradition, la coutume des ancêtres, représentaient des valeurs unanimement respectées, cette faculté les avantageait certainement. Hannibal s'est certes conduit comme eux, mais il a représenté, dans son camp, une exception. L'obstination, le moral de fer des Romains, étaient renforcés par la certitude que les dieux leur assuraient une protection efficace ; mais la piété paraît avoir eu la même intensité des deux côtés.

Dans le cas d'une histoire militaire, il faut sans doute également prendre en compte un autre élément, le rôle de quelques personnages exceptionnels, qui ont su élaborer une stratégie et une tactique supérieures à celles de leurs ennemis. Si Rome doit beaucoup aux deux Scipions, Carthage a eu Hannibal. Et on peut se demander si les grandes victoires de 218-216 sont dues en tout, ou en partie seulement, à ce général. C'est peut-être son seul génie qui a donné à sa patrie un temps de domination sur terre. Quoi qu'il en ait été de cet homme, il convient maintenant de prendre parti contre une certaine tradition, contre une certaine légende : les généraux carthaginois n'ont pas démérité par rapport à leurs homologues romains. Ils ont su montrer de l'intelligence, de la dignité et du courage. Le commandement, d'un côté comme de l'autre, a eu ses héros et ses médiocres.

Les historiens ont également fait intervenir la question du recrutement. Une vieille tradition oppose le soldat de Rome, paysan et citoyen, au soldat de Carthage, citadin et mercenaire. La réalité paraît plus complexe. Du côté romain, l'élément citadin n'a pas cessé de s'accroître, en raison du développement de l'urbanisation, un phénomène aujourd'hui bien connu. Dans les rangs de l'armée punique, nous savons maintenant qu'il faut relever le rôle souvent déterminant de l'infanterie libyque, recrutée dans les campagnes, et qu'il convient de reconnaître plus d'importance à l'élément civique. En revanche, les conquêtes assuraient à Rome une richesse supérieure, donc un meilleur ravitaillement des troupes ; l'approvisionnement, qui influençait le moral, a certainement davantage joué qu'on n'a dit. Les facteurs économiques ne sauraient, de ce fait, être négligés. L'empire de Rome n'a pas cessé de s'accroître, dans le temps où le domaine de Carthage diminuait constamment. L'Italie possédant une démographie exceptionnellement puissante, Rome disposait d'un stock de soldats inépuisable ; jointe aux provinces, la péninsule lui a assuré des moyens financiers considérables grâce à l'impôt. Elle fournissait donc des hommes, de l'argent, du blé, du bois, et le reste, tout le nécessaire. Elle possédait une économie bien plus prospère et plus variée qu'on ne l'a dit. Le commerce et la marine marchande, également, ont connu un développement plus poussé qu'on ne l'a cru.

Comment expliquer le succès de Rome sur mer ?

Si Carthage a dominé sur terre pendant un temps, Rome a dominé sur mer pendant tout le temps. C'est dès la première guerre punique que s'est effectué le changement. Peut-on avancer des explications pour ce paradoxe ?

On a déjà fait remarquer que la tactique, sur mer comme sur terre d'ailleurs, était relativement rudimentaire, et pouvait s'apprendre sans trop de difficultés. Il faut cependant renoncer à une idée ancienne et stupide : les légionnaires auraient transporté sur l'élément liquide leur façon de combattre sur l'élément solide. Il est en effet évidemment impossible d'utiliser la tactique manipulaire en sautant d'un bateau à l'autre. Mais un meilleur entraînement, une pratique plus poussée de l'escrime, les ont certainement avantagés. Donc les Romains possédaient un point fort en cas d'abordage. Pour l'éperonnage, la tradition veut que les navires puniques l'aient emporté, que leurs pilotes aient été plus habiles, qu'ils aient conféré à leurs navires une plus grande maniabilité. Ce fut sans doute souvent vrai, mais ici aussi les Romains savaient se montrer bons élèves. On se rappellera qu'au siège de Lilybée, ils avaient fini par capturer le commandant de navire qui s'était moqué d'eux.

On accordera plus d'intérêt à trois explications plus historiques : l'Italie possédait, comme on l'a dit, une nette supériorité démographique, économique et psychologique, ce qui permettait de recruter davantage de matelots et de soldats de marine, d'aligner davantage de navires de guerre, de provoquer davantage de rage de vaincre. Pendant les guerres puniques, Rome peut et veut équiper de grandes flottes. Elle possédait aussi des alliés que l'on a appelés *socii nauales* et qui ont dû beaucoup l'aider. Cet aspect politique ne saurait être négligé. Il faut donc renoncer à la double caricature du Carthaginois riche et marin, et du Romain paysan et pauvre, même si ce schéma remonte à l'Antiquité.

On peut également se demander si le poids des traditions sociales et culturelles n'a pas joué. L'Italien était au moins autant un soldat qu'un paysan, un artisan ou un négociant ; mais on peut s'interroger sur le navigateur punique, qui était peut-être plus un commerçant qu'un combattant. Il ressemblait sans doute, à cet égard, aux Vénètes, que la marine de César a vaincus beaucoup plus tard dans le golfe du Morbihan. Commander un bateau de commerce ou de pêche, ce n'est pas la même chose que commander un bateau de guerre. Un bon conducteur de camion ne fait pas nécessairement un bon pilote de course. Enfin, on peut se demander ce qui l'emportait, dans ces batailles navales, de la science du marin ou de celle du soldat. Une bataille navale était peut-être davantage une bataille entre soldats qu'entre marins.

Assurément ces réflexions comportent une bonne part d'hypothèses. Il n'en va pas de même, pensons-nous, avec les réponses que fournira l'historien à la troisième grande question qui se pose à lui.

Qui est coupable ?

La question ainsi posée l'est sans doute de manière un peu brutale. Il faut en effet dédramatiser, sur un point du moins, et remarquer que la destruction de Carthage n'a pas été suivie d'une disparition totale : sa langue, ses dieux, ont survécu. Ce conflit, comme il arrive souvent, a opposé deux adversaires, mais a aussi contribué à les rapprocher. Italiens et Puniques ont fini par se mélanger, le racisme n'existant pas dans l'Antiquité. Les guerres puniques ont accouché d'une civilisation, la civilisation de l'Afrique romaine.

Il faut pourtant constater qu'un problème reste pendant, celui de la responsabilité de la guerre, la « Kriegschuldfrage ». Il faut ici éviter deux écueils, l'engagement partisan et l'angélisme. Il est donc apparu dans ce récit, sur la longue durée, que les guerres puniques ont résulté du choc de deux impérialismes. Ce point nous paraît assuré. Remarquons au passage que, si Hannibal avait vaincu, nous parlerions une langue sémitique ou celtique, au lieu d'une langue latine. La volonté de domination, forte du côté des Romains, existait aussi du côté des Carthaginois ; les Africains, Libyens, Numides et Maures, en avaient fait les frais, tout comme les habitants de la Sicile, de la Sardaigne et de l'Andalousie, et peut-être même aussi d'autres Puniques. Il ne faut pas se bercer d'illusions. On a pu observer un même appétit du lucre, un même goût du butin, une même volonté de domination, les mêmes craintes de l'autre, fondées ou non, dans les deux camps.

Les Romains ont provoqué la première guerre punique, mais il reste à prouver que les Carthaginois en aient ressenti du regret. Hannibal a déclenché la deuxième guerre punique, mais il reste à prouver que les Romains en aient été désolés. Hannibal non plus n'était pas un pacifiste. Quant à la troisième guerre punique, lancée incontestablement à l'instigation de Rome, avec le soutien de la Numidie d'ailleurs, elle a vu se manifester quelques Carthaginois extrémistes. Ils ont eu le courage d'aller jusqu'au bout de leur rêve, de préférer la mort à l'esclavage. Il serait évidemment intéressant de savoir si tous leurs compatriotes ont partagé leurs sentiments jusqu'au dernier instant. De plus, des intérêts politiques ont contribué à aggraver les tensions : l'aristocratie romaine, le Sénat, a partout soutenu les régimes qui lui ressemblaient, suscitant l'opposition des mouvements populaires.

Au total, il nous semble que les responsabilités dans le déclenchement des opérations sont assez largement partagées entre les deux parties en cause, au moins pour les deux premières guerres puniques. Comment s'en étonner ? Tous les États de l'Antiquité possédaient en commun un certain nombre de valeurs et aussi d'appétits. De ce long conflit, les Romains sont sortis en vainqueurs. Pour leurs adversaires malheureux, il faut rester dans le même registre des constatations, sans jugement de valeur : les Carthaginois ne sont pas des victimes, mais des vaincus.

SOURCES ET BIBLIOGRAPHIE

Les historiens ont pris l'habitude de distinguer les sources de la bibliographie. Pour l'Antiquité, le mot « sources » recouvre tous les documents qui, à quelques exceptions près, sont antérieurs à la fin du Ve siècle, alors que celui de « bibliographie » désigne toutes les publications postérieures, pour l'essentiel, à la fin du XIXe siècle.

On peut retrouver les unes et les autres grâce à quelques « instruments de travail » qui présentent un intérêt majeur.

1° Généralités : S. Mazzarino, *Introduzione alle guerre puniche*, 1947 (*non uidi*).

2° Du point de vue de l'histoire romaine : A. Piganiol, *Histoire de Rome* (c'est la célèbre et irremplacée « vieille Clio »), 5e éd., 1962 (Paris) ; K. Christ, *Römische Geschichte*, 1980 (Darmstadt), p. 32-50 et 62-69 ; Cl. Nicolet, *Rome et la conquête du monde méditerranéen*, I, *Les Structures de l'Italie romaine*, 5e éd., 1993 (Paris) et, II, *Genèse d'un empire*, 4e éd., 1991 (Paris). C'est la très utile « Nouvelle Clio ».

3° Histoire de Carthage : relevons que l'époque d'Hannibal a été particulièrement étudiée par G. Brizzi, dont on verra « Bibliografia e problemi », *Annibale*, 1984 (Spolète), p. 130-170.

Pour l'aspect africain des questions : S. Lancel, ouvrage cité plus bas, donne une bibliographie très récente ; W. Huss, *Karthago*, 1992 (Darmstadt), p. 401-458, écrase le lecteur par son érudition ; J. Desanges et S. Lancel, *Bibliographie analytique de l'Afrique antique*, depuis I, 1961-1962, jusqu'à XIX, 1984-1985, poursuivie par J.-M. Lassère et Y. Le Bohec à partir de XX, 1986.

1. Les sources

Les sources comprennent les textes littéraires, et les données des « sciences auxiliaires », à savoir, pour l'essentiel et pour notre propos, l'épigraphie, la papyrologie, la numismatique et l'archéologie.

Les textes littéraires

Les textes littéraires présentent un intérêt majeur, parce qu'ils proposent des descriptions claires, explicites. Mais on aura garde que certains auteurs ont été contemporains des événements qu'ils décrivent, voire y ont participé, alors que d'autres ont vécu bien plus tard, et ont donc dû utiliser des écrits antérieurs. Les premiers constituent des sources « primaires », les seconds des sources « secondaires » ; dans ces conditions, il importe de savoir quelle source primaire ont utilisée les auteurs dits « sources secondaires » (en général, les écrivains de l'Antiquité n'utilisaient qu'un auteur à la fois et, quand ils disent qu'ils en utilisent plusieurs, c'est l'un après l'autre). Cette recherche des sources, qu'on appelle d'un mot allemand la « Quellenforschung », parce que nos collègues allemands s'y sont particulièrement illustrés, recourt parfois à une solution de facilité : les anciens ayant le plus souvent travaillé sur des auteurs perdus pour nous, comme les célèbres « annalistes », ainsi appelés parce qu'ils rédigeaient des écrits historiques en traitant la matière année après année, on peut faire dire à ces auteurs perdus n'importe quoi, et ainsi résoudre tous les problèmes pour lesquels il n'existe pas de solution facile à trouver.

Pour les guerres puniques, la principale difficulté, celle de l'objectivité, se pose avec une acuité particulière. En effet, aucun texte punique n'a été conservé ; les auteurs de langue grecque, si on en croit une critique assez unanime là-dessus, se caractérisent par une relative objectivité (K. Christ, « Zur Beurteilung Hannibals », *Historia*, XVII, 1968, p. 461-495, et J. Irmscher, « Die punischen Kriege in griechischer Schicht », *Punic Wars*, 1989, p. 307-316), mais à notre avis il faut n'accepter ce point de vue qu'avec prudence, et au cas par cas ; quant aux auteurs de langue latine, on constate qu'ils n'étaient pas masochistes, et qu'ils sont tous franchement et clairement antipuniques.

Première guerre punique

La première guerre punique, qui a peu séduit la critique, a souvent été étudiée avec la seconde ; pour chaque auteur, nous renvoyons donc aux références données plus loin.

Les historiens accordent beaucoup de crédit à **Polybe**. Cet aristocrate grec, otage à Rome logé chez les Scipions, a sans doute utilisé deux auteurs perdus, Philinos d'Agrigente, favorable aux Puniques, et Fabius Pictor (voir I, 14), ainsi que des analystes divers (E. Ruschenbuch, « Der Ausbruch des 1. punischen Krieges », *Talanta*, XII-XIII, 1980-1981, p. 55-76). On lui accorde beaucoup de crédit (J. Irmscher, cité, voir aussi F. Gschnitzer, I. Edlund et Ph. Gauthier, cités plus loin), peut-être trop. Il ne faut pas oublier qu'il admirait beaucoup les Romains parce qu'ils avaient vaincu les Grecs, et qu'il était entré dans l'amitié des Scipions : F. W. Walbank, *A Historical Commentary on Polybius*, 3 vol., 1957-1979 (Oxford), reste fondamental ; P. Pedech, *La Méthode historique de Polybe*, 1964 (Paris) ; G. Schepens, « Polybius on the Punic Wars », dans *Punic Wars*, cité plus bas, p. 317-327.

Tite-Live, mort en 17 de notre ère, n'est connu pour cette époque que par des *Periochae* ou *Sommaires* : M. Gelzer, « Die Glaubwürdigkeit der bei Livius überlieferten Senatsbeschlüsse über römische Truppenaufgebote », *Hermes*, LXX, 1935, p. 269-311 = *Kleine Schriften*, 1964 (Wiesbaden), p. 220-255. Cet auteur latin, qui écrit pour glorifier Rome et son Sénat, n'aurait utilisé que des annalistes, tout comme les trois suivants.

On conserve, sous le nom de **Cornelius Nepos**, ami de Cicéron, des *Vies des grands capitaines*, très médiocres, dont une est consacrée à Hamilcar.

La critique lui préfère **Appien**, un fonctionnaire du IIe siècle de notre ère, né à Alexandrie, qui avait écrit une *Histoire romaine*, et avait eu l'idée curieuse de classer ses livres en fonction de la géographie et pas de la chronologie (G. Brizzi, *Studi*, cité plus bas, p. 71 et suiv.).

Dion Cassius (155-v. 235), un aristocrate consciencieux mais crédule, avait écrit en grec une grande *Histoire romaine*, qui n'est connue, pour cette époque, que par des fragments et par un abrégé byzantin, dû à **Zonaras**. Pour la première guerre punique, il aurait suivi L. Cincius Alimentus, un annaliste qui aurait utilisé en le déformant Philinos : V. La Bua, « Cassio Dione, Zonara ed altre tradizioni sugli inizi della prima guerra punica », *Studi F. Grosso*, 1981 (Macerata), p. 241-271 ; E. Ruschenbuch, art. cité plus loin.

Diodore, aristocrate sicilien qui a écrit dans les années 60 à 30 avant J.-C., aurait procédé de la même manière. Pour ces deux derniers auteurs, on a aussi envisagé le recours à Fabius Pictor (E. Ruschenbuch, art. cité plus loin).

C'est plutôt Timée de Tauromenium (Taormina) qu'aurait utilisé **Trogue-Pompée**, un Gaulois de Vaison qui a fleuri à l'époque d'Auguste ; cet auteur a consacré à Carthage le livre XIX de ses *Histoires philippiques*, que nous ne connaissons qu'à travers l'abréviateur Justin. Même s'il a repris l'accusation de cruauté, il a été jugé « intelligent » (J. M. Alonso Núñez, « Trogue-Pompée sur Carthage », *Karthago*, XXII, 1989, p. 11-19).

Florus, qui a rédigé vers 160 un tableau des guerres menées par Rome, et **Orose** sont des auteurs « de troisième main », puisqu'ils ont surtout travaillé à partir de Tite-Live, mais d'un Tite-Live perdu pour nous, d'où leur utilité. Orose, un prêtre espagnol au tempérament passionné, auteur vers 415 d'une *Histoire contre les païens*, veut prouver que les chrétiens ne sont pas responsables des malheurs du temps, ce qu'on lui accordera bien volontiers : B. Lacroix, *Orose et ses idées,* 1965 (Montréal-Paris).

Parmi les écrivains mineurs pour notre propos, citons un auteur de recueils de stratagèmes, **Polyen**, ainsi que le biographe **Suétone** (*Tib.*, II, 6), et **Eutrope** (II, 18-27), qui a écrit un résumé ou *Bréviaire* au IVe siècle.

À la liste des sources perdues, ajoutons **Naevius**, auteur d'un *Bellum punicum*, dont on n'a conservé que des fragments, et **Aelius Tubero**, qui aurait inspiré en partie Florus, Tite-Live, Silius Italicus (voir ci-dessous), et des auteurs d'époque impériale à qui nous ne devons pas grand-chose, Valère Maxime et Aulu-Gelle.

Deuxième guerre punique

On retrouve **Polybe** (F. Gschnitzer, « Das System der römischen Heeresbildung im zweiten punischen Krieg », *Hermes*, CIX, 1981, p. 59-85 ; I. Edlund, « Before Zama. A Comparison between Polybius' and Livy's Description of the Meeting between Hannibal and Scipio », *Eranos*, LXV, 3-4, 1967, p. 146-168 ; Ph. Gauthier, « L'Èbre et Sagonte : défense de Polybe », *Rev. Philol.*, 1968, p. 91-100 ; A. M. Eckstein, « Hannibal at New Carthage », *Class. Philol.*, LXXXIV, 1989, p. 1-15), **Tite-Live** (F. Heubner, « Hannibal und Sagunt bei Livius », *Klio*, LXXIII, 1991, p. 70-82), **Cornelius Nepos**, mais cette fois pour une vie d'Hannibal, **Dion Cassius** et **Zonaras**, **Appien**, **Diodore**, **Florus**, **Orose** et **Eutrope** (III, 7-23).

Nous avons perdu, ce qui est particulièrement regrettable, parce que ces Grecs figuraient au nombre des rares admirateurs d'Hannibal, **Silenos** et **Sosylos** qui ont été utilisés par Polybe et Diodore (voir plus loin : papyrologie), et nous ne possédons pas non plus les textes de **Valerius Antias**, de **Fabius Pictor** et de **Cornelius Antipater**.

Au nombre des écrivains dont l'intérêt se limite à la deuxième guerre punique, figurent trois auteurs mineurs pour le sujet : **Juvénal**, satiriste de la fin du Ier siècle de notre ère (X, 147-164), le Grec **Lucien** pour ses *Dialogues des morts*, XII (B. Baldwin, « Alexander, Hannibal and Scipio in Lucian », *Emerita*, LVIII, 1990, p. 51-60), et un autre auteur de recueils de stratagèmes, **Frontin**.

Le célèbre **Plutarque**, né vers 50, est resté très attaché à la culture grecque ; ses *Vies parallèles*, en l'occurrence celles de Fabius Maximus et de Claudius Marcellus, ne visent pas un but historique, mais philosophique, donner des exemples de vertus, ce qui ne l'empêche pas d'être intellectuellement honnête :

R. Flacelière, « État présent des études sur Plutarque », *VIIIe congrès de l'association G. Budé*, 1968, p. 485 et suiv.

Silius Italicus, qui se serait inspiré d'Antias pour écrire vers la fin du Ier siècle de notre ère, un grand poème, les *Punica*, a beaucoup inspiré la recherche ces derniers temps : K. O. Matier, « Hannibal, the Real Hero of the *Punica* ? », *Acta classica*, XXXII, 1989, p. 3-17 ; M. Fucecchi, « Empietà e titanismo nella rappresentazione siliana di Annibale », *Orpheus*, XI, 1990, p. 21-42, et « Il declino di Annibale nei *Punica* », *Maia*, XLII, 1990, p. 151-166 ; F. Spaltenstein, *Commentaire des Punica de Silius Italicus, Univ. de Lausanne, Publ. de la Fac. Lettres*, XXVII, 1990 (Genève), 2 vol. ; P. Venini, « Lo scudo di Annibale in Silio Italico », *Studi G. Monaco*, III, 1991 (Palerme), p. 1191-1200.

Troisième guerre punique

On ne possède presque plus rien, hélas, du texte de **Polybe**, devenu pour lors « source primaire », pas plus, encore hélas, que de **Tite-Live**. On se fonde sur **Appien**, **Diodore** qui, ici, se serait inspiré de Polybe, et **Dion Cassius**, qui n'est connu, pour cette période, qu'à travers **Zonaras**.

On trouve quelques renseignements dans un auteur du Ve siècle (!), **Macrobe**, auteur de *Saturnales* (livre III, 9) et encore dans **Eutrope** (IV, 10-12).

Les « sciences auxiliaires »

Que nos collègues qui se sont spécialisés dans ces « sciences auxiliaires » nous pardonnent : il n'entre aucune intention péjorative dans notre emploi de l'adjectif « auxiliaire » ; il ne s'agit que de commodité.

La papyrologie

La papyrologie permet de connaître des fragments de textes d'auteurs perdus.

Pour la première guerre punique, on verra H. von Arnim, *Ineditum vaticanum, Hermes*, XXVII, 1892, p. 117 =122-130.

Pour la deuxième guerre punique, la documentation se fait plus importante, mais n'apporte rien de bouleversant il est vrai : U. Wilcken, « Ein Sosylosfragment in der Würzburger Papyrussammlung », *Hermes*, XLI, 1906, p. 103-141, et « Zu Sosylos », *Hermes*, XLII, 1907, p. 510-512 ; F. Bilabel, *Die kleinen Historikerfragmente aus Papyrus, Kleine Texte*, 149, 1923 (Bonn) ; *Catalogue of Greek and Latin Papyri in John Rylands Library*, III, 1938, p. 114, n° 491 (voir au chap. V). Sur les négociations de 203 : A. Körte, *Archiv f. Papyrusforsch.*, XIV, 1941, p. 129-131, et M. Gigante, « Una fonte antiromana sulle trattative romano-cartaginesi del 203 a. C. », *Aegyptus*, XXX, 1950, p. 77 et suiv. La thèse de la valeur historique de ce texte est défendue, en dernier lieu, par C. Ferone, « Il frammento di Sosilo sulla battaglia dell'Ebro del 217 a. C. » (*F. Gr. Hist.* 176, fr. 1), *Papiri letterari*, édit. M. Capasso, *Papyrologica Lupiensia*, I, 1992, p. 125-139.

L'épigraphie

L'épigraphie présente moins d'intérêt que pour l'Empire. Elle ne doit cependant pas, elle non plus, être négligée.

Pour la première guerre punique, nous utilisons les « éloges des Scipions » (*Corpus Inscriptionum Latinarum* = *C.I.L.*, I², n° 6 et suiv.), et nous connaissons la colonne de Duilius, regravée sous Auguste (*C.I.L.*, I², n° 25 ; M. Niedermann, *Rev. Études Lat.*, XIV, 1936, p. 276 et suiv.), tout comme les Fastes triomphaux (voir à la fin du chap. II).

Un point de la deuxième guerre punique peut être éclairé grâce à une dédicace attribuée au maître de cavalerie Minucius (H. Dessau, *Inscriptiones Latinae Selectae* = *I.L.S.*, n° 11), grâce à des lettres de Philippe V (W. Dittenberger, *Sylloge*, 3ᵉ éd., II, 533), et grâce à une inscription de Thyrrheion (R. G. Hopital, « Le traité romano-étolien de 212 avant J.-C. », *Rev. Hist. de Droit*, 1964, p. 18-48 et 204-240).

Sur la fin de cette histoire, voir *I.L.S.*, n° 67, et une mention de Massinissa à Délos (M.-F. Baslez, « Un monument de la famille royale de Numidie à Délos », *Rev. Ét. Grecques*, XCIV, 1981, p. 160-165).

La numismatique

La numismatique, tant romaine que punique, mérite d'être davantage reliée aux autres sources qu'elle ne l'a été jusqu'à présent.

Signalons une remarquable exception : la synthèse magistrale, même si elle peut être discutée dans le détail, de P. Marchetti, *Histoire économique et monétaire de la deuxième guerre punique*, 1978 (Bruxelles). Cette discipline essaie d'identifier des ateliers, d'interpréter des légendes et une iconographie, d'expliquer la présence de tel ou tel trésor. Conseillons, pour l'ensemble de cette science, le manuel de Fr. Rebuffat, à paraître aux éditions Picard. Le monnayage punique a été l'objet d'une importante synthèse de G. K. Jenkins et R. B. Lewis, *Carthaginian Gold and Electrum Coins*, 1963 (Londres).

Du côté romain, il faut voir H. Zehnacker, *Moneta*, 1973 (Paris-Rome), et M. H. Crawford, *Roman Republican Coinage*, 1974 (Cambridge), 2 vol. Nous renvoyons aussi aux notes de bas de pages.

L'archéologie

L'archéologie donne à la fois beaucoup et peu de renseignements. Les documents se caractérisent à l'occasion par leur masse (architecture, céramique, etc.) ; s'ils ne concernent pas toujours directement le sujet, ils éclairent le contexte de manière irremplaçable.

Pour la première guerre punique, on relèvera en particulier l'importance des « galères de Marsala » (voir chap. II), en cours d'étude.

Peu de documents spécifiques pour la deuxième guerre punique.

Pour la troisième, en revanche, il faut utiliser des fouilles récentes qui font mieux connaître le port et le rempart de Carthage (voir chap. VII), et sont présentées dans le livre de S. Lancel cité plus bas.

2. La bibliographie

Pour ne pas reprendre trop de références, nous n'indiquerons ici que les titres généraux. Le lecteur trouvera des réponses à ses questions dans les « instruments de travail » mentionnés plus haut. Pour les études de détails, nous renvoyons aux notes de bas de pages. Il apparaît que les autres publications peuvent être classées sous quatre rubriques.

Carthage

On utilise toujours l'irremplacée *Histoire ancienne de l'Afrique du Nord*, en 8 vol., de S. Gsell, 1921-1928, plusieurs éd. (Paris). On la mettra à jour : G.-Ch. et C. Picard, *Le Monde de Carthage*, 1956 (Paris), *La Vie quotidienne à Carthage*, 1958 (Paris), et *Vie et mort de Carthage*, 1970 (Paris), des livres intelligents ; F. Barreca, *La Civiltà di Cartagine*, 1964 (Cagliari) ; Ch.-A. Julien, *Histoire de l'Afrique du Nord*, I, à ne consulter que dans la 2e éd. revue par Ch. Courtois, 1968 (Paris) ; M. Fantar, *Carthage, la prestigieuse cité d'Elissa*, 1970 (Tunis), et *Carthage, approche d'une civilisation*, 1993 (Tunis), 2 vol., une vraie somme ; D. Harden, *The Phoenicians*, 2e éd., 1971 (Londres) ; A. Parrot, M. H. Chehab et S. Moscati, *Les Phéniciens, l'expansion phénicienne, Carthage*, 1975 (Paris), publié dans la célèbre coll. « L'Univers des formes » ; F. Decret, *Carthage ou l'empire de la mer*, 1977 (Paris), travail de semi-vulgarisation et, en coll. avec M. Fantar, *L'Afrique du Nord dans l'Antiquité*, 1981 (Paris) ; E. Acquaro, *Cartagine : un impero sul Mediterraneo*, 1978 (Rome), et *Cartagine, la nemica di Roma*, 1979 (Rome), a donné deux vulgarisations un peu hâtives ; S. E. Tlatli, *La Carthage punique*, 1978 (Paris), néglige l'archéologie ; G. Bunnens, *L'Expansion phénicienne en Méditerranée*, 1979 (Bruxelles) ; *Die Phönizier im Westen*, édit. H. G. Niemeyer, *Madrider Beitr.*, VIII, 1982 (Mayence) ; S. Moscati, *I Cartaginesi*, 1982 = *Carthage, Art et civilisation*, 1983 (Milan) ; W. Huss, *Geschichte der Karthager*, 1985 (Munich), et *Karthago*, 1992 (Darmstadt), ce dernier ouvrage étant constitué par un recueil d'articles de divers auteurs traduits en allemand ; *I Fenici,* 1988 (Milan) = *Les Phéniciens*, 1989 (Paris) ; *Dictionnaire de la civilisation phénicienne et punique*, édit. E. Lipinski, 1992 (Turnhout), irremplaçable ; *Pour sauver Carthage*, édit. A. Ennabli, 1992 (Paris-Tunis) ; Cl. Baurain et C. Bonnet, *Les Phéniciens, marins des trois continents,* 1992 (Paris) ; S. Lancel, *Carthage* [punique], 1992 (Paris), fondamental pour la mise à jour des analyses et de la bibliographie ; W. Ameling, *Karthago, Studien zur Militär, Staat und Gesellschaft, Vestigia*, XLV, 1993 ; *La Civilisation phénicienne et punique. Manuel de recherche*, édit. V. Krings, *Handb. der Orient.*, XX, 1995 (Leyde-New York-Cologne).

Rome

J. Marquardt et Th. Mommsen, *Manuel des antiquités romaines*, XI, *De l'organisation militaire*, trad. fr., 1891 (Paris), présente de l'intérêt, mais seulement pour l'historiographie ; E. Pais, *Storia di Roma durante le Guerre Puniche*, 2e éd., 1935 (Turin), 2 vol., à ne pas négliger ; P. Fraccaro, *Opuscula*, notamment II, *Militaria*, 1957, et IV, *Della guerra presso i Romani*, 1975 (Pavie), essentiel pour l'armée romaine ; P. Grimal, *La Civilisation romaine*, 1960, et *Le Siècle des Scipions*, 2e éd., 1975 (Paris) ; A. Piganiol, *La Conquête romaine*, 5e éd., 1967 (Paris), encore très utile pour les événements, doit être mis à jour par F. Hinard ; P. A. Brunt, *Italian Manpower*, 1971 (Oxford) ; K. Christ, *Römische Geschichte*, cité plus haut ; *Der kleine Pauly*, 1979 (Munich), 5 vol., fondamental, doit être remis à jour en 10 vol. ; G. Brizzi, *Carcopino, Cartagine e altri scritti*, 1989 (Sassari), et autres travaux du même, indiqués plus loin ; *Storia di Roma*, I, *La Repubblica imperiale*, édit. G. Clemente *et alii*, 1990 (Turin) ; Cl. Nicolet, ouvrages cités plus haut ; G. Alföldy, *Histoire sociale de Rome*, 1991 (Paris) ; F. Hinard, *La République romaine*, coll. « Que sais-je ? », n° 686, 1992 (Paris) ; M. Le Glay, J.-L. Voisin et Y. Le Bohec, *Histoire romaine*, 3e éd., 1995 (Paris). Y. Le Bohec, *Histoire romaine, Textes et documents*, à paraître.

Les guerres puniques

Les guerres puniques ont suscité une abondante bibliographie (voir S. Mazzarino, cité plus haut). H. Delbrück, *Geschichte der Kriegskunst im Rahmen der politischen Geschichte*, I, *Das Altertum*, 3ᵉ éd., 1920 (Berlin), n'a pas été remplacé ; il en va de même pour J. Kromayer, *Antike Schlachtfelder*, III, 1912, et IV, 1924, ainsi que pour J. Kromayer et G. Veith, *Heerwesen und Kriegsführung*, vol. IV, 5, 2, de I. Müller, *Handbuch*, 1928 (Munich) ; A. J. Toynbee, *Hannibal's Legacy*, 1965 (Oxford), 2 vol., trad. ital. 1981 et 1985 (Turin), un livre à thèse intelligent et fondamental pour tout ; T. A. Dorey et D. R. Dudley, *Rome against Carthage*, 1971 (Londres) : bonne vulgarisation ; J.-P. Brisson, *Carthage ou Rome ?* 1973 (Paris), a donné un ouvrage plus littéraire qu'historique, tellement partisan (procarthaginois) qu'il en devient amusant ; O. H. Bullitt, *Phoenicia and Carthage*, 1978 (Philadelphie), peu intéressé par l'archéologie ; K. A. Revyako, *Les Guerres puniques* [en russe], 1988 (Minsk), sans intérêt sinon pour prouver que les guerres puniques intéressent un très vaste public ; *The Cambridge Ancient History*, 2ᵉ éd., VII, 2, et VIII, 1989, le plus utile étant le t. VII, 2 ; B. Caven, *The Punic Wars*, 1980 (Londres), contient quelques erreurs ; T. Wise, *Armies of the Carthaginian Wars 265-146 B. C.*, 1982 (Londres) ; Ju. B. Cirkin ou Tsirkin, *Carthage et sa culture* [en russe, résumé en anglais], 1987 (Moscou), appelle la même remarque que l'ouvrage cité de K. A. Revyako ; *Studia Phoenicia*, X, *Punic Wars*, édit. H. Devijver et E. Lipinski, 1989 (Louvain) ; G. Brizzi, cité plus haut et plus loin ; N. Bagnall, *The Punic Wars*, 1990 (Londres). Nous déconseillons, en raison des nombreuses erreurs qu'il contient, l'ouvrage d'A. Guillerm, *La Marine de guerre antique*, 1993 (Paris) ; le même auteur a annoncé une bataille de *Cannes* et un *Hannibal* qu'il ne nous a pas paru indispensable de rechercher.

Hannibal

La personnalité d'Hannibal a fasciné des générations de spécialistes, parce qu'ils avaient un public : voir en dernier lieu

G. Brizzi, *Annibale*, cité ci-dessous, en particulier p. 134, et
« Gli Studi annibalici », *Atti del II Congr. intern. di Studi Fenici
e Punici*, I, 1991 (Rome), p. 59-65. Les livres les plus anciens ne
sont pas nécessairement les plus mauvais. E. Hennebert, *Histoire
d'Annibal*, 1870-1891 (Paris), 3 vol., reste en effet utile ; de
même, E. Groag, *Hannibal als Politiker*, 1929 (Vienne), réimpr.
1967 (Rome) ; on peut se dispenser de G. P. Baker, *Annibal*,
mauvaise trad. fr. 1952 (Paris) ; G. Audisio, *Hannibal*, 1961
(Paris), donne une sorte d'essai ; W. Hoffmann, *Hannibal*, 1962
(Göttingen), est érudit ; J. Pernoud, *Annibal*, 1962 (Paris), écrit
pour un public relativement large, qui n'est pas méprisé ;
F. Cassola, « Il Convegno di studi annibalici », *Labeo*, VIII,
1962, p. 146-147, présente les actes du congrès suivant ; *Studi
annibalici, Atti del Convegno di Cortona, 1961*, 1964 (Cortona) ;
G.-Ch. Picard, *Hannibal*, 1967 (Paris), remarquable ; K. Christ,
« Zur Beurteilung Hannibals », *Historia*, XVII, 1968, p. 461-
495, et *Hannibal*, 1974 (Darmstadt) ; G. De Beer, *Hannibal, The
Struggle for Power in the Mediterranean*, 1969 (Londres), est
très événementiel ; J. F. Lazenby, *Hannibal's War. A Military
History of the Second Punic War*, 1978 (Warminster) ; E. Bradford, *Hannibal*, 1981 (New York) ; I. S. Korablev, *Hannibal* [en
russe], 2ᵉ éd., 1981 (Moscou) ; fondamental : G. Brizzi, *Annibale, Strategia e immagine*, 1984 (Spolète), et *Studi di storia
annibalica*, 1984 (Faenza) ; J. Seibert, *Hannibal*, 1993 (Darmstadt), également très érudit, et *Forschungen zu Hannibal,* 1993
(Darmstadt). On lira avec plaisir une biographie écrite à la première personne avec un solide fond historique : G. Brizzi,
Annibale, come un'autobiografia, 1994 (Milan).

TABLE DES ILLUSTRATIONS

1. Carthage : la colline de Byrsa (citadelle) vue du port de guerre 30
2. Rome : le Forum, la curie et le Capitole 31
3. L'Italie romaine 34
4. La *chôra* de Carthage 35
5. Les soldats au service de Carthage 42
6. La poliorcétique punique : Carthage, la « Porte de la mer » 47
7. La marine de guerre de Carthage, 1 : une quinquérème 48
8. La marine de guerre de Carthage, 2 : divers navires 50
9. La marine de guerre de Carthage, 3 : une des deux « galères de Marsala » 54
10. L'armement des soldats au service de Rome 59
11. La Sicile en 264 64
12. Schéma du siège d'Agrigente 75
13. Un navire de guerre romain de la première (?) guerre punique 78
14. Le « corbeau » inventé par Duilius 79
15. Schéma de la bataille d'Ecnome 86
16. Schéma de la bataille de 255 90
17. Les comptoirs puniques. La « guerre inexpiable » 112
18. L'expansion de Rome dans le premier entre-deux-guerres 121
19. Soldats de l'armée romaine pendant la deuxième guerre punique 141
20. Navire romain de la deuxième guerre punique 142
21. Soldats de l'armée de Carthage pendant la deuxième guerre punique 149

22.	Bustes attribués à Hannibal	158
23.	L'odyssée d'Hannibal, de Carthagène à Turin	159
24.	L'Italie de la deuxième guerre punique	169
25.	Schéma de la bataille du Tessin	171
26.	Schéma de la bataille de La Trébie	174
27.	Le trajet d'Hannibal entre Turin et Trasimène	177
28.	Schéma de la bataille de Trasimène	179
29.	Le trajet d'Hannibal entre Trasimène et Cannes	182
30.	Schéma de la bataille de Cannes	191
31.	Plan de Rome	204
32.	Plan de Tarente	217
33.	Plan de Syracuse	220
34.	Portraits attribués à Scipion le premier Africain	228
35.	Plan de Carthagène	229
36.	Schéma de la bataille de *Baecula*	231
37.	Schéma de la bataille du Métaure	233
38.	Schéma de la bataille d'*Ilipa*	236
39.	Portraits de Massinissa	239
40.	Portraits de Syphax en buste et en cavalier numide	239
41.	Cheval de Numidie	239
42.	Éléphant de Massinissa	240
43.	Schéma de la bataille des Grandes Plaines	246
44.	La cuirasse de Ksour es-Saf	249
45.	Portrait de Vermina	250
46.	Schéma de la bataille de Zama	251
47.	Les fouilles de S. Lancel à Byrsa	263
48.	La politique de Rome en Méditerranée de 201 à 149	266
49.	Le domaine de Rome et le domaine de Carthage au milieu du IIe siècle av. J.-C.	285
50.	Le rempart de Carthage	287
51.	Les ports de Carthage	289
52.	Une épée numide	291
53.	Le soldat punique de la « chapelle Carton » à Carthage	291
54.	Plan de Carthage	297
55.	Les cités puniques de l'Afrique en 149	298
56.	Camps romains	305
57.	Navires de guerre romains	307

TABLE DES MATIÈRES

UN CONFLIT MAJEUR ET MYSTÉRIEUX 9

I. AUX ORIGINES DU CONFLIT 19
   1. La conjoncture méditerranéenne 19
   2. Les causes de la guerre 22
       La notion d'impérialisme 23
       L'impérialisme de Rome 24
       L'impérialisme de Carthage 27
   3. Les forces en présence 28
       Les structures politiques 29
       Les dynamismes économiques 37
       Les armées : 1, Carthage 39
       Les armées : 2, Rome 55
   4. Le prétexte 62

II. LA MARINE DE ROME.
   LA PREMIÈRE GUERRE PUNIQUE, 264-241 avant J.-C. 67
   1. Le déclenchement de la guerre ; Messine 68
       Le prétexte 68
       L'intervention de Rome 70
   2. La guerre dans les îles 73
       Le siège d'Agrigente 73
       La naissance de la marine romaine 75
       Myles 77
       L'extension de la guerre aux îles 81
       Retour en Sicile ; Ecnome 83

3. La guerre en Afrique	87
L'offensive de Régulus ; la bataille de 255	87
La poursuite de l'offensive romaine après 255	92
L'épuisement	93
4. Le retour des opérations en Sicile	95
Les difficultés de Rome ; Drépane	95
Hamilcar en Sicile	98
L'ultime sursaut de Rome ; les îles Égates	99
5. Les comptes de la guerre	101
Le choix de Carthage	101
Le traité	102
Le bilan	104
Appendice : Les Fastes triomphaux capitolins	105
III. LE PREMIER ENTRE-DEUX-GUERRES,	
241-218 avant J.-C.	107
1. Carthage : le prix de la défaite	107
La « guerre inexpiable » : le pourquoi	108
La « guerre inexpiable » : le comment	110
L'Espagne barcide	115
2. Rome : le prix de la victoire	119
Les facteurs d'expansion	119
L'expansion vers le nord-ouest	120
L'expansion vers le nord	122
L'expansion vers le nord-est et l'est	125
Bilan	127
IV. L'INFANTERIE DE CARTHAGE.	
LA DEUXIÈME GUERRE PUNIQUE,	
1. 218-216 avant J.-C.	129
1. Les causes et le prétexte	130
Les causes	130
Le prétexte	132
2. Les forces en présence	138
Du côté de Rome : 1. La démographie et l'économie	138
Du côté de Rome : 2. L'armée	140
Du côté de Rome : 3. La vie politique	143
Forces et faiblesses de Carthage	144
L'homme Hannibal	147

3. L'odyssée punique	157
Le Blitzkrieg d'Hannibal	158
La stratégie de Rome : un échec ?	166
4. Les quatre glorieuses d'Hannibal	167
L'Italie de 218	168
Le Tessin	170
La Trébie	172
Trasimène	176
Suites de Trasimène : la tactique et le reste	180
Vers Cannes	187
Cannes	189
Au bilan	193
Appendice : L'armement des soldats de la deuxième guerre punique	194
Armée de Rome	194
Armée de Carthage	195
V. L'INFANTERIE DE ROME.	
LA DEUXIÈME GUERRE PUNIQUE,	
2. 216-201 avant J.-C.	197
1. L'après séisme	198
À Rome : le choc politique et militaire	198
À Rome : le choc économique et psychologique	201
Un mystère	203
La stratégie de Carthage	205
2. Un nouvel État barcide	206
Les amères délices	207
Les échecs de la stratégie carthaginoise	211
La création du denier	214
L'œuvre d'Hannibal en Italie	215
3. Les premiers succès de Rome	218
4. Scipion et la victoire	224
L'homme Scipion	224
Premiers succès de Scipion dans les Espagnes	227
Les difficultés d'Hannibal en Italie	232
Ilipa	235
5. La guerre en Afrique	238
Scipion et la Numidie	238
L'effondrement de la stratégie carthaginoise	240

La mise en place de la stratégie de Scipion	241
Sophonisbe, 1	243
Avant la tempête	244
Premier succès de Scipion	245
La bataille des Grandes Plaines	245
Sophonisbe, 2	246
Négociations	247
Zama	249
La paix	252
Le bilan en 201	253

VI. LE DEUXIÈME ENTRE-DEUX-GUERRES, 201-149 avant J.-C. 255
  1. Deux vies parallèles d'hommes illustres 256
    La fin d'Hannibal 256
    La fin de Scipion 258
  2. « Hannibal's Legacy » 258
    « Le legs d'Hannibal » : le passif 259
    « Le legs d'Hannibal » : l'actif 260
  3. Renaissance de Carthage ? 262
    La reprise économique… 262
    … et ses limites 264
  4. Le nouveau rôle de Rome 265
    L'attitude de Rome 265
    En Orient : « Guerre… 267
    … et paix » 270
    L'Occident : guerre sans paix 271
    Le retour des orages 273
    L'année 149 274

VII. ROME AU SIÈGE DE CARTHAGE. LA « TROISIÈME GUERRE PUNIQUE », 149-146 avant J.-C. 275
  1. Les causes 276
    La volonté de Rome 276
    La concurrence économique ? 277
    Des motifs militaires ? 279
    Des raisons politiques ? 280
  2. Le déclenchement de la guerre 283

Les forces en présence	283
Le prétexte	290
3. La guerre des consuls	293
D'une déclaration de guerre à l'autre	293
À Carthage : le sursaut	296
Le mieux de la mort	300
4. La guerre de Scipion Émilien	301
Le personnage	301
Le renversement de conjoncture	302
La réaction des Carthaginois	306
L'effondrement de Carthage	308
L'assaut final	309
La fin de la Carthage punique	312
Le sort de l'Afrique punique	313
Perspectives	314
QUELQUES ÉLÉMENTS DE RÉPONSES	317
Comment expliquer la victoire de Rome sur terre ?	318
Comment expliquer le succès de Rome sur mer ?	320
Qui est coupable ?	321
SOURCES ET BIBLIOGRAPHIE	325
TABLE DES ILLUSTRATIONS	337

À LIRE... À LIRE... À LIRE... À LIRE... À LIRE... À LIRE... À LIRE... À LIR

Hannibal, par Serge Lancel, Fayard, 1995.

LECTEUR, AU LECTEUR, AU LECTEUR, AU LECTEUR, AU LECTEUR, AU

Vous êtes parmi les premiers lecteurs de la collection « L'Art de la Guerre ». N'hésitez pas à nous renvoyer ce coupon rempli afin que nous puissions correspondre avec vous, vous envoyer nos programmes, vous tenir informé sur les sujets d'histoire qui vous intéressent.
À très bientôt.

itions du Rocher
Comte-Félix-Gastaldi
Monaco

Achevé d'imprimer en décembre 1995
dans les ateliers de Normandie Roto Impression s.a., 61250 Lonrai
N° d'imprimeur : I5-2479
Dépôt légal : décembre 1995.

Imprimé en France